Verwildert

George Monbiot

Verwildert
Die Wiederherstellung unserer Ökosysteme
und die Zukunft der Natur

Aus dem Englischen von Dirk Höfer

Feral, engl. verwildert: in einem wilden Zustand, besonders nach der Flucht aus Gefangenschaft oder Domestizierung

Für Rebecca, Hanna und Martha
In Liebe

Und im Gedenken an Morgan Parry,
einen rechtschaffenen Mann

Inhalt

1) Ein Sommer voller Geräusche 9
2) Wilde Jagd 27
3) Vorahnungen 39
4) Durchbrennen 61
5) Der Leopard, der nie gesichtet wurde 73
6) Die Wüste begrünen 91
7) Holt den Wolf zurück 129
8) Ein Werk der Hoffnung 171
9) Schafskatastrophe 209
10) The Hushings / Freispülungen 229
11) Das Tier in uns oder wie Rückverwilderung nicht stattfinden sollte 255
12) Im Naturschutzgefängnis 287
13) Die Rückverwilderung der Ozeane 313
14) Gaben des Meeres 355
15) Letztes Licht 369

Danksagungen 373

Register 375
Anmerkungen 395

1) Ein Sommer voller Geräusche

Ich steh jetzt auf und gehe, denn ich hör Tag und Nacht
Den See ans Ufer plätschern, die Wellen kräuseln sacht:
Gleich, ob ich auf dem Feldweg, auf grauem Pflaster steh,
Ganz tief im Herzen hör ich den See.

William Butler Yeats, *Die Seeinsel von Innisfree*[1]

Jedes Mal, wenn ich ein Stück Grassoden anhob, sah ich das Gleiche: Ein weißes Komma, das sich zwischen den Graswurzeln wand. Ich klaubte eines auf. Es besaß einen kleinen ingwerfarbenen Kopf und winzige Beinchen. Seine Haut war so straff gespannt, dass sie an den Segmenten beinahe platzen wollte. Am Schwanzende war der indigofarbenen Strich seines Verdauungstrakts zu sehen. Ich ging davon aus, dass es sich um den Engerling eines Maikäfers handelte, jenes Käfers mit dem bronzefarbenen Rücken, der im Frühsommer ausschwärmt. Einen Moment lang sah ich noch zu, wie er zuckte, dann steckte ich ihn mir in den Mund. Als er auf meiner Zunge zerplatzte, erlebte ich zwei Empfindungen, die mich wie Blitze durchzuckten. Die erste war der Geschmack. Er war süß, cremig, leicht rauchig, wie Alpenbutter. Die zweite betraf die Erinnerung. Ich wusste sofort, warum ich die Eingebung hatte, das Ding ließe sich essen. Ich stand in meinem Garten, Graupel bohrten sich in meinen Nacken, und erinnerte mich.

Als ich aufwachte, brauchte ich einen Moment, bis mir klar war, wo ich mich befand. Über meinem Kopf wogte und knallte eine blaue Plane im Wind. Die Pumpen liefen schon, ich musste also verschlafen haben. Ich schwang meine Beine über den Rand der Hängematte und saß blinzelnd in dem hellen Licht, starrte über das zerstörte Land. Die Männer standen schon bis zur Hüfte im Wasser und spritzten mit Hochdruckschläuchen die Kiesbänke frei. In der Nacht waren ein paar Schüsse gefallen, aber Leichen waren keine zu sehen.

Die Bilder der vergangenen Wochen gingen mir durch den Kopf. Ich erinnerte mich an Zé, den Massenmörder, dem die Landebahn in Macarão gehörte, wie er mit seinen schießwütigen Männern in die Bar kam und den Laden aufmischte. Ich erinnerte mich auch an den Mann, der später herausgetragen wurde, in der Brust ein Loch von der Größe eines Apfels. Ich dachte an João, einen *mestizo* aus dem Nordosten Brasiliens, der zehn Jahre lang den Amazonas zu Fuß durchstreift hatte, bis hinauf zu den Minen in Peru und Bolivien, um sich dann weitere 3500 Kilometer durch die Wälder zu schlagen und hier zu landen. »Ich habe in meinem Leben nur drei Männer getötet«, erzählte er, »und dass sie starben, war absolut notwendig. Aber wenn ich hier einen Monat bleibe, würde ich nochmal so viele umbringen.«

Ich erinnerte mich an den Mann, der mir die seltsame Schwellung an seiner Wade zeigte. Als ich sie mir genauer betrachtete, wimmelte das Fleisch von langen gelben Maden. Auch an den Professor mit dem gepflegten schwarzen Bart, der Goldrandbrille und der strengen asketischen Art erinnerte ich mich, an den zynischen Kopf, der für einen weniger belesenen Besitzer die Aufsicht über das größte Claim versah. Er sei, so sagte er, bevor es ihn hierher verschlagen habe, Direktor der Universität von Rondônia gewesen.

Aber allen voran musste ich an den Mann denken, der von den Schürfern Papillon genannt wurde. Blond und muskulös, wie er war, mit einem Schnurrbart à la Asterix, überragte er die kleinen dunklen Typen, die von Armut und Landraub getrieben hierhergekommen waren. Von den Chefs, den Händlern, den Luden und den Besitzern der Landebahnen abgesehen war er der Einzige, der sich freiwillig in diese Hölle begeben hatte. Bevor er, ein Franzose, sich dem Goldrausch anschloss, war er im Süden Brasiliens als Techniker für Landwirtschaftsmaschinen tätig gewesen. Er hatte noch kein Gold gefunden und saß nun hunderte Kilometer von der nächsten Stadt entfernt in den Wäldern Roraimas in der Falle, so mittellos wie alle anderen. Hier war ein Mann, der alles riskiert, der Behaglichkeit und Sicherheit aufgegeben hatte für ein Leben in gnadenloser Unsicherheit. Seine Chancen, aus dieser Situation lebend, zahlungskräftig und gesund herauszukommen, standen gering. Aber ich war nicht der Überzeugung, er habe die falsche Wahl getroffen.

Ich putzte mir die Zähne, nahm mein Notizbuch, ging hinaus, über den Schlamm und den Kies. Die Temperatur stieg und im umgebenden Wald erstarb der Lärm der Rufe, Pfeiftöne und Triller. Es war nun drei Wochen her, dass Barbara, die Kanadierin, mit der ich arbeitete, einen Weg durch den Polizeikordon am Boa-Vista-Flughafen gefunden und uns unregistriert auf einen Flug zu den Minen gebracht hatte. Gefühlt waren es Monate. Wir hatten den Schürfern zugesehen, wie sie die Adern aus dem Wald rissen: die Flusstäler, deren Sedimente von Gold durchsetzt waren. Wir waren auf Belege für den einseitigen Krieg gestoßen, den manche gegen die in der Gegend ansässigen Yanomami führten, und für den physischen und kulturellen Kollaps der Gemeinschaften, über die sie hergefallen waren. Wir hatten das Gewehrfeuer gehört, das jede Nacht aus den Wäldern kam, wo Banditen den Schürfern auflauerten, Diebe exekutiert wurden oder Männer, denen das Glück hold gewesen war, um das Gold kämpften, das sie gefunden hatten. In den sechs Monaten, seitdem der eigentliche Goldrausch hier einsetzte, waren von den 40 000 Schürfern 1700 durch Gewehrkugeln getötet worden. Von den Yanomami waren fünfzehn Prozent an Krankheiten gestorben.

Wegen des internationalen Skandals, den die Invasion auslöste, ließ die brasilianische Regierung die Minen nun räumen und die Schürfer zu Enklaven in anderen Gebieten des Yanomami-Lands abtransportieren. Von dort, das wussten die Schürfer, konnten sie wieder in ihre alten Claims einfallen, sobald das Interesse der restlichen Welt erlahmen würde. Die Bundespolizei hatte die Versorgungslinien unterbrochen, auf den Landepisten waren seit einigen Tagen keine Flugzeuge mehr gelandet. Die Schürfer brauchten ihren letzten Diesel auf und bereiteten sich auf ihren Abzug vor. Am Tag zuvor hätte eigentlich die Polizei eintreffen sollen, um noch vor der Räumung die Waffen zu beschlagnahmen, und die Männer waren den ganzen Morgen über in den Wald gegangen, um ihre Schusswaffen, in Plastik eingewickelt, zu vergraben. Ich war auf Beobachtungsstation geblieben, doch die Polizei war nicht aufgetaucht. Barbara – mein Gott, wo zur Hölle war Barbara?

Sie war gestern aufgebrochen, um in den Bergen ein Yanomami-Dorf ausfindig zu machen, und wollte eigentlich am heutigen Abend zurück sein. Aber niemand hatte sie gesehen. Ich hielt Ausschau in den von den Schürfern errichteten Hütten und Bars, unter den Trauben von Männern am Boden der Gruben – ohne Erfolg. Ich stieß auf meinen Freund Paolo, einen Mechaniker, der die Ureinwohner in Auseinandersetzungen mit anderen Schürfern verteidigt hatte. Zusammen schlugen wir uns das Tal hinauf, um sie zu suchen. Der Fluss war orange und tot, erstickt von dem Lehm des Waldes, der von den Minen aufgewirbelt wurde. Links und rechts war das Tal eine Wüstenei aus Gruben, Abraumhalden und umgestürzten Bäumen. Arbeiter auf einem Junior Blefé genannten Feldstück erzählten, Barbara sei zwar tags zuvor vorbeigekommen, aber nicht wieder zurückgekehrt. Ein Mann mit einem Trinkergesicht und einem blauen Auge wusste den Weg zum Dorf und erklärte sich bereit, uns zu führen. Wir gingen los, rannten, liefen in die Berge.

Bald nachdem wir in die Dunkelheit des Waldes vorgestoßen waren, stießen wir auf die Abdrücke von Barbaras Turnschuhen, sie waren einen Tag alt und überlagert von den nackten Fußspuren der Yanomami. Ich hatte meinen Blick auf den Boden gerichtet, aber Paolo hielt immer wieder mit lautem Rufen inne: »Sieh nur dieses Wasser, sieh nur die Bäume, wie schön, sind sie nicht schön?« Ich stoppte und starrte für einen Moment, sah Bäume, die von Moos und Epiphyten über das klare Wasser gebeugt wurden, in Lichtflecken schwebten Wasserjungfern.

Barbaras Fußabdrücken folgend liefen wir weiter, rutschten über den lehmigen Pfad. Gegen Mittag ging es steil aufwärts; wir kletterten und ich hatte das Gefühl, durch ein Tuch einzuatmen. Bald sah ich es vor uns hell werden: Wir erreichten den Kamm. Von dort sahen wir auf der gegenüberliegenden Talseite Frauen, die sich, nur mit einem Lendentuch bekleidet, durch einen Bananenhain bewegten und Körbe mit Früchten trugen. Hügel auf Hügel, bewaldet und unberührt, versanken in der Stille. Ein paar Minuten noch blieben wir versteckt zwischen den Bäumen, dann gingen wir hinunter durch den Talgrund

und wieder in die Gärten hinauf, riefen auf Portugiesisch, dass wir Freunde seien. Die Frauen hielten an und beobachteten, wie wir näher kamen. Ich streckte meine Hände aus; sie schüttelten sie mit scheuem Lächeln. »Weiße Frau«, sagte ich. »Habt ihr die weiße Frau gesehen?« Mit den Händen ahmte ich Barbaras Größe und ihr langes Haar nach.

Sie lachten und wiesen den Hang hinauf, in den Wald hinter ihrem Rücken. Wir rannten wieder los, über die Anhöhe und in das nächste Tal hinunter. Wir strauchelten, schon erschöpft, durch das Tal, stolperten über Wurzeln und stießen gegen Bäume. Als wir um eine Windung des Pfads bogen, hielten wir an.

In einer an einem Bach gelegenen Lichtung saß oder kniete eine Gruppe Menschen, die honigfarbene Haut gekühlt von dem buntfleckigen Licht des Waldes. Die Frauen trugen Federn an den Ohren, waren bemalt mit Flecken und Streifen von Wildkatzen, und sie trugen die Schnurrhaare des Jaguars: ihre Nasen und Wangen waren von getrockneten Grashalmen durchbohrt. In der Mitte des Kreises saß Barbara, strahlend wie eine Blume im dunklen Grün des Waldes.

Sie drehte sie um und lächelte: »Schön, dass ihr es geschafft habt.«

Mit den jungen Yanomami gingen wir einen Pfad entlang, der zu ihren *malocas* führte: runde Gemeinschaftshäuser, die fast bis auf den Boden hinunter mit Palmblättern gedeckt waren. Ich zog Hemd und Schuhe aus – alle anderen waren so gut wie nackt – und setzte mich. Die Kinder scharten sich um mich, grinsten, kicherten, verbargen ihre Gesichter, wenn sie angeschaut wurden. Sie zogen an meinen Achselhaaren: die Yanomami besitzen keine. Man gab mir einen Pfriem grüner Blätter und als ich ihn unter meine Lippen schob und daran saugte, vergaß ich meinen Hunger.

Ein junger Mann bahnte sich einen Weg durch die Menge und gestikulierte, ich solle doch dabei helfen, die Gemeinschafts-*maloca* zu vergrößern: Ich sollte auf das Dach klettern und dort eine Plane anbringen, die die Gruppe von den Schürfern erhalten hatte. Ich stand ein paar Stunden auf dem Dach und flickte Löcher – unter Anleitung des jungen Manns. Als ich wieder unten war, fragte ich Barbara, warum er sich so herrisch aufführt.

»Er ist der Häuptling«, antwortete sie.
»Aber er ist doch gerade mal achtzehn.«
Sie warf einen Blick in die Runde. »Die älteren Männer liegen alle im Sterben oder sind tot.«

Die Hängematten im Wohnbereich der *maloca* waren von Kranken belegt. Als ich mich neben einen fiebernden Jungen setzte, brachen zwei alte Frauen durch den Schirm aus Bananenblättern, schwangen zuckend die Hüften, kreischten, fegten ihre Stöcke über den Boden, die Augen fest zugekniffen. Bevor ich aus dem Weg gehen konnte, wurde ich an den Knöcheln getroffen. Die Frauen stampften um die Hängematte, schrien und schlugen die Luft mit ihren Stöcken.

Das Gekreische ging noch fast den ganzen Tag weiter. Später erzählte man mir, dass Heilerinnen bei den Yanomami eigentlich unbekannt sind: Das war nur erklärlich, weil die Männer fehlten. Die alten Frauen führten mich zu einer Hängematte eines zwölf-, dreizehnjährigen Mädchens und machten mir vor, was ich tun sollte. Ich stampfte und schrie, wedelte mit den Armen durch die Luft, fegte etwas von der Oberfläche ihres Körpers und stieß es aus der *maloca* heraus. Von den zwei Frauen genötigt, tanzte und gellte ich schneller und lauter, stampfte und sprang über die Hängematte, bis ich fast ohnmächtig wurde und den Heilerinnen in die Arme fiel.

Als ich mich erholt und im Bach gewaschen hatte, brachten mir die Frauen etwas zu essen: Auf einem Bananenblatt hatten sie gebackene Kochbananen, Pilze und Käferlarven angerichtet, die Letzteren embryoartig zusammengekrümmt und sich noch windend. Meine Hände verharrten über dem Blatt. »Nur zu«, gestikulierten die Frauen. Ich klaubte eine Larve und öffnete den Mund.

Ich lehnte auf meinem Spaten und sah auf den Boden. An diesem garstigen Dezembertag – ich war erst seit Kurzem in Wales – holte mich die Kleinheit meines Lebens ein. Ich weiß nicht genau, wie es hatte passieren können, doch irgendwie führte ich plötzlich ein Leben, in dem schon das Einräumen des Geschirrspülers eine interessante Herausforderung darstellte.

Die Invasion Roraimas, deren Zeuge ich beinahe zwanzig Jahre zuvor gewesen war, steht für alles, was ich verabscheue. Armut und Verzweiflung hatten die Schürfer aus dem Nordosten Brasiliens, von denen viele aufgrund der Machenschaften von Geschäftsleuten und korrupten Beamten von ihrem Grund und Boden vertrieben worden waren, in die Minen getrieben. Doch die Leute, die das Ganze organisiert, die das Geld für den Bau der Landebahnen und den Kauf der Maschinen hatten, töteten und zerstörten aus reiner Gier. Wäre in Brasilien keine neue Regierung an die Macht gekommen und wären die Schürfer nach etlichen Monaten Verzögerung nicht aus dem Land der Yanomami vertrieben worden, hätte den Stamm das gleiche Schicksal ereilt wie die meisten derartigen Volksgruppen auf dem amerikanischen Doppelkontinent: Er wäre ausgelöscht worden. Der alten Regierung war dies bewusst gewesen. Der Genozid war nicht intendiert, er war nur eine unvermeidliche und kaum bedauerliche Folge ihrer Politik.

Und doch war ich von dem, was ich verabscheute, fasziniert, sogar als ich in den Goldminen war und die Schrecken der Invasion erlebte. Die Minen ließen die Metaphern, mit denen wir leben, zerplatzen. In den reichen Nationen betreiben wir unseren Goldhandel mit Zahlen und sind in unserem Trachten so sehr spezialisiert, dass wir Gefahr laufen, viele unserer Fertigkeiten zu verlieren. Gold war in den Minen Gold, und die Männer machten sich die Hände schmutzig – in jederlei Hinsicht. Konflikte wurden nicht durch gesetzliche Instrumente oder auf den Sofas von Fernsehstudios gelöst, sondern durch Schießereien in den Wäldern. All das war rauer, wilder und fesselnder als das Leben, das ich bis dahin geführt hatte, und als das Leben, das ich danach führen sollte.

J. G. Ballard hat uns daran erinnert, dass »die Vorstädte von Gewalt träumen. Eingelullt in ihre schläfrigen Villen, geschützt von wohlwollenden Einkaufszentren, wartet man dort geduldig auf die Alpträume, die sie in einer zornigeren Welt aufwachen lassen werden.«[2] Noch besitzen wir die Angst, den Mut, die Aggression, die einst entstanden sind, damit wir uns durch unser Streben und unsere Krisen erleben können. Und wir spüren noch immer den Drang, uns in ihnen zu üben. Doch unser sublimiertes Leben nötigt uns zur Erfindung von Herausforderungen als Ersatz für die Schrecken, derer wir verlustig gegangen sind. Die Folgen unserer Natur fürchtend, haben wir uns selbst eingehegt und führen aus Angst, andere zu reizen oder zu beschädigen, ein kleinlautes Leben. »So macht Gewissen Feige aus uns allen.«[3]

Die Sozialgeschichte der vergangenen zwei Jahrhunderte ist vor allem von der oft widerwilligen Entdeckung geprägt, dass andere Menschen gleich welcher Sprache, Hautfarbe, Religion oder Kultur ähnliche Bedürfnisse und Wünsche haben wie wir. Seit die Massenkommunikation jenen, deren Rechten wir einst keine Beachtung schenkten, Mittel an die Hand gegeben hat, für sich selbst zu sprechen und die Auswirkungen unserer Entscheidungen auf ihr Leben zu schildern, sehen wir uns zunehmend durch die nun unumgänglich gewordene Rücksicht auf die anderen eingeschränkt. Nicht minder wirksam ist heute das Wissen, dass so gut wie alles, was wir tun, Folgen für die Umwelt hat. Die durch die Technik ermöglichte Ausweitung unseres Lebens verleiht uns eine Macht über die natürliche Welt, die zu nutzen wir uns nicht länger leisten können. In allem, was wir tun, müssen wir heute auf das Leben der anderen Rücksicht nehmen, voller Bedachtsamkeit, Selbstbeschränkung und peinlicher Genauigkeit. Wir dürfen nicht länger leben, als gebe es kein Morgen.

In vielen Nationen wachsen mächtige Bewegungen heran von Menschen, die diese Einschränkungen ablehnen. Sie protestieren gegen Steuern, Gesundheits- und Sicherheitsbestimmungen, Handelsregulierungen, Rauchverbote, Tempolimits oder das Verbot von Schusswaffen. Aber vor allem rebellieren sie gegen Einschränkungen um des Umweltschutzes willen. Wie die Leute, die die Invasion des Yanomami-Landes vorangetrieben haben, treten sie Verbote, die einzuhalten uns der Anstand gebietet, mit Füßen. Sie sind der festen Meinung, sie könnten gleich, wessen Nase gerade im Weg ist, ihre Fäuste schwingen, als sei dies ein Menschenrecht.

Ich hege kein Bedürfnis, zu diesen Leuten zu gehören. Ich akzeptiere die Notwendigkeit von Beschränkungen, eines Lebens der Selbstbeschränkung und Sublimierung. Doch an diesem grauen Tag in Wales realisierte ich, dass ich so, wie ich bisher gelebt habe, nicht mehr weiterleben konnte. Ich konnte nicht einfach weiterhin am Schreibtisch sitzen und schreiben, für meine Tochter sorgen und nach dem Haus schauen, joggen, nur um fit zu bleiben, bloß etwas erstreben, was unsichtbar bleibt, die Jahreszeiten vorüberziehen sehen, ohne wirklichen Bezug dazu. Ich hatte diesem Leben zu wenig angeboten, dem Leben des Geistes,

> Dem, was sich nicht in unserm Nachruf findet
> Nicht in Aufzeichnungen, die die Spinne gütig überflort,
> Noch unterm Siegellack, den der Notar erbricht
> In unsern leeren Zimmern [4]

Ich glaube, ich war ökologisch gelangweilt.

Mir liegt nicht daran, die Zeit unserer Evolution zu romantisieren. Ich habe bereits länger gelebt, als die Lebensspanne der meisten Jäger-Sammler währte. Ohne Ackerbau, sanitäre Maßnahmen, Impfung, Antibiotika, Chirurgie und Augenoptik wäre ich schon tot. Wie ein Kampf um Leben und Tod zwischen mir, der ich kurzsichtig, einen Speer mit Steinspitze in der Hand, durch die Gegend stolpere, und einem riesigen wutschnaubenden Auerochsen enden würde, ist leicht abzusehen.

Untersucht man Ökosysteme der Vergangenheit, so zeigt sich, dass die Menschen, so rudimentär ihre Technologie und so klein ihre Zahl auch gewesen sein mag, beim Einfall in neue Gebiete schon bald viele der dort lebenden Wildtiere – insbesondere die größeren Tiere – ausgerottet hatten. Es gab keinen Zustand der Gnade, kein goldenes Zeitalter, in dem die Menschen in Harmonie mit der Natur gelebt hätten. Mir liegt auch nicht daran, zu den Opfer- und Hinrichtungsstätten jener Zivilisationen, die wir hinter uns gelassen haben, zurückkehren.

Schon gar nicht bin ich auf der Suche nach Authentizität: Das ist für mich kein brauchbarer oder sinnvoller Begriff. Selbst wenn es sie geben sollte, wäre sie *per definitionem* unmöglich zu erreichen, indem man sie erstrebt. Lediglich meinen Hunger nach einem reicheren, raueren Leben wollte ich stillen, in diesem Leben, das ich damals führte. Doch irgendwie musste ich diesen Drang mit dem Leben in Übereinstimmung bringen, das ich nicht so einfach aufgeben konnte: Mein Kind aufziehen, meine Hypotheken abbezahlen, die Rechte und Bedürfnisse meiner Mitmenschen respektieren, mich davon abhalten, der Natur Schaden zuzufügen. Erst als ich über ein selten gebrauchtes Wort stolperte, wurde mir klar, wonach ich suchte.

Das Wort ist noch jung, besitzt aber schon viele Bedeutungen! Als 2014 das Wort »Auswilderung« *(rewilding)* Eingang in die Lexika fand, war es schon heiß umstritten.[5] Als es geprägt wurde, meinte es das Freilassen von in Gefangenschaft gehaltenen Tieren in die Wildnis. Bald wurde die Bedeutung auch auf die Wiedereinführung von Tier- und Pflanzenarten in Habitate ausgeweitet, aus denen diese verdrängt worden waren. Manche Leute verwendeten das Wort nicht nur für die Wiedereinführung einzelner Arten, sondern die ganzer Ökosysteme: Wiederherstellung der Wildnis. Später wendeten Anarcho-Primitivisten das Wort auch auf das Leben des Menschen an und meinten damit ein Wildwerden der Menschen und ihrer Kulturen. Die zwei Bedeutungen, die für mich von Interesse sind, unterscheiden sich etwas von den genannten.

Die *Rückverwilderung* natürlicher Ökosysteme, die mich interessiert, bedeutet nicht den Versuch, sie in einen ursprünglichen Zustand zurückzuversetzen, sondern schafft die Voraussetzung, dass ökologische Prozesse wieder in Gang kommen. In Ländern wie dem meinen sind die Naturschutzbewegungen bei aller guten Absicht bestrebt, lebende Systeme in der Zeit einzufrieren. Sie versuchen, Tiere und Pflanzen davon abzuhalten, diese Systeme zu verlassen oder – falls sie nicht schon darin vorkommen – in sie einzudringen. Sie versuchen die Natur zu verwalten, wie man einen Garten pflegt. Viele Ökosysteme, etwa Heide- und Moorlandschaften, Hochmoore und Grasland, die man zu erhalten trachtet, werden von der niedrigen, buschigen Vegetation dominiert, die entsteht, wenn Wälder wiederholt gerodet und abgebrannt werden. Diese Vegetation wird von Naturschutzgruppen gehegt und gehätschelt; mit der intensiven Beweidung durch Schafe, Rinder und Pferde verhindern diese Gruppen die Umwandlung solcher Gebiete in Waldland – als hätten sich die Naturschützer im Amazonas entschlossen, anstatt des Regenwaldes die dortigen Rinderfarmen zu schützen.

Rückverwilderung erkennt an, dass Natur nicht nur aus einer Ansammlung von Arten besteht, sondern auch ihre stets veränderlichen Beziehungen untereinander und mit ihrer physischen Umgebung eine Rolle spielen. In dieser Sichtweise bedeutet das Anliegen, ein Ökosystem in seiner Entwicklung zu stoppen und in einem Status quo zu halten, es sozusagen wie ein Glas Gurken einzuwecken, soviel wie etwas zu schützen, das wenig Beziehung zur natürlichen Welt aufweist. Zu dieser Sichtweise haben im Übrigen die faszinierendsten wissenschaftlichen Entwicklungen der letzten Zeit beigetragen.

Ökologen haben in den vergangenen Jahrzehnten die Existenz breitgefächerter trophischer Kaskaden entdeckt. Dabei handelt es sich um Prozesse, die von Tieren an der Spitze der Nahrungskette ausgelöst werden und die bis an die unterste Ebene der Nahrungskette durchschlagen. Prädatoren und große Pflanzenfresser sind in der Lage, die Orte, an denen sie leben, umzuformen. In manchen Fällen verändern sie dabei nicht nur das Ökosystem, sondern auch die Bodenzusammensetzung, das Verhalten von Flüssen, die Chemie der Ozeane und sogar die Zusammensetzung der Atmosphäre. Befunde wie diese legen nahe, dass die natürliche Umwelt aus weit faszinierenderen und komplexeren Systemen besteht, als wir bislang dachten. Mit ihnen verändert sich unser Verständnis vom Funktionieren der Ökosysteme und sie stellen bestimmte Modelle des Naturschutzes radikal infrage. Zudem liefern sie ein stichhaltiges Argument für die Wiedereinführung großer Raubtiere und anderer verschwundener Arten.

Bei der Recherche zu diesem Buch bin ich mit der Hilfe Adam Thorogoods, eines visionären Försters, auf eine aufwieglerische Idee gestoßen, die mit Ausnahme einer beiläufigen Feststellung in einem Wissenschaftsartikel noch nirgendwo erörtert worden ist.[6] Ich hoffe, dass diese Idee dazu anregen wird, die Funktionsweise unserer Ökosysteme und auch das Ausmaß, in dem sie als naturgegeben wahrgenommen werden, neu zu bewerten. Wir glauben, dass es schlagkräftige Indizien für die Annahme gibt, dass sich zahlreiche in Europa heimische Bäume und Büsche unter dem Einfluss von Elefantenattacken entwickelt haben, die zu spezifischen Abwehrstrategien führten. Der europäische Waldelefant *(Elephas antiquus)*, der mit der heute noch in Asien lebenden Art verwandt war, lebte in Europa bis vor etwa 40 000 Jahren, das ist kaum mehr als ein Ticken der Evolutionsuhr.[7] Er starb wahrscheinlich durch Überjagung aus. Wenn die Indizien tatsächlich so stringent sind, wie es scheint, dann legen sie nahe, dass diese Art die gemäßigten Zonen Europas dominierte. Unsere Ökosysteme sind offenbar an den Elefanten angepasst.

Mir liegt es allerdings fern, die Landschaften oder Ökosysteme der Vergangenheit wieder erschaffen, ursprüngliche Wildnis – als sei dies möglich – wiederherstellen zu wollen. Rückverwilderung heißt für mich, dem Drang, die Natur kontrollieren zu müssen, zu widerstehen und ihr stattdessen die Möglichkeit einzuräumen, sich ihren eigenen Weg zu suchen. Dazu gehört, verschwundene Pflanzen und Tiere wieder einzubürgern (und in einigen Fällen exotische Arten, die nicht der einheimischen Tierwelt angehören können, auszumerzen), Zäune abzubauen, Entwässerungsgräben zu schließen, aber ansonsten den Dingen ihren Lauf zu lassen. Auf dem Meer bedeutet es, die kommerzielle Fischerei und andere Formen der Ausbeutung auszuschließen. Die entstehenden Ökosysteme sind dann weniger als Wildnis, sondern als selbstgesteuert zu beschreiben: Nicht vom Menschen beherrscht, sondern von ihren eigenen Prozessen gelenkt.*
Rückverwilderung kennt keine Ziele, besitzt keine Anschauung darüber, wie ein »richtiges« Ökosystem oder ein »richtiges« Artengefüge

---

*Der Ausdruck wurde von Jay Hansford Vest geprägt. Siehe Jay Hansford Vest, »Will-of-the-Land: Wilderness among Primal Indo-Europeans«, in: *Environmental Review*, Bd. 9, Nr. 4, (Winter 1985), S. 323–329. Er ist von Dr. Mark Fisher, dessen Arbeit für das Zustande-kommen dieses Buchs nicht unwesentlich war, propagiert worden.

auszusehen hätte. In ihr ist kein Trachten, aus dem eine Heide, eine Wiese, ein Regenwald, ein Kelpgarten oder ein Korallenriff hervorgehen soll. Es ist die Natur, die entscheidet.

Die in unserem veränderten Klima, auf unseren ausgelaugten Böden entstehenden Ökosysteme werden anders aussehen als die in der Vergangenheit vorherrschenden. Wohin sie sich entwickeln, ist nicht vorhersehbar – ein Grund auch, warum dieses Projekt so spannend ist. Wo sich der Naturschutz allzu oft an der Vergangenheit orientiert, blickt die so verstandene Rückverwilderung in die Zukunft.

Die Rückverwilderung von Land und Meer könnte selbst in ausgelaugten Regionen wie in Großbritannien und Nordeuropa Ökosysteme produzieren, die so überreich und faszinierend sind wie jene Gegenden, die zu Gesicht zu bekommen Enthusiasten um den halben Globus reisen. Ich hoffe zudem, dass durch diese Strategie der Aufenthalt in einer großartigen, freilebenden Tierwelt für jedermann möglich wird.

Mich interessieren, wie gesagt, zwei Definitionen der Rückverwilderung. Die zweite ist die Rückverwilderung des menschlichen Lebens. Sehen manche Primitivisten einen Konflikt zwischen der zivilisierten und der wilden Welt, hat die Rückverwilderung, wie ich sie im Auge habe, nichts mit dem Abstreifen der Zivilisation im Sinn. Ich bin der Überzeugung, dass wir die Vorzüge einer avancierten Technik ebenso genießen können wie ein Leben, das mehr an Abenteuer und Überraschungen bietet. Bei der Rückverwilderung geht es nicht darum, die Zivilisation aufzugeben, sondern sie zu verbessern. Es gilt, »nicht den Menschen abgewandt, doch mit Natur vertrauter« zu werden.[8]

Würde man eine ausgefeilte, von hohen Ernteerträgen gestützte Ökonomie aufgeben, wäre das katastrophal. Bevor der Ackerbau auf der Britischen Insel begann, hat sie offenbar höchstens 5000 Menschen ernährt.[9] Wenn diese Menschen gleichmäßig verstreut gewohnt hätten, hätte jede Person 54 Quadratkilometer beansprucht, eine Fläche, die etwas größer ist als das Stadtgebiet von Southampton (das heute 240 000 Einwohner beherbergt).[10] Das war anscheinend die Anzahl der Menschen, die sich durch Jagen und Sammeln ernähren ließ. (Gleichwohl haben die Männer und Frauen der Mittelsteinzeit das Vorkommen großer Säugetiere beträchtlich reduziert.) Ich habe Primitivisten getroffen, die mit der Fantasie liebäugelten, zu einer Jäger-und-Sammler-Ökonomie zurückzukehren. Allerdings würde dies die Eliminierung fast aller Menschen voraussetzen.

Aus dem gleichen Grund bin ich der Auffassung, dass eine extensive Rückverwilderung nicht auf ertragsfähigem Land erfolgen sollte. Sie kommt besser an Orten zur Anwendung, an denen die Ertragsfähigkeit so niedrig ist, dass Ackerbau nur noch aufgrund der Großzügigkeit der Steuerzahler stattfinden kann, insbesondere etwa in den Bergregionen. Da aufgrund mangelnder Finanzierung die Grundversorgungsleistungen allerorts in Europa (und in einigen anderen Teilen der Welt) gekappt werden, können Landwirtschaftssubventionen in ihrer heutigen Form sicherlich nicht länger ausbezahlt werden. Ohne sie allerdings kann man sich schwerlich vorstellen, wie der Landbau in den genannten Regionen noch aufrecht erhalten werden soll: zum Guten oder Schlechten wird er nach und nach aus den Bergregionen verschwinden.

Für manche Leute bedeutet Rückverwilderung den Rückzug des Menschen aus der Natur; für mich bedeutet sie seine neuerliche Einbindung. Ich würde nicht nur gerne eine Wiedereinführung von Wolf, Luchs, Vielfraß, Biber, Wildschwein, Elch, Wisent und – vielleicht eines Tages, in ferner Zukunft – von Elefanten und anderen Arten erleben, sondern auch von Menschen. In anderen Worten: Ich sehe in der Rückverwilderung eine verbesserte Möglichkeit für den Menschen, sich mit der natürlichen Welt zu verbinden und sich an ihr zu erfreuen.

Verwildert nimmt auch jenes Leben ins Visier, das wir nicht mehr führen können, so wie die – oft unabdingbaren – Zwänge, die uns davon abhalten, unsere vernachlässigten Fähigkeiten zu üben. Es legt dar, wie ich selbst versucht habe, innerhalb dieser Zwänge mein eigenes Leben wieder wilder zu machen und der ökologischen Langeweile zu entrinnen. Mit Sicherheit bin ich nicht der Einzige, der ein unerfülltes Bedürfnis nach einem wilderen Leben verspürt, und ich möchte behaupten, dass dieses Bedürfnis zu einer bemerkenswerten kollektiven Wahnvorstellung geführt haben dürfte, an der heute tausende Menschen leiden und die in der fast perfekten Abkapselung des Wunsches nach einem weniger gebändigten, weniger vorhersehbaren Ökosystem zu bestehen scheint.

Wenn Sie mit Ihrem Leben in all seinen Facetten zufrieden sind, wenn es bereits so bunt und überraschend ist, wie Sie es sich immer gewünscht haben, wenn das Entenfüttern schon das höchste der Naturgefühle ist, das sie erleben möchten, dann ist dieses Buch wahrscheinlich nichts für Sie. Wenn Sie aber, wie manchmal ich, das Gefühl haben, Sie kratzten an den Mauern Ihres Lebens, wenn Sie hoffen, einen Ausweg in eine hinter den Mauern liegende größere Welt zu finden, dann dürften Sie in diesem Buch etwas entdecken, in dem Sie sich wiedererkennen. Wie wir unseren Platz in der Welt verorten, ihre Ökosysteme verstehen und die Mittel, mit denen wir uns mit ihnen verbinden können, wahrnehmen, möchte ich auf den Prüfstand stellen.

Damit hoffe ich, zu einem positiven Umweltschutz zu ermutigen. Die lebenden Systeme der Erde haben im zwanzigsten und frühen einundzwanzigsten Jahrhundert eine von Zerstörung und Entwürdigung gekennzeichnete Behandlung erfahren. In dem Versuch, dieses Gemetzel zu stoppen, haben Umweltschützer deutlich erklärt, welche Dinge die Menschen unterlassen sollten. Das Argument, das wir anführten, lautete, dass bestimmte Freiheiten – die Freiheit, der Umwelt Schaden zuzufügen, sie zu verschmutzen und zu vergeuden – eingeschränkt werden müssten. Für Verfügungen dieser Art gibt es gute Gründe, im Gegenzug aber hatten wir bisher nur wenig zu bieten. Wir haben lediglich darauf gedrungen, dass die Leute weniger konsumieren, weniger reisen, nicht unbekümmert, sondern mit Bedacht leben, den Rasen nicht betreten sollen. Da wir keine neuen Freiheiten im Austausch gegen die alten anzubieten haben, werden wir oft für Asketen, Spielverderber und Pedanten gehalten. Wir wissen, wogegen wir sind; jetzt heißt es erklären, wofür wir eintreten.

Verwildert tritt für einen Umweltschutz ein, der die Lebensdimension der Menschen nicht einschränkt, sondern erweitert, ohne das Leben anderer oder die Textur der Biosphäre zu beschädigen, und zieht dabei Regionen in Wales, Schottland, Slowenien, Polen, Ostafrika, Nordamerika und Brasilien als Fallstudien heran, an denen die Praxis zeigt, was gut oder schlecht funktioniert. Einen Umweltschutz, der im Austausch gegen Freiheiten, die wir einzuschränken versuchen, neue anbietet. Einen, der große Land- und Meeresgebiete auf seiner Zukunftsagenda hat, die sich selbst regulieren, Orte, die wieder von dort verschwundenen wilden Tieren bevölkert werden und an denen wir frei umherstreifen können.

Vielleicht am wichtigsten: Es ist ein Umweltschutz, der Hoffnung bietet. Die Rückverwilderung sollte den Schutz bedrohter Orte und Arten nicht ersetzen; die Geschichte, die sie vorbringt, lautet allerdings, dass der ökologische Wandel nicht immer die gleiche Richtung einzuschlagen hat. Im zwanzigsten Jahrhundert hatte der Umweltschutz einen stummen Frühling vorausgesehen, wobei die weitere Beeinträchtigung der Biosphäre unausweichlich schien. Die Rückverwilderung bietet Hoffnung auf einen geräuschvollen Sommer, in dessen Verlauf zumindest in manchen Weltteilen zerstörerische Prozesse eine Umkehrung erfahren.

Wie alle Visionen muss auch die Rückverwilderung fortwährend infrage gestellt und auf ihre Folgen abgeklopft werden. Sie sollte nur mit der Zustimmung und dem Enthusiasmus derjenigen erfolgen, die auf dem betreffenden Land arbeiten. Sie darf auf keinen Fall als Instrument der Enteignung und Zwangsräumung benutzt werden. Ein Kapitel des Buchs beschreibt erzwungene Rückverwilderungsmaßnahmen, wie sie hie und da auf der Welt stattgefunden haben, sowie die menschlichen Tragödien, die mit ihnen einhergehen. Rückverwilderung sollte zum Wohl der Menschen stattfinden und nicht um einer Abstraktion willen, die wir als Natur bezeichnen. Sie sollte die Welt, in der wir leben, verbessern.

Die Recherchen zu diesem Buch sind ein großes Abenteuer gewesen: seine Themen gehören zu den bezauberndsten, denen ich je nachgegangen bin. Sie haben mich an wilde Orte geführt, mich mit dem wilden Leben und mit leidenschaftlichen Menschen in Kontakt gebracht. Durch sie bin ich mit überaus faszinierenden Erkenntnissen im Bereich der Biologie, der Archäologie, der Geschichte und der Geographie in Berührung gekommen. Sie haben mein Leben tiefgreifend verändert. Bisweilen kam es mir bei meinen Nachforschungen vor, als würde ich, wie in der Erzählung vom König von Narnia, durch einen Kleiderschrank in eine andere Welt treten. Die hier erzählte Geschichte beginnt eher sachte in dem Bemühen, mich mit den Ökosystemen direkt vor meiner Haustür zu beschäftigen und in ihnen etwas von dem unbändigen Geist zu entdecken, den ich so gerne wiedererstehen lassen würde. Wenn Sie sich bitte durch die Mäntel und Kleider schieben wollen, wir treffen uns dort.

2) Wilde Jagd

Ich muss wieder hinab zum Meer, zum einsamen Meer und dem Himmel / Und ich brauche nur ein großes Schiff und einen Stern, nach dem ich steuern kann.

John Masefield, *Seefieber* [1]

Am Flussufer neben der alten Eisenbahnbrücke belud ich mein Boot. Ich band ein Rolle an ihm fest, die ich aus Haselstangen gemacht, mit orangener Schnur umwickelt und mit einer Auswahl Lamettaködern versehen hatte. Ich zurrte eine Flasche Wasser und einen Holzknüppel an die links und rechts von meinem Sitz angebrachten Schlagleisten und befestigte das Paddel mit einer Leine am Boot: Alles, was nicht festgebunden ist, könnte leicht verloren gehen. In den Taschen meiner Schwimmweste befanden sich Ersatzköder, Wirbel und Gewichte, ein Schokoladenriegel, ein Messer und für den Fall, dass ich gestochen wurde, ein Feuerzeug.

Ich setzte meine Füße in das braune Wasser. Es drang in meine Tauchschuhe ein und durchtränkte meine Socken. Den ganzen Tag lang würde es meine Füße warm halten. Ich stieß das Boot in tieferes Wasser, schwang mich hinein und legte flussabwärts ab. Zwei Brachvögel pickten und stocherten am Ufer entlang. Eine Schwanenfamilie mühte sich, kleine Bugwellen aufwerfend, gegen die Strömung. Bald erreichte ich das schnell sprudelnde Wasser in den Untiefen nach dem ersten Mäander. Wolkig bäumte es sich über den Felsen auf, schoss zwischen ihnen hindurch und zerstob zu gischtigen Mähnen. Ich raste durch die Stromschnellen, hüpfte über die Wasserkissen an den Felsbrocken, fühlte mich lebendig und frei. Dann erreichte der Fluss den Strand, wo er sich zu einem flachen Fächer verbreitete. Ich fand einen Kanal, der gerade tief genug war, um mich zu tragen, und glitt in die erste Welle hinein, die das Kajak überspülte und mich dann passieren ließ. Die weiteren Brecher schwemmten abwechselnd über den Bug oder hoben das Boot, um es mit einem Beben wieder ins

Wasser krachen zu lassen. Ich paddelte mit aller Kraft, tauchte unter, tauchte wieder auf, stürzte in die Wellentäler und schob mich durch die brechenden Wellen in die dahinterliegenden rollenden Wasser.

Ich drehte mich noch einmal um, prägte mir die Landmarken der Küste ein und fuhr auf das offene Meer. Ein schwacher unregelmäßiger Wellengang mit Schaumkronen hie und da. Die Wogen sahen aus wie abgeplatzter Flintstein. Ihre muschelig facettierten Kämme glitzerten im Sonnenlicht. Mir voraus segelte ein Eissturmvogel bis beinahe auf die Wasserfläche hinab, machte eine halbe Rolle und schwang sich wieder fort in die Höhe.

Ich ließ die Leine aus, platzierte die Rolle neben meinen Fuß und führte die Schnur kurz unter dem Knie über mein Bein. Beim Paddeln konnte ich das Blei über die Steine des Riffs holpern fühlen. Hin und wieder spannte sich die Leine und ich zog sie hinauf, fand aber an den Haken nichts als Klumpen krustigen rosafarbenen Korallenmooses oder ledrige Seetangschnüre, die manchmal bis zu vier Meter lang waren. Einen knappen Kilometer von der Küste entfernt überquerte ich eine Schar fliederfarbener Quallen. Sie sahen fast wie Ölflecken aus, eine blasse zweidimensionale Ausfärbung des Wassers, aber hin und wieder hob der Wind sie an und sie stießen fett und gummiartig durch die Oberfläche. Zu Tausenden strömten sie unter dem Boot hindurch. Manche trugen orangefarbene Nematozysten auf ihren Tentakeln. Mit ihren Segmenten und samenartigen Strukturen sahen die Tiere aus wie aufgeplatzte Feigen.

Auf der anderen Seite des Riffs drehte ein Krebsfischer seine einsamen Runden, zog seine Reusen hoch, versah sie mit neuen Ködern und ließ sie wieder an der Leine ins Wasser, während sein Boot langsam von Boje zu Boje tuckerte. Über einen Kilometer Meer hinweg konnte ich den Köder riechen und den Diesel. Der Fischer dampfte wieder in Richtung Küste davon und ich war allein.

Je näher ich dem Rand des Riffs kam, desto höher stieg der Wellengang. Die Leine suchte sich ihren Weg durch das Meer wie eine Erweiterung meiner Sinne, eine an meine Haut geheftete Antenne, die zuckte und zitterte. Von Zeit zu Zeit ruckte die Rolle und auf meinem Knie straffte sich die Schnur, doch wenn ich anhielt und zog, spürte ich, sobald die Welle, die die Leine angehoben hatte, vorbeigerollt war, lediglich das Gewicht zurücksinken. Ich befand mich jetzt einen guten Kilometer, vielleicht etwas mehr, von der Küste entfernt, aber wonach ich suchte, hatte ich noch nicht gefunden. Immer wenn ich damit in Berührung kam, schien es ein bisschen weiter vom Land entfernt als zuvor.

Einen Kilometer hinter dem Riff zog ein Basstölpel an mir vorbei. Er stieg ein paar Meter in die Luft, legte seine Flügel an und stieß wie ein Pfeil ins Wasser, eine Gischtfahne aufwerfend. Er schwamm auf der Oberfläche und verschlang, was er gefangen hatte, flog auf und tauchte erneut. Ich nahm die Verfolgung auf, die Leine aber schlingerte schlaff durch das Wasser. Der Himmel hatte sich zugezogen, der Wind war heftiger geworden und nun begann Regen niederzuprasseln. Das Meer fühlte sich an wie ein halb erstarrtes Gelee.

Ich paddelte drei Stunden lang in westlicher Richtung, direkt hinaus aufs Meer. Das Land war nur noch ein olivgrüner Schmierstreifen, die Küstenstadt im Süden eine undeutliche, blasse Linie. Die Wellen nahmen an Höhe zu und der Regen prasselte in mein Gesicht wie Vogelschrot. Ich hatte mich nun zehn, elf Kilometer weit von der Küste entfernt, weiter als je zuvor. Aber noch immer hatte ich den Platz nicht gefunden.

Am Horizont entdeckte ich eine Schar dunkler Vögel. Überzeugt, dass sie auf Fische gestoßen waren, erhöhte ich mein Tempo auf Rammgeschwindigkeit. Die Vögel verschwanden, tauchten wieder auf, wirbelten ein paar Fuß über dem Wasser. Beim Näherkommen sah ich, dass es Sturmtaucher waren, etwa fünfzig an der Zahl, die aufstiegen, kehrtmachten und wieder auf dem Meer landeten. Eine Handvoll Vögel löste sich aus der Schar und umkreiste mich. Ihre samtig schwarzen Flügel streiften beinahe die Wellen. Sie waren so nahe, dass ich den Schimmer in ihren Augen sehen konnte. Sie fraßen nicht – hielten bloß Ausschau. Das vage Einsamkeitsgefühl, das mich beschlichen hatte, je weiter ich mich vom Land entfernte, zerstreute sich.

Die Vögel ließen sich wieder auf dem Wasser nieder und ich hielt nur wenig entfernt von ihnen an. Kein Geräusch war zu hören, nur das Schlagen der Wellen und der Wind, der in hohen Tönen und kaum vernehmbar durch am Boot befestigte Gummischnüre pfiff. Die Vögel waren stumm.

Jedes Mal, wenn ich auf das Meer hinausfahre, suche ich nach diesem bestimmten Platz, einem Platz, an dem ich eine Art Frieden spüre, wie ich ihn auf dem Land nie erlebt habe. Andere finden ihn in den Bergen, in Wüsten oder in der methodischen Ruhigstellung ihrer Gedanken durch Meditation. Mein Platz jedoch war hier; ein Hier, das stets anderswo war, sich aber immer gleich anfühlte; ein Hier, das sich mit jeder Ausfahrt weiter von der Küste zu entfernen schien. Auf meinen Handrücken hatte das Salz Krusten gebildet, meine Finger waren rissig und runzelig. In meinen Gedanken verfing sich der Wind, von den Wellen wurde ich geschaukelt. Nichts existierte außer dem Meer, den Vögeln, der Brise. Mein Kopf war wie leer geblasen.

Ich legte mein Paddel ab und beobachtete die Vögel. Sie traten das Wasser, hielten die Distanz zwischen uns. Regen trommelte in Böen gegen meine Stirn. Die Wellen, die jetzt höher waren, hoben Bug und Heck und schwangen das Kajak herum: Ich musste das Paddel wieder in die Hand nehmen und das Boot gelegentlich in den Wind drehen. Auf der Oberfläche der Wellen ließen die Regentropfen kleine Sporne emporwachsen. Hier war mein Schrein, ein Ort der Geborgenheit, wo mich das Wasser wiegte, an dem ich mich von Wissen frei machte.

Nach einer Weile bewegte ich mich langsam nach Süden parallel zu der in der Ferne liegenden Küste. Ich fuhr etwa anderthalb Kilometer, hörte mit dem Paddeln auf und ließ mich vom Wind tragen. Ich hätte mich bis ans Land treiben lassen können, aber mir wurde kalt und ich nahm das Paddeln wieder auf. Ich war jetzt so müde, dass das Meer, obwohl ich den Wind im Rücken hatte, sich holprig und steif anfühlte.

Etwa fünf Kilometer von der Küste entfernt kam ich an zwei Lummen vorbei; sie tauchten ihre Schnäbel ins Wasser und richteten sich gelegentlich auf, um mit ihren Flügeln zu schlagen. Als ich an ihnen vorbeipaddelte, streckten sie ihre Köpfe in die Luft und beobachteten mich aus ihren Augenwinkeln, ohne jedoch vom Meer aufzufliegen. Gleich danach spürte ich ein scharfes unmissverständliches Zerren an meinem Knie. Ich riss an der Leine und holte sie Hand um Hand ein. Ich meinte fast, so etwas wie das elektrische Sirren der Schnur zu hören. Als das Vorfach in Bootsnähe kam, ruckte es wie verrückt hin und her. Tief unten im Grün sah ich etwas Weißes aufblitzen und kurz darauf zog ich den Fisch ins Boot. Er hüpfte über das Deck und trommelte dann mit raschen Zuckungen auf das Plastik. Ich brach ihm das Genick.

Der Rücken der Makrele hatte das gleiche tiefe Smaragdgrün wie das Wasser, war mit schwarzen Streifen versehen, die auf dem Kopf aufbrachen und verwirbelten. Der Bauch war weiß und gespannt, verengte sich zu einem schlanken Stiel und dem knapp gegabelten Schwanz eines Mauerseglers. Das Auge des Fischs war eine Scheibe aus kaltem Gagat. Mein Raubtiergenosse, kaltblütiger Dämon, mein Bruder und Schüler des Orion.

Einen guten Kilometer weiter fühlte ich erneut ein kaum merkliches Zucken an der Leine. Ich nahm sie auf und zog, aber da war nichts. Ich zog erneut und sie wurde mir fast aus der Hand gerissen. Was auch immer daran gezupft hatte, es war zurückgekommen, als es die Köder aufsteigen sah. Es fühlte sich anders an: schwerer und nicht so ungleichmäßig. Das aufblitzende Weiß zeigte mir, dass ich drei Fische hatte – die komplette Hakenreihe. Ich holte sie ein, versuchte, als sie auf dem Boot landeten und sich herumwarfen, die Leine freizuhalten: Eine kurze Unaufmerksamkeit und ich wäre zwanzig Minuten mit der verhedderten Schnur beschäftigt. Sobald ich die Fische verstaut hatte, wendete ich das Boot und paddelte dorthin zurück, wo sie mir an den Haken gegangen waren. Ich kreiste auf dem Wasser, konnte aber keinen Schwarm entdecken.

Ich aß meine Schokolade und paddelte weiter. Einen Moment lang brach die Sonne durch und das Meer verwandelte sich in frisch geschmolzenes Blei. Dann zogen sich die Wolken wieder zu und es regnete erneut.

Einen knappen Kilometer vor der Küste traf ich auf einen kleinen Schwarm und zog ein halbes Dutzend Makrelen ins Boot. Dann fand ich mich in einem Band voller Quallen wieder, die stellenweise so dicht gepackt waren, dass es kaum noch Wasser zu geben schien. Sie zogen unter meinem Boot in einer gerade mal einen Meter breiten Kolonne hinaus aufs offene Meer. Sporadisch kamen die Makrelen nach oben, in Zweier- und Dreiergruppen. Eine Strömungslinie vielleicht, was erklären würde, warum die Raubfische sich um diesen Streifen geschart hatten: Wie die Quallen war das Plankton von einer sanften Kabbelung zusammengetrieben worden und die Beutefische waren ihm gefolgt.

Ich sah den Mondquallen zu, die übereinanderrollten wie die Blasen in einer Lavalampe. An einer Stelle war die Prozession unterbrochen. Ein paar Meter klares Wasser, dann zuckte ich angesichts einer blassen hässlichen Qualle etwas zusammen, ein monströses und gespenstisches Ding, das das nächste Bataillon anführte. Ich brauchte einen Moment, bis ich erkannte, dass es sich um eine Plastiktüte handelte, vom Wasser prall aufgeblasen, der Quallenkönig, dem die Untertanen hinaus in die See folgten.

Ich trieb mit ihnen, lupfte und senkte die Leine. Sobald ich paddelte, stießen die Quallen gegen die Schnur, was mich wieder anhalten ließ, um das Signal zu überprüfen, um zu sehen, welche Lebensform ihre Botschaft aus dem Dunkel heraufmorste. Eine Schwarmkugel entdeckte ich nicht.

Warum die Makrele in jenem Jahr so spärlich erschienen war, darüber gab es wie häufig bei solchen Dingen ebenso viele Meinungen, wie es Leute gab, die man fragen konnte. Ein Fischhändler vor Ort berichtete mir sehr überzeugend von einem monströsen Schiff, das in der Irischen See unterwegs sei und nicht mit einem Netz, sondern mit einem Vakuumschlauch arbeitete, der die Makrelen und alles, was ihm sonst noch in den Weg kommt, aufsauge. Das Ganze würde dann zu Fischmehl vermahlen und als Dünger und Tierfutter verwendet. Das Schiff habe eine von der Umweltbehörde ausgestellte Lizenz und dürfe 500 Tonnen Makrelen pro Tag fangen und habe zudem von der Europäischen Kommission Subventionen in Höhe von 13 Millionen Pfund erhalten. Ich überprüfte die Geschichte und stellte rasch fest, dass die Umweltbehörde auf See keine Rechtskraft hat, dass Vakuumschläuche nicht zum Fischen eingesetzt wurden, sondern um den Fang aus den Netzen zu saugen, dass in der Irischen See keine Fischmehloperation im Gange war und dass es kein einziges Schiff mit einer Lizenz über so viele Tonnen gibt. Ansonsten aber war die Erklärung makellos.

Andere schrieben die Schuld den Delfinen zu, die in jenem Jahr in größerer Zahl als sonst in die Bucht gekomen seien (die Aufzeichnungen belegen eher das Gegenteil), oder den seit Ende Mai vorherrschenden Nordwestwinden, die wohl die Schwärme auseinandergerissen hätten. Einige Leute verwiesen auf die sogenannten schwarzen Anlandungen durch eine Gruppe betrügerischer Fischer aus Schottland (sie hätten über die Quote hinaus Makrelen und Heringe im Wert von 63 Millionen Pfund angelandet),[2] andere auf das Versagen der Europäischen Union, Norwegens, Islands und der Färöer, die jetzt, da die Schwärme im Winter weiter gen Norden zögen, falsche Entscheidungen hinsichtlich der Fangmengen der einzelnen Nationen getroffen hätten;[3] oder es wurde der Überfischung der Biskaya durch die spanische Fischereiflotte zugeschrieben, die vor Kurzem fast das Doppelte der erlaubten Quote in ihren Netzen gehabt hätte.

Ich konnte bislang nicht mit Sicherheit feststellen, ob die in die Cardigan Bay wandernden Fische zu der gleichen Population gehören wie die, die in anderen Gewässern einem immensen Fangdruck ausgesetzt waren. Jedenfalls sind die in die Bucht kommenden Makrelen selbst in besseren Jahren, wenn man in etwa einer Stunde 100 oder 200 Fische an Bord ziehen kann, die zerfledderten Reste einer einst gewaltigen Population. Sie könnten sich noch daran erinnern, sagen die örtlichen Fischer, dass die Schwärme früher bis zu fünf Kilometer lang gewesen seien; heute könne man von Glück reden, wenn man einem Schwarm begegnet, der hundert Meter lang ist. Die Europäische Union klassifiziert den Makrelenbestand in der Irischen See als »innerhalb sicherer biologischer Grenzen«,[4] was allerdings mehr über unsere verminderten Erwartungen hinsichtlich einer gesunden Population als über den Zustand der Art aussagt.

Ein weiteres Stoßen an der Leine, und ich zog einen kleinen braunen Fisch heraus. Ich zögerte, bevor ich ihn ins Boot schwang. An diesem Küstenstrich werden braune Fische nur mit Vorsicht eingeholt, denn sie könnten zu der für Angler gefährlichsten Art in britischen Gewässern gehören.

Zum ersten Mal kaschte ich einen bei meiner Jungfernfahrt in die Cardigan Bay. Ich hatte Makrelen gefangen, die wild herumschlugen, als ich sie am Haken hatte. Aber dieses Ding blieb unten und schüttelte den Kopf. Die Schwingungen waren über die Leine zu spüren. Ich brachte es an die Oberfläche und sah, dass es 40 bis 50 Zentimeter lang war, eher bleich und braun-weiß gefleckt.

Als ich es aus dem Wasser zog, begann es sich wie verrückt hin- und herzuwerfen. Ich schwang es in Richtung meiner freien Hand, aber gerade als ich es ergreifen wollte, schrillte ein uralter, tief in den Basalganglien eingegrabener Alarm. Ich ließ den Fisch in das Boot fallen und inspizierte ihn, als er auf dem Deck zappelte. Ich hatte gedacht, jede in den britischen Gewässern vorkommende Art zu kennen, aber so etwas hatte ich noch nie gesehen. Ein grün und purpur leuchtender Flossensaum lief den ganzen Körper entlang. Die Seiten waren mit Schlängellinien gezeichnet, Glupschaugen oben auf seinem Kopf und ein riesiges nach oben gerichtetes Maul. Dann, plötzlich, von einem lang vergessenen Buch oder Plakat herrührend, hatte ich den Namen im Kopf.

Es gab zwei Arten. Der Fisch gehörte nicht der kleineren Art an, die sich bei Ebbe im Sand versteckt und die Ferien von barfuß laufenden Kindern ruinieren kann. Es war ein Großes Petermännchen, das, wie ich später gelesen habe, erwachsene Männer vor Schmerz zum Weinen und Toben bringt. Wie die Viperqueise, die kleinere Art, besaß es drei giftbewehrte Stachel in seiner Rückenflosse und eine auf jedem Kiemendeckel. Wenn ein Stich nicht gleich behandelt wird, können die Schmerzen über Tage andauern. Eine Frau aus der Gegend, die auf einem gecharterten Boot angelte, setzte sich aus Versehen auf einen dieser Fische, den jemand auf Deck abgelegt hatte, und musste sechs Wochen im Rollstuhl verbringen. Ich habe einen Mann getroffen, der sechs Monate lang seine linke Hand nicht bewegen konnte. Es sind nur wenige Todesfälle durch Petermännchen bekannt, doch wenn man in einem Kajak gestochen wird und keine Gegenmittel zur Verfügung hat, wird man kaum aus eigener Kraft zurück an Land gelangen. Schmerz und Schock machen das Paddeln absolut unmöglich.

Nachdem ich fast aus dem Boot gefallen war, schaffte ich es, das seltsame Geschöpf vom Haken zu schütteln. Seither habe ich stets einen Holzknüppel dabei. Wann immer ich ein Petermännchen fange, ziehe ich es gegen die Seite des Kajaks und verpasse ihm einen heftigen Schlag. Es hat festes weißes Fleisch, das eine exzellente Bouillabaisse oder ein hervorragendes Curry ergibt. Im Mittelmeer dürfen die Angler auf den Charterbooten alle Fische, die sie fangen, behalten – mit Ausnahme der Petermännchen, die die Crew für sich beansprucht.

In der Saison zuvor gab es Zeiten, an denen ich Petermännchen in größerer Zahl geangelt habe als Makrelen. Auf dem Boot bin ich nie gestochen worden, doch eines Tages, als ich, zurück am Ufer, den Fisch filetierte, während mein Partner ein Feuer in den Dünen machte, rutsche ich mit der Hand aus und rammte meinen Daumen in einen Stachel. Es fühlte sich an, als hätte ich meinen Daumen auf eine Werkbank platziert, einen Hammer geschwungen und so heftig wie möglich zugeschlagen. Ich erstarrte vor Schmerz und spürte voller Panik eine sich durch den Arm über die Schulter bis zur Brust ausbreitende Taubheit. Obwohl mein Gehirn von rotglühendem Schmerz überflutet war, begann es zu arbeiten. Die Stiche von Petermännchen werden am besten mit heißem Wasser behandelt, was so schnell wie möglich geschehen muss. Am Strand gab es kein heißes Wasser. Da aber Haut wasserabweisend ist, konnte der erwünschte Effekt nicht vom Wasser ausgehen. Es musste die Hitze sein. Das Gift musste hitzeempfindlich sein. Und es spielte keine Rolle, woher die

Hitze kam. Wo gab es Hitze? Mit nervösem Blick suchte ich die Gegend ab und sah den Rauch zwischen den Dünen aufsteigen.

Ich rannte, über meinen Arm gebeugt, den Strand hinauf, sprang über die Dünen und stieß meinen Daumen in die Flammen. Mein Partner starrte mich an, als hätte ich den Verstand verloren. Doch die Wirkung war bemerkenswert. Binnen einer Minute begann der Schmerz abzuklingen. Ich hielt meinen Daumen so nah ans Feuer, dass er beinahe versengte; der von den Flammen verursachte Schmerz war weniger heftig als der vom Gift herrührende. Schon bald beruhigten sich meine in Aufruhr befindlichen Nerven. Die Taubheit ließ nach und innerhalb einer halben Stunde fühlte ich mich wieder so wohl wie vor dem Moment, als ich mir den Stachel eingerammt hatte.

Bei dem Fisch allerdings, den ich nun ins Boot zog, handelte es sich nicht um ein Petermännchen. Er hatte eine hohe rechteckige Stirn, ein zartes schnabelförmiges Maul, damastene, kastanienbraune und mit Gold durchsetzte Flanken sowie zinnoberrote Flossen mit türkisen Flecken in der Form spanischer Fächer. Unter der Kehle befanden sich lange knochige Finger, mit denen er die Sedimente nach Nahrung abtastet. Von vorne gesehen sah der rote Knurrhahn wie eine Gans aus, seine Augen saßen seitlich und hoch angesetzt auf seinem beschnabelten Kopf. Von der Seite war er so hübsch wie ein Aquarienfisch. Ich ließ ihn frei und er huschte zurück in die Tiefe.

Ein paar hundert Meter von der Stelle, an der ich mich befand, brachen die Wellen auf dem Kies. Noch immer die Leine hinter mir her ziehend, mühte ich mich mit schweren Armen und vor Anstrengung zitternden Beinen Richtung Norden, wo eine Reihe weißer Brecher den Rand des Riffs markierte. Ich wickelte die Schnur auf die Rolle, sicherte die Haken und verstaute sie. Kurz darauf passierte ich die Salzgrenze. Eine säuberliche weiße Linie aus Schaum. Auf der einen Seite war das Wasser grün und klar; auf der anderen war es braun und trübe: Aus dem Fluss strömte Süßwasser und drang, sich ausfächernd, ins Meer vor. Der Farbwechsel war so abrupt wie auf einem Diagramm.

Ich torkelte durch die brechenden Wellen. Sie schlugen gegen die Felsbrocken in der Flussmündung. Sie schubsten das hintere Ende meines Bootes herum und drohten, mich breitseits in die felsige Brandung zu drücken. Ich wurde von dem Ende einer großen rollenden Welle erfasst; sie drehte mich und mein Bug knallte auf einen Felsen. Ich paddelte rückwärts, glitt durch den nächsten Brecher und fand schließlich zwischen zwei Wellen einen Durchgang. Ich drückte mein Paddel ins Wasser und schob mich in die Flussmündung hinein. Aufgrund der steigenden Tide hatte das Wildwasser im Fluss an Tempo verloren und ich vermochte, mich an die Innenseite der Mäander haltend, gegen es anzupaddeln. Kleine Plattfische schossen unter dem Bootsrumpf davon. Nach ein paar hundert Metern stieg das Flussbett an und das Wasser gewann an Macht. Ich paddelte mit aller Kraft, kam aber schon bald nicht mehr vorwärts. Ich klemmte das Paddel zwischen die Steine und glitt aus dem Boot. Müde und erschöpft, wie ich war, verlor ich den Halt, fiel Kopf voran ins Wasser und verfing mich mit dem Handgelenk in der Paddelleine. Das Boot trieb flussabwärts und zog mich mit sich. Ich strampelte, bis ich die Leine zu fassen bekam, und befreite mich, gerade als mein Gesicht unter Wasser gedrückt wurde. Dann stürzte ich den Fluss hinab, um das Kajak einzufangen. Ich drehte es um und watete wieder flussaufwärts, war aber so müde, dass ich mich kaum gegen das Wasser stemmen konnte.

In dem ruhigeren Wasser unter der Eisenbahnbrücke zog ich das Heck auf das Ufer und rüttelte das Boot, damit die Fische bis zur vorderen Luke glitten. Ihr Rücken hatte sich in ein dunkles Aquamarin verfärbt und der Bauch hatte ein irisierendes Rosa angenommen. Sie glühten im Abendlicht.

Ich holte ein Brett aus dem Wagen sowie ein weiteres Messer. Ich filetierte eine Makrele, legte die helle, durchscheinende Mittelgräte frei, heftete das Filet am Schwanzende mit meinem Taschenmesser an das Brett und häutete es mit dem anderen Messer. Das Fleisch schmeckte nach rohem Steak. Ich filetierte noch zwei weitere Fische und aß sie. Ich saß noch eine Weile an der Flussböschung, sah den

Meeräschen zu, wie sie die Wasseroberfläche kräuselten, und den Krähen, die für einen kurzen Moment auf der rostigen Brücke landeten und wieder davonflatterten, wenn sie mich entdeckten. Die restlichen Fische nahm ich aus. Es war kein großer Fang, aber in diesem Sommer war es das erste Mal auf dem Boot, dass ich mehr Energie gefangen hatte, als ich verbraucht hatte.

3) Vorahnungen

Als jung die Welt, mahnt' schlau Natur zur Hast
Es reifte früher und machte länger Rast

John Donne, *Vom Fortschritt der Seele*

Alles fing damit an, dass mein Freund Ritchie Tassel mich anrief.
»Da gibt es etwas, was du dir ansehen solltest. Wie schnell kannst du hier sein?«
»Ich bin am Strand. In einer Stunde vielleicht?«
»Das reicht.«
Ich warf meinen Neoprenanzug ins Auto und machte mich auf den Weg um das Mündungsgebiet. Wenn Ritchie, der fast alles gesehen hatte, der Meinung war, die Sache würde sich lohnen, dann war es auch so.
In den Marschen links und rechts des Pfads zirpten und sirrten die Schilfrohrsänger. Schwalben schwirrten über den Gräben und flatterten um die Köpfe der Schafe. Der Duft des Gagelstrauchs – Honig und Kampfer – hing in der Luft, eine Reminiszenz an viktorianische Zeiten. Ritchie hatte mir ein Fernglas geborgt. Wir warteten.
»Da ist er!«
Bei der Entfernung hätte es sich für mein untrainiertes Auge um einen Bussard oder eine Mantelmöwe handeln können. Als der Vogel aber den Flussarm hinaufflatterte, mit einem seltsam linkischen Flügelschlag, bemerkte ich zwei Dinge. Erstens, dass etwas unter ihm baumelte und schwebte. Zweitens, dass er für eine Möwe zu dunkel und für einen Bussard zu weiß war. Ich brauchte eine Weile.
»Jesus Maria auf dem Fahrrad!«
»Habe ich doch gesagt, oder.«
»Ich kann gar nicht glauben, was ich da sehe.«
»Er ist seit drei Tagen hier. Wenn er sich ansiedelt, dann ist das das erste Mal seit dem siebzehnten Jahrhundert.«
Der Vogel flog auf uns zu. Etwa zwanzig Meter, bevor er den Pfad

erreichte, wendete er, zeigte sein Profil und flog langsam vorbei. Er trug einen großen Plattfisch. Nach etwa hundert Metern landete er auf einem Zaunpfahl und begann an dem Fisch zu rupfen.

Indirekt war dafür Ritchie verantwortlich. Er hatte überlegt, dass die Fischadler, die seit 1954 wieder in Schottland brüteten, auf ihrem Weg nach und von Afrika die Küste entlangwandern würden und in den Mündungsgebieten und Seen pausieren und fressen würden – und war zu dem Schluss gekommen, dass die Jungvögel nach Revieren suchen würden. Er hatte die höchste Fichte auf seiner Seite des Tals ausfindig gemacht, sich aufgeseilt, die Spitze abgeschnitten und 15 Meter über dem Boden eine hölzerne Plattform gebaut. Er hatte sie mit Zweigen bedeckt und mit weißer Farbe besprizt, damit es wie Vogelkot aussah: offenkundig die beste Methode, Fischadler zum Bleiben zu bewegen.

Auf der anderen Seite des Tals hatte ein eifriger Naturschützer diese Maßnahmen beobachtet. Es dauerte nicht lange, und er hatte den örtlichen Naturschutzbund davon überzeugt, eine eigene Plattform zu bauen. Also wurde ein Telegrafenmast neben das Eisenbahngleis gepflanzt und eine Sperrholzplatte auf ihre Spitze genagelt.

»Eigentlich ein Selbstläufer«, meinte Ritchie. »Der Vogel konnte zwischen einem kleinen, tief im Wald gelegenen hübschen Anwesen oben auf einem Baum mit Blick über den gesamten Flussarm wählen und einem exponierten Pfosten direkt an der Eisenbahnlinie. Und was tut der Blödmann? Er hat sich natürlich für das Angebot des Naturschutzbunds entschieden. Nicht, dass mich das ärgern würde oder so was.«

Ich hörte nur mit halbem Ohr zu. Es fiel mir noch immer schwer zu glauben, was ich gerade gesehen hatte. Mein Herz pochte. Ein wildes Verlangen überkam mich von der Art, die mich jedes Mal anfiel, wenn ich aus dem immer wiederkehrenden vorpubertären Traum aufwachte, in dem ich, meine Füße ein paar Zentimeter über dem Teppich, die Treppen hinabschwebte. In den letzten Jahren hatte ich ihn nur noch einmal geträumt; tatsächlich nur ein paar Monate, bevor ich den Fischadler zu Gesicht bekommen hatte.

Wie etwa alle vierzehn Tage hatte sich bei mir wieder einmal eine alarmierende Abwesenheit jenes Überlebensinstinkts gezeigt, mit dem andere Leute gesegnet sind, als ich am Strand der Ortschaft Pwlldiwaelod mein Kajak bei drei Meter hohem Wellengang ins Wasser stieß. Das Boot, das auf seiner Bahn durch die Wellen zurückgeschleudert wurde, überschlug sich über mir und ich knallte mit dem Kopf auf den Kies. Ein Glück, dass ich nicht ohnmächtig geworden war. Es erübrigt sich zu sagen, dass ich die Sache wiederholte. Aber beim zweiten Mal schaffte ich es durch die Wellen und paddelte auf das Meer hinaus. Nachdem ich ein paar Fische gefangen hatte, wollte ich wieder an Land zurückkehren. Die Flut stand höher und hässliche, chaotische Sturzseen donnerten gegen die Ufermauer. Etwa zweihundert Meter vor der Küste kam ich ins Grübeln. Selbst von meiner Position aus konnte ich sehen, dass die Wellen braun waren von dem groben Kies, den sie aufwirbelten. Ich hörte ihn gegen die Mauer krachen und prasseln. Ein kalter Angstschauder kroch über meine Haut. Ich suchte das Ufer nach einer besseren Landestelle ab, konnte aber nichts entdecken.

Hinter mir hörte ich ein monströses Zischen: eine Riesenwelle, die über meinen Kopf rollen würde. Ich duckte mich und presste das Paddel auf das Wasser. Nichts. Ich drehte mich um. Die Wogen rollten gleichmäßig heran: hoch, mit weißen Kämmen, aber in dieser Entfernung zum Ufer noch nicht bedrohlich. Verdutzt wendete ich das Boot in alle Richtungen und suchte nach einer Erklärung. Sie tauchte neben dem Boot aus dem Wasser auf: eine graue hakenförmige Flosse, narbig und verschrammt, deren Spitze direkt unter dem Paddelschaft vorbeistrich. Ich wusste, was es war, aber der Schock darüber verstärkte meine aufkeimende Angst und ich geriet fast in Panik. Ich sah nach links und nach rechts und glaubte schon, angegriffen zu werden.

Dann geschah etwas Bemerkenswertes. Ich hörte vom Heck kommend ein anderes Geräusch: ein Klatschen und Aufspritzen von Wasser. Ich wendete den Kopf und ein riesiges Delfinmännchen sprang in die Luft und fast über meinen Kopf. Beim Vorbeifliegen fixierte er mein Auge. Unsere Blicke kreuzten sich, bis er ins Wasser schlug. Ich starrte auf die Stelle und hoffte, er würde wieder auftauchen, aber er ließ sich nicht mehr blicken. Stattdessen spürte ich ein herzergreifendes Hochgefühl, das mich, einen Augenblick lang, klarer sehen ließ. Ich musterte den Uferwall und bemerkte etwas, das ich zuvor nicht gesehen hatte. Etwas entfernt nahm eine Schiffsrampe den Wellen die Kraft. An ihrer Leeseite gab es zwei, drei Meter ruhigeres Wasser.

Ich stach durch die Wellen, bis ich mich etwa 40 Meter vor dem Ufer ihrer Laufrichtung überließ und die Bootspitze auf den Fleck ruhigeren Wassers ausrichtete. Er tauchte alle paar Sekunden auf, wenn ein Brecher zurückrollte, dann, bei der nächsten Attacke auf den Uferwall, wurde er wieder weggefegt. Durch das Tosen der Wellen hörte ich die Kiesel gegen die Befestigungsanlagen prasseln wie Kartätschenkugeln, während die See am Mauerwerk saugte und schmatzte. Ich tauchte das Paddel ein und hielt aufs Ufer zu. Einen Moment zögerte ich noch, bis eine Welle vorbeigerollt war, und flog dann in die Lücke. Als das Boot in die Leeseite der Schiffsrampe glitt, sprang ich hinaus und erklomm, kurz bevor das Kajak gegen den Uferwall geschmettert wurde, den Betonkeil. Beim Aufprall zersplitterte meine Angelrute in tausend Stücke. Die Behauptung, der Delfin habe mir das Leben gerettet, mag etwas hergeholt erscheinen, aber ohne die Verlagerung des Blickwinkels würde ich jetzt wohl einen Teil des Strandguts ausmachen.

Zweimal in einem Jahr vernahm ich diesen Ruf, diesen hohen, wilden Ton der Begeisterung – nach einer Empfindungsdürre, die sich seit der frühen Erwachsenenzeit bemerkbar gemacht hatte; eine Dürre, die ich als dem Alter geschuldet akzeptiert hatte wie den Verlust der hohen Frequenzen beim Hören.

An diesem Abend, nach einem Bier mit Ritchie und einem langen Verweilen im Garten – ich hatte dabei zugeschaut, wie das Licht aus dem Himmel wich und über den Bergen die ersten Sterne aufblitzten –, traf mich ein Gedanke, der mir bislang nie gekommen war. Plattfische leben auf dem Meeresboden. Fischadler fangen ihre Beute kurz unter der Wasseroberfläche. Das passte nicht wirklich zusammen.

Sobald ich in der folgenden Woche wegkam, fuhr ich mit dem Boot in das Mündungsgebiet. Ich hoffte, den Vogel noch einmal zu sehen, aber auch herauszufinden, was es mit den Fischen auf sich hat. Den Fischadler habe ich nicht mehr angetroffen. Nachdem ich aber ein oder zwei Stunden an den Säumen der Sandbänke herumgestochert hatte, war meine Frage beantwortet. Ich war auf eine Stelle gestoßen, an der die Flundern sich so zahlreich versammelt hatten, dass sie nicht auf dem Sand, sondern übereinander lagen. Sie befanden sich in einer Wassertiefe von weniger als 30 Zentimetern und schwammen über meine nackten Füße. Wenn ich mich rührte, schraken sie in Sandwolken gehüllt davon.

Jenen Abend brachte ich in der Garage damit zu, in Kisten herumzuwühlen und Farbdosen, Blumentöpfe, Flintsteine, Fossilien und Samentütchen beiseitezuschieben. Ich hatte schon nicht mehr daran geglaubt, aber dann fand ich es unter Flaschen, die ich als Kind in einer ehemaligen Müllkippe ausgegraben hatte. Es war ein kleines, schmales Paket, eingeschlagen in vergilbtes, mit Rost- und Ölflecken übersätes Zeitungspapier. Ich las:

A reunião aconteceu na Secretar-
– plicou o comandante de Polícia Fe-
– ará, no próximo dia II de Junho, d-

Beim Auswickeln zerfiel das Papier unter meinen Händen und ich hatte den kostbaren Gegenstand in meiner Handfläche. Das erste Mal, dass ich ihn wieder vor Augen hatte, nachdem ich ihn vor achtzehn Jahren auf einem Markt am Rio Solimões erworben hatte. Handgeschmiedet und schön aufbereitet hatte er mich weniger als ein Pfund gekostet.

In der überwachsenen Hecke eines Freundes fand ich einen drei Meter langen, gerade gewachsenen Haselstecken. Mit feiner Schnur band ich die Waffe an den Stock und schärfte mit einem Stein die Spitzen. Das hätte sich erübrigt: Der Dreizack war noch immer spitz wie eine Nadel. Zur besseren Befestigung der Schnur war der Schaft kantig und unbearbeitet geblieben, aber die Spitzen waren rund, poliert und perfekt zugespitzt. Jede hatte vier Widerhaken, die identisch angewinkelt und angeschrägt waren. Das Instrument war für das Harpunieren von *Arapaimas* geschmiedet worden – *Arapaimas* zählen zu den größten Süßwasserfischen –, aber ich würde mich auch mit kleinerer Beute zufriedengeben.

Zwei Wochen vergingen, bis ich wieder ans Wasser konnte. Ich paddelte an die Stelle, wo die Plattfische gewesen waren. Aber in dem Ästuar mit seinen beständig wechselnden Sanden gibt es kein »Wo«. Keinen festen Punkt, an den man zurückkehren könnte. Ich suchte vorwärts und rückwärts wie ein Hund, der seine Duftspur verloren hat, zog das Boot auf den Strand, durchwatete die seichten Stellen, überquerte die Kanäle und kreiste in den Tümpeln. Außer den silbrigen Meeräschen, die bei der Annäherung des Kajaks davonjagten, konnte ich nichts entdecken. Die Flundern waren verschwunden; das Plattfisch-Forum war unter einer Sandbank begraben worden.

Drei Jahre, nachdem ich das erste Mal den Fischadler gesehen hatte, wollte ich es wieder versuchen. Am Strand war ein dezenter Trubel: ein Eiswagen, eine Handvoll Autos, ein paar Kinder plantschten und wateten in den schmalen Rinnen, die zwischen den Sandbänken eingeschlossen worden waren, als die Flut den Stöpsel zog. Hinter den Autos bekam ich ein wunderbares Schauspiel zu Gesicht. Eine sehr alte Dame mit einer verspiegelten Skibrille auf der Nase und einer Decke über den Knien fuhr auf ihrem elektrisch betriebenen Rollstuhl volle Kraft voraus. Sand spritzte von den Reifen. Sie schlitterte durch enge Kreise, holperte vorwärts und schleuderte über die von den Autos gegrabenen Furchen. Da schlug noch ein Herz.

Ich blickte über die Flussmündung. Es war tiefste Ebbe. Auf See würde man das Stillwasser nennen, aber hier im Mündungsgebiet gibt es kein stehendes Wasser: das Wasser läuft den ganzen Gezeitenzyklus hindurch in unerwartete Richtungen. Zwei breite Kanäle und ein Netz aus Prielen, manche miteinander verbunden, manche Sackgassen, schneiden durch eine Wüstenei aus Sand. Jenseits des Wassers fiel die Sonne auf die pastellfarbenen Schatten von

Drefursennaidd. Die auf der Reede neben dem Hafen ankernden Boote sahen so rosig aus wie Badespielzeug. Auf halber Strecke über dem Ästuar hing ein Wettervorhang: Die Hügel dahinter waren hinter silbernen Regenwänden verborgen. So verhält es sich die meiste Zeit im Jahr: Drefursennaidd bekommt nur halb so viel Regen ab wie Llanaelwyd 15 Kilometer landeinwärts; Llanaelwyd wiederum hat nur mit der Hälfte des Regens zu rechnen, der in Mwrllwch acht Kilometer weiter nördlich fällt.

Ich schnallte den Speer an die Seite des Boots, bastelte mir einen Anker, knotete einen wasserdichten Beutel an eine der Klampen neben der Heckvertiefung, füllte die Taschen meiner Schwimmweste mit einem Messer, einem Notizblock, Polaroids sowie einer Garnrolle und zog das Kajak zu einem Graben, in dem noch ein kleines Rinnsal floss.

In dieser Rille sah es aus, als ob eine Schlacht wütete. Sandgrundeln schossen mit kleinen Rauchwolken, wie aus Artilleriegranaten, davon. Baby-Plattfische ließen Bahnen von Flakfeuer entstehen, wenn ihr Schwanz beim Weghuschen alle paar Zentimeter den Schlamm traf. Schwerbewaffnete Bataillone trudelten seitwärts, Scheren schwenkten sich in meine Richtung. Doch bald war das Wasser tief genug, um das Boot zu tragen, und ich paddelte stromaufwärts los.

Nichts rührte sich. Das Wasser lief in Kräuselwellen vom Kajak weg und schreckte an den Rändern des Kanals riesige Meeräschen auf. Sie pflügten in Halbkreisen durchs Wasser und schossen mit einem plötzlichen Aufspritzen davon. Beringte Regenpfeifer trippelten mit einem seltsam kehligen Trällern am Ufer entlang und segelten mir auf Sichelschwingen voraus. Ich roch den verfaulenden Seetang und hörte die merkwürdige Musik der Wattlandschaft: das Zischen und Knacken Millionen kleiner Geschöpfe, die sich in ihren Röhren bewegen. Auf den Sandbänken lagen die Trümmer von Baumstämmen und Ästen, die die letzten Fluten herangetragen hatten.

Ein Knutt in ziegelrotem Brutgefieder lief über den Sand, senkte seinen Kopf und flog mit einem langgezogenen abfallenden Pfeifen auf. Eine Hummel, die auf dem Oberflächenfilm gefangen war, sendete hektische Barcode-Wellchen aus: sichtbar gemachter Klang. Ich ließ das Paddeln sein und trieb stromaufwärts in das Labyrinth hinein.

Mich den Ästuar hinaufbewegend testete ich immer wieder das Wasser auf seinen Geschmack. War es salzig, bedeutete dies, dass ich in eine Sackgasse trieb, war es süß oder brackig, dass ich einem Kanal folgte, der mit dem Fluss verbunden war. An den meisten Tagen funktionierte das. Es war aber in der letzten Woche so viel Regen gefallen, dass das Wasser fast überall leicht nach Süßwasser schmeckte: Die Gezeiten mussten es hin und her bewegt haben. Ich kenne keine andere Methode, im Labyrinth der Kanäle zu navigieren. Es gibt keine visuellen Anhaltspunkte. Selbst wenn man aus dem Boot aussteigt und auf den Sandbänken steht, sieht man nur die großen Einschnitte. Die Rinnen, die einen halben oder einen Meter tiefer liegen als die aufgewölbte Sandfläche, bleiben unsichtbar, bis man beinahe direkt über ihnen steht.

Ich paddelte blind weiter und gelangte bald in ein Netz von Bayous, mit von Strömungen ausgewaschenen Gräben, die nur durch kleine Rinnsale miteinander verbunden waren. Ich schlüpfte aus dem Boot und begann es durch diese Gerinnsel zu schleppen. Wo immer ich in tieferes Wasser kam, spürte ich Krabben gegen meine Füße stupsen. Sie bewegten sich wie ein Film, dem die meisten Einzelbilder abhanden gekommen waren: Sie tauchten auf, verschwanden, tauchten ein paar Zentimeter weiter wieder auf, schnellten mit so raschen Bewegungen mal da-, mal dorthin, dass man ihnen unmöglich folgen konnte. Auf der Sandbank ließ ein Kormoran seine Flügel trocknen.

Das Wasser war warm und trübe, es hatte die Farbe von dünnem Tee. Der Sand hatte sich in einem Rippelmuster abgelagert, in den Trögen dahinter hatte sich eine Lache dunklen Humus gefangen. Die Rippelkämme formten blasse Halbmonde, so regelmäßig angeordnet wie auf einer Tapete. Bald wurde der Wasserlauf wieder befahrbar, aber jetzt strömte er mir entgegen. Ich arbeitete dagegen an, schmeckte, paddelte, spähte über die Seite. Strandkrabben zogen sich mit ihren orangenen Beinen in den Sand zurück, wenn der Bootsschatten über sie hinwegzog. Dicke Herzmuscheln *(cockles)* zeigten zwischen ihren leicht aufklaffenden Schalen einen Rüschenrand rosafarbenen Fleisches. *Cockle.* Das Wort rollte durch meinen Kopf: rund, mit einem Scharnier versehen, sich öffnend und wieder schließend wie das Tier, das es bezeichnete.

Ein Brachvogel überquerte die Gezeitenödnis vor mir und schickte seine traurigen Schleiftöne über das Wasser. Hier im Watt war mir jedes Gefühl für Orientierung und Größenordnung abhandengekommen. Als ich um eine Biegung des Wasserlaufs herumfuhr, war ich verblüfft, zwei Menschen auf der Sandbank stehen zu sehen. Als ich mich ihnen näherte, breiteten sie die Flügel aus und flatterten davon. Am hinteren Rand der Salzmarschen bewegten sich Schafe im Gänsemarsch.

Die sumpfigen Stellen flossen zu einem weiten niedrigen Becken zusammen. Als ich hindurchwatete, spürte ich etwas über meine Füße huschen. Ich drehte mich um und sah einen braunen Diamanten davonschwimmen. Er stoppte ein paar Schritte weiter und grub sich in den Sand. Ich merkte mir die Stelle, band rasch meinen Speer los, entfernte die Korken an seinen Spitzen und ließ das Boot treiben. Dann ging ich an die Stelle, wo sich der Fisch niedergelassen hatte. Eigentlich dürfte er sich nicht fortbewegt haben, denn sonst hätte ich noch Schlammwölkchen im Wasser hängen sehen müssen. Doch er war verschwunden. Ich probierte es an einigen vielversprechenden Aufwölbungen, aber der Speer sank nur in den Sand. Die Flunder war verschwunden wie ein Geist, der durch die Mauer geht. Ich werde mich wohl in der Stelle geirrt haben, dachte ich, und suchte alles ab, der Fisch aber war spurlos verschwunden.

Ich ankerte das Boot, zog meine Schwimmweste und meine Regenjacke aus und zog einen Gegenstand aus der Trockentasche, den man auf einem Kajak nur selten zu sehen bekommt: ein weißes Hemd. Ich hatte ein paar Tage zuvor bemerkt, dass bei den meisten Vögeln, die sich von Fischen ernähren – Möwen, Tölpel, Sturmtaucher, Lummen, Reiher, Fischadler – der Bauch weiß gefärbt ist, was sie gegen den Himmel unsichtbar macht. Ich stakste, den Speer über der Schulter, den Kanal hinauf und versuchte meine großen Füße so ruhig ich konnte ins Wasser zu setzen. Ich muss eine schräge Figur abgegeben haben.

   Schon bald schreckte ich einen Plattfisch auf – zu klein, um ihn zu spießen – und sah zu, wie er sich wieder im Schlamm niederließ. Da begriff ich, was zuvor geschehen war. Anstand im Sand einen Buckel aufzuwerfen, schmiegte er sich an einen Rippel und passte sich nicht nur perfekt der Farbe, sondern auch der Form des Bodens an. Selbst wenn ich mich über die Stelle beugte, war der Fisch nicht zu sehen. Er schoss erst davon, als ich fast auf ihn trat.

   Mittlerweile hatte ich den Wettervorhang durchquert. Der Wind peitschte das Wasser und der Regen vernarbte seine Oberfläche. Fische auszuspähen wurde noch schwieriger. Ein, zwei ansehnliche Flundern stoben davon, allerdings in tieferes Wasser, wo ich nichts mehr sehen konnte. Ich ging zurück und holte das Boot. Als ich flussaufwärts paddelte, sah ich die großen schlürfenden Mäuler von Meeräschen aus dem Wasser lugen. Ich war zwar versucht, den Speer nach ihnen zu werfen, wusste aber, dass es nichts bringen würde. Schon bald verlandete die Wasserrinne, der ich folgte, in einer Ödnis aus Sand und leeren Muschelschalen. Eine Stunde mindestens würde es dauern, bis die Flut sie wieder mit dem Hauptkanal verbinden würde. Das Wetter verschlechterte sich und so kehrte ich um.

   Die Strömung hatte wieder gewechselt: In beiden Richtungen war ich nun gegen die Strömung gefahren. Ich kehrte an die Stelle zurück, an der ich mitten im Watt einen kaputten, verlorengegangenen Hummerkäfig gesehen hatte; jetzt umspülte ihn schon das Meer. Der Wind frischte auf; ich kämpfte gegen Luft und Wasser an. Die Flut zog an mir vorbei und ich wunderte mich über ihren Ordnungssinn. Es gab Kanäle mit Zweigen, die sich über einen Kilometer hinzogen, Bänder mit Seetang, dann eine Drift vollgepackt mit etwas, das ich zunächst für tote Garnelen gehalten hatte. Es waren Millionen: Einen Augenblick hatte ich die Befürchtung, es handele sich um eine Seuche oder um eine Vergiftung. Aber als ich ein paar auflas, sah ich, dass es sich um abgeworfene Hüllen handelte: kleine perfekte Waffenröcke mit einem Handschuh für jeden Pleopod und Fühler. In der Garnelenstraße konnte ich keinen einzigen Zweig, zwischen dem Tang keine einzige Garnelenhülle entdecken; die Strömung hatte für sie jeweils einen andere Rinne ausgesucht.

Eine Woche später versuchte ich es noch einmal, vielleicht das letzte Mal. Ich ließ das Boot am Ausgang des Ästuars ins Wasser. Mein Plan war es, die Flundern auf ihrem Weg aus den Prielen, die in die Flussmündung spülten, abzuschneiden. Hier trafen die schläfrigen Sommerweiden auf vom Wind blankgefegte Flächen. Geschützt hinter Deichen und Böschungen standen die Kühe in den hohen Juliwiesen und wedelten mit dem Schwanz. Zwei Zwergtaucher tauchten, als ich mich annäherte, ins Wasser ab; ein Eisvogel flitzte an der Sandbank entlang.

Ich stieß auf die Mündung eines Bachs, die zwischen Schilfwänden versteckt lag. Dort fuhr ich hindurch, vom raschelnden Dickicht abgeschnitten von anderen Geräuschen und Aussichten. Das Schilf wich wilden Uferböschungen voller Brombeeren, Wasserdost, Flockenblumen und Wicken. An einer Stelle war eine Eiche über das Wasser gefallen. Ich verstaute mein Paddel, legte mich rücklings ins Boot und zog mich unter den Ästen hindurch. Das Wasser war so klar, dass ich durch Luft zu treiben schien. Ich konnte jeden Fleck, jede Faser auf dem Bachgrund erkennen. Kein einziger Fisch kam mir zu Gesicht, aber auch kein anderes Leben war zu sehen: keine Käfer, Wasserläufer, Insektenlarven oder Garnelen. Weder patrouillierten Libellen an den Ufern entlang, noch tanzten Köcherfliegen oder Eintagsfliegen über dem Wasser. Vielleicht war dieser Bach irgendwo durch alte Bleiminen geflossen? Blei ist hier seit römischen Zeiten abgebaut worden und selbst Minen, die schon seit vielen Jahren nicht mehr in Betrieb sind, produzieren noch Ausfällungen, so giftig, dass in dem davon betroffenen Wasser fast nichts überlebt. In einem Dorf in der Nähe meines Wohnorts fließen zwei Bäche zusammen. Der eine wimmelt vor Forellen und Groppen, der andere ist tot. Ein Freund, der in dem Dorf lebt, erzählte mir, dass eines

Tages die dort gehaltenen Enten von ihrem gewöhnlichen Aufenthaltsort an dem lebenden Bach in den anderen stromerten und dort für eine Weile gründelten. Später seien alle mit dem Bauch nach oben geschwommen.

Ich glitt den Bach hinab bis zurück in das Ästuar. Als ich um die letzte Biegung des Flüsschens fuhr, schüttelte mich der Wind hin und her. Ich konnte meilenweit über das Wasser bis hinaus aufs Meer sehen. Hier, innerhalb der Wolkenfestung, die die Hügel überschaute, war das Land ocker, oliv- und chromgrün. Jenseits des Wettervorhangs, in der Sonne entlang der Küste, glänzten die Felder, von Düngemitteln aufpoliert, in der Sonne und schienen fast zu fluoreszieren. An der Mündung des Ästuars sah es aus, als trieben die Dünen völlig losgelöst von ihrer Umgebung. Vom Vordergrund durch einen schimmernden silbrigen Streifen getrennt, schwebten sie wie die Insel Laputa aus *Gullivers Reisen* über dem Watt.

Eine Schar Kanadagänse, die auf der Sandbank ihre Hälse in die Höhe reckten und senkten, flog auf und ließ ein Durcheinander ausgegangener Federn zurück, die nun über das Watt gaukelten. Gänsesägerküken schlugen das Wasser auf, als sie ihrer Mutter nachflatterten, die sie ganz ungalant verlassen hatte und im Mündungstrichter ihre Kreise zog. Die Tide brauste nun nach draußen. Als sie auf den Wind traf, türmte sie sich zu stehenden Wellen auf, in denen das Boot wie auf dem Wasser festgeklebt schien: Ich musste mich nach vorne lehnen und das Paddel fast am Bug einstechen, um überhaupt vorwärtszukommen. Ich fuhr in Wasserläufe hinein, die so eng waren, dass ich umkehren musste, sobald ich auf ein Hindernis stieß. Ich fuhr die Uferbänke des Hauptkanals entlang, starrte ins Wasser und sah nichts als Schlamm und zerbrochene Äste.

Schon bald zog mich die Strömung an den Schlammbänken vorbei ins Leere Viertel, in jene weite Sandfläche, die ich zuvor erkundet hatte. Doch als ich dieses Mal den Hauptkanal entlangfuhr, traf ich auf dick mit Sand und Laub angereicherte Geysire, die völlig unerwartet mitten im Fluss aufstiegen, mitunter mit einer Kraft, dass ich beim Darüberfahren spürte, wie das Boot gestoßen und angehoben wurde. Eine Boje, die in diesem brodelnden Wasser halb untergegangen war, schien wie ein großer von einem Hai gezogener Schwimmer flussaufwärts zu pflügen.

Mit erhobenem Speer driftete ich an einer Sandbank entlang und suchte an den Rändern, wo das Wasser klar war. Die überall sichtbaren, aber kaum zu fangenden Meeräschen stoben davon. Ich störte zwei große Flundern auf, aber beide waren davongewedelt, bevor ich die Harpune werfen konnte. Ein Trupp Austernfischer in schwarzweißen Uniformen, die Flügel eng an die Seiten geklemmt, machte, als ich mich näherte, wie ein einziger Körper kehrt und marschierte über den Sand. Als ich auf dem Wasser die Spiegelung des Speers wahrnahm, überraschte mich ein Gedanke, der mir zuvor noch nicht gekommen war: Ich war dabei, das Kajak wieder seiner ursprünglichen Funktion zuzuführen. Die ihm zugrunde liegende Technologie und sein Name sind – wie Anorak und Parka – von arktischen Völkern entlehnt. So wie ich mit meiner Harpune an den Rändern der Sandbank entlangpirschte, patrouillierten sie die Ränder der Eisschollen. Hier allerdings wären sie verhungert.

Die Einheimischen hatten mir berichtet, Flundern seien einst so zahlreich durch das Mündungsgebiet gezogen, dass man mit Schubkarren ins Wasser gefahren sei und die Fische mit Grabgabeln aufgespießt habe, bis die Karren voll gewesen seien. Nach meinem letzten, zu späten Versuch aber kam mir zu Ohren, dass die Krebsfänger kürzlich damit begonnen hätten, die Flundern unmittelbar vor der Einmündung des Ästuars mit Netzen zu fischen, um sie als Köder zu benutzen. Sie haben sie mehr oder weniger abgeräumt. Wenn die Geschichte stimmt, ist dies eine so verschwenderische und unnötige Praxis (angesichts der Unmengen an totem Fisch samt Köpfen und Gräten, die die Fischereiindustrie wegwirft), dass wir uns offenbar kaum von jenen Tagen entfernt haben, als die englischen Kolonisten in Nordamerika riesige Hummer aus Felsentümpeln klaubten und sie ihren Schweinen zum Fraß vorwarfen. Wir sollten in diesen mageren Zeiten zumindest davon ausgehen, dass alle gefangenen Fische auf den Tellern der Menschen landen.

Ich ließ das Boot auf einer Sandbank zurück und watete einen guten Kilometer über das zerfurchte und gerippte Bett eines leerlaufenden Kanals. Das Wasser hatte sich geklärt: Selbst wo ich bis zur Hüfte im Wasser stand, konnte ich jetzt den Boden sehen. Ich ging schwebenden Schritts, fast schwerelos, über das Flussbett. Kleine Plattfische schnellten aus dem Sand.

Ich pirschte den Kanal aufwärts, den Speer wurfbereit über dem Wasser, und fühlte mich so angriffslustig und zielbewusst wie ein Reiher. Jede einzelne Zelle schien gespannt, wie eine Saite, auf die Welt gestimmt, durch die ich mich bewegte und in den wechselnden Harmonien von Wind und Wasser die richtige Note zu treffen suchte. Meine Konzentration steigerte sich in ein überhöhtes Bewusstsein, sodass ich jedes Körnchen unter meinen nackten Zehen spürte, jedes Wasserkräuseln an meiner Taille, jede Bewegung des Benthos, wie verschwindend klein sie auch sein mochte. Plötzlich war ich weg.

Es ist nicht leicht zu erklären, was geschehen war. Womöglich war es die hypnotisierende Wiederholung der Rippel im Sand, womöglich eine eskalierende Anspannung der Aufmerksamkeit, die mich durch die Barriere der Gegenwart stieß, jedenfalls war ich zu jenem Augenblick von dem Gedanken – dem Wissen – angerührt, dass ich genau dies schon einmal getan hatte.

Außer den beiden bereits angeführten Fischzügen war das aber nicht der Fall gewesen. Ich glaube nicht an Reinkarnation oder das Fortbestehen der Seele, nachdem der Körper gestorben ist. Ich spürte aber, dass ich etwas durchmachte, was ich schon tausend Mal getan hatte; dass ich diese Arbeit so sicher zu tun wusste, wie ich meinen Weg nach Hause fand.

Bereits einmal zuvor hatte ich einen ähnlichen Gefühlsansturm erlebt. Unterwegs in einem Wald in Süd-England sammelte ich Kräuter und Pilze und zwängte mich durch eine dichte Wand von Blättern und Zweigen, als ich neben einem kleinen Bach einen ingwerbraunen Hügel entdeckte. Es war ein Muntjak, einer der bellenden Hirsche aus China, die sich in der Gegend ausgebreitet hatten, seitdem sie im frühen zwanzigsten Jahrhundert vom Duke of Bedford freigelassen worden waren. Das Tier dürfte lediglich ein paar Minuten vor meiner Ankunft gestorben sein. Seine Augen waren noch klar, sein Körper warm. Es war keine Wunde zu sehen, kein Blut. Seine Fänge, die großen gebogenen Reißzähne, mit denen die Böcke sich bekämpfen und Hunde zerreißen können, ragten über den Unterkiefer heraus. Das war eine Beute von etwas anderer Größenordnung als die, die zu finden ich mich aufgemacht hatte. Und so zögerte ich, als ich die schlanke Röhre des Körpers, das kleine korallenartige Geweih und die winzigen Hufe ansah, einen Moment lang. Doch dann nahm ich das Tier bei den Läufen und lud es mir auf die Schultern.* Der Hirsch schmiegte sich um meinen Nacken und den Rücken, als sei er eigens auf mich zugeschnitten worden; sein Gewicht schien perfekt auf meinen Gelenken zu lasten. Die Wirkung war bemerkenswert. Als ich die Wärme auf meinem Rücken spürte, wollte ich losbrüllen. Meine Haut rötete sich, meine Lungen füllten sich mit Luft. Genau deshalb bist du hier, sagte mein Körper. Genau dazu bin ich geschaffen worden. Die Zivilisation fiel so leicht von mir ab wie ein Bademantel.

In beiden Fällen, so glaube ich – auch wenn ich die Wahrheit einer solchen Vorstellung durch nichts belegen kann –, hat sich bei mir eine genetische Erinnerung bemerkbar gemacht. Während der längsten Zeit, in der der Mensch existierte und in der er noch der natürlichen Auslese unterworfen war, ist er von Imperativen geformt worden – der Notwendigkeit, sich zu ernähren, sich zu verteidigen und zu schützen, sich auszutauschen und zusammenzuarbeiten, Nachwuchs zu zeugen und für seine Kinder zu sorgen –, was dazu führte, dass bestimmte Verhaltensmuster instinktiv wurden. Das Denken mag sie unterdrückt haben, aber wie die angeborene Reaktion, die selbst einen Rentner noch eine anderthalb Meter hohe Mauer überspringen lässt, bevor ein Lastwagen ihn erfasst, entwickelten sie sich,

---

*Ein Tier, das eines natürlichen Todes gestorben ist, aufzulesen und mit nach Hause zu nehmen, ist keine gute Idee: Als ich einen mir bekannten Veterinär fragte, ob ich den Hirsch verspeisen könnte, riet er mir dringend, das Tier zu begraben.

um uns neben den langsameren Prozessen des bewussten Verstands (geformt durch Lernen und Erfahrung) zu leiten. Diese genetischen Erinnerungen – eine Art unbewusster innerer Drang – sind unseren Chromosomen eingeschrieben und bilden eine unauflösliche Komponente unserer Identität.

Manche dieser stereotypen Reaktionen – wie die instinktive Art, in der wir uns um unsere Kinder kümmern – sind noch immer angemessen und notwendig. Andere – wie die Instinkte, die einmal hilfreich waren, um uns und unsere Familien gegen Raubtiere und konkurrierende Clans zu verteidigen – können, einmal entfesselt, in bevölkerungsreichen und technisch aufgerüsteten Gesellschaften zu Katastrophen führen. Wir mussten Eindämmungstechniken erlernen, um unser brüllendes Blut in ruhigere Bahnen zu lenken. Wo uns diese inneren Zwänge vertraut sind, hat uns die Erfahrung gelehrt, sie zu unterdrücken oder umzuleiten. Diese Empfindung jedoch war etwas Neues. Ich hatte sie gar nicht assimilieren können, denn von ihrer Existenz hatte ich – bis ich den Hirsch aufhob – keine Kenntnis gehabt. Sie war überwältigend, roh und wild. Ich wusste nicht, wohin damit; aber ich wusste, dass sie zu mir gehört wie die Sehnen, die mir beim Beugen meiner Finger helfen.

An der walisischen Küste des Severn-Mündungsgebiets haben Archäologen mit Hilfe von Güllepflügen, wie sie auf Bauernhöfen verwendet werden, 8000 Jahre Schlamm abgeräumt, um eine fossile Salzmarschenfläche freizulegen, die so gut erhalten war, dass man beim Anblick von Fotografien der aufgefundenen Fußspuren unwillentlich nach den Tieren und Menschen sucht, die sie hinterlassen haben. Die Ausgrabungen von Goldcliff erzählen eine Geschichte aus einer Welt, die der unseren vorausging, zu der wir aber noch gehören.[1]

Manche der in lockerem Schlamm hinterlassenen Abdrücke sind groß und verwaschen; andere sauber und scharf. Man kann die Zehenballen sehen und den Schlamm, der zwischen ihnen hindurchquoll: Die Spuren sehen so frisch aus, als seien sie nach der letzten Tide entstanden. An manchen Stellen waren die Menschen gerutscht und geschlittert, die Spuren zeigen nach außen verrutschte Fersen und gespreizte Zehen, um Balance zu halten. Ein Ansammlung von Abdrücken hält einen Jagdzug von heranwachsenden Jungen fest, sie halten an, kehren um, ändern gemeinsam das Tempo. Die Schlammschicht, über die sie laufen, ist von Rothirschfährten gesprenkelt.

Andere Spuren lassen auf eine Schar kleiner Kinder schließen, die im Schlamm herumtollen: Sie rennen in Kreisen, schlittern, treten. An einer anderen Stelle aber bewegten sich die Kinder – unserer Urgroßeltern hoch 300 – systematischer. Sogar Vierjährige haben sich offenkundig schon an der Nahrungssuche beteiligt. »Für uns mag es schwierig nachzuvollziehen sein«, stellen die Archäologen fest, dass so kleine Kinder schon auf Sammeltour gingen, »herrscht doch in der westlichen Welt eher die Einstellung, den Nachwuchs übermäßig zu beschützen.«[2] Die Spurenverläufe von Erwachsenen lassen vermuten, dass ihre Verursacher womöglich Vögel jagten oder Fallen leerten.

Die menschlichen Fußabdrücke werden von anderen gekreuzt oder umrundet: von Rothirschen und Rehen und der monströsen vollgelaufenen Spur eines gewaltigen Auerochsen. Zwei Fährten lassen sich sofort zuordnen: Hunde. Doch es sind keine. Hunde des Mesolithikums besaßen die Größe von Collies. Wo sie gehalten wurden, sind die Plätze mit zerkauten Knochen gepflastert. Diese Abdrücke sind zu groß und weder mit menschlichen Spuren noch anderen eindeutigen Hinweisen assoziiert: Die Befundlage lässt auf Wölfe schließen.

Die Spuren allerdings, die mir wirklich Gänsehaut verursachten, gehörten nicht zu den Säugetieren, die noch immer in unseren Alpträumen heulen und bellen, sondern zu einer völlig anderen Kreatur. Über den kleineren Abdrücken von Reihern, Austernfischern und Möwen spreizten sich krähenfußartige, dreizehn Zentimeter große Spuren, die in den versteinerten Schlamm eingekerbt waren wie Maurerzeichen. Die Spuren zeigen, wie die Forscher berichten, dass das Tier, das sie hinterlassen hat, »zur Zeit des Neolithikums ein äußerst häufiger Brutvogel in dem Mündungsgebiet war«. Kraniche. Als ich das las, lehnte ich mich in meinen Stuhl zurück und schloss die Augen. Beinahe konnte ich ihre Kornettrufe über das Watt schallen hören und sie zu hunderten in die Marschen ziehen sehen, mit mantelartig ausgebreiteten Flügeln, die wie Paragleiter schräg in der Luft hingen, wenn sie zur Landung ansetzten.

Diese Tiere – 1,20 Meter groß, mit einer Flügelspannweite von fast zweieinhalb Metern, und, in 4000 Metern ziehend, die am höchsten fliegenden Vögel der Erde –, die wie an Schnüren in der Luft hängen und den Himmel mit Lauten erfüllen, die so klar und ätherisch sind wie die Räume, die sie durchfliegen, die zur Balz, mit Dolchschnabel und Kokardenschwanz gerüstet, ihre Hälse zurückwerfen und tanzen, mit ausgebreiteten Flügeln vom Boden aufhüpfen und langsam, scheinbar so leicht wie Luft herabschweben, bevölkerten einst in Massen die Mündungsgebiete und Sumpfland. Sie lebten in Britannien in so großer Zahl, dass George Neville 1465 bei einem Fest anlässlich seiner Ernennung zum Erzbischof von York 204 davon auftischen ließ.[3] Das mag unter anderem erklären, warum sie vor 400 Jahren hier ausgestorben sind. Aber seit 1979 kommen sie langsam zurück. Vom Kontinent kommende Vögel bildeten eine kleine Brutkolonie in Norfolk und ermutigten Naturschützer, sie auch anderswo wieder ansässig zu machen. 2009 wurde eine Gruppe in der Küstenebene Somersets ausgesetzt.[4] Sie werden sich gegebenenfalls, wie ihre Mentoren hoffen, durch das Tal des Severn hinauf bis in die Moore und Sümpfe des restlichen Britanniens ausbreiten. Die Ausgrabungen in Goldcliff waren ein gutes Vorzeichen für die erste Phase ihrer Wiederansiedlung.

Zwischen den Fährten fanden die Archäologen die Überreste mesolithischer Mahlzeiten. Knochen von Hirschen, Rehen und Wildschweinen, verkohlt und von Steinäxten gekerbt und die enormen Rippen und Wirbel eines Auerochsen, deren einer von einer Pfeil- oder Speerspitze beschädigt war; ein paar Otter- und Entenknochen, verkohlte Haselnüsse, Herzmuscheln und Krebspanzer. Zwei Mikrolithen – die kleinen Steinklingen, die die Spitzen von Speeren und Pfeilen bildeten – waren vom Feuer oxydiert, was nahelegt, dass sie noch in Fleisch steckten, das hier gegart wurde. Aber der weitaus größte Teil der Überreste stammte von Fischen: Lachs, Franzosendorsch, Barsch, Meeräsche, Plattfische und vor allem Aale. Ihre schiere Zahl und die Größe lassen darauf schließen, dass die Menschen sie in flachem Wasser fingen, in mondbeschienenen Sturmnächten um die Tagundnachtgleiche im Herbst, wenn sich die Aale auf ihren bis auf die andere Seite des Atlantiks führenden Wanderzug begaben. Drei angespitzte Pflöcke, die in einem fossilisierten Kanal freigelegt wurden, könnten einst als Stützen für Korbreusen gedient haben.

Ich erinnere mich an solche Bewegungen aus meiner Kindheit: Ich stehe in Norfolk oder in den südlichen Counties am Rand eines klaren Bachs und beobachte eine schwarze Rinne voller Aale, die manchmal eng wie Flechtwerk ineinander verwunden waren und sich ihren Weg bachabwärts wälzten. Heute wäre man glücklich, vielleicht ein halbes Dutzend am Tag zu sehen. Der große Karawanenzug bestand von der Mittelsteinzeit bis in die 1980er Jahre, bevor er zusammenbrach.

Zwischen den über den fossilen Marschen verstreuten Steinklingen, Mahlsteinen und Dechseln, den aus Knochen gefertigten Ahlen und Schabern, den Geweihen, die als Hacken benutzt wurden, befanden sich Artefakte, die an Plätzen dieses Alters nur selten zu finden sind: aus Holz hergestellte Werkzeuge. Die Ausgräber fanden einen Spatel, eine hölzerne Nadel, einen Grabstock. Doch ein Werkzeug faszinierte mich am meisten, ein y-förmiger Stock, der an der Innenseite der Gabel geschmirgelt war, vielleicht mit Sand. Die Forscher sind der Ansicht, das Gerät könnte womöglich dazu gedient haben, im Sediment verborgene Aale zu fangen und am Boden festzuhalten, bis man sie packen konnte. Ich dachte an die Menschen, die mit ihren Zinken die Kanäle entlangstaksten, langsam gingen, damit ihre Bewegungen nicht durch das Wasser fortgepflanzt wurden, ihre Füße in den Sand setzten und das Bachbett nach den unscheinbaren Spuren von Schleim oder den serpentinenartigen Erhebungen absuchten, die auf ihre Beute schließen ließen. Den Stock anheben, ihn der Brechung entsprechend ausrichten und hinabstoßen. Der Aal schlägt um sich, kringelt sich, windet sich nach der Hand, die ihn ergreift. Die Finger graben sich in das schleimige Fleisch hinter den

Kiemen, drücken es heraus, schlagen den Schwanz, um die Rückengräte zu brechen, gegen den Pflock. Dann schiebt die Hand eine entrindete Weidenrute durch die Kiemen und zum Maul wieder hinaus und bindet den Aal zu der anderen Beute an den ledernen Riemen, den die Jäger um ihre Hüfte geschlungen haben.

Im Schlamm fanden sich Überreste, die darauf hinweisen, dass diese Menschen auf den Salzmarschen in Tipis kampierten. Eine Struktur mit etwa drei Metern Durchmesser, über deren Pfosten Häute oder Schilf gelegt wurde, hätte vier Menschen beherbergen können. In der Mitte stand ein Herd, an dem sie sich aufwärmten und ihr Essen brieten oder räucherten. Dem Wind und dem Regen an der walisischen Küste ausgesetzt, in dem harschen Klima nach dem Rückzug der Gletscher, müssen sie so zäh gewesen sein wie die Lammkoteletts, die man in Autobahnraststätten vorgesetzt bekommt.

Über das Leben auf den Britischen Inseln im Mesolithikum, in jenen annähernd 6000 Jahren (zwischen 11 000 und 6000 vor unserer Zeit), wissen wir nur wenig, auch deshalb, weil heute ein Großteil des Landes, durch das damals die Menschen streiften, unter Wasser liegt. Am Ende der letzten Eiszeit lag der Meeresspiegel 30 Faden oder 55 Meter tiefer als heute.[5] Als das Mesolithikum einsetzte, etwa 4000 Jahre bevor die in Goldcliff entdeckten Lager errichtet wurden, gab es keinen Bristolkanal, keine Cardigan Bay, keine Liverpool Bay. Sogar Lundy Island, die Insel, die das westliche Ende des Bristolkanals markiert, gehörte zum Festland. Doch der Meeresspiegel stieg rasant an. Nachweise für die Besiedlung der Goldcliff-Stätte setzen ein (vor etwa 7000 Jahren), als das Meer das erste Mal an sie heranreicht. Damals lag bereits ein Großteil der Cardigan Bay unter Wasser und der Meeresspiegel stieg weiter, etwa anderthalb Mal so schnell wie heute.

Wie so viele Küstenstriche kennt auch Mittel-Wales einen Atlantis-Mythos, der womöglich in der Ausbreitung des Meeres nach der Eiszeit und dem Untergang von Siedlungen seinen Ursprung haben dürfte, auch wenn er zweifellos durch die mündlichen Erzählungen aktualisiert und schließlich schriftlich festgehalten wurde. Die walisische Erzählung berichtet von den Cantre'r Gwaelod – den Hundert Tieflanden –, die von einem Stammesfürsten namens Gwyddno Garanhir regiert wurden. Durch eine Reihe von Deichen wurden sie vor der See geschützt. Gwyddnos Gefolgsleute hatten die Aufgabe, die Deiche und ihre Sperren und Schleusen in Ordnung zu halten. Einer der Adligen war der notorische Trunkenbold Seithenyn. Er tat Dienst in einer Nacht, in der eine schreckliche Sturmflut wütete – mit vorhersehbaren Konsequenzen. Die Legende will, dass die untergegangenen Glocken von Cantre'r Gwaelod läuten, wenn jemand in Seenot gerät. Ich kann bezeugen, dass diese Story nicht wahr ist: Ich hätte die Glocken oft genug hören müssen.

Der Befund in Goldcliff lässt darauf schließen, dass die Menschen, die hier ihre Spuren hinterlassen haben, nur periodisch auf den Marschen jagten und sammelten, meistens im Sommer und im frühen Herbst. Zusammen mit anderen Prädatoren folgten sie den großen Hirschrudeln und den Auerochsenherden, den Wildschweinrotten und der Abfolge von Fülle und Knappheit, wie sie auch für andere Bereiche der Natur gilt. Offenbar haben sie nur für wenige Wochen hintereinander ihre Lager auf den Salzmarschen aufgeschlagen, wenn die Küstenwälder reich an Wild waren und die Gewässer vor Fischen wimmelten. Aus dem ausgegrabenen Boden ragen große Stümpfe und umgestürzte Eichenstämme. Einige davon weisen über zwölf Meter keine Äste auf. Dies legt nahe, dass hier ein dichter Wald mit hohem Kronendach stand, der bis an die Gezeitenlinie reichte. Im Schlamm finden sich Pollen von Eiche, Birke, Kiefer, Hasel, Ulme, Linde, Erle, Esche und Weide. Die Küste war gesäumt von Schilfflächen, Hochmooren und Erlenbrüchen. Um die Baumwurzeln herum fanden die Archäologen Vorratslager mit Haselnüssen, die von mesolithischen Eichhörnchen gegraben worden waren.

Diese Menschen, spekulieren sie, werden sich neben Wildbret und Fisch von Schilfwurzeln und -sprossen ernährt haben, dem süßen, von Binsen abgesonderten Gummi, von Grassamen und Melde, Rindenbrot aus Birken, von Nüssen, Ahorn, Blättern und wilden Früchten. Funde aus anderen Teilen Britanniens und Europas legen nahe, dass sie ausgehöhlte Einbäume zum Jagen und Sammeln im Mündungsgebiet oder für die Fahrt zu anderen Jagdgebieten entlang der Küste benutzt haben.

Im Spätherbst könnten sie an Strände gewandert sein, wo sich Robben aus dem Wasser hievten, um Nachwuchs zu zeugen: leichte Beute, wenn man sie erwischte, bevor sie ins Wasser plumpsten. Im Winter zogen sie landeinwärts und jagten Zugvögel in den oberen Mündungsgebieten und Tiere in den Wäldern. Die Wachstumsmuster der Herzmuscheln von mesolithischen Muschelhaufen in Nordwales lassen vermuten, dass sie im Frühjahr und im Frühsommer gesammelt wurden. Dann waren sie am fettesten. Die Goldcliff-Menschen dürften das Ästuar hinuntergefahren sein, um sie zu finden. Wenn die Muschelsaison vorbei war, folgten die Jagdverbände den Hirschen in die Berge bis auf die ergrünenden Weidegründe jenseits der Baumlinie. Dann, so sieht es aus, zogen sie zurück an die Küste, um die Fischwanderungen abzupassen. Es wird wahrscheinlich Plätze gegeben haben, an die sie jährlich zurückkehrten, aber einen festen Wohnort hatten sie nicht. Sie zogen mit ihrer Beute und hinterließen mit ihren Wanderungen die Fragmente ihres Daseins: Steinwerkzeuge auf den Gipfeln der Berge, Muschelhaufen an der Meeresküste, Waffen in den Wäldern, aufgeschlagene Knochen, verzierte Kieselsteine und gelegentlich eine Grabstätte. In den fossilierten Marschen in Lydstep in Pembrokeshire sind Archäologen auf das Skelett eines Wildschweins gestoßen, in dem zwei Mikrolithen steckten. Pfeil oder Speer im Rücken, die die Wunde schlugen, stürzte es sich zum Sterben in den Sumpf.[6]

Noch einmal betrachtete ich die Fußabdrücke, die sich in den Marschen und in der Zeit verloren. Ich hörte den Lärm von im Schlamm spielenden Kindern, sah die angespannten, ernsten Gesichter der Jäger, beobachtete mit meinem inneren Auge die Frauen und Alten, die mit ihren Speeren und Gabeln durch das Mündungsgebiet wateten, und spürte nun besser, wer ich war; woher ich gekommen war; was ich noch bin.

4) Durchbrennen

Mein Freund, Blut schießt mir ins Herz ein,
Das nicht geheure Wagnis im Moment der Hingabe,
Den ein Lebtag des An-sich-Haltens nie zurücknimmt,
Dem, dem allein danken wir ein Dasein.

T. S. Eliot, *Das wüste Land*[1]

Ich drehte mich weg, versuchte mein Schmunzeln zu verbergen. Endlich und eher durch Zufall war ich auf etwas gestoßen, das ihm Angst machte.

»George, bitte, rühr das Ding nicht an.«
»Es ist harmlos.«
»Nein! Äußerst gefährlich. Giftig.«

Kopfschüttelnd trat er etwas zurück. Sechs Monate war es her, seit wir uns das erste Mal begegnet sind, sechs Monate, in denen sich sein sanfter Humor durch nichts und niemanden hatte aus der Ruhe bringen lassen, in denen sein Wagemut mich – der ich mich brüstete, mich Kopf voran in die Gefahr zu stürzen – wie ein Hühnchen hatte aussehen lassen. Mit einem grausamen Gefühl des Triumphs steckte ich meine Hand in den Busch.

»George, ich bitte dich ...«

Das Chamäleon schwenkte sein Drehkuppelauge, um meine Hand zu mustern, und verfärbte sich in ein leichtes Rostrot. Sachte schob ich einen Finger unter eine seiner Greifhände und es umschloss ihn mit seinen Zangenzehen. Ich schob die übrige Hand unter das Tier. Es klammerte sich fest, und ich holte es langsam aus dem Busch. Seine Farbe wechselte in ein blasses Ziegelrot.

Toronkei war inzwischen fünf Schritte zurückgewichen. Auf seiner Stirn stand der Schweiß. Seine Lippen arbeiteten, gaben aber keinen Laut von sich.

»Siehst du, es ist ganz harmlos. Alles nur ein Mythos.«

Er schob sich nach vorne. Diesmal war sein Stolz verletzt. Das

Chamäleon saß ruhig auf meiner Hand und drehte seine Augen. Es schlang seinen Schwanz um meinen kleinen Finger.

»Du kannst es anfassen, wenn du möchtest. Es tut nichts.«

Toronkei umklammerte seinen Speer so heftig, dass seine Knöchel glänzten. Er kam noch ein Stückchen näher, mit geöffnetem Mund. Zitternd vor Selbstbeherrschung streckte er seine Hand aus und schob seine Fingerspitze nach vorne, bis er das Chamäleon an der Flanke berührte. Es bäumte sich auf, öffnete sein rosafarbenes Maul und zischelte. Er machte einen Satz zurück, stolperte, fiel beinahe. Nun war es an mir, Selbstbeherrschung zu zeigen. Ich wendete mich ab und setzte das Chamäleon wieder in den Busch, verzweifelt bemüht, nicht zu lachen. Ich tat so, als beobachtete ich es, wie es wieder Fuß fasste, und nutzte den Moment, meine Gesichtszüge unter Kontrolle zu bekommen. Dann drehte ich mich um. Toronkei starrte mich mit einem Ausdruck an, den ich gerne als neu erworbenen Respekt interpretierte. Wahrscheinlich aber spiegelte sich in ihm die Überzeugung, dass ich verrückt geworden sei.

Wir waren in der Morgendämmerung aufgebrochen und bereits 30 Kilometer gerannt und gelaufen und hatten dabei eine weite Schleife durch Kajiando County im nördlichen Teil des Massai-Territoriums beschrieben. Gegen Mittag hatten wir an dem Haus seines Onkels haltgemacht, um Milch zu trinken, und zwei Stunden im Schatten gesessen, geredet und Fliegen verscheucht. Nun waren wir auf dem Heimweg zu Toronkeis *manyatta*. Fünfundzwanzig Kilometer lagen noch vor uns. Wir standen auf einer niedrigen Abbruchkante und sahen über die mit Büschen und Schirmakazien gefleckte Ebene, die sich von graugrün über grau und blau bis zu einem unsichtbaren Kilimandscharo hinzog und wie so häufig von Wolken oder einem grauen Himmel verhangen war. Durch den Hitzeschleier unter uns waberten Herden gefleckter Rinder, falbfarbener Elenantilopen, Impalas.

Wie üblich hatte mich Toronkei abgehängt, aber oft genug war er stehengeblieben und hatte vorgegeben, die Gegend abzusuchen, damit ich aufschließen konnte. Er nahm mehr Rücksicht auf meine

Gefühle als ich auf seine. Wir hatten nichts Bestimmtes vorgehabt, außer seinen Onkel zu besuchen. Über die Savanne zu laufen, erfüllte an sich schon seinen Zweck. Toronkei und die anderen *moran* spornten sich gegenseitig zu Heldentaten an, etwa ihr Vieh in drei Tagen, ohne zu essen, zu trinken oder zu schlafen, über 200 Kilometer weit zu treiben. Ab und zu stahlen sie, obwohl sie mittlerweile, falls man sie erwischt, von der kenianischen Polizei schwer bestraft werden, auch Vieh von den Kikuyu, die in den benachbarten Landstrichen zu Hause waren, und entkamen mitunter nur in einem Kugelhagel. Unterhielt ich mich mit Toronkei und den anderen Kriegern, verblüffte es mich zu hören, dass die Flucht unter einem Kugelhagel ebenso Zweck der Übung war wie der Viehdiebstahl. Indem die *moran* ihr weites Land durchquerten und durchwanderten, lernten sie es so gut kennen wie wir unsere Vorstädte.

Ich hatte Toronkei durch die entscheidenden Phasen seines Lebens begleitet. Sechs Jahre, bevor ich ihn kennengelernt hatte, ist er beschnitten worden. Während der Operation musste er ruhig dasitzen und durfte sich nicht bewegen und nicht mit der Wimper zucken. Die, die es schafften, erhielten Rinder; die, die zusammenzuckten, wurden geächtet. Die Krieger übten sich darin, Schmerzen auszuhalten: Toronkei hatte eine kreisförmige Narbe auf jedem Oberschenkel, dort hatte er sich glühende Holzstücke auf die Haut gedrückt.

Jetzt, mit neunzehn, hatte er begonnen, den langen Weg der Initiationszeremonien als Krieger zu durchlaufen, an dessen Ende er den Status eines Junior-Ältesten erhält, heiraten und sein eigenes Haus errichten darf. Ich habe ihn über mehrere Monate mit den anderen *morani* tanzen, zechen und umherreisen sehen. Ich hatte zugesehen, wie sie einen Opferochsen bei den Hörnern und am Schwanz packten – er wirbelte sie durch das *manyatta*, bis sie ihn niederrangen –, ihn gezwungen hatten, einen Kürbis voll Bier zu trinken, ihn dann erstickt und sein Blut getrunken hatten. Ich hatte die starken Liebesbande zwischen den Kriegern mitbekommen, aber auch, dass ihre Messer unter ihren Umhängen aufblitzten, sobald ein Streit aufflammte.

Sie hatten – was ich nicht gesehen habe – einen Löwen getötet, und zwar wie von der Tradition vorgeschrieben: Erst trieben sie ihn in die Enge, dann packte einer seinen Schwanz, während die anderen versuchten, ihn mit ihren Speeren zu töten. Nichts schien die *morani* zu beunruhigen, außer Chamäleons. Gefahr war für sie etwas Delikates, das ausfindig gemacht und ausgekostet werden musste. Sie waren sprunghaft, leidenschaftlich, ungestüm und offen für alles. Ich fand es leichter, mich auf sie einzulassen als auf die indigenen Völker, mit denen ich in West-Papua und Brasilien gearbeitet hatte – vielleicht weil sie als Nomaden mit so vielen Kulturen in Berührung kamen. Sie akzeptierten mich, wie sie alles, was ihnen über den Weg lief, akzeptierten; nichts durfte ihren Erfahrungen im Weg stehen. Obwohl ich elf Jahre älter war als Toronkei, wurden wir, was anderswo unmöglich gewesen wäre, Freunde.

Nur wenige Wochen, nachdem wir zu dem Haus von Toronkeis Onkel gelaufen waren, war ich wieder in seinem *manyatta*, um der letzten Zeremonie beizuwohnen. Die *morani* tanzten langsam und traurig, mit einem sanften Gemurmel, das dem Wind in den Bäumen glich. Die Jahre der wilden Abenteuer gingen zu Ende. Ein junger Mann schritt mit dem langen leicht gewundenen Horn eines Großen Kudu in der Hand an den Rand der Gruppe. Er setzte seine Lippen an ein Loch in dem Horn und blies vier laute Trompetenstöße, die so tief waren, dass ich sie durch meinen Körper vibrieren fühlte. Schreiend und johlend liefen die Tänzer auseinander und stießen mich um. Vier oder fünf Krieger brachen zusammen und lagen unter Zuckungen und Ächzen auf dem Boden. Man versuchte sie auf die Beine zu stellen, aber sie schienen bewusstlos zu sein. Sie knurrten, sabberten und prusteten. Ihre Fersen schlugen auf den Boden. Das Horn wurde nur während der letzten Tage der Initiation geblasen, und immer wenn die Krieger es hörten, wurden sie von Trauer übermannt.

Ich folgte Toronkei in die Initiationshütte, die seine Mutter für ihn gebaut hatte – eine kleine Schachtel aus mit Kuhdung verkleidetem Weidengeflecht –, und hockte eine Weile unter der niedrigen

Decke, bis sich meine Augen an die Dunkelheit gewöhnt hatten. Als ich etwas sehen konnte, bemerkte ich eine unbekannte Frau, die auf einer Pritsche aus Kuhfell saß. Sie war sehr dunkel, mit starken Augenbrauen, einer glatten runden Stirn und einem kühlen, fast spöttischen Aussehen. Ich stellte mich vor. Mit einem komischen, fast verschämten Lächeln drehte sie sich weg. Verdutzt sah ich Toronkei an und war überrascht, dass er lachte.

»Dies«, sagte er, »ist meine Frau.«

Drei Tage, bevor ich im *manyatta* eintraf, war er 50 Kilometer gelaufen, um einen Freund zu besuchen. Als er sich dessen Dorf näherte, begegnete er einer jungen Frau, die den gleichen Weg nahm, und änderte seinen Plan. Die beiden verbrachten den Tag miteinander und als es Abend wurde, hatte er sie überzeugt, mit ihm durchzubrennen. Sie warteten, bis alle in ihrem Dorf schliefen, stahlen sich aus der Umfriedung und rannten los. Die Hunde wachten auf und die Brüder des Mädchens nahmen die Verfolgung auf. Das Liebespaar hetzte durch den Busch, aber kurz nach Mitternacht hatten die Brüder es gestellt. Das Mädchen weigerte sich, nach Hause zurückzukehren. Sie sagte ihren Brüdern, falls sie mit ihr sprechen wollten, müssten sie schon in Toronkeis Dorf kommen. Die Brüder kehrten in ihre Ansiedlung zurück, und bei Morgengrauen erreichten Toronkei und seine Verlobte das *manyatta*. Ihr Vater schäumte vor Wut, aber er konnte nur wenig ausrichten: Seine Tochter ließ sich nicht umstimmen. Toronkei hatte um Verhandlungen gebeten: Der Vater hatte einen Brautpreis von fünf Kühen und 10 000 Schilling gefordert. Toronkeis Eltern versuchten ihn herunterzuhandeln. Das Mädchen kam aus einer reichen Familie, es war ein hartes Geschäft.

Als ich die Geschichte hörte, die stolzen, konspirativen Blicke sah, die er mit seiner Braut austauschte, und mitbekam, wie er von den anderen *morani* als Held gefeiert wurde, stieg in mir – und dies nicht zum ersten Mal in meiner Freundschaft mit Toronkei – ein Gefühl der Eifersucht auf. Ich saß in der Hütte, trank Milch und begrüßte die Prozession junger Männer, die vorbeischauten, um ihm Respekt zu zollen, und haderte mit meiner Unzulänglichkeit. Als ich die jungen Krieger anschaute, die Hand in Hand auf der Pritsche saßen, und die junge Frau, die ihrem Ehemann zärtliche Blicke zuwarf, wurde ich von einem Gedanken eingeholt, der so klar und laut war wie eine direkt an meinem Ohr erschallende Glocke. Wäre ich als Embryo vor der Wahl gestanden zwischen meinem Leben und dem seinen – wohl wissend, dass ich mich dem einen wie dem anderen angepasst und mich in ihm eingerichtet hätte –, hätte ich das seine gewählt.

Trotz sechs an Abenteuern reichen Jahren in den Tropen, erschien mir mein Leben jetzt klein und behäbig. Ich dachte daran, was mich erwartete, wenn ich in ein paar Monaten nach Hause zurückkehren würde. Ich hatte den Plan, mein Buch zu Ende zu schreiben, Arbeit zu finden, wieder an alte Freundschaften anzuknüpfen und vielleicht eine Anzahlung auf ein Haus zu leisten. Nach zwei Hirnmalaria-Attacken, bei steigenden Ausgaben und schrumpfenden Ersparnissen, der Läuse, Moskitos, kaputten Straßen und des verdorbenen Wassers müde, erschien dies reizvoll. Jetzt aber dachte ich an die Unterhaltungen, die sich auf die drei Rs beschränkten: Renovierungen, Rezepte, Reiseziele. Ich dachte an Geländer und Staketenzäune. Ich dachte an Spaziergänge in der englischen Provinz, wo einen die Leute, sobald man sich abseits der Fußwege bewegt, anpöbeln. Nicht das erste Mal in meinem Leben kam mir plötzlich alles so sinnlos vor.

Benjamin Franklin beklagte sich 1753 in einem Brief an den englischen Botaniker Peter Collinson wie folgt:

> Wenn ein Indianerkind unter uns aufgewachsen ist, unsere Sprache erlernt und sich an unsere Gebräuche gewöhnt hat, und wenn es loszieht, um seine Verwandtschaft zu besuchen und einen indianischen Wanderzug mit ihnen zu unternehmen, kann man es nicht mehr zur Rückkehr bewegen, und dass dies nicht bloß natürlich für sie als Indianer, sondern als Menschen ist, wird daraus ersichtlich, dass wenn Weiße gleich welchen Geschlechts von den Indianern gefangen worden sind und eine Zeit unter ihnen gelebt haben, und wenn sie dann von ihren Freunden ausgelöst und mit aller

nur erdenklichen Zärtlichkeit behandelt werden, damit sie mit den Engländern zu bleiben bewogen werden, werden sie doch innerhalb kurzer Zeit unserer Lebensart und der zu ihrer Aufrechterhaltung nötigen Sorgen und Mühen überdrüssig und ergreifen die erste gute Gelegenheit, wieder in die Wälder zu entkommen, von wo man sie nicht mehr zurückholen kann.[2]

Für die kolonialen Autoritäten bedeutete das Überlaufen zu den Ureinwohnern eine schwere Bedrohung in ihrem Bestreben, die neue Welt zu unterjochen. Als junge Männer 1612 begannen, aus Jamestown, der ersten dauerhaften englischen Siedlung in Nordamerika, wegzulaufen, ließ ihnen der Vizegoverneur Thomas Dale nachstellen. Laut einem zeitgenössischen Bericht »wurden manche der Gestellten gehängt. Manche verbrannt. Manche gerädert, andere gepfählt und manche erschossen.«[3]

Die strengen Sanktionen belegen die Anziehungskraft. Trotz der Strafen liefen Europäer weiterhin über oder blieben, im Krieg gefangen, bei den Ureinwohnern. Das ging so lange, bis die Indianer derart geschwächt und gebrochen waren, dass es kein Leben mehr gab, zu dem man sich hingezogen fühlen konnte. 1785 berichtete Jean de Crèvecœur von europäischen Kindern, die, wenn ihre Eltern in Friedenszeiten kamen, um sie zu holen, sich fest entschlossen zeigten, in den indianischen Gemeinschaften zu bleiben, von denen sie gekidnappt worden waren:

[...] die, deren fortgeschritteneres Alter ihnen erlaubt hätte, sich ihrer Väter und Mütter zu erinnern, weigerten sich standhaft, ihnen zu folgen und liefen zu ihren angenommenen Eltern, um sich vor den überschwänglichen Liebesbezeugungen ihrer Eltern zu schützen! So unglaublich dies scheinen mag, mir ist es bei tausend Gelegenheiten zu Ohr gekommen, aus dem Munde glaubwürdiger Personen. In dem Dorf von ..., in das ich mich zu begeben vorhabe, lebten vor etwa fünfzehn Jahren ein Engländer und ein Schwede ...
Sie waren schon erwachsene Männer, als sie gefangen genommen

wurden; glücklich entkamen sie den schweren Strafen für Kriegsgefangene und wurden gezwungen, die Squaws zu ehelichen, die ihr Leben durch Adoption gerettet hatten. Durch die Macht der Gewohnheit hatten sie sich schließlich vollständig diese wilde Lebensführung zu eigen gemacht. Ich war dabei, als sie von ihren Freunden eine beträchtliche Summe geschickt bekamen, um sich selbst auszulösen. Die Indianer, ihre alten Herren, ließen ihnen die Wahl ... Sie entschieden sich zu bleiben; und die Gründe, die sie mir gegenüber anführten, dürften Sie gehörig überraschen: die vollkommenste Freiheit, die Leichtigkeit des Lebens, die Abwesenheit jener Sorgen und zersetzenden Kümmernisse, die so häufig Oberhand über uns gewinnen. ... Tausende Europäer sind Indianer und wir haben kein einziges Beispiel von einem Ureinwohner, der aus freier Wahl Europäer geworden wäre.[4]

Der Zusammenstoß von alten und neuen Welten war von Enteignung, Unterdrückung und Massakern gekennzeichnet, aber an manchen Orten gab es Phasen freundschaftlicher Verbindung. Bei Crèvecœur ist dokumentiert, dass amerikanische Ureinwohner gelegentlich als Gleichgestellte in europäische Haushalte aufgenommen wurden; und in vielen Fällen war es für Europäer möglich, sich in ähnlicher Weise indianischen Gemeinschaften anzuschließen. Man könnte dies wie ein soziales Experiment auffassen. In beiden Fällen hatten die Menschen die Wahl zwischen dem relativ sicheren, doch eingehegten, ortsfesten und regulierten Leben der Europäer und dem mobilen, freien und unsicheren Leben der amerikanischen Ureinwohner. Am Ergebnis gibt es nichts zu deuten. In jedem einzelnen Fall, so berichten Crèvecœur und Franklin, entschieden sich die Europäer, bei den Indianern zu bleiben, und die Indianer kehrten bei der ersten sich bietenden Gelegenheit zu ihren Gemeinschaften zurück. Das sagt mehr über unser Leben aus, als einem lieb sein kann.

Warum also bin ich nicht zu Toronkeis Gemeinschaft übergelaufen? Eine Frage, die mich noch immer beschäftigt.

Ich war, wie ich nach und nach entdeckte, zu weich für sein Leben.

Ich konnte schon physisch gesehen nicht richtig mithalten. Wichtiger noch, ich war außerstande, mit der Unsicherheit zurechtzukommen: Mit der Unstetigkeit, nicht zu wissen, ob ich heute zu essen hätte oder erst morgen, ob ich mich im kommenden Monat ernähren könnte – oder gar noch am Leben wäre. Die Massai begegneten den wilden Schwankungen ihres Glücks mit Gleichmut. War in einem Jahr die Ebene schwarz von ihren Rindern, konnte im nächsten die Dürre zuschlagen und sie hatten nichts mehr. Zu wissen, was als Nächstes geschieht, war womöglich das alles beherrschende Ziel materiell komplexer Gesellschaften gewesen. In dem Augenblick jedoch, als wir es erreicht hatten, oder nahezu erreicht hatten, wurden wir mit einem neuen Reigen unbefriedigter Bedürfnisse belohnt. Wir haben die Sicherheit der Erfahrung vorgezogen, haben damit viel gewonnen, aber auch viel verloren. Vor allem aber war mir wohl auch bewusst, dass das alte Leben vorbei war. Die kenianische Regierung zerschlug das Land der Massai in kleine Einheiten. Mächtige Stammesälteste haben sich so viel unter den Nagel gerissen, wie sie zu fassen bekamen, und die anderen rangelten darum, noch etwas für sich zu bekommen. Die Gemeinschaft war im Begriff zusammenzubrechen; öffentliches Land, auf dem *manyattas* gebaut und Zeremonien abgehalten werden konnten, stand keines mehr zur Verfügung. Mit der Veränderung der Machtstrukturen wurden die Altersgruppen, um die das Leben der Massai ausgerichtet war, zu einem Anachronismus. Die Generation, der Toronkei angehörte, war wohl die letzte gewesen, die den Initiationsprozess innerhalb der Gemeinschaft durchlaufen hatte. Die Menschen haben angefangen, sich niederzulassen, in die Städte zu ziehen, die Freiheiten aufzugeben, in denen sie sich von uns unterschieden.

Doch selbst wenn es diesen Druck nicht gegeben hätte, wäre das wilde Leben der *morani* nur mit Einschränkungen zu leben gewesen. Die Löwenjagd ist, da die Löwen immer seltener werden, durch die kenianischen Behörden unter strenge Strafe gestellt worden. Universalistische Prinzipien halten auch in Kenia, wo die Politik die Menschen immer noch nach Stammeslinien einteilt, nach und nach Einzug. Und ich habe meine Zweifel, dass die Kikuyu es je begrüßten, wenn die Massai ihre Rinder entführten und ihre Krieger mit Speeren bedrohten. Da mittlerweile Gruppen, die anders sind als wir, ihre Bedürfnisse und Rechte uns gegenüber geltend machen können, weil wir ihr Menschsein anerkennen, können wir ihr Leben nicht länger unseren Wünschen unterordnen, unsere Welt nicht mehr einfach der ihren überlagern. Die Freiheiten, die die Massai auf Kosten anderer genossen, sind – so reizvoll sie auch sein mochten – zu Recht beschnitten worden. Womöglich existiert einfach kein moralischer Raum mehr, in dem man seinen körperlichen Mut üben könnte. Wo auch immer man seine Faust schwingen möchte, wird stets die Nase eines anderen im Weg sein.

Auch wenn Jez Butterworths Theaterstück *Jerusalem* anfänglich auf den geteilten Zuspruch des Publikums stieß, wird es heute doch fast überall bewundert. Nach der Aufführung, die ich in der letzten Woche ihrer ersten strahlenden West-End-Inszenierung gesehen hatte, applaudierte die Hälfte des Publikums stehend, der Rest drängte mit finsterer Miene ätzend und tuschelnd zum Ausgang. Johnny Byron, packend dargeboten von Mark Rylance, ist der letzte Mohikaner. Er ist sinnlich, leichtfertig, ein Wüstling, wild und frei. Ein charismatischer, aber unedler Wilder, der in einem Wohnmobil in den Wäldern lebt, irre, schlimm und eine gefährliche Bekanntschaft, der letzte Mensch in England, der noch in Kontakt mit den alten Göttern ist. Seine totemistische Kreatur – sein Avatar – ist der Riese, dem er angeblich begegnet ist und den aufwecken zu können er beharrlich behauptet: das uneingeschränkte ursprüngliche Wesen, das keinen Regeln oder sozialen Zwängen unterworfen ist, der nicht mehr einer Welt angehört, in der neue Eigenheime die Wälder zersiedeln und Ordnungsbeamte in gelben Jacken mit ihren Klemmbrettern auf Patrouille gehen.

»Nehmt so viel ihr wollt«, sagt uns Byron. »Kein Mann wurde je ins Grab gelegt, der sich gewünscht hätte, auch nur eine Frau weniger geliebt zu haben. Hört auf nichts und niemanden, außer, was euch das Herz gebietet. Lügt. Betrügt. Stehlt. Kämpft auf Leben und Tod.«

Er lebt seine Überzeugung, der Bürokratie ein Dorn im Auge, ein Fluch der anständigen, sesshaften Leute, die ihn hassen und beneiden, ein Drogendealer, Schläger, Verführer, einstiger Draufgänger, Großsprecher, ein Magnet für aufmüpfige Teenager, ein schäbiger, vollgepisster, betrunkener Orgienfürst, ein Meister der letzten wilden Jagd. Er liegt im Clinch mit Wesley, einem Freund aus Kindertagen, jetzt Wirt des örtlichen Pubs (in dem Johnny natürlich Hausverbot hat), der von den Auflagen der Brauerei, durch Gesundheits- und Sicherheitsvorschriften, durch sein eintöniges, verantwortungsvolles Leben und die hygienische, sterile Welt, die er sich geschaffen hat, aufgerieben wird. »... diese blöden fieseligen Teebeutel, diese blöden kaputten Handtuchspender, diese idiotisch beschissenen T-Shirts. Ich komme erst ins Bett, wenn auch der letzte Mistkerl nach Hause gegangen ist. Ich lege mich neben meine Alte und kann nicht atmen ... Erste Regel, arbeite dein ganzes Leben. Zweite Regel, sei nett zu den Leuten ...«

In unserer überfüllten, biederen Welt gibt es für Johnny Byron keinen Platz. Er kommt einem bestimmten Bedürfnis entgegen – das sich in den jungen Leuten zeigt, die zu ihm strömen –, doch es ist kein Bedürfnis, für das die Gesellschaft Raum böte. Die Tragödie des Stücks besteht darin, dass die Welt ihm keinen Platz einräumen kann, so wie sie für die Diebeszüge und Löwenjagden der *morani* keinen Platz mehr hat. So sehr wir uns nach einem Leben wie dem seinen sehnen mögen, so sehr uns der Tod des ungehobelten Geistes, der ihn antreibt, verarmen lässt, er ist zu groß für die Zwänge, innerhalb derer zu leben wir moralisch verpflichtet sind, für die Einschränkungen, die, wie Wesley feststellen muss, uns den Atem nehmen.

Ich könnte auf verschiedenen Wegen zu zeigen versuchen, dass wir den Verlust des wilderen Lebens spüren, das zu führen wir angelegt sind. Ich könnte den Drang einzukaufen als Ausdruck des Instinkts anführen, der uns auf Nahrungssuche gehen lässt; Fußball als eine sublimierte Jagd; Gewaltfilme als Abhilfe für nicht ausgetragene Konflikte; das Ausüben immer extremerer Sportarten als Reaktion auf das Fehlen gefährlicher Wildtiere; den Kult um den

Fünfsternekoch als den Versuch, sich aufs Neue mit dem, was Land und Meer hergibt, zu verbinden. In all diesen Fällen erscheinen die Verbindungen plausibel, kaum zu belegen und banal. Ich glaube jedoch, ich bin auf eine interessantere Beweisführung gestoßen.

5) Der Leopard, der nie gesichtet wurde

Freilich, die Leute hassen die Wahrheit;
sie würden lieber einem Tiger auf ihrer Straße begegnen.

Robinson Jeffers, *Kassandra* [1]

Y iscuid oet mynud
Erbin cath paluc
Pan gogiueirch tud.
Puy guant cath paluc.
Nau uegin kinlluc.
A cuytei in y buyd
Nau ugein kinran

The Black Book of Carmarthen, ca. 1250

Die Szenerie hätte besser nicht sein können. Jenseits der Felder griff Maiden Castle, eine mit Türmchen versehene Festung aus lebendigem Fels, nach dem Himmel. Dahinter lag das Dorf Wolf's Castle – Casblaidd –, das sich als eine von nur zwanzig Ortschaften, an denen Owain Glyndŵr geboren wurde (er starb an nicht weniger zahlreichen), hervortut und von dem gesagt wird, in seiner Nähe sei der letzte Wolf in Wales erlegt worden. Unter uns erstickte ein fahler verschlungener Bruchwald das Tal.

»Diese Lücke in der Hecke hier, da könnte er durchgekommen sein. Dann kam er die Böschung runter, schlenderte über die Straße und verschwand im Gebüsch.«

Ich spähte in den Bruchwald auf der anderen Seite des Fahrwegs. Die Bäume waren von Efeu überwuchert. Ihre bemoosten Stämme ragten verstreut aus dem Gelände oder lehnten aneinander, dunkel bekuttet wie betrunkene Klosterbrüder. Unter ihnen ein undurchdringliches Dickicht aus Brombeergestrüpp und Farn.

»Man würde ihn da drin wohl kaum zu sehen bekommen, oder?«

»Und Sie sind sich sicher, dass es einer war?«

Michael Disney blickte sich um, die hohe Böschung, die er heruntergekommen war, der schmale Streifen schadhaften Asphalts, das niedrige verschlungene Waldland, und zuckte die Achseln.

»Das ist kein Thema für mich. Ich habe gesehen, was ich gesehen habe, und das ist es. Die Leute können es glauben oder nicht. Ich muss niemanden überzeugen.«

»Sie arbeiten in der Gemeindeverwaltung. Hat man Sie jemals beschuldigt, Aufträge an Land zu ziehen?«

»Nein, das ist nicht mein Aufgabenbereich. Ich bin bei der Handelsaufsicht. Wenn Sie so wollen, ist dafür eigentlich niemand zuständig.« Ein scheues Lächeln, als wollte er seine Berufsbeschreibung illustrieren. »Warum sollte ich mich einer Situation aussetzen, in der ich mich lächerlich mache und Spott auf mich ziehe? Ich hätte absolut nichts davon, außer vielleicht ein kleines bisschen fragwürdige Berühmtheit.«

Michael war auf dem Rückweg von einer Inspektionsfahrt die Straße in Richtung A40 entlanggefahren. Er hatte die Geschichten gehört, Fotos von den bei Princes Gate, ein paar Kilometer hinter Haverfordwest gefundenen Fährten in den örtlichen Zeitungen gesehen, und kein Wort davon geglaubt.

»Wenn ich damals davon geträumt oder daran gedacht hätte, sähe die Sache womöglich anders aus. Aber so war es nicht. Ich fuhr einfach so dahin – und plötzlich überquert einer die Straße. Er war wohl um einen Meter hoch und vielleicht eins achtzig lang. Ich würde sagen, größer als ein mittelgroßer Hund, aber mit Sicherheit kein Hund. Er strotzte vor Kraft, mit einem schwarzen, glänzenden Fell, unglaublich muskulös, Schultern wie ein Pferd. Aber was wirklich merkwürdig aussah, war der Kopf. Einen solchen Kopf habe ich noch nie gesehen, noch nicht einmal im Zoo.«

Michael Disney, ehemaliger Polizist, Gemeindebeamter, gehörte zu seiner eigenen Verblüffung plötzlich zu den etwa 2000 Leuten, die jährlich in der freien Natur Großbritanniens eine große Katze sehen.

Als Michael das inzwischen als »Panther von Pembrokeshire« bekannte Tier zu Gesicht bekam, hatte es laut *Wales on Sunday* bereits zehn bestätigte Sichtungen gegeben.[2] Zu denen, die behaupten, die Kreatur gesehen zu haben, gehören Landwirte oder Landarbeiter, die mit der weniger exotischen Tierwelt der Gegend vertraut sind. Auch der Bauer und – unabhängig davon – seine Frau, deren Land an die Straße grenzte, auf der wir standen. Alle hatten das Tier übereinstimmend so beschrieben wie Michael, groß, pechschwarz, glänzend, mit einem langen Schwanz, zweifellos eine Katze. Eine Person behauptete, es mit einem Lamm im Maul gesehen zu haben. Eine weitere berichtete, dass es »eine Hecke übersprang wie ein Rennpferd«.[3] Es wurde verantwortlich gemacht für die grausigen Gerippe von Schafen und Kälbern, die man in abgelegenen Winkeln der bäuerlichen Besitzungen gefunden hatte. Aber erst als der ehemalige Polizist seinen früheren und aktuellen Kollegen von dem Biest berichtete, begann man, es ernst zu nehmen. Die *County Times* beschrieb die Sichtungen nun als »100 Prozent authentisch«.[4]

Drei Wochen später, als fünf Menschen es bei Rudbaxton gesehen hatten, schickte die Polizei eine bewaffnete Einsatztruppe auf den Weg. Ein Sprecher der Polizei in Dyfed-Powys meinte, dass man den Menschen geraten hätte, auf Abstand zu bleiben, sollten sie den »Pembrokeshire Panther« zu Gesicht bekommen, und bei der Gemeindeverwaltung Meldung zu machen. »Wir müssen die Sache ernst nehmen, auch wenn es streng genommen keine Polizeiangelegenheit ist, solange niemand in unmittelbarer Gefahr schwebt.« Er bemerkte noch, dass die walisische Regierung als Reaktion auf Berichte wie den von Michael eine Großkatzen-Sichtungs-Einheit aufgestellt habe. Das prüfte ich nach: So unwahrscheinlich die Kreatur auch sein mag, die Einheit existiert tatsächlich.

Ich kam zu der Überzeugung, dass Michael ein ehrlicher, verlässlicher und unaufgeregter Mensch ist, der kein Interesse an öffentlicher Aufmerksamkeit hat – sie schien ihm eher unangenehm zu sein. Ich bin mir sicher, dass er wie die anderen Leute auch, die behaupteten, das Biest gesichtet zu haben, getreulich beschrieben hat, was er gesehen hat. Ich bin mir aber genauso sicher, dass es den »Panther von Pembrokeshire« nicht gibt.

In Großbritannien existiert heute wohl kaum eine anständige Gemeinde, die sich nicht einer solchen Kreatur rühmte – oder von ihr besessen ist. Selbst die Londoner Vorstädte behaupten, von großen Katzen heimgesucht zu werden. Es gibt das Biest von Barnet, das Biest von Cricklewood, einen Kristallpalast-Puma und einen Sydenham Panther. Im Laufe der Geschichte hat es immer wieder Berichte über mysteriöse britische Katzen gegeben. Die früheste schriftlich niedergelegte Kunde – *Cath Palug* (Palugs Katze oder Kratzekatze) – findet sich im *Black Book of Carmarthen*, das, wie der Hase (bzw. der Panther) eben so läuft, genau 50 Kilometer von dem Ort entfernt niedergeschrieben wurde, an dem Michael seine Kreatur gesehen hat. Das Fragment am Anfang dieses Kapitels ist alles, was von dem Bericht auf uns gekommen ist: »Sein Schild war bereit / Gegen die Katze Palug / Als die Leute ihn willkommen hießen. / Wer erstach die Katze Palug? / Neun mal zwanzig Helden / Fielen ihr zum Fraß / Noch vor der Morgendämmerung.« Das gleiche Tier taucht allerdings auch in den *Welsh Triads* auf, worin seine Attribute eine noch schwierigere Herausforderung für die Biologie darstellen: Es wurde zusammen mit einem Wolf und einem Adler von einer riesigen Sau geboren.

Während der letzten Jahre haben die Sichtungen stark zugenommen. In ihrem wunderbaren Buch *Mystery Big Cats* bemerkt Merrily Harpur, dass die »Katzenhysterie«, wie sie sie nennt, zwischen 2000 und 4000 mal im Jahr vorkommt.[5] Auf meinen Reisen durch die Provinz habe ich festgestellt, dass auch viele Menschen, die die Katzen gar nicht gesehen haben, fest von ihrer Existenz überzeugt sind. Die Biester wurden selbst von Leuten gesichtet, die schon von Berufs wegen besser als etwa Michael oder die Landwirte Pembrokeshires einordnen können müssten, was sie sehen: Wildhüter, Parkranger, Wildtierexperten, ein Tierpfleger im Ruhestand. Merrily Harpur merkt an, dass etwa drei Viertel aller gesichteten Katzen schwarz sind, und in der Regel werden sie als glänzend und muskulös beschrieben. Interessant ist auch ihre Beobachtung, dass als wahrscheinlichster Kandidat ein

Leopard mit Melanismus infrage kommt (der Leopard ist die Art, in der die schwarze Variante zwar selten, aber am häufigsten vorkommt), dass sie aber auf keinen einzigen Bericht von einem in freier Wildbahn beobachteten gewöhnlichen gefleckten Leoparden gestoßen ist.

Obwohl die Sichtungen Übereinstimmungen zeigen und die Zeugen verlässlich sind, ist die Beweislage für eine tatsächlich existierende Population von Großkatzen im Vereinigten Königreich um nichts gesicherter als die für das Monster von Loch Ness. Anders gesagt, trotz der abertausend Tage, die Kryptozoologen damit verbracht haben, dem Biest auf die Spur zu kommen, trotz der versammelten Bemühungen der Polizei, der Royal Marines und von der Regierung bestallter Wissenschaftler existiert es nicht.

Obgleich manche Großkatzenarten zu den scheuesten und umsichtigsten Wildtieren gehören, ist es für Experten leicht, Belege zu finden, dass es sie gibt. Es sind Tiere mit regelmäßigen Gewohnheiten. Sie haben ihre Territorien, Unterschlüpfe, in denen sie ihren Nachwuchs aufziehen, Stellen, an denen sie Duftmarken, und Bäume, an denen sie Kratzspuren anbringen. Wo sie sich aufhalten, hinterlassen sie Fährten, Losung und Haare, wobei Erstere ohne Weiteres zu erkennen sind und die anderen durch DNA-Tests erhärtet werden können.

Sogar Tiere, die nur selten beobachtet werden, hinterlassen so viele Spuren, dass sie eingehend erforscht werden können. Einmal verbrachte ich ein paar Tage mit Biologen in einem Waldschutzgebiet im Amazonas. Die ganze Nacht über hörten wir Jaguargebrüll; aber der Teamleiter meinte, auch wenn davon auszugehen sei, dass die Tiere uns beobachten, würden wir sie nie zu Gesicht bekommen. Eines Tages ging ich zu einem Bach ein paar Schritte vom Lager entfernt, um zu schwimmen. Ich war etwa zwanzig Minuten im Wasser und ging dann den sandigen Pfad zurück. In meinen Fußabdrücken befanden sich die Trittsiegel eines Jaguars.

Der *Wildlife Photographer of the Year*-Wettbewerb wurde 2008 von einem Fotografen gewonnen, der eines der am schwersten auffindbaren Tiere der Welt – den Schneeleoparden – an einem der unzugänglichsten Orte der Welt, in der Himalayaregion Ladakh, auf über 3000 Metern Höhe aufgenommen hat. Dem Fotografen ging es nicht nur darum, die Existenz des Leoparden zu dokumentieren. Nachdem Steve Winter dreizehn Monate lang experimentiert hatte und Hunderte nur unbefriedigende Bilder seines Zielobjekts geschossen hatte, gelang ihm durch eine ausgeklügelte Aufstellung von Kamerafallen und Lampen schließlich ein perfekt komponiertes Porträt. »Ich wusste, das Tier würde auftauchen«, berichtete er. Seine Ausrüstung wartete nur darauf, dass »der Schauspieler die Bühne betritt und den Sensor auslöst«.[6]

Doch trotz überall in Großbritannien an geeigneten Orten aufgestellten Kamerafallen, trotz aller Bemühungen von hunderten Enthusiasten, die sich ausgerüstet mit Teleobjektiven und Wärmebildkameras auf die Pirsch begaben, ist in diesem Land noch kein einziges unzweifelhaftes Bild eines Panthers geschossen worden. Die Fotografien und Filmfetzen, die ich gesehen habe – das Beste, was die Verfechter der geheimnisvollen Katzen zuwege bringen können –, zeigen etwa zur Hälfte eindeutig Hauskatzen. Bei etwa einem Drittel handelt es sich um Pappfiguren, Kuscheltiere, unbeholfene Photoshop-Bearbeitung oder – wie die umgebende Vegetation verrät – um Bilder, die in den Tropen geschossen wurden. Die Übrigen sind aus so großer Entfernung oder so undeutlich aufgenommen, dass sie nahezu alles wiedergeben könnten: Hunde, Hirsche, Füchse, Müllsäcke, auf allen vieren gehende Yetis. Mit am verblüffendsten an der ganzen Geschichte ist, dass von denen, die sich aufgemacht haben, eine Großkatze in Britannien aufzuspüren, eigentlich niemand eine zu Gesicht bekommen hat. Fast ausnahmslos geschahen die Sichtungen unerwartet. In den meisten Fällen erschienen die Katzen Menschen, die sich noch nie mit ihnen beschäftigt hatten oder nicht an ihre Existenz glaubten. Die Pasteur'sche Maxime, wonach das Glück den auswählt, der darauf vorbereitet ist, scheint hier nicht zuzutreffen.

Auch die unermüdlichen Bestrebungen, diese Tiere zu fangen oder zur Strecke zu bringen, haben nichts Überzeugenderes ergeben. Wie Harpur anmerkt, sind »mehr Anstrengungen und mehr Ausgaben für die Jagd nach anomal großen Katzen aufgebracht worden, als für die imperiale Tigerjagd«. Und das Ganze hat kaum mehr erbracht als ein paar glücklose Geschöpfe, die aus dem Zoo, dem Zirkus oder aus Privathaltungen entkommen sind und die in fast allen Fällen ein paar Stunden nach ihrer Sichtung eingefangen worden waren. In Harpurs Buch gibt es einen wunderbaren Bericht über einen Polizisten, der in der Nacht ausgeschickt wurde, um der Sichtung eines Löwen in einem Spa in Leamington nachzugehen. Auf seiner Runde hielt er an und fragte einen Milchmann, ob er das Tier gesehen habe. Kurz darauf, so schrieb er in seinen Bericht, »nahm ich einen vorbeihuschenden Schatten wahr und ein plötzliches Gewicht« im Fond des Wagens. »In einer fließenden Bewegung war der Löwe durch das Hinterfenster auf die Rückbank gesprungen.« Ohne Weiteres machte sich das Tier dort breit und der Beamte fuhr es zur Wache, wohl wissend um den Atem in seinem Nacken.

Nach einer Reihe von Viehrissen fing 1980 in Easter Ross, Schottland, ein Landwirt ein Pumaweibchen in einer Köderfalle. Anfangs schien es sich um ein wildes und bösartiges Tier zu handeln, das seine Häscher anfauchte und anspuckte. Aber dies legte sich schnell, als der Puma im Highland Wildlife Park in Kincraig untergebracht worden war. Harpur berichtet, wie das Tier, sobald sich jemand seinem Käfig näherte, zu schnurren begann und sich an den Stäben rieb. Offenbar gehörte die Berglöwin zu einem Paar, das in den Highlands von einem Mann, der ins Gefängnis musste, freigelassen worden war. Das andere Tier war später in der Nähe von Inverness tot aufgefunden worden.

Seither wurde nur ein einziges großes Raubtier gefangen, obwohl hunderte ähnlicher Fallen aufgestellt worden waren. Ein Kryptozoologe namens Pete Bailey, der schon fünfzehn Jahre lang auf der Jagd nach dem Beast of Exmoor war, kroch in eine seiner Fallen, um den Köder zu wechseln, und löste den Mechanismus aus. Zwei Nächte lang saß er dort fest, bevor er befreit wurde, und aß das rohe Fleisch, das er für die Katze ausgelegt hatte. Wir jagen das Biest, doch das Biest sind wir selbst.

Was ist dabei herausgekommen? Keine Fotos, keine Fänge, kein Kot, keine Kadaver (bis auf ein paar Schädel, die, wie sich später herausstellte, in die Wildnis geraten waren, nachdem sie sich von einem Leopardenfell und einer Wandtrophäe entfernt hatten), nicht einmal ein eindeutiger Fußabdruck. Die Biester Großbritanniens sind einer fünfwöchigen Jagd durch Royal Marines, Polizeihubschraubern und bewaffneten Einsatzkräften (was über die Ermittlungsanstrengungen bei Autodiebstählen weit hinausgeht), einer Reihe von Großkatzenexperten und Schatzsuchern und dem massiven Einsatz der besten Verfolgungs-, Anlock- und Aufspür-Techniken entwischt, über die der Mensch verfügt. Anderswo hat diese Technik funktioniert, hier jedoch nicht.

1995 schickte die Regierung zwei Ermittler in das Bodmin-Moor nach Cornwall, wo es angeblich die meisten Belege für das Vorkommen von Großkatzen gibt. Sie verbrachten sechs Monate mit Feldarbeit, untersuchten Kadaver und Fährten, erkundeten die Stellen, an denen das Biest von Bodmin gesichtet und fotografiert worden war. Die Unternehmung trägt Züge einer königlichen Untersuchungskommission des neunzehnten Jahrhunderts. Der Bericht enthält Fotografien eines strammen Kerls mit einem großen Schnauzbart und einer Messlatte in der Hand, der die Höhe der natürlichen Begebenheiten demonstriert, an denen das Biest aufgenommen worden war.[7] Der Text dazu liest sich stellenweise wie die letzten Kapitel von *Der Hund von Baskerville*. Der Bericht ist gründlich, erschöpfend und niederschmetternd für diejenigen, die zwar der Meinung sind, dass es andere angebliche Großkatzen wohl nicht gibt, aber von der Existenz des Biests von Bodmin überzeugt sind. Die Ermittler untersuchten die berühmte, überall im Fernsehen ausgestrahlte Videosequenz, die eine Katze beim Sprung über eine Trockenmauer zeigt. Das sieht beeindruckend aus, bis man den vom Ministerium abgestellten Mann mit seiner Messlatte neben der Mauer stehen sieht und realisiert, dass das Hindernis kniehoch ist. Eine monströse Katze, die auf einem Torpfosten hockt, schrumpft von einer Schulterhöhe von knapp einem Meter auf dreißig Zentimeter, sobald die Messlatte in die Nähe kommt. In einem Fall, in der das Biest beim Überqueren eines Felds gefilmt wurde und keine zweckdienlichen Landmarken zur Verfügung standen, mit denen man es hätte vergleichen können, brachten die Ermittler eine schwarze Hauskatze an den Ort des Geschehens, setzten sie an der gleichen Stelle ab und fotografierten sie aus der Perspektive, aus der das Video aufgenommen worden war. Die Miezekatze sieht etwas größer aus als das Monster. (Unverdrossen insistieren die Verfechter des Biests von Bodmin nun darauf, dass die Originalbilder Baby-Großkatzen zeigen, deren Eltern rätselhafterweise nicht mit im Bild sind. Standbilder aus diesen Videos werden in Britannien noch immer als Beweis angeführt, dass Großkatzen durch die Insel streifen.)

Die Ermittler verglichen eine schauerliche nächtliche Nahaufnahme des Biests mit dem Bild eines echten schwarzen Panthers und bemerkten ein offenkundiges, aber bislang unbemerktes Problem. Der Panther im Käfig besitzt wie alle Großkatzen runde Pupillen, während die Kreatur auf der Fotografie vertikale Schlitze hat, ein Merkmal, das nur bei den kleineren Arten wie etwa der Hauskatze vorkommt. Sie untersuchten die drei Gipsabgüsse, die von im Moor gefundenen Trittsiegeln abgenommen worden waren. Zwei stammten von einer Hauskatze, eines von einem Hund. Sie suchten die grausigen Schafkadaver auf, die, wie die Ortsansässigen unbeirrt behaupteten, von dem Biest zerfetzt worden seien. Dass sie zerfetzt waren, daran bestand kein Zweifel, aber die Bösewichte waren Krähen, Dachse, Füchse oder Hunde gewesen (deren Spuren um manch eines der Gerippe buchstäblich überall verteilt waren), und in den meisten Fällen waren die Schafe zerrissen worden, nachdem sie aus anderen Gründen verendet waren. Die Wissenschaftler räumten zwar ein, es sei unmöglich zu beweisen, dass keine Großkatze existieren würde, aber sie waren auch auf keinen eindeutigen Beweis gestoßen, der für das Gegenteil sprach. Die regierungsamtliche Organisation Natural England sowie die durch die Waliser Regierung einberufene Großkatzen-Sichtungs-Einheit – beide hatten Sichtungen in Großbritannien untersucht – waren zu dem gleichen Schluss gekommen.

Ich würde noch einen Schritt weiter gehen: Wenn eine lebensfähige Population dieser Tiere existieren würde, gäbe es häufig genug eindeutige Beweise. Wenn diese Beweise fehlen, spricht das dafür, dass eine solche Population nicht existiert. Mit der verschwindend geringen Ausnahme der hin und wieder entlaufenen Exemplare (die allesamt rasch wieder eingefangen oder zur Strecke gebracht worden sind und von denen kein Einziges schwarz war) sind die Biester, die von so vielen vernünftigen, aufrichtigen, seriösen Leuten beobachtet wurden, reine Imagination. All dies hat aber nicht die geringste Wirkung gezeigt, weder was die Anzahl der Sichtungen anbelangt noch im Hinblick auf die atemlose Leichtgläubigkeit, mit der die Zeitungen darüber berichteten. Ein Artikel in der *Daily Mail* behauptete, dass »riesige Tatzenabdrücke« im Schnee »endlich den Beweis erbringen« könnten, dass das Biest von Stroud existiert.[8] Die Frau, die auf sie gestoßen war, erzählte der Zeitung, das Ganze sehe aus, als »hätte jemand an jeder Zehenspitze, wo seine Klauen eine Vertiefung in den Schnee gedrückt haben, einfach einen Pfeil geworfen.« Dies bestätigt, was die Fotos nahelegen: die Fußabdrücke stammten von einem Hund. Katzen ziehen beim Gehen ihre Klauen ein. Ein langer Bericht im *Scotsman* mit dem Titel: »Gigantische Pfotenabdrücke – streift eine Großkatze in der Hauptstadt umher?«, behauptete, dass von einem Rentner gesichtete Spuren im Schnee nahelegten, auch Edinburgh werde nun wie London von einer monströsen Raubkatze heimgesucht.[9] Ein »Experte«, der eigens konsultiert wurde, meinte, »es ist zwar unwahrscheinlich, aber nicht ausgeschlossen«, dass die Fußabdrücke von einem Biest verursacht worden seien. Wenn, dann dürfte es sich um eine furchterregende Kreatur gehandelt haben: ein einbeiniger Nachtmahr, der auf seinen Zehenspitzen durch die Straßen hüpft. Oder es war jemand, der schlicht seine Finger in den Schnee gedrückt hatte.

Ein ebenso plausibler Artikel stand im *Guardian*. Er berichtet von einem Mann, der behauptet, vom Panther von Sydenham angegriffen worden zu sein.[10] Das Biest »sprang auf meine Brust, riss mich zu Boden«, erzählte er.

Ich sah seine riesigen Zähne und das Weiße seiner Augen nur Zentimeter von meinem Gesicht entfernt. Es fauchte und knurrte und ich war mir sicher, gleich würde es mich ernsthaft verletzen. Ich versuchte, es loszuwerden, aber ich konnte mich nicht rühren, es war schwerer als ich.

Ein Bericht der BBC behauptete, dass der Panther den Mann »für etwa 30 Sekunden in seinen Klauen« hatte und er deshalb »überall am Körper zerkratzt« war.[11] Wäre er wirklich so von einem Leoparden angegriffen worden, wäre seine Kehle durchbissen gewesen, bevor er überhaupt mit den Augen hätte blinzeln können.

Meine Lieblingsgeschichte aus der *Daily Mail* trägt den Titel: »Ist dies das Biest von Exmoor? Kadaver eines rätselhaften Tiers am Strand angespült.«[12] Begleitet von einer Fotografie eines verwesten Kopfes (und einer weiteren eines fauchenden schwarzen Panthers) stand in dem Bericht, dass »große Reißzähne aus dem riesigen Kiefer ragten und in der Nachmittagssonne glänzten. Dann das Gerippe. Bis zu eineinhalb Meter lang, kräftige Brust und möglicherweise die Überreste eines Schwanzes.« Die Zeitung hatte mit einem Polizisten vor Ort gesprochen, der die kryptische Bemerkung fallen ließ: »Wie es aussieht, könnte es fast definitiv ein Biest von Exmoor sein.« Erst am Ende der Seite enthüllte der Bericht, dass es sich um eine verwesende Robbe handelte. Zweifellos haben diese fesselnden Geschichten das Biest-Fieber angeheizt, aber viele, die die Großkatzen in Britannien gesehen haben wollen, behaupten auch, vor ihrer Begegnung nie von den Tieren gehört zu haben. Es steht außer Frage, dass, abgesehen von ein paar Witzbolden, die meisten im besten Glauben von ihren Sichtungen berichteten. In vielen Fällen wurde ein Tier von mehreren Leuten gleichzeitig beobachtet, die alle das Gleiche aussagen. Was also geht da vor sich? Warum sind in den vergangenen drei Jahrzehnten die Meldungen über Großkatzen in Großbritannien von jährlich ein paar Dutzenden auf Tausende angestiegen?

In der wissenschaftlichen Literatur findet sich keine Erörterung dieses Phänomens: Ich bin auf keinen einzigen Zeitschriftenartikel gestoßen, der sich mit den Großkatzen-Sichtungen befasst hätte. Kein angefragter Psychologe war in der Lage, mir jemanden zu nennen, der das Phänomen untersuchte.

Vielleicht mag die Tatsache, dass die meisten der gemeldeten Katzen schwarz sind, erklären, was hier geschieht. Schwarz ist die einzige Farbe, die alle Großkatzenarten gemeinhin mit der Hauskatze teilen. Erblickt man etwas, das man für einen fuchsroten Leoparden oder einen gescheckten Löwen halten mag, wird man höchstwahrscheinlich seine Wahrnehmung hinterfragen, bevor man das Gesehene als solches hinnimmt. Man wird wahrscheinlich auch zurückhaltender sein, wenn man anderen von seinem Erlebnis berichtet. Das Missverhältnis zwischen Farbgebung und Größe steht dem Bestätigungsprozess im Wege, mit dem das Gedächtnis das Gesehene verstärkt und womöglich übertreibt. Dieses Hindernis wird weniger wahrscheinlich auftreten, wenn die Katze schwarz ist, was immerhin die Möglichkeit bietet, dass es sich um einen Panther handelt. Die Hauskatzen-Hypothese dürfte zudem erklären, warum offenbar kein Mensch einen Leoparden mit Leopardenfell gesehen hat.

Die Größe eines Tiers zu beurteilen, ist schwierig. In der Zeitschrift *The Skeptic* weist David Hambling darauf hin, dass die Leute häufig die Tiere, die sie sehen, für weit größer halten, als sie tatsächlich sind.[13] Als zum Beispiel Scharfschützen der Polizei einen entflohenen Karakal im County Tyrone in die Enge getrieben hatten, erschossen sie ihn in dem Glauben, es sei ein Löwe. Löwen wiegen zwanzig Mal mehr als Karakale. Die Kellas-Katze Schottlands ist ein schwarzes Biest, das wirklich existiert. Sie ist eine Kreuzung der Schottischen Wildkatze mit einer verwilderten Hauskatze. Oft wurde berichtet, sie habe die Größe eines Leoparden. Tatsächlich maß das größte je erlegte oder gefangene Exemplar 110 cm vom Kopf bis zum Schwanz, was immer noch kleiner ist als die größten Wildkatzen. Besonders schwierig dürfte es sein, die Größe eines schwarzgefärbten Tiers zu beurteilen.

Der Psychologe Richard Wiseman erklärt in seinem Buch *Paranormalität*:

Viele Menschen denken, dass menschliche Beobachtung und Erinnerung wie ein Videorekorder oder eine Filmkamera funktionieren. Nichts könnte weiter von der Wahrheit entfernt sein [...]. Zu jedem Zeitpunkt haben Ihre Augen und Ihr Gehirn nur die Verarbeitungskapazität, um einen sehr kleinen Teil Ihrer Umgebung anzusehen [...], um sicherzustellen, dass wertvolle Zeit und Energie nicht für bedeutungslose Details verschwendet werden, identifiziert Ihr Gehirn rasch dasjenige, von dem es meint, dass es sich um die bedeutsamsten Aspekte Ihrer Umgebung handelt, die es als wichtig erachtet, und konzentriert nahezu seine gesamte Aufmerksamkeit auf diese Bestandteile.[14]

Das Gehirn, so Wiseman, scannt die Szenerie, wie eine Taschenlampe ein dunkles Zimmer ableuchtet. Die Lücken füllt es aus und konstruiert aus den Teilinformationen ein vermeintlich komplettes Bild.

Dieses Bild kann sich in unser Gedächtnis einnisten und wir behandeln es, als sei es so konkret und eindeutig wie eine Fotografie in einem Album. Wenn wir uns auf eine Katze konzentrieren und ihre Umgebung außer Acht lassen, kann es vorkommen, dass durch den Auswahlprozess das Biest vergrößert und die Szenerie geschrumpft wird. Ich frage mich zudem, ob es in unserem Gehirn so etwas wie eine Schablone in Form einer Großkatze gibt. Da für unsere Vorfahren Großkatzen einst die gefährlichsten Raubtiere waren,* dürfte es ein starkes evolutionäres Interesse geben, sie zu erkennen, bevor das Bewusstsein das Bild verarbeiten und interpretieren kann. Es könnte sein, dass alles, was vage zu dieser Schablone passt, den Großkatzenalarm auslöst: Es schadet uns wenig, Katzen

---

*Als ich kurz nach der Lektüre von Bruce Chatwins berühmtem Bericht in Südafrika war, bat ich den Kurator des Transvaal Museums, mir die Schädel von *Dinofelis* zu zeigen, den Scheinsäbelzahnkatzen, sowie die der Hominiden, auf die sie wahrscheinlich Jagd gemacht haben und deren Schädelknochen sie unmittelbar über der Wirbelsäule mit ihren mächtigen Reißzähnen durchlöchert hatten. Sie sahen genau so aus wie in Bruce Chatwins *Traumpfaden* beschrieben.

zu sehen, die nicht existieren, aber diejenigen nicht zu sehen, die existieren, umso mehr.

All dies erklärt jedoch nicht, warum Sichtungen von Großkatzen in den letzten Jahren häufiger geworden sind. Auch wenn das Phänomen anscheinend besonders stark in Großbritannien auftritt, ist es nicht nur auf die Insel beschränkt. Es sind auch zahlreiche Sichtungen in anderen Teilen Europas, in Australien und in Gebieten Amerikas gemacht worden, in denen es schon lange keine Pumas oder Jaguare mehr gibt. Seit Jahrhunderten leben verwilderte Hauskatzen auf dem Land, und es gibt keinen Grund zu der Annahme, und mir sind auch keine Anzeichen bekannt, dass heute ein größerer Anteil als früher schwarz sein sollte. Es könnte sein, dass ihre Population mit dem Nachlassen der Jagdtätigkeit angewachsen ist, aber das müsste mit dem Umstand aufgerechnet werden, dass wir weniger Zeit im Freien verbringen. So ist es eher unwahrscheinlich, dass die um sich greifende Katatonie auf eine zunehmende Begegnung mit Miezekatzen zurückgeht.

Jede Gesellschaft ist von bestimmten paranormalen Phänomenen affiziert, und diese Phänomene reflektieren offenbar unsere Sehnsüchte. Sehnsüchte, die uns nicht unbedingt völlig bewusst sind. Im viktorianischen England glaubten zahlreiche Menschen, dass ihnen die Toten erscheinen und mit ihnen kommunizieren würden. Sie sahen Gespenster, hörten Stimmen und wähnten, sie könnten durch Séancen und Tischerücken mit den Verblichenen Botschaften austauschen. Die Menschen dieser Epoche waren vom Tod besessen. Man muss nur über einen alten Friedhof spazieren und die tragischen Geschichten jener Zeit lesen: Kinder und Ehepartner wurden bisweilen innerhalb weniger Tage von den Epidemien, die seinerzeit in den überfüllten Städten grassierten, dahingerafft. Damals befand sich das Land in einem Zustand nie endender Trauer. Die Vorstellung, dass die Toten in das diesseitige Leben zurückkehren könnten, muss ebenso tröstlich gewesen sein wie der Glaube, sich im Jenseits wieder mit ihnen vereint zu finden. Heute sind Nachrichten über Kontakt mit den Toten nur noch selten.

Als der Wettlauf ins All zwischen den USA und der Sowjetunion auf der ganzen Welt die Fantasie der Menschen beschäftigte, nahmen die Sichtungen von UFOs und Aliens, die zuvor so gut wie unbekannt waren, um ein Vielfaches zu. Es war eine Zeit, in der wir große Hoffnungen in das Veränderungspotenzial der Technik setzten. Damals stellten sich viele Menschen vor, auf anderen Planeten zu leben und durch Galaxien und die Zeit zu reisen. Es war auch die Zeit, in der die Welt kleiner wurde und uns bewusst wurde, dass das Zeitalter der Entdeckungen auf der Erde und der Begegnung mit noch unbekannten Menschengruppen zu Ende ging; dass der Planet Erde womöglich ein weniger aufregender Ort wurde und sicherer war als bislang. Aliens und ihre Fertigkeiten füllten die Lücke, elektrisierten uns mit der Möglichkeit, dass Begegnungen mit unbekannten Kulturen weiterhin möglich seien, und stellten zugleich das Versprechen dar, dass auch wir jene Beherrschung von Technik und Physik erreichen würden, die wir den Außerirdischen zuschrieben. Heute hören wir nicht mehr so viel über UFOs – vielleicht weil unser Glaube an die erlösende Kraft der Technik nachgelassen hat. Könnte es also sein, dass herbeifantasierte Großkatzen einem unerfüllten Bedürfnis entspringen? Jetzt, da unser Leben zahmer und vorhersehbarer geworden ist, da Fülle und Vielfalt der Natur zurückgehen, da unsere körperlichen Herausforderungen so gering geworden sind, dass die größte Kraft- und Geschicklichkeitsprobe, mit der wir es heute zu tun bekommen, das Öffnen einer schlecht entworfenen Nusspackung ist, könnte es da nicht sein, dass uns diese illusorischen Kreaturen etwas liefern, das uns mangelt?

Vielleicht verleihen die Biester, die so viele Menschen heute in den dunklen Ecken des Landes auf der Lauer wähnen, unserem Leben einen Kitzel, den wir uns sonst nur künstlich verschaffen können. Vielleicht wecken sie alte genetische Erinnerungen an Konflikte und schieres Überleben, Erinnerungen, die Begegnungen mit großen Raubkatzen beinhalten dürften – womöglich die heikelsten Zusammenstöße, denen unsere Ahnen ausgesetzt waren. Sie verweisen auf den geheimen Wunsch nach einem Leben, das wilder und stürmischer ist als das Leben, das wir heute führen. Mit gelben Augen und fauchend stieren unsere Sehnsüchte aus dem Dickicht unseres Verstands.

Ich nehme an, und ich verallgemeinere natürlich, dass die Konkretisierung unserer inneren Großkatzen nicht das einzige Phänomen ist, das auf ein solches Verlangen verweist. Man vergegenwärtige sich nur die verbreitete und andernfalls unerklärliche Reaktion auf den Tod von Raoul Moat. Moat wurde 2010 aus dem Durham-Gefängnis entlassen, nachdem er eine Freiheitsstrafe wegen Kindesmisshandlung abgesessen hatte. Mit einer abgesägten Schrotflinte und vielleicht von »Roid Rage« gepackt – jener explosiven irrationalen Wut, wie sie Bodybuilder bei Einnahme von Steroiden befällt – zog er los, um mit seiner früheren Freundin und der Polizei eine vermeintliche Rechnung zu begleichen. Er schoss seiner Ex-Partnerin in den Bauch und tötete ihren Freund, dann feuerte er einem Polizisten ins Gesicht, der dadurch erblindete.

Polizeibeamte aus acht Polizeieinheiten wurden mobilisiert, um ihn dingfest zu machen, aber fast eine Woche lang konnte er immer wieder entkommen. Er lebte im Freien, schlief in Abwasserkanälen und verlassenen Gebäuden. Auf dem Höhepunkt der Fahndung waren zehn Prozent der diensthabenden Polizeibeamten in England und Wales für seine Jagd im Einsatz. Teile von Northumberland wurden evakuiert. Als er schließlich gestellt wurde, hielt Moat die Polizei sechs Stunden hin, bevor er sich selbst in den Kopf schoss.

In anderen Worten, er war das Gegenteil von einem Helden: er hat Kinder misshandelt, gemordet, unbewaffnete Menschen verstümmelt. Doch noch immer, lange nach Moats Tod, erscheinen auf Facebook-Seiten Lobgesänge auf ihn.* Hier ein paar Beispiele:

---

*Moats Geschichte – und die merkwürdige öffentliche Resonanz – gleicht der von Harry Roberts, dem bewaffneten Räuber und sadistischen Mörder von Gefängnisinsassen in den späten Kolonialkriegen. Nachdem er 1966 zwei Polizisten erschossen hatte, war er auf der Flucht. Bevor er ergriffen werden konnte, versteckte er sich 96 Tage lang in den Wäldern. Wie Moat wurde auch dieser aufbegehrende Mensch von manchen Leuten als Volksheld gefeiert.

R.I.P. Sir Raoul Thomas Moat – Ein wahrer Volksheld. Sir Raoul wurde von der Polizei Northumbrias kaltblütig ermordet. Wer das Geräusch einer abgefeuerten Schrotflinte kennt, weiß, dass er sich nicht umgebracht hat. Wir werden dafür kämpfen, dass dir, unserem tapferen gefallenen Soldaten, Gerechtigkeit widerfährt.

R.I.P. Raoul, Du warst ne echte LEGENDE! Werden dich vermissen, Kumpel! Wären doch die Leute wie du, nicht lange rumreden und tun, was man vorhat! DENKE DU HÄTTEST NOCH WEITER GEHEN KÖNNEN! R.I.P. KUMPEL FELS IM HIMMEL FELS HIER UNTEN! TOTALE LEGENDE

Ein echter Volksheld ... Krank, wie unser Nationalschatz behandelt wurde. R.I.P. Sir Raoul Moat, verschieden, aber unvergessen.

Es gibt tausende solcher Nachrichten, gepostet von Männern wie Frauen. Moat scheint ein Vehikel zu sein für einen Drang, dem nachzugeben, was wir uns nicht leisten können. Er wird bewundert für seine Gewandtheit, sich der Ergreifung zu entziehen, wie ein wildes Tier durch die Gehölze und Dickichte von Northumberland huschend, die von der Polizei eingesetzten Hunde und Hubschrauber überlistend. Er war aus seinem Käfig ausgebrochen und zum Wilden geworden und scheint damit die Sehnsüchte von Menschen freigesetzt zu haben, die sich in ihrem Leben gefangen fühlen. Einige der Kommentatoren, die die Bewunderung für einen Mörder beklagten, benutzten denselben Ausdruck. Sie missbilligten, dass Moat »zum Löwen gemacht«, also vergöttert wurde.[15] Dieses Wort besitzt mehr Gewicht als von den Autoren beabsichtigt.

6) Die Wüste begrünen

Da durch den alten Eichenwald ich ging,
Lasst mich des öden Traumes nicht durchwandern.

John Keats, *Sich niederlassen, um nochmals König Lear zu lesen*

Am Abend vor Allerheiligen. *Nos Galan Gaeaf.* Frühe Fröste und stille Tage hatten einen leuchtenden Herbst beschert. Die Birken sahen aus, als ob Goldmünzen regneten. Hier und da das flammende Laub einer Buche vor den blassen Eschenblättern und den braunvioletten Eichen. Wie Zinn schimmerte die Sonne hinter den Wolken, die Luft stand fast still. Der Tag hatte etwas Sämiges, als ob er mit Ölfarbe gemalt worden wäre, oder als seien Luft, Laub und Boden das Fleisch eines einzigen Organismus. Wie Blutflecken stachen die Beeren des Weißdorns aus dem Grün des Waldes hervor.

Am Rand des Pfads waren die Samenkapseln des absterbenden Weidenröschens zu weißen Schnurrhaaren aufgesprungen. Rinnsale sickerten durch Steinbrech und Geißblatt. Aus dem Wasser flogen verspätete Köcherfliegen auf und ruderten durch die sämige Luft. Von der anderen Seite des Tals drang ein altes Geräusch an mein Ohr, das hier in den Hügeln selten geworden war. Ein Bauer, der nach seinen Hunden rief und pfiff. Ich verließ den Pfad und stieg hinauf in das letzte Waldstück vor der Wüste.

Der Wald zog sich einen sanften Hügel hinauf und als ich dorthin ging, wo es heller wurde, stoben ein paar Schafe vor mir davon. Ich schreckte einen Eichelhäher und einen Buntspecht auf, die durch die herbstlichen Bäume mit einem langen hohen Ton davonflogen. Der Waldboden war abgegrast. Unter den abgefallenen Blättern war nur noch Moos, Schafdung und Erde. Ein einzelner Semmelstoppelpilz war von den Schafen umgeknickt worden und zeigte seine langen feinen Stoppeln. Es gab keine krautigen Pflanzen, keine Schösslinge, keine Bäume, die jünger als etwa hundert Jahre alt waren, kein Unterholz irgendwelcher Art. Viele Eichen waren umgestürzt oder kurz vor dem Absterben. Der alte Wald ging ein. Die Schafe fraßen jeden Sämling, der sich zeigte, und töteten den Wald.

Der Wald wurde schütterer, ging in Birken, Farn und vereinzelte Ebereschen über und dann in schwammiges Grasland. Beim Gehen über den bloßen Berghang konnte ich an den moosigen Kuppeln erkennen, wo Bäume umgestürzt waren: Die Grabhügel eines bis vor Kurzem noch sehr viel größeren Waldes. Ich arbeitete mich durch Farn und gelbes Gras und über rot bemooste Ameisenhügel. Der Farn wich bald dem Pfeifengras, das nach den harten Frösten langsam grau wurde. Die letzten Saftlinge und Risspilze hingen schlaff über ihren Stielen.

Ich stieg auf die Spitze eines kleinen Hügels. Im Osten lag Bryn Brith, der gesprenkelte Hügel, dessen Name vermuten lässt, dass er schon seit Langem seiner Bäume verlustig gegangen ist. Das gelbe Gras war stellenweise durchsetzt von blaugrünem Stechginster. Dahinter lagen die langen verschwommenen Hügelbahnen, die den Pumlumon, den höchsten Berg auf dem Plateau, umgaben, graubraun und baumlos. Im Süden gingen die Hügelreihen mit zunehmender Ferne von gelb über grün nach blau über und reichten bis tief nach Ceredigion und Pembrokeshire hinein. Dahinter war ein grauer Streifen Meer zu erahnen.

Obwohl ich viele Kilometer weit schauen konnte, gab es außer ein paar Sitka-Fichten-Anpflanzungen in der Ferne und einem sich an die Steilhänge der Täler klammernden, verkrüppelten Weißdorn oder einer Eiche hier und da in diesem ganzen weitläufigen Panorama keine Bäume. Das Land war geschändet worden. Sein Pelz war abgeschält worden und jede Muskelkontur, jede Knochenerhebung lag bloß. Manche Leute geben vor, diese Landschaft zu lieben. Ich finde sie trostlos, ja erschreckend. Ich drehte mich in alle Richtungen, versuchte einen Ort auszumachen, der mir attraktiv erschiene, fühlte mich dabei, wie sich eine Katze an einem solchen Ort fühlen würde, ohne Deckung, dem Wind und dem Himmel ausgesetzt und verzweifelt nach einem geschützten Ort Ausschau haltend. Ich machte mich auf den Weg zu den einzigen Anhaltspunkten auf der Karte, die der Szene etwas Abwechslung verleihen dürften: einer Reihe von Staubecken und Baumplantagen.

Außerhalb des Waldes fühlte sich der Tag kälter an. Zwischen den Bäumen schien alles ruhig gewesen zu sein. Hier aber herrschte ein schneidender, feuchter Wind. Ich folgte einem Weg, der mich an einer eingestürzten Trockensteinmauer entlangführte, die durch Pfosten und Draht ersetzt worden war. Kein einziger Vogel flog auf, noch nicht einmal eine Krähe oder ein Pieper. Es gab weder Wacholder- noch Rotdrosseln, weder Lerchen noch Kiebitze. Mit Ausnahme der agrarchemischen Monokulturen East Anglias ist mir in Großbritannien noch keine Landschaft begegnet, die so wenig Leben birgt wie diese von manch einem aus der Gegend als Kambrische Wüste bezeichnete Hochebene. Fast überall wuchsen auf der abgerupften Grasnarbe nur zwei Arten von Blütenpflanzen, eben jene beiden, die die Schafe nicht abweiden: Blaues Pfeifengras und eine kleine Pflanze mit gezähnten Blättern und gelben Blüten namens Blutwurz.

Ich folgte dem Bwlch-y-maen-Pfad (Steinige-Talmulde-Pfad) über nackte Hügel und durch nackte Täler, bis ich an einen Punkt kam, der eine weite Mulde mit einem kleinen Staubecken namens Llyn Craig-y-pistyll in ihrer Mitte überblickte. Ich setzte mich auf einen Felsen und fühlte, wie ich in eine Depression sackte. Das Gras in der Talmulde trug bereits Winterfarben. Keine anderen Farben als grau, braun und schwarz: graues Wasser, pappbraunes Gras, die schwarzen Kronen der Sitka-Fichte auf einem entfernten Hügel. Die schwarze Narbe eines Landwirtschaftswegs hie und da verdarb den Blick weniger, als sie ihm Linderung bot. Auf meiner Karte konnte ich sehen, dass sich nichts ändern würde, selbst wenn ich noch den verbleibenden Tag und den ganzen nächsten weiterwanderte: Kein Baum auf der Hochebene, außer ein paar Ansammlungen von Salweiden oder Birken und den düsteren Palisaden der angepflanzten Fichtenwaldungen.

Als ich ungläubig über dieses Panorama blickte, zerstreute sich die Wetterfront in einen Haufen kleiner Wölkchen und die Sonne brach durch. Aber anstatt die Szene zu beleben, brachte sie lediglich die Trostlosigkeit der Szenerie zur Geltung. Jetzt war die graue Mauer der Fichtenstämme mit den grünen Zinnen darüber zu sehen. Die Leere schien sich im Sonnenlicht noch auszudehnen. Ich trottete an den See hinunter. Am gegenüberliegenden Ufer saßen fünf Kanadagänse. Es waren die ersten Vögel, die ich zu Gesicht bekam, seitdem ich den Wald zwei Stunden zuvor verlassen hatte. Als sie mich bemerkten, watschelten sie ins Wasser und trieben leise schnarrend davon. Schafe zogen am Ufer entlang.

Dafür dass es Herbst war, stand das Wasser überraschend tief. Das schiefrige Geröll der Uferböschungen und der schwarze, von Schafspuren zerwühlte Schlamm am Boden des Staubeckens waren zum Vorschein gekommen. Ich setzte mich ans Wasser und aß zu Mittag. Von wo ich saß, sahen die Wipfel der Fichtenbäume aus wie eine über den Hügel mit erhobenen Lanzen vorrückende Armee. Obwohl es Sonntag war, hatte ich noch keine Menschenseele gesehen. Ich lehnte mich an die freiliegende Uferböschung des Staubeckens und kleidete in Gedanken die Landschaft ein, malte mir aus, was einmal hier gelebt haben mochte, was hier wieder leben könnte. Dann erhob ich mich, stolperte den Hügel hinauf und lief den Pfad entlang zurück. Als ich in den glimmenden Aschehaufen des in Ruinen liegenden Waldes mit seinen gelegentlichen Vogelrufen zurückkehrte, weinte ich beinahe vor Erleichterung.

Die Cambrian Mountains nehmen von Machynlleth im Norden bis nach Llandovery im Süden, von Tregaron im Westen bis Rhayader im Osten um die 1200 Quadratkilometer ein. Sie sind nahezu unbewohnt und werden so gut wie nie besucht. Zwei Freunde von mir durchwanderten sie sechs Tage lang, ohne einem anderen Menschen zu begegnen. Die Höhenzüge beginnen 250 Meter vor meinem Haus. Ich sehe sie von meinem Küchenfenster aus, von wo sie sich durch *fridd** und Birkenwälder zu einer blanken Silhouette erheben.

---

*Als *fridd* wird das Land bezeichnet, das zwischen den umfriedeten Feldern der Talsenken und den offenen Mooren oben auf den Hügeln liegt. Aus Gestrüpp und Farn bestehend, zieht es sich meist die steilen Berghänge hinauf.

Bevor ich nach Wales zog, lebte ich mehrere Jahre in einem dichtbevölkerten Stadtviertel. Immer wenn ich die wilden Schreie der Möwen hörte und nach oben blickte, um sie den schmalen Himmelsstreifen durchfliegen zu sehen, fühlte ich, wie ein kleiner Riss im Gewebe meines Lebens ein bisschen länger wurde. In solchen Augenblicken wusste ich, dass ich am falschen Ort lebte. Wo die Möwen hinzogen, dort wollte ich sein.*

Als ich in Wales ankam, wo ich mich zwischen den beiden am dünnsten besiedelten Gegenden Großbritanniens befand – den Kambrischen Bergen auf der einen Seite meines Tals und Snowdonia auf der anderen –, fühlte ich mich beinahe überwältigt. Wie ein Batteriehuhn, das aus seinem Käfig freigelassen wurde, wagte ich mich anfangs nur zögerlich in die Berge, da ich nicht glauben wollte, dass ich einfach so aus meiner Tür treten und gehen konnte, wohin ich wollte, und so weit, wie ich wollte, fast ohne auf eine Straße oder ein Haus zu treffen.

Als ich aber diese weiten Gebiete zu erkunden begann und oft den ganzen Tag über die Hügel wanderte, wich mein Erstaunen und meine Begeisterung bald der Enttäuschung. Auf die Enttäuschung folgte Verzweiflung. Der fast vollkommenen Abwesenheit menschlichen Lebens entsprach, wie ich feststellte, eine fast vollständige Abwesenheit wilder Pflanzen und Tiere. Die zerstückelten Ökosysteme der Stadt, aus der ich kam, wiesen ein viel reicheres Leben, eine reichere Struktur und interessantere Begebenheiten auf. In Mittel-Wales waren die Wälder spärlich und meistenteils im Absterben begriffen, da es an Unterholz mangelte. Die Auswahl an Blütenpflanzen auf offenem Land war jämmerlich. Vögel jeglicher Art waren selten; oft gab es nur Krähen. Insekten waren so gut wie keine zu sehen. Ich durchstreife diese Berge nun seit fünf Jahren und habe mich mit Ausnahme einer weniger kleiner Winkel nie mit ihnen verbunden gefühlt. Immer wenn ich mich in die Kambrische Wüste vorwage, laufe ich Gefahr, meinen Lebenswillen zu verlieren. Das Land sieht aus, als herrsche dort ewiger Winter.

---

*Es sei denn, es ist eine städtische Müllhalde!

Es gilt, besonders in diesem patriotischen Land, als illoyal, die hiesige Landschaft kleinzureden. Manche Leute halten sie für schön. Die Cambrian Mountain Society feiert die Leere der Region und beschreibt sie als »weithin unverdorbene Landschaft«.[1] Beifällig zitiert sie den Autor Graham Uney: »Nichts in Wales lässt sich mit der Wildnis und der Atmosphäre absoluter Einsamkeit dieser weiten leeren Moorgebiete vergleichen.«[2] Dazu kann ich nur sagen: Gott sei Dank! Was er als Wildnis preist, ist für mich trostlos und kaputt. Diese baumlosen, abgemähten Berge sehen aus wie das Set eines postapokalyptischen Films. Durch die Vogelarmut und das Fehlen anderer Wildtiere gewinnt man den Eindruck eines vergifteten Lands. Die Leere stößt mich ab. Aber ich habe auch anzuerkennen, dass sie eine bemerkenswerte Errungenschaft ist.

Denn die Kambrischen Berge waren einst dicht bewaldet. Was mit ihnen und den Hochlagen fast überall in Europa in unterschiedlichem Grad geschehen ist, lässt sich an einem feinkörnigen Pollenbohrkern ablesen, der in den Clwydians, einer anderen, etwa 60 Kilometer nördlich liegenden Waliser Bergkette, entnommen wurde.[3] Ein Pollenbohrkern ist ein zylindrisches Stück Boden, das an einem Ort entnommen wird, wo sich Sedimente über einen langen Zeitraum ununterbrochen abgelagert haben, idealerweise ein See oder ein Moor, in dem sich Torfschichten gebildet haben. Jede dieser Schichten fängt die unsichtbar auf den Boden niedergehenden Pollenkörner und Kohlenstoffpartikel ein, die den Archäologen später eine Datierung erlauben.

Das Bohrgut aus den Clwydians wurde 2007 aus einem Moor entnommen, in dem sich während der letzten 8000 Jahre Torf abgelagert hatte. Zu Anfang der Pollenreihe war das Pflanzenleben noch von den kalten, trockenen Bedingungen gekennzeichnet, die auf den Rückzug des Gletschereises folgten. Bäume – Hasel, Eiche, Erle, Weide, Kiefer und Birke – machten in dieser Schicht etwa 30 Prozent des Pollens aus, der Rest stammte fast ausschließlich von Gräsern. Als das Wetter feuchter und wärmer wurde, begannen sich Ulme, Linde und Eschen breitzumachen. Die Wälder wurden dichter und dunkler. Vor etwa 4500 Jahren stammten über 70 Prozent der Pollen in der Probe von Bäumen. Pollen des Heidekrauts trugen hingegen lediglich etwa 5 Prozent bei.[4]

In der Jungsteinzeit (vor 6000 bis 4000 Jahren) wurde das Bergland nach und nach von Bauern besiedelt. Über Jahrtausende rodeten sie schrittweise Land für den Feldbau, weideten ihre Schafe und Rinder auf den Hügeln und brannten die verbliebenen Bäume ab. Das Roden, Niederbrennen und Abweiden nahm dem Boden seine Fruchtbarkeit und begünstigte die Verbreitung des auf armen Böden gedeihenden Heidekrauts. Bis vor etwa 1300 Jahren enthielt der Torf noch Pollen eines Gutteils der Bäume, die in den ursprünglichen Urwäldern vorkamen. Bald darauf verschwanden Esche und Ulme aus den Proben, dann Linde und Kiefer. Danach, bis auf ein paar Restbestände, die anderen Arten.

Mit dem Rückzug der Bäume begann der Anteil der Heidekrautpollen zu steigen. In den Pestjahren und den Zeiten des wirtschaftlichen Kollapses im vierzehnten Jahrhundert sowie im fünfzehnten Jahrhundert aufgrund der Wirren, die auf die Rebellion Glyndŵrs folgten, verzeichnet die Probe eine kurze Erholung des Waldbestands. Die Regeneration hielt jedoch nicht lange an. Um 1900 hatten sich die vor 1000 Jahren herrschenden Verhältnisse umgekehrt: Bäume lieferten nur noch 10 Prozent der Pollen, Heidekraut 60 Prozent. Der Wald ist der Heide gewichen. Inzwischen ist im britischen Hochland und besonders in den Kambrischen Bergen die Heide meistenteils von Grasland abgelöst worden.

Bis die Heide die Clwydians mit ihrem relativ fruchtbaren Boden dominierte, dauerte es länger als in den meisten anderen Hochlagen der Insel. Wo der Boden karger ist, wurde sie bereits in der Bronzezeit, vor 4000 bis 2700 Jahren, zur vorherrschenden Vegetationsform. Wenn ich an die Bronzezeit denke, dann stellt sie für mich die Zeit dar, in der das Bergland bronzefarben wurde.

Die Pollenaufzeichnung – und ähnliche Befunde aus dem übrigen Land – weist auf verschiedene Dinge hin. Sie zeigt, dass die offenen Landschaften des britischen Berglands, die Heiden und Moore und Hochmoore, das Grasland und der bloße Fels, all das, was meist als natürlicher Zustand der Berge erachtet wird und in tausenden romantischen Filmen und abertausenden Werbeanzeigen für Kleidung, Autos und Mineralwasser zur Schau gestellt wird, das Ergebnis menschlicher Tätigkeit ist, allem voran der Weidewirtschaft mit Schafen und Rindern. Sie zeigt, dass Beweidung und Kultivierung den Boden verarmen ließen. Sie zeigt auch, dass die Bäume zurückkehren, sobald der Beweidungsdruck nachlässt.

Stellt man sich vor, wie die Ökosysteme dieser Hügellandschaft ausgesehen haben, nachdem die Bäume in der frühen Mittelsteinzeit zurückkehrten und bis sie von den Bauern gerodet wurden, so vermittelt das Wort Waldgebiet einen irreführenden Eindruck. Von Schottland bis Spanien war das westliche Küstenland Europas von Regenwald bedeckt. Regenwald gibt es nicht nur in den Tropen. Er kommt an Orten vor, die feucht genug sind, dass sich Epiphyten, also Pflanzen, die auf anderen Pflanzen wachsen, auf Bäumen ansiedeln können. Ein paar Kilometer von meinem Wohnort entfernt bin ich auf etwas gestoßen, was offenbar ein winziges Überbleibsel des einstigen großen atlantischen Regenwalds darstellt. In der Nantgobaith-Schlucht liegt eine vor Schafen geschützte Insel eines Urwalds mit dichtem Blätterdach. Die über dem Wasser stehenden Bäume sind geschmückt mit Moos und Flechten. Polypodium – vielfüßiger Tüpfelfarn – hängt von ihren Ästen. Durch das Blätterdach ziehen Trupps von Langschwanzmeisen, Wintergoldhähnchen, Kleibern und Baumläufern. Als ich an einem Herbsttag das Cwm Nantgobaith hinauflief, bemerkte ich etwas Unverkennbares, aber zugleich so Unvertrautes, dass ich einen Moment lang brauchte, es zu verarbeiten. Zwischen den braunen Eichenblättern auf dem Pfad glänzte es wie ein Goldstück. Ich hob es auf. Es war ein Blatt der *Tilia cordata*, der kleinblättrigen Linde. Narzissengelb und zwiebelförmig nahm es gerade die Vertiefung meiner Handfläche ein. Ich blickte den Pfad entlang und sah ein weiteres und dann noch eins. Ich folgte dem Weg bis zu zwei großen Stämmen, die sich aus einem Wurzelstock verzweigten und sich in das Blätterdach über dem Pfad schraubten. Ich war schon viele Male unter ihnen hindurchgegangen, hatte sie aber nie bemerkt. Da ihre Stämme in dichtes Moos gehüllt waren, unterschieden sie sich nicht von den Eichenstämmen, und ihre Blätter waren nur weit über meinem Kopf zu sehen. Seither habe ich noch einige weitere Linden in der Schlucht entdeckt. Es handelt sich um einen Baum des alten Urwalds, der in Wales nur noch selten zu finden ist. Sein Vorkommen an dieser Stelle lässt vermuten, dass dieser Überrest eines Regenwalds seit prähistorischer Zeit ohne Unterbrechung hier gewachsen ist.

Heidekraut, an dem sich so viele britische Naturliebhaber erfreuen, ist typisch für die robusten, strauchigen Pflanzen, die sich auf entwaldetem Land ansiedeln. Ähnliche Landschaften mit niedrigem Gestrüpp habe ich in Brasilien, Indonesien und Afrika gesehen, wo das Fällen von Bäumen, Brandrodung und Wanderfeldbau den Boden haben verarmen lassen. Das Heidemoor ist für mich im Gegensatz zu vielen anderen kein Indikator, dass die Umwelt im Hochland gesund sei, sondern Ergebnis ökologischer Zerstörung. Die Magerwiesen, die an seine Stelle treten, wenn sich der Beweidungsdruck intensiviert und die von manchen Naturkundlern hochgehalten werden, sind jenen Landschaften auffallend ähnlich, die wir in den Tropen beklagen, wo Viehhaltung die Regenwälder verdrängt hat. Diese doppelten Standards sind für mich schwer erklärlich und ich frage mich, ob unsere Kampagnen gegen die Abholzung andernorts in der Welt – so löblich sie auch sein mögen – nicht eine Möglichkeit bieten, was im eigenen Land stattgefunden hat, nicht wahrnehmen zu müssen. Ich möchte nicht behaupten, es habe kein offenes Land gegeben. An manchen Orten war der Boden sicherlich zu arm, zu nass, damit Bäume wachsen konnten. Auf den Gipfeln der höchsten Berge war das Wetter zu kalt und zu rau. Doch verglichen mit den großen Urwaldflächen, die einst den Großteil unseres Berglandes bedeckten, waren diese offenen Habitate klein und kamen nur örtlich vor.[5] Ich möchte auch nicht andeuten, dass unsere Ökosysteme in einen Zustand zurückkehren, wie er in der mittleren Steinzeit vorherrschte, sollten der Mensch und seine Haustiere plötzlich aus Großbritannien verschwinden. Das Hochland ist derart ausgezehrt* und die Böden sind von den Schafen so verdichtet, dass dort auf Dauer wohl kaum Wald aufwachsen würde. Würde das Land der Verwilderung überlassen, würde sich ein Flickenteppich aus Regenwald, Dickichten, Gebüsch, Heide und Grasland ergeben.

An den ursprünglichen Charakter des Landes, die Waldgebiete, mit denen es bedeckt war, und die Tiere, die darin lebten – wozu noch bis in historische Zeiten Wölfe, Bären, Luchse, Wildkatzen, Wildschweine und Biber gehörten –, kann sich so gut wie kein Mensch mehr erinnern. Die offenen baumlosen Hügel werden allenthalben für den Naturzustand gehalten.

Der Vorsitzende eines Wirtschaftsverbands mit dem Namen Cambria Active beschreibt das abgegraste, saure Grasland, das den Touristen schmackhaft gemacht werden soll, als »mit die größte Wildnis, die im Vereinigten Königreich übriggeblieben ist«.[6] Der Countryside Council for Wales, die offizielle Naturschutzbehörde des Landes, nennt das Claerwen-Naturschutzgebiet, eine von Schafen elend zerrupfte Wüstenei in den Kambrischen Bergen, »das vielleicht größte ›Wildnis‹-Gebiet im heutigen Wales«. Man verbringe nur zwei Stunden in einem mit Büschen bestandenen Vorstadtgarten irgendwo in Großbritannien und man wird mehr Vögel und mehr Vogelarten zu sehen bekommen als bei fast jeder zweistündigen Tour durch eine offene Landschaft im Hochland. Wenn man aber erklärt, dass das, was wir als naturgegebene Landschaft betrachten, eigentlich die Hinterlassenschaft eines ökologischen Desasters ist, nämlich eine an die Stelle eines Regenwalds getretene Einöde –, dann verlangt man im Grunde, sich auf eine Reise der Einbildungskraft zu machen, zu der wir noch nicht bereit sind. Unsere Erinnerungen sind so leer gefegt wie das Land.

Der Fischereiwissenschaftler Daniel Pauly hat dafür einen Namen geprägt: »Shifting-Baseline-Syndrom«.[7] Die Menschen einer Genera-

---

* Nährstoffe gehen verloren, wenn Tiere auf andere Weidegründe geführt werden und wenn der Boden durch Erosion ausgelaugt oder bloßgelegt wird.

tion halten jeweils den Zustand eines Ökosystems, dem sie in ihrer Kindheit begegnet sind, für normal. Wenn Fische oder andere Tiere oder Pflanzen dezimiert sind, werden Aktivisten und Wissenschaftler dazu aufrufen, ihre Vorkommen in dem Maß wiederherzustellen, wie es sie zu ihrer Jugend gegeben hat. Es ist ihr eigener ökologischer Referenzpunkt. Offenbar scheinen sie sich aber häufig nicht bewusst zu sein, dass das, was sie in ihrer Kindheit als normal erachteten, tatsächlich ein Zustand extremer Verarmung darstellt. Im Hochland Großbritanniens beklagen Naturforscher und Naturschützer die Umwandlung von Heideland in Grasland oder von Magerwiesen in gedüngtes Weideland und wünschen eine Wiederherstellung jenes Ökosystems, das sie erinnern – aber eben nur in jenem Zustand, den sie aus ihrer Jugend kennen.

Der wichtigste Akteur dieser Umwandlungen ist ein Tier, das wir wie die bloßliegenden Hügel als Teil des britischen Lebensgefüges akzeptiert haben: ein wolliger Wiederkäuer aus Mesopotamien. Ein dem Schaf ähnelndes Wildtier hat es in Großbritannien oder in Westeuropa niemals gegeben. (Der Moschusochse, der zu der gleichen Unterfamilie wie die Schafe oder die Ziegen gehört, kommt ihm noch am nächsten, aber seine Ökologie und seine bevorzugten Lebensräume sind andere.) Das Mufflon, das wilde Schaf Korsikas und Zyperns, ist im Grunde eines der frühesten Beispiele einer verwilderten invasiven Spezies: Es handelt sich um die Nachkommen von Tieren, die während der Jungsteinzeit aus Haustierherden entkommen sind.[8]

Da die Schafe zu keinem Zeitpunkt zu unserem ursprünglichen Ökosystem gehörten, hat die Vegetation dieses Landes ihnen gegenüber keine Abwehrmaßnahmen entwickelt. Im Hochland dezimieren sie rasch die nährstoffreichen und genießbaren Pflanzen und hinterlassen eine außergewöhnlich verarmte Flora: An zahlreichen Plätzen gedeiht wenig mehr als Moos, Pfeifengras und Blutwurz. Das Schaf hat in diesem Land mehr extensive Umweltschäden verursacht als alle Bautätigkeit zusammen.

Die Pferde beobachteten uns, wie wilde Tiere beobachten; mit aufgestellten, in unsere Richtung gedrehten Ohren und festem Blick nickten sie gelegentlich mit dem Kopf und schnaubten, bereit zur Flucht. Doch als wir uns hinhockten und abwarteten, begannen sie sich auf uns zuzubewegen. Eine unbedachte Bewegung und sie stoben auseinander. Sie sprengten davon, hielten in kurzer Entfernung an, versammelten sich, bewegten sich wieder auf uns zu, malmten, schnaubten, stampften und nickten mit dem Kopf. Ihre Neugierde war offenbar so stark, so viel stärker als ihre augenscheinliche Furcht, dass es fast so aussah, als sehnten sie sich so sehr wie wir nach dem Kontakt mit einer anderen Art.

Ein leichter Wind wehte in ihre Richtung. Sie zuckten und blähten die Nüstern mit Muskeln, die über ihr langes Gesicht spielten. Mir kam ein Gedanke: Wenn man auf einem unbekannten Kontinent landen und die dort lebenden Säugetiere oder Vögel sehen würde, würde man sofort wissen, ob sie Raubtier oder Beutetiere sind. Die Augen derjenigen, die gefressen werden, sitzen seitlich am Kopf, da sie ein großes Blickfeld benötigen. Die Augen derjenigen, die fressen, sitzen vorne, da sie, um ihre Beute zu fangen, einen fokussierten Blick benötigen.

Ritchie hatte mich auf das Land geführt, auf dem er einst gelebt und wo er vor zwanzig Jahren zusammen mit anderen die Schafe ausgesperrt und mit der Wiederaufforstung begonnen hatte. Es war ein kühler ruhiger Morgen, der erste Herbsttag, ein Jahr nach meinem entmutigenden Ausflug in die Wüstenei. Die Birken und Eschen auf der anderen Seite des Zaunes besaßen noch ihre sich verfärbenden Blätter, der Weißdorn und die Vogelbeere waren schon kahl. Weit unter uns in den Restbeständen moosiger Eichen, die auf den Schafweiden entlang des Bachs wuchsen, schnarrten die Eichelhäher wie Fußballratschen.

Ritchie Tassel ist die Person, an die ich mich am häufigsten wandte, wenn ich für diese Geschichte Orientierung brauchte. Er liest mit unersättlichem Appetit und einige der wichtigsten in diesem Buch auftauchenden Literaturentdeckungen gehen auf ihn zurück. Wichtiger aber ist sein überaus enges Verhältnis zur Natur, dessen Intensität mitunter übernatürlich erscheint. Bei einem Spaziergang durch den

Wald kommt es vor, dass er plötzlich innehält und »Sperber« flüstert. Vergebens wird man nach dem Vogel Ausschau halten. Er bedeutet dir, nur abzuwarten. Ein paar Minuten später fliegt ein Sperber über den Weg. Ritchie hat den Vogel weder gesehen noch gehört; aber er hat vernommen, was andere Vögel verlauten ließen: Sie verfügen je nach Art der Bedrohung über unterschiedliche Alarmrufe.

Ritchie ist in einem Dorf in Northamptonshire aufgewachsen, in der Gegend, deren Natur und Menschen der ein Jahrhundert vor Ritchies Geburt verstorbene Dichter John Clare gefeiert hat. Sein Großvater hatte ihn oft in den Wald und aufs Feld mitgenommen und ihm vieles über Vögel beigebracht. »Er zeigte mir, wie man Eulen aus den Bäumen lockt. Ein Party-Trick, den ich seit ungefähr meinem achten Lebensjahr zum Besten gebe.« Sein Großvater ging zur gleichen Zeit auf die Kettering Grammar School wie der Schriftsteller H. E. Bates; sie kamen beide aus einfachen Schuhmacherfamilien. »Mein Großvater und mein Vater verschlangen seine Bücher, die häufig seine Kindheit auf dem Land in Northamptonshire heraufbeschworen. Ich hörte ihren Erzählungen zu und mir wurde klar, welche großen Verluste die Generation meines Großvaters zu Lebzeiten hinnehmen musste.«

Ritchie ist ein leidenschaftlicher Vogelliebhaber und aus diesem Grund kann er es, wie er sagt, kaum ertragen, einen Fernsehfilm anzusehen: »Es gibt diese hässliche Angewohnheit, in britische Filme amerikanische Vogelstimmen einzuspielen. Man ist geradezu penibel mit dem Setting, den historischen Kostümen, den Frisuren, den Wagen, den Pferden, aber die Vogelstimmen sind immer falsch. Ich war schon an dem Punkt, wo ich das Zimmer verlassen musste. Ich ertrage es nicht: Daran misst sich, wie entkoppelt wir sind. Es gibt wohl eine wachsende Zahl von Menschen, die noch nicht einmal bemerken würden, wenn wir hier im Land alle unsere Vögel verlören.

Je verstädterter wir werden, desto mehr verlieren wir den Kontakt zur Natur. Viele unserer Sommervögel könnten einfach verschwinden, und die meisten von uns würden noch nicht einmal Notiz davon nehmen. Ich finde so etwas unerträglich.«

Als Ritchie ein kleiner Junge war, breitete sich in der Umgegend seines Dorfes die holländische Ulmenkrankheit aus. »Wir hatten 300 Jahre alte alleinstehende Ulmen, die die Landschaft meilenweit dominierten. Ich erinnere mich noch, wie die Holzfällertrupps aufkreuzten, die Bäume fällten und die Wurzeln verbrannten. Was ich für einen unvergänglichen Bestandteil der Landschaft gehalten hatte, war plötzlich weg.

Ich redete mir also irgendwie ein, dass es sich um eine natürliche Katastrophe handelte. Aber bald darauf, in den 1970er und frühen 1980er Jahren geschah etwas viel Schlimmeres. Die gemischten Bauernhöfe verschwanden nach und nach aus dem Bild und wurden von der Agrarindustrie abgelöst. Der Bauer in der Nachbarschaft war einer der letzten, der aufgab; er hatte noch Vieh und Schafe und Feldfrüchte im Turnus. Eine Woche, nachdem er an einen großen Rentenfond verkauft hatte, kam eine ganze Armada Bulldozer an. Sie brachten den Job zu Ende, den die Ulmenkrankheit angefangen hatte. Sie rissen die Hecken aus, die noch übriggebliebenen Parkbäume, zwei- oder dreihundert Jahre alte Walnussbäume: All das war an einem Tag verschwunden.

Von daher kommt mein Umweltbewusstsein. Ich war damals ungefähr zwölf. Zu sehen, wie all dies einfach plattgemacht werden konnte, auf eine Laune hin. Der Schock, diese ganze Landschaft ausgelöscht zu sehen. Der alte Bauer hatte wahrscheinlich ein halbes Dutzend Leute, die bei ihm Vollzeit arbeiteten. Jeden Morgen gingen sie über die Felder. All dies geschah beinahe über Nacht. Seither wurde die Arbeit mit einer Armada großer Traktoren erledigt. Wenn die Mähdrescher das Feld räumten, kamen die Tiefenlockerer, dann die Pflüge. Es war wie eine Militäroperation.

Das war die schlimmste Zeit, was die Zerstörung des Lebensraums anging, fast der letzte Sargnagel für das, worüber John Clare geschrieben hatte. Er bekam den Anfang des Prozesses mit, ich das Ende. Immer mehr ging verloren. Nun ist alles weg.«

Im Rahmen seines Bachelors nahm Ritchie eine Stelle am Centre for Alternative Technology in Machynlleth an.

»Alles lief in meinem Kopf zusammen: Die Sorge für das Land und welchen Einfluss wir auf das Land haben, und wie wichtig es ist, den Einfluss zu minimieren. Nach der Arbeit in London zog ich in den frühen 90ern zurück nach Wales und bekam einen Job als Schreiner bei der Zentrale der Cliff Railway. Ich begann als Auftragnehmer zu arbeiten und kleine Waldgebiete zu managen. Mir wurde rasch klar, dass ich, wenn ich diese Arbeit weitermachen wollte, zurück aufs College musste – ich machte meinen Master in Waldökologie und Forstwissenschaft. Danach bekam ich einen Job als Forstbeamter, was ich seither mache. Ich brauchte nicht lange, bis ich feststellte, dass man hier nur eine radikale Maßnahme durchführen kann, nämlich Zäune um den Wald ziehen und die verdammten Schafe draußen halten.«

Das Land, auf das er mich geführt hatte, gehörte zu einem Gemeindehaus, in dem er früher einmal gewohnt hatte. Das Haus besaß eine eigene Wasserkraftanlage und bereits vor seinem Einzug hatte er einen Plan ausgeheckt, umliegendes Land zu erwerben und Bäume zu pflanzen.

In Nordeuropa dürften die Kambrischen Berge zu den Orten gehören, die für ein Rückverwilderungsexperiment am wenigsten verheißungsvoll sind. Seit tausenden Jahren abgegrast und gerodet, unfruchtbar, von jeher sauer und durch Umweltbelastungen aus Kraftwerken noch saurer geworden, von heftigen Atlantikstürmen und nahezu ständigem Wind gepeitscht, machen sie den Eindruck, als ob sie nicht viel mehr als den räudigen Pelz tragen könnten, mit dem sie gegenwärtig bekleidet sind. Doch Ritchie fing mit einer baumlosen Schafweide hoch über dem Mündungsgebiet an und stellte nach und nach fest, was funktionierte und was nicht.

Als wir durch den jungen Wald zogen, folgte uns ein Trupp Blaumeisen, Kohlmeisen und Schwanzmeisen, arbeitete sich durch die Zweige und pickte, raspelnd und piepsend, kleine Insekten aus den Rissen in der Rinde. Die Bäume, sagte Ritchie, hatten es nicht einfach. Sobald die Schafe ausgesperrt waren, waren Farn und Hartgräser aufgeschossen, durch die sich die Sämlinge kämpfen mussten, um Fuß zu fassen. Um den Vorgang zu beschleunigen, hatten er und seine Freunde an manchen Plätzen die Grasnarbe mit Hacken umgegraben. An anderen hatte er jeden Sommer den Farn geschnitten, damit er sich beim Absterben nicht über die Sämlinge legte und sie erstickte.[9]

Die Baumstämme waren jetzt so dick wie meine Wade und überragten uns. Die größten maßen vielleicht sieben Meter.

»Eigentlich«, meinte Ritchie, »habe ich nicht geglaubt, dass ich lange genug leben würde, um das hier zu sehen.«

Das verstand ich, obwohl er etwas jünger ist als ich. Wenn man durch die Kambrische Wüste wandert, scheint es manchmal kaum vorstellbar, dass sich hier wieder Bäume ansiedeln könnten. Die Kahlheit wirkt wie eine unumstößliche Tatsache, als sei sie eine Sache der Geologie und nicht der Ökologie. An diesem Ort aber, von dem hiesige Bauern meinten, hier würde niemals Wald wachsen können, ist dieses sedimentäre Gesetz in sein Gegenteil gewendet worden. Der Lebensraum, durch den wir uns gerade duckten, lässt sich eindeutig als Wald bezeichnen und es fällt schwer, sich vorzustellen, dass hier einmal eine Schafweide war.

Man hatte Bäume gepflanzt, aber rasch festgestellt, dass dies in weiten Teilen des umzäunten Gebiets nicht nötig war. Wo die Grasnarbe umgegraben wurde, ist der offenliegende Boden rasch von Birkensamen besiedelt worden. Diese seien, wie Ritchie erklärte, von ein paar Bäumen weiter unten im Tal, die sich aufgrund einer landwirtschaftlichen Niedergangsphase vor rund hundert Jahren selbst angesiedelt hätten, herangeweht worden. »Fast jeder von uns gepflanzte Baum ist nun von den einheimischen Birken verdrängt worden. Sie wuchsen so dicht, dass es wie ein auf einer Fensterbank eingesätes Kressebeet aussah. Selbst dort, wo die gepflanzten Bäume überlebten, gediehen die örtlichen Birken besser. Sie sind genetisch an diese Lage angepasst. Zu sehen, wie die Birken sich wieder ansiedelten, war wirklich aufschlussreich. Die Natur ist weit versierter, als wir es sind.«

Ritchies Experimente, die das Fundament seiner Masterarbeit bildeten, zeigten, dass die Birke ohne Einsatz von Herbiziden in dichtes

Farngestrüpp ausgesät werden konnte, wenn man den Boden etwas aufharkte und Farn weghackte. »Gestörte Böden, darum geht es bei den Birken. Sie sind so angelegt, dass sie den sich zurückziehenden Gletschern und Eisschilden nachjagen können, indem sie sich in die bloßliegenden Böden einsäen, bevor die Hartgräser einen Fuß in die Tür bekommen. Sie siedeln sich auch rasch an abgebrannten Stellen an und an Plätzen, an denen die Nadelbäume gefällt wurden. Man muss das Gelände nur mit einem Traktor oder einem Grubber aufbereiten. Man kann auch Rinder oder Schweine oder Wildschweine einsetzen, um das Farngestrüpp aufzubrechen und den Boden aufzuwühlen. Wenn wir ernsthaft daran interessiert sind, unser Hochland so schnell wie möglich wieder zu bewalden, dann ist das der richtige Weg. Es wäre wahrscheinlich bei Weitem billiger, als Baumschulensetzlinge zu pflanzen und auszujäten.«

Er berichtete, in dem sauren Hügelland würde die Birke mit ihrem leicht alkalihaltigen Laubstreu den Boden für andere Bäume bereiten. Am Fuß der verdrehten schwarzweißen Stämme wuchsen orangefarbene Pilze – Birkenpilze. Sie sahen aus wie durchtränkte Brötchen oder, in dem grünen Felsbeckenlicht unter den Bäumen, wie Meeresschwämme. Zwischen abgestorbenen Blättern, dichtem Moos, Heidelbeerbüschen und kleinen Farnen stießen sie nach oben. Stellenweise lappten die großen weichen Blätter des Fingerhuts über den Boden. Es war nicht leicht zu begreifen, dass dieses Land vor gerade mal zwanzig Jahren noch Einöde war.

Wir kraxelten über den Hang, bis wir ein heimtückisches blankes Felsband erreichten, das, als handle es sich um die ersten die Erde besiedelnden Pflanzen, von Algen und Schleimpilzen überwachsen war. Ritchie bemerkte, vor zehn Jahren habe es hier einen Erdrutsch gegeben: Der dünne Boden war von einem Band glatt polierten Felsens gerutscht. Jetzt hatten sich Erle, Salweide und Birke auf dem offenliegenden Boden angesiedelt, und ihre Wurzeln tasteten sich über den Stein, banden die Erde und stabilisierten den Hang. Am Rand des Erdrutsches hatte Ritchie eine Espe angepflanzt: Sie trieb rund um das Gestein neue Schösslinge aus. Ihre immer in Bewegung befindlichen Blätter, die wie die Kuppeln russisch-orthodoxer Kirchen geformt sind, zitterten in dem kühlen hellen Licht. In dem Matsch, der sich rund um das exponierte Gestein gebildet hatte, wuchsen die braunen ledrigen Kragen der Becherlinge. Zwischen den Bäumen krächzten die Eichelhäher. Wenn das Land lange genug von den Schafen freigehalten wird, werden sie zu den Wegbereitern der Wiederaufforstung gehören. Jeden Herbst vergräbt ein Eichelhäher bis zu 4000 Eicheln, manchmal kilometerweit vom Mutterbaum entfernt. Erstaunlicherweise können sie sich jede Stelle merken, wo sie etwas vergraben haben, aber im Winter sterben immer einige Vögel, und die Samen können keimen.[10]

Wir querten noch einmal den Zaun und betraten das anliegende Weideland. Ritchie erklärte, der Besitzer würde keine Schafe mehr auf dem Land weiden, sondern Pferde halten, die dort offensichtlich verwildern sollten. Im Gras hatte er das Skelett eines Fohlens gefunden: Die Tiere scheinen sich selbst überlassen zu sein. Zaghaft hatten auf dem Berghang ein paar Ebereschen Fuß gefasst. In ihren silbrigen Stämmen fing sich das Licht. Wir standen über dem jungen Wald mit seinen frühherbstlichen Farben und blickten das Tal hinab, dessen Steilhänge wie die Finger zweier Hände ineinander verschränkt waren und bis ins Mündungsgebiet hinab abfielen; dahinter erhob sich Snowdownia in den kristallklaren Tag.

In unserem Rücken tauchte, wie ein dunkler in den Hinterkopf geschossener dunkler Pfeil, ein Wanderfalke auf, hoch oben vor den Cirrusfähnchen. Ohne mit den Flügeln zu schlagen, strich er in einem sanften, geschwinden Gleiten durch den Himmel und schien dabei der Krümmung der Erde zu folgen. Über dem gegenüberliegenden Hügel, wo ein Turmfalke auftauchte, eine Luftsäule hinabsausend angriff, kehrte er um. Mit einem einzigen Flügelschlag schwang sich der größere Falke davon und wurde bald kleiner, bis er, hoch über dem Mündungsgebiet, nur noch ein Fleck war.

Der Meisentrupp hatte uns wieder eingeholt und zog durch die unter uns liegenden Baumwipfel. Sie erfüllten den Wald mit ihrem Radau, quietschend und zirpend wie eine schlecht geschmierte

Schubkarre. Wo die Pferde auf dem nassen Gras ausgerutscht waren und die Grasnarbe aufgekratzt hatten, wuchsen Wiesen-Labkraut und Waldsauerklee, Überbleibsel eines einstigen Waldsaums. Wir sahen die Tiere auf der anderen Seite des kleinen Tals, die Fohlen grasten an der Seite der Stuten.

Die Hügel auf der entfernten Seite des Ästuars waren gefleckt von den kleinen schwarzen Schatten jener Kundschafterwölkchen, die von den großen vor der Küste zusammengezogenen Bataillonen einer über das Meer heranziehenden Wetterfront ausgeschickt worden waren. Ein junger Bussard kreiste über den Pferden und fing an, den Turmfalken zu bedrängen.

Wir wanderten über die Weiden an der Oberseite des Waldes entlang, trafen plötzlich und überraschend mitten im Farn- und Stechginstergestrüpp auf einen kleinen Wasserfall. Sumpfdotterblumenblätter welkten an den Ufern.

»Hier hört das Leben auf«, sagte Ritchie. »Ab jetzt gibt es keine Bäume mehr, außer dieser einen Birke.«

Ich ließ einen Moment lang meinen Blick über die kahle, trostlose Hochebene schweifen, wo die Ponypfade in der Ferne zusammenliefen, die sackleinerne Leere, und wendete mich wieder ab. Wir kletterten über den Zaun zurück und standen zwischen den Bäumen, die Ritchie in dem höchstgelegenen Winkel seines alten Landes gepflanzt hatte. Hier war der Boden dünn und arm. Ritchie war auf kleine zusammengesammelte Steinhaufen gestoßen – mit etwa faustgroßen Steinen –, was darauf hinwies, dass das Land einmal kultiviert worden war. Er erzählte, er habe einmal auf dem Markt einen alten Mann getroffen, der in den 1940ern zu einem Trupp Schnitter gehörte, die mit ihren Sensen während der Erntezeit von Hof zu Hof zogen. Sie hatten auch diesen Hof aufgesucht, um weiter unten im Tal Hafer zu mähen. »Es war eine besondere Ehre, ihm zu begegnen. Er war der Letzte seines Standes, und die Ernte hier war eine der letzten, die er geschnitten hatte.« Doch dieses hoch an der Wasserscheide liegende Land hier dürfte über viele hundert Jahre lang nicht mehr bewirtschaftet gewesen sein: Die Steinhaufen könnten bis auf die Bronzezeit zurückgehen, meinte Ritchie, als hier der Wanderfeldbau gepflegt wurde. »Das glich wahrscheinlich der Brandrodung in den Tropen. Der Boden wird ziemlich schnell erschöpft gewesen sein und man zog weiter.« (Der Unterschied liegt darin, dass sich in den Tropen der Boden und die Vegetation häufig schneller erholen; die Auswirkung des traditionellen Wanderfeldbaus bleiben in der Regel gering. In den Kambrischen Bergen scheint dies nicht der Fall gewesen zu sein, wohl, weil die Nährstoffe vom Regen rasch aus dem bloßliegenden Boden ausgewaschen werden.)

Auf diesem verarmten Boden waren die Ebereschen in zwanzig Jahren nur etwas über einen Meter hoch geworden. Sie waren knorrig und windzerzaust. Die Eichen waren so gut wie nicht gewachsen; sie hatten ein paar schwächliche Zweige über den Boden gestreckt, die jetzt abstarben. Doch die gepflanzten Kiefern waren etwa vier Meter hoch. Es handelte sich um die *scots pine*, wie sie im Englischen heißt, eine Fehlbezeichnung, wie Ritchie bemerkt: Die gemeine Kiefer *(Pinus sylvestris)* kommt überall in Europa vor und war auch in Britannien einst weit verbreitet. Die Pollenanalyse lässt darauf schließen, dass die Kiefer gut an die Höhenlagen des Waliser Berglandes angepasst ist. Forst- und Naturschutzorgane behaupten mitunter, außerhalb Schottlands würde sie nicht zur heimischen Flora gehören. Doch unter den größten Bäumen, die an dem nahe bei Aberystwyth gelegenen Strand von Borth in einem versteinerten bronze- und eisenzeitlichen Wald bloßgelegt wurden, sind zahlreiche Kiefern. Sie besitzen noch, da sie in einem ehemaligen Torfmoor aufs Schönste konserviert wurden, ihre schuppige orangefarbene Borke. An den Büschen hingen noch ein paar Heidelbeeren, von denen ich einige versuchte. Ich war verblüfft, dass sie noch schmeckten. Sie werden wohl schon an die drei Monate an den Zweigen gehangen haben. »Auch wenn hier einmal tiefer Wald gewesen sein mag, in den übelsten Hochlagen wird, angesichts der Verarmung des Bodens, ein solcher Wald nicht wieder ohne Weiteres zurückkehren. Wir werden ein Ökosystem bekommen, wie es hier nie zuvor existierte: ein Mosaik aus Lebensräumen unterschiedlicher Struktur und Größe, vertrackt und vielfältig. Die nur langsam wachsenden Bäume werden wahrscheinlich mehr unter Verbiss zu leiden haben, da sie nicht so schnell außer Reichweite der Tiere gelangen. Wahrscheinlich wird es viele Jahre dauern, bis durch das angereicherte Laubstreu wieder ein vernünftiger Boden entsteht, der anderen Arten die Ansiedlung erlaubt.«

Zwei verspätete Schwalben huschten vorbei, die über den Wiesen ihre Kurven zogen und ab- und auftauchten. In dem jungen Wald unter uns war das Schwatzen der Zeisige zu hören. Die Wetterfront dräute nun über dem Tal, warf ihre Schatten über die Hügel auf der anderen Seite des Ästuars und jagte den Wind vor sich her. Ich ließ meinen Blick über die unter uns gelegenen Baumwipfel streifen und dachte, wie wunderbar es sein muss, ein solches Erbe zu hinterlassen, und dass es die von Ritchie gepflanzten Waldflächen noch lange, nachdem alles, was ich gemacht oder geschrieben habe, von der Erde verschwunden ist, existieren würden. Und doch fehlte etwas.

Der Tag hatte so dunkel und düster angefangen, dass man glauben mochte, die Sonne habe einmal geblinzelt, sich umgedreht und wieder schlafen gelegt. Doch nun, da sie sich abstrampelte, die grobe Wolkendecke über den Bergen abzuwerfen, begann der raue Novembertag sich aufzuhellen. Die Bäume hatten das meiste Laub abgeschüttelt. An Eichen und Buchen hingen noch ein paar Fetzen Rotbraun, aber die Birken und Salweiden, die das Gelände um den Teich für sich beanspruchten, hoben sich vor dem abgestorbenen Gras nur als graue Flecken ab. Wir standen in dem durch das Errichten des Zaunes aufgewühlten Schlamm und warteten – der Zaun war zur Beruhigung der örtlichen Bevölkerung dreifach abgesichert. Die Kameraleute richteten ihre Stative aus und stampften von einem Bein aufs andere, um sich warm zu halten. Ein Ökologe entfernte die Schutzkappen von seinem Feldstecher. Die Freiwilligen – weite Pullover, zerrissene Hosen, Dreadlocks und Nasenringe – rauchten Selbstgedrehte und unterhielten sich in angespanntem Flüsterton. In der Ferne konnte man das Hundegebell und hin und wieder das Tirilieren eines Jagdhorns hören. Es kam aus der Lärchenschonung auf dem westlich gelegenen Berg. Die unbewegte, kalte Luft kroch mir in den Nacken.

Ein Bullmastiff, ein Monster aus hängender Haut und Lefzen, der zwischen unseren Füßen herumgeschnüffelt hatte, sprang plötzlich in die Luft, quiekte wie ein Schweinchen und lief wimmernd zu seinem Herrchen: Er war an den Elektrozaun gekommen.

»Ich glaube, wir sind so weit«, sagte jemand.

Zwei junge Männer mit blonden Bärten verkeilten Schutzgatter links und rechts einer großen Kiste. Einer von ihnen drehte die Knebel heraus, die die zum Teich zeigende Wand sicherte. Kurz darauf das Aufscheinen eines schokoladenbraunen Fells zwischen den Gattern, dann ein weiteres: Zwei große Tiere huschten vorbei und verschwanden in einer Art Hütte, die direkt am Wasser provisorisch aus Stöcken und Binsen errichtet worden war. Nach ein paar Minuten, genau wie es einer der bärtigen Männer vorausgesagt hatte, begannen die Weidenzweige, die die Hinterseite der Hütte versperrten, zu rascheln. Schon bald fielen die Stöcke auf den Boden. Die Tiere brauchen die Möglichkeit, sich ihren Weg ins Freie zu nagen, hatte der Mann erzählt, denn dann würden sie glauben, das Bauwerk gehöre ihnen. Wir warteten noch eine Minute, dann tauchte ein Wesen aus dem gerade geschaffenen Loch auf, das ebenso fremdartig wirkte wie es für diesen Ort gemacht schien. Die Zuschauer jubelten. Es hob seinen dicken, plumpen Kopf und schnüffelte die Luft ein, dabei schaute es trübe in Richtung des Lärms. Dann watschelte es weiter, in der Art, wie ich es mir bei einem Ankylosaurier vorgestellt hätte: bucklig und schwer schleppte es Bauch und Schwanz über den morastigen Boden.

Es glitt in den Teich, bahnte sich einen Weg durch die Wasserpflanzen und begann plötzlich gewandt und anmutig zu schwimmen. Kopf und Rücken erschienen fast vollkommen flach, ragten ein, zwei Zentimeter über die Wasserlinie, das Ganze unterbrochen nur von den kleinen runden Ohren. Halb Robbe, halb Flusspferd zog es paddelnd einen Kreis. Dann bewegte sich ein Kameramann, um einen besseren Blick zu bekommen, und es drehte sich um seine Achse, versetzte der Teichoberfläche einen kräftigen Schlag mit dem Schwanz und verschwand unter Wasser. Einen Moment später tauchte es wieder auf, schwamm am Ufer entlang, schnüffelte und stieß seine schwere Schnauze in die Binsen. Jetzt folgte ihm das andere Tier in den Teich, schlug einen neue Schneise durch die Wasserpflanzen und ließ hin und wieder seinen fetten Rumpf blicken, wenn es geschmeidig und rund wie ein Delfin untertauchte.

Dies war, soweit ich es überblicke, der erste konkrete Schritt, ein in Wales ausgestorbenes Säugetier wieder einzubürgern. Hier in Blaeneinion, an der Quelle eines Bachs, der durch das herrliche Tal von Cwm Einion in das Dy-Mündungsgebiet fließt, hat eine Freiwilligengruppe rund um einen ehemaligen Karpfenteich etwas über einen Hektar Land eingezäunt. Seit Jahren war davon gesprochen worden, den Biber in Wales wieder anzusiedeln. Jetzt endlich geschah etwas.

Es ist nicht genau bekannt, bis zu welchen Zeitpunkt Biber auf der Britischen Insel lebten, aber es könnte sie noch bis Mitte des achtzehnten Jahrhunderts gegeben haben.[11] Sie waren ausgestorben, weil sie wegen ihres schönen warmen Pelzes gejagt wurden und nicht zuletzt wegen des Bibergeils, jenem Sekret aus den am Schwanz liegenden Drüsensäcken, das zu Parfüm und Arznei verarbeitet wurde. Sie lebten einst überall in unseren Flüssen und Bächen und waren ebenso sehr ein Teil unseres Ökosystems wie heute noch in Kanada. Beverly in Yorkshire, Beverston in Gloucestershire, Barbon in Cumbria und Beverly Brook, der Bach, der in Battersea in die Themse mündet, gehören zu den Orten, die nach ihnen benannt sind.[12] Die sanften, pflanzenfressenden Tiere sind im Vereinigten Königreich beliebt: Laut einer Umfrage sind 86 Prozent der Briten für eine Wiedereinbürgerung des Bibers.[13] Hört man aber die kleine, doch mächtige Vereinigung der Landbesitzer, die ihre Wiederansiedlung im Lande bekämpfen, könnte man die fragliche Spezies für eine Säbelzahnkatze oder einen Velociraptor halten.

Die Scottish Natural Heritage, die in Schottland für den Naturschutz verantwortliche Behörde, begann 1994 damit, den Rückhalt für eine Wiedereinbürgerung des Bibers zu eruieren.[14] Die Landbesitzer reagierten wütend. Nach zehn Jahren, in denen eine halbe Million Pfund für die Überprüfung aller nur denkbaren von den Bibern ausgehenden Gefahren ausgegeben wurde, gab die schottische Regierung schließlich auf und stellte das Projekt ein. Ein Ökologe, der dieses Fiasko miterlebte, erzählte mir, dass bei einem sechs Jahre nach Beginn der Verhandlungen stattfindenden Treffen einer der Männer, die die Fischereirechte an Schottlands Flüssen halten, ausrief: »Ich nehme durchaus zur Kenntnis, was Sie sagen, und ich verstehe, dass manche Menschen diese Tiere mögen, aber ich werde nicht zulassen, dass sie in meinen Fluss kommen und meinen Fisch fressen.«

Danach herrschte Totenstille, zumal die Biologen realisieren mussten, dass der Mann nach all den Jahren diplomatischer Überzeugungsarbeit noch immer nicht verstanden hatte, dass Biber Pflanzenfresser sind.

Obwohl Biber seit 1924 in vierundzwanzig europäischen Ländern ohne Malheur wieder eingebürgert wurden[15] und obwohl sie in Kanada und Norwegen mit größeren Vorkommen von Lachs und anderen Fischen leben, als wir es uns auf der Britischen Insel träumen lassen, argumentierten die Landbesitzer, dass das Tier die Lachswanderung die Flüsse hinauf stoppen, die Laichplätze zerstören und Krankheiten verbreiten würde. Als jeder mögliche Einwand aus jedem nur möglichen Winkel durchleuchtet worden war, wurde 2009 schließlich das Experiment eingegangen, elf Biber im Knapdale Forest in Argyll freizulassen. Der Ort ihrer Wiedereinführung ist ungewöhnlich, weil es dort keine Lachsgewässer gibt, und aus diesem Grund ein idealer Lebensraum für den Biber.

Inzwischen allerdings sind einige Biber aus einem Wildpark in Perthshire und an etlichen anderen Orten entkommen (es wird allgemein angenommen, dass man ihnen dabei auf die Sprünge half) und haben sich im Einzugsgebiet des River Tay, einem berühmten und äußerst teuren Lachsfluss etabliert. Während ich dies niederschreibe, geht es den Bibern (anders als denen im Knapdale Forest) gut, sie vermehren sich, und Polizei und Naturschutzbehörde (dieselben Behörde, die die Freilassung in Knapdale betreute) versuchen sie zu fangen. »Sie werden wieder eingefangen, weil ihr Vorhandensein in freier Natur illegal ist und weil sie in ihrem Wohlergehen bedroht sein dürften«, lautet die Erklärung des Scottish Natural Heritage.[16] Die illegal lebenden Tiere scheinen jedoch keinen Schaden angerichtet oder in Konflikt mit Fischereiinteressen gekommen zu sein. Verglichen mit der amtlich durchgeführten Freilassung dürfte die eher zufällige ein Experiment von größerer Tragweite darstellen.

Die Erfahrung in Schottland scheint allerdings nicht dazu beigetragen haben, die Landbesitzer in Wales zu beruhigen. Voller Zorn redete der Waliser Bauernverband das in Blaeneinion durchgeführte Projekt schlecht. Er beschrieb die Biber als eine »nicht-heimische Art«, verglich sie mit den Grauhörnchen und behauptete, dass sie den Viehbestand mit Krankheiten anstecken würden.[17]

Es besteht keine Absicht, die in Blaeneinion ausgesetzten Tiere ganz freizulassen. Beide sind Weibchen, demnach besteht auch keine Gefahr, dass sie sich vermehren. In dem Experiment geht es darum, zum 162sten Mal in Europa* klarzumachen, dass es sich bei Bibern nicht um die in der Offenbarung erwähnten Tiere handelt, die Feuer und Schwefel speien und ein Drittel der Menschheit töten. In dem Gehege wird ihr Einfluss auf das Tier- und Pflanzenleben erforscht und die Ergebnisse werden für potenzielle Wiedereinbürgerungen anderswo in Wales herangezogen. Der Ort, der dafür momentan am ehesten infrage kommt, ist der Teifi, für den Biber das letzte Mal im zwölften Jahrhundert bezeugt sind. Doch die schottischen Ereignisse legen nahe, dass dem ein langer und langwieriger Prozess vorausgehen wird.

Ich sah den wiederauferstandenen Bibern noch eine Stunde lang zu, wie sie ihr neues Zuhause erkundeten. Beim Herumschwimmen im Teich gab ihr hübscher dichter Pelz, der ihren früheren Inkarnationen so viel Ungemach bereitet hatte, Luftblasen frei. Sie waren um einiges größer, als ich es mir vorgestellt hatte. Hin und wieder tauchten sie aus dem Wasser in einem Wasserpflanzenbett auf und ruhten sich, von Teichpflanzen gekrönt und umschlungen, aus. Hätten sie sich nicht bewegt, hätte man sie nicht von bemoosten Ästen

---

*Seit 1924 sind in Europa 161 Wiedereinbürgerungen von Bibern erfolgt.

unterscheiden können. Einer von ihnen knabberte versuchsweise an einem Weidenzweig. Hin und wieder schleppten sie sich aus dem Teich und saßen, in ihrer Kurzsichtigkeit um sich schauend, am Ufer. War das Wasser aus dem Fell gelaufen, stellte es sich sofort auf.

Verspätet tauchte ein Mann von der lokalen Zeitung auf, murmelte und grummelte vor sich hin.

»Werden hier die Dachse freigelassen?«

»Es sind keine Dachse, sondern ...«

»Verflixt aber auch, schau dir diesen großen Otter an!«

Die Biber benahmen sich schon, als gehörte ihnen der Teich. Sie schwammen ihn ab wie Eigentümer, brachen Pfade durch den Bewuchs und machten sich mit den Gräsern und Bäumen vertraut, von denen sie sich ernähren würden. Perfekt an dieses Ineinander von Land und Wasser angepasst, waren sie zwischen dem Gestrüpp und den Binsen nur schwer zu erkennen. Sie sahen aus, als seien sie immer schon hier gewesen. Als seien sie niemals verschwunden gewesen.

Der Biber gehört zu jenen im Ökosystem fehlenden Tieren, die als Schlüsselarten bezeichnet worden sind. Eine Schlüsselart hat einen größeren Einfluss auf ihre Umwelt, als ihre Häufigkeit allein vermuten ließe. Dieser Einfluss schafft die Bedingungen, die es anderen Arten ermöglichen, an einem bestimmten Ort zu leben.

Anders als die nordamerikanischen Arten baut der europäische Biber nur relativ kleine Dämme, die Veränderungen aber, die sie in der Strömung eines Flusses vornehmen, die Äste und Zweige, die sie ins Wasser ziehen, die Baue, die sie graben, die flachen Gräben, die sie anlegen, wenn sie an Land auf Nahrungssuche sind, und das Fällen bestimmter Uferbäume verwandeln ihre Umgebung. Damit schaffen sie Lebensräume für Schermäuse, Ottern, Enten, Frösche, Fische und Insekten. In Wyoming, wo die von den Bibern angelegten Teiche eindeutig größer sind als in Europa, bieten Wasserläufe, an denen Biber leben, 75 Mal so vielen Wasservögeln Lebensraum als dort, wo die Tiere nicht vorkommen.[18]

In Schweden wie in Polen (wo der europäische Biber, *Castor fiber*, vorkommt) sind die Forellen in den Biberteichen im Durchschnitt größer als in den anderen Gewässerabschnitten: Die Teiche liefern ihnen Lebensräume und Schutz, den sie anderswo nicht finden.[19] Junglachse wachsen schneller und sind in einer besseren Verfassung, wo Biber ihre Dämme bauen.[20] In Biberteichen kann die Gesamtmasse aller dort lebenden Organismen zwei bis fünf Mal größer sein als in Abschnitten ohne Dämme.[21] In Polen erhöht das Vorkommen von Bibern die Anzahl der Fledermäuse rund um die Flüsse, zum einen, weil die Anzahl der Fluginsekten aufgrund der Dämme und sumpfigen Bodenverhältnisse steigt, und zum anderen, weil sie zwischen den Uferbäumen Lücken schlagen, in denen die Fledermäuse jagen können.[22] Die von ihnen bevorzugten Nahrungsbäume sind in der Regel solche, die leicht ausschlagen oder Schösslinge bilden wie Espe, Weide und Esche. Das so an den Flussufern geschaffene Gebüsch bietet Schutz für Vögel und Säugetiere.

Wie das Land haben auch unsere Flüsse durch eine intensive Bewirtschaftung gelitten. Sie sind begradigt und kanalisiert, ausgebaggert und bereinigt worden. Mit dem Ergebnis, dass sowohl die Natur als auch der Mensch Schaden genommen hat. Wir haben die Zeit, die das Wasser braucht, um von den Zuflüssen in die tiefergelegenen Abschnitte zu gelangen, verkürzt, um damit sicherzustellen, dass die Flüsse besser fließen. Die Politik dahinter scheint oft auf den gleichen Impuls zurückzugehen, der manche Landwirte dazu veranlasst, alleinstehende Bäume und archäologische Hinterlassenschaften zu zerstören: auf den Wunsch, alles ordentlich zu haben. Im Einzugsgebiet des River Wye zum Beispiel haben die Behörden bis in die späten 1990er Jahre hinein Unsummen öffentlicher Gelder für die sinnlose Aufgabe ausgegeben, die »Schwemmholzverstopfungen«, wie es amtlich hieß, aus den Zuflüssen zu ziehen. Diese großen Geniste aus Ästen sind im Laufe von hunderten von Jahren entstanden. Sie stellten den wichtigsten Lebensraum für eine ganze Reihe von Arten dar, darunter auch den Nachwuchs jener Lachse, für die der Fluss bekannt ist. Vierhundert Schwemmholznester wurden zerstört, bevor überhaupt realisiert wurde, dass dieses Unterfangen nichts als Schaden anrichtete.[23] Das Programm ist wohl eher für den kontinuierlichen Rückgang der Lachspopulation und die ständig zunehmende Häufigkeit und Intensität der Überflutungen verantwortlich, von denen die Ortschaften am Unterlauf des Flusses heimgesucht werden.[24]

Diese Politik ist inzwischen umgekehrt worden. »Lasst die ruhenden Äste und Stämme liegen«, lautet die Devise des Naturschutzverbands.[25] Es wird darauf hingewiesen, dass das Schwemmholz in den Flüssen die Ufer und Gerinne stabilisiert, dass es Sedimente auffängt, Schutz und Nahrung für Insekten und kleine Tiere wie Flusskrebse, Fische, Schermäuse, Ottern und Vögel bietet.

In Yorkshire, wo die Ortschaft Pickering seit 1999 sehr zum Leidwesen ihrer Einwohner vier Mal überflutet worden ist, lassen Regierungsbehörden wieder Altholz in die die Pickering Beck speisenden Bachläufe ziehen, um die Fließgeschwindigkeit zu vermindern.[26] Dies erfordert einen beträchtlichen Aufwand an Arbeit und Geldern. Es gäbe einen billigeren Weg mit dem gleichen Ergebnis: Die Aussetzung von Bibern. Um Dämme zu bauen und für den Winter Nahrungsreserven anzulegen, ziehen sie Äste ins Wasser. Sie würden noch für den Schutz des Orts sorgen, lange nachdem die Mittel für menschliche Arbeiter ausgelaufen sind.

Biber verändern das Verhalten eines Flusses radikal. Sie verlangsamen ihn. Sie vermindern Auskolkung und Erosion. Sie halten das Schwemmgut zurück und gewährleisten, dass das Wasser klarer fließt.[27] Sie schaffen kleine Feuchtgebiete und Sumpfareale. Sie verleihen den Flüssen eine größere strukturelle Diversität und schaffen Lebensmöglichkeiten für viele andere Arten. Da die Biberdämme mit Fäkalbakterien belastete Sedimente ausfiltern,[28] dürften die Biber eher zur Verminderung von Krankheiten beitragen, als sie zu verbreiten, wie die Landwirte des Waliser Bauernverbands behaupten.[29]

Je mehr wir verstehen, wie Ökosysteme funktionieren, desto weniger tauglich erscheinen bestimmte Naturschutzmaßnahmen. Bei der Erforschung der machtvollen Wirkungen, die manche Arten auf Tiere und Pflanzen ausüben, zu denen auf den ersten Blick keine Verbindung besteht, habe ich verstanden, in welchem Maße es sich bei den von vielen Naturschützern verfochtenen Bewirtschaftungs- und Managementsystemen um leere Hülsen handelt. Denn diese haben nicht nur ihre natürlichen Gegebenheiten – Bäume, Büsche und Totholz, die Lebensraum für so viele Arten bieten –, sondern zudem zahlreiche Verbindungen zwischen den Arten verloren, die ein Ökosystem ausmachen. An diesen Orten sind die meisten Verknüpfungen des Lebensnetzes zerrissen.

Anfangs hatte ich Mühe, die für eine Rückverwilderung ausschlaggebenden wissenschaftlichen Prinzipien zu ermitteln. Um Prinzipien aufstellen zu können, muss man wissen, welche Ergebnisse man erreichen möchte. Aber anders als der Naturschutz hat die Rückverwilderung kein festes Ziel: Sie wird nicht von Menschenhand, sondern durch natürliche Prozesse gesteuert. Es gibt keinen Punkt, an dem man sagen könnte, das Ziel sei erreicht. Die Art der Rückverwilderung, die mich interessiert, trachtet nicht danach, die Natur zu kontrollieren oder ein bestimmtes Ökosystem, eine bestimmte Landschaft wiedererstehen zu lassen, sondern überlässt es ihr, nach der Wiedereinführung der fehlenden Arten, sich einen eigenen Weg zu suchen.

Doch dann stieß ich auf einen Gedanken, der im Nachhinein selbstverständlich scheint. Der Prozess ist das Ergebnis. Das Hauptziel der Rückverwilderung besteht darin, die dynamischen Wechselwirkungen der Ökologie so weitgehend wie möglich wiederherzustellen. Anders gesagt, das wissenschaftliche Prinzip hinter der Rückverwilderung besteht in der trophischen Diversität, wie die Ökologen es nennen. Trophisch hängt mit Nahrung und Ernährung zusammen. Die trophische Diversität wiederherzustellen bedeutet, die Anzahl der Gelegenheiten für Tiere, Pflanzen und andere Lebewesen, sich gegenseitig zu ernähren, zu erhöhen; die im Lebensnetz zerrissenen Verknüpfungen wieder aufzubauen. Es bedeutet, das Netz sowohl vertikal wie horizontal auszuweiten und die Zahl der Ernährungsebenen (Spitzenprädatoren, Mittelprädatoren, Pflanzenfresser, Pflanzen, Aasfresser und Destruenten) zu erhöhen sowie Möglichkeiten zu schaffen, die auf jeder dieser Ebenen Anzahl und Komplexität der Beziehungen wachsen lassen. Zu den faszinierendsten

Entdeckungen der modernen Ökologie gehört die Fülle an trophischen Kaskaden. Eine trophische Kaskade tritt auf, wenn das Tier an der Spitze der Nahrungskette – der Spitzenprädator – nicht nur die Anzahl seiner Beutetiere, sondern auch die der Arten, mit denen es nicht direkt in Kontakt steht, verändert. Die Auswirkungen kaskadieren die Nahrungskette abwärts und verändern in manchen Fällen das Ökosystem, die Landschaft und sogar die chemische Zusammensetzung von Boden und Atmosphäre radikal. Das bekannteste Beispiel sind die dramatischen Veränderungen, die auf die Wiedereinführung des Wolfes im Yellowstone-Nationalpark in den Vereinigten Staaten folgten. Siebzig Jahre, nachdem die Wölfe ausgemerzt worden waren, wurden sie 1995 wieder im Park ausgesetzt. Bevor sie ankamen, waren viele der Bach- und Flusssäume fast kahl, abgefressen von dem starken Vorkommen an Wapitihirschen (die in Nordamerika verwirrend genug Elch genannt werden*). Aber unmittelbar nach Ankunft der Wölfe begann sich das zu ändern. Nicht nur, dass die Wölfe die Anzahl der Hirsche stark reduzierten, sie hatten auch Einfluss auf das Verhalten ihrer Beute. Die Hirsche mieden von nun an die Plätze, an denen sie am leichtesten zu erbeuten waren – insbesondere die Täler und Schluchten.[30] An manchen Stellen nahmen die Bäume, deren Aufwachsen bislang stets durch Verbiss verhindert worden war, innerhalb von sechs Jahren um das Fünffache an Größe zu.[31] Die Bäume warfen Schatten und hielten das Wasser kühl, boten Fischen und anderen Tieren Schutz[32] und veränderten die Zusammensetzung der dort vorkommenden Lebewesen. Sämlinge und Schösslinge überlebten in größerer Zahl. Die einst kargen Täler verwandelten sich wieder in Espen-, Weiden- und Pappelwälder. Als offenkundiges Ergebnis nahm die Zahl der Singvögel zu: Eine Studie hat in den wieder aufwachsenden Bäumen größere Vorkommen von Arten wie Singammern, Sängervireos, Goldwaldsängern und Weidentyrannen festgestellt.[33]

---

* Der europäische Rothirsch, *Cervus elaphus*, und der nordamerikanische, dort als *elk* (Elch) bezeichnete Wapiti, *Cervus canadensis*, sind so eng miteinander verwandt, dass sie bis 2004 als zur gleichen Art gehörend angesehen wurden.

Der Neubewuchs der Ufer hat offensichtlich auch das Vorkommen von Bibern und Bisons begünstigt: Gab es 1996 eine Biberkolonie, so waren es 2009 zwölf.[34] Die Biber üben dann all jene Wirkungen aus, die ich gerade erwähnt habe, und schaffen Nischen für Otter, Bisamratten, Fische, Frösche und Reptilien. Die neu wachsenden Bäume stabilisierten auch die Uferböschungen, die Erosionsrate wurde reduziert und die Verlagerung der Bachläufe vermindert, die Gewässer wurden schmaler und die Becken und seichten Flussstellen vielfältiger.[35] Ähnliche Wirkungen wurden aus dem Zion-Nationalpark in Utah berichtet: Wo Berglöwen häufig sind, sind auch die Bachufer stabil und die Fischbestände hoch, wo sie selten sind, verlagern die Gewässer häufig ihren Lauf und die Fischbestände schrumpfen auf ein Drittel.[36] Nachdem die Wölfe in Yellowstone getötet waren und die Hirschpopulation anstieg, verarmte der Boden an den Hängen durch Flächenerosion; er kann sich nun wieder aufbauen.[37] Im Gegenzug sank fünf Jahre, nachdem die Wölfe zurückgekehrt waren, der Stickstoffanteil im Boden des Graslands, das, solange die Beutegreifer fehlten, von Hirsch und Gabelbock überweidet wurde, um ein Viertel bis um die Hälfte. Das ist darauf zurückzuführen, dass weniger Stickstoff über den Dung recycelt wird.[38] Dadurch wird sich die Zusammensetzung und die Anzahl der ansässigen Pflanzenarten verändern.

Da die Wölfe auch Kojoten jagen, erholen sich die Bestände der kleineren Säugetierarten wie Kaninchen und Mäuse, die nun Falken, Wieseln, Füchsen und Dachsen als Beute dienen. Aasfresser wie der Weißkopfseeadler und Raben fressen an den Überresten der von den Wölfen gerissenen Hirsche. Die Rückkehr der Wölfe scheint zudem den Bestand der Bären vergrößert zu haben. Diese fressen sowohl das von den Wölfen zurückgelassene Aas als auch die Beeren, die nach dem Rückgang der Hirschpopulation an den wieder aufschießenden Sträuchern wachsen.[39] Zudem reißen die Bären Hirschkitze und verstärken damit noch den Einfluss des Wolfs. Die Wiedereinführung des Wolfs in Yellowstone zeigt, dass eine einzige Art, wenn sie nur ihrem natürlichen Verhalten folgt, fast jeden Aspekt eines Ökosystems transformiert und sogar die physische Geografie eines

Ortes umwandelt, indem sie Gestalt und Fließgeschwindigkeit der Flüsse und die Erosionsraten des Lands verändert. Für diese komplexen Beziehungen gibt es keinen Ersatz. In der Zeit, in der die Wölfe im Yellowstone-Nationalpark fehlten, versuchten dessen Manager die Hirschpopulation zu kontrollieren und ihre Auswirkungen zu begrenzen; sie scheiterten.[40] Trotz intensiver Bejagung und Entnahmen verschwanden die Weiden von den Wiesen und auch die Espen drohten aus weiten Teilen des Parks zu verschwinden.[41] Selbst wenn der Bejagungsdruck durch den Menschen hoch ist, scheint er sich in seiner Wirkung von der Jagd durch den Wolf erheblich zu unterscheiden. Wölfe jagen zu allen Tages- und Nachtzeiten, das ganze Jahr über. Sie verfolgen ihre Beute, anstatt sie aus einer gewissen Entfernung zu erlegen.[42] Der Wolf jagt an anderen Stellen als der Mensch und selektiert andere Tiere aus der Herde. Die Hirsche könnten durch eine Umzäunung ferngehalten werden, dies würde aber anders als beim Wolf komplett geschehen und zudem würden weitere Tiere ausgeschlossen: Die Vernetzungen des Ökosystems würden reduziert.

Wo Lachse vorkommen, könnte die Wiedereinführung des Wolfs sogar noch umfassendere Wirkungen auslösen. Der Wolf schafft Lebensraum für Lachse und Biber, die Biber wiederum schaffen weitere Lachshabitate und steigern so die Lachspopulation exponentiell. Lachse werden von Bären, Fischottern, Adlern und Fischadlern gefangen. Ihre Gerippe werden häufig an Land gezogen oder getragen. Die in ihnen enthaltenen Nährstoffe verteilen sich über den Dung der Tiere. Eine Studie besagt, dass im Umkreis von 500 Metern eines Lachsgewässers zwischen 15 und 18 Prozent des in Fichtennadeln enthaltenen Stickstoffs aus dem Meer stammen: Es wurde in den Körpern der Lachse die Flüsse hinauftransportiert.[43] Unwissentlich formen Spitzenprädatoren und Schlüsselarten die Umwelt um – bis hinein in die Zusammensetzung des Bodens.

Ein krasseres Beispiel bietet der Polarfuchs, der von Pelztierjägern auf einigen Aleuteninseln – jener im Nordpazifik zwischen Alaska und Sibirien gelegenen sichelförmigen Inselkette –, wo er eigentlich nicht heimisch ist, ausgesetzt wurde. Die Inseln mit Polarfüchsen sind von einer strauchigen Tundra überzogen, solche ohne Füchse mit Gras.⁴⁴ Da die Füchse Jagd auf Seevögel machen, sorgen sie dafür, dass auf den Inseln 60 Mal weniger Guano eingetragen wird. Das heißt, es gelangt drei Mal weniger Phosphat in den Boden als dort, wo die Tiere nicht vorkommen. Im Ergebnis haben sie damit das komplette natürliche System verändert.

Einen ähnlichen Wandel dürfte der Mensch als Jäger in den ausgedehnten Steppen Beringias verursacht haben, jener Landmasse, die Ostsibirien, Alaska und das Gebiet dazwischen (das heute von der Beringstraße eingenommen wird, aber während der Eiszeit bloßlag) umfasste. Vor etwa 15 000 Jahren zogen Jäger, die kleine Steinklingen benutzten, in das Gebiet, das bis dahin von Menschen bewohnt wurde, die mit Knochen- oder Geweihspitzen jagten.⁴⁵ Nach und nach rotteten sie die in den Steppen grasenden Mammuts, Moschusochsen, Bisons und Pferde aus.* (Als die Gletscher schmolzen, die den Durchgang in den übrigen amerikanischen Doppelkontinent verhinderten, zogen sie weiter und richteten noch verheerendere Schäden in der neuen Welt an.) Offensichtlich trugen sie dazu bei, das steppenartige Grasland in von Moos dominierte Tundra zu verwandeln. Ein Großteil dieses Lands hat bis heute seine Gestalt behalten.

Wie der russische Wissenschaftler Sergej Simow gezeigt hat, wird, insbesondere im hohen Norden, das Grasland von den Tieren erhalten, die sich von ihm ernähren. Durch das Abweiden machen sie das Gras produktiver (in der Steppe wächst es fünfmal schneller als dort, wo es nicht gemäht wird). Durch ihren Dung recyceln sie die im Boden enthaltenen Nährstoffe. Das Gras trocknet den Boden aus und erstickt Moose und Flechten.⁴⁶ Wenn die Tiere verschwinden, kehrt sich der Rückkopplungseffekt um. Das auf dem Boden liegende abgestorbene Gras hat isolierende Wirkung und sorgt dafür, dass er kalt bleibt, was das weitere Graswachstum verhindert und das Auf-

---

*Das Aussterben von Mammuts durch Bejagung könnte durch die gleichzeitige Schrumpfung des Lebensraums beschleunigt worden sein. Eine Studie besagt, dass Letzteres in der Zeit zwischen 42 000 und 6000 Jahren v. u. Z. die geografische Verteilung des Großsäugers um 90 Prozent verminderte.

kommen von Moos und Flechten begünstigt. Wenn der Moosbewuchs vorherrschend wird, wird der Boden feuchter und kälter und damit noch ungünstiger für Gras. Kehren die Tiere zurück, brechen sie mit ihren Hufen rasch die empfindliche Moos- und Flechtenschicht auf, und innerhalb von ein, zwei Jahren gewinnt das Gras wieder die Oberhand.[47] In anderen Worten, in diesem Lebensraum stellen die Grasfresser die Schlüsselart dar, die das gesamte Ökosystem von einem Zustand in den anderen umspringen lassen können.

Dies lässt im Übrigen darauf schließen, dass die von Simow und anderen propagierte großflächige Rückverwilderung der Tundra, so faszinierend das Projekt auch sein mag, verheerende Konsequenzen haben könnte. Moos besitzt so gute Isolationseigenschaften, dass unter ihm nicht einmal die oberste Bodenschicht auftaut.[48] Es trägt dazu bei, den Permafrostboden stabil und das dort gebundene Methan eingeschlossen zu halten. Wenn die Moosschicht aufgebrochen wird und die Gräser zurückkehren, könnte dies, obwohl es die Produktivität und trophische Diversität der Region bedeutend erhöhen würde, den Permafrost zum Schmelzen bringen, was wiederum große Mengen eines wirkungsvollen Treibhausgases freizusetzen droht. Daran zeigt sich, dass Rückverwilderung wie jede Veränderung, die wir herbeizuführen gedenken, Kosten mit sich bringt. Und manchmal können die Kosten den Nutzen überwiegen.

Die Jagdtätigkeit des Menschen dürfte auch die Umwelt Australiens umgestaltet haben. Bevor unsere Spezies den Kontinent erreichte, wimmelte es dort vor Ungeheuern. Dazu zählte ein Ameisenigel von der Größe eines Schweins; ein riesiger an einen Wombat erinnernder Pflanzenfresser, der zwei Tonnen wog; ein Beuteltapir von der Größe eines Pferdes; ein Drei-Meter-Känguru; ein Beutellöwe mit opponierbarem Daumen und einer Beißkraft, die stärker war als die jedes bekannten Säugetiers, er konnte sich auf seinen Schwanz stellen und sich auf den Hinterbeinen aufrichten, um mit seinen fürchterlichen Krallen um sich zu schlagen; eine zweieinhalb Meter lange gehörnte Schildkröte; ein Waran, größer als ein Nilkrokodil. Neben anderen erstaunlichen Kreaturen verschwanden die meisten dieser

Arten vor 40 000 bis 50 000 Jahren. Zu ungefähr der gleichen Zeit begannen sich die dichten Regenwälder, die große Teile des Kontinents bedeckten, zurückzuziehen. An ihre Stelle traten Gras und eine kümmerliche Baumvegetation, die auch heute noch weite Landstriche des Outbacks einnehmen. Über zwei Fragen wird von Ökologen erbittert gestritten. Waren diese Veränderungen von einem naturgegebenen Klimawandel oder von Menschen verursacht worden? Wenn sie, wie es heute wahrscheinlich scheint, von Menschen verursacht wurden, geht dann das Aussterben der Großtiere auf die Jagd oder auf die Zerstörung des Lebensraums zurück? Im Wissenschaftsmagazin *Science* veröffentlichte Forschungen kommen zu dem Schluss, dass die Großtiere durch die Jagd ausgerottet wurden und dass ihr Verschwinden die Zerstörung des Regenwalds herbeiführte.[49]

Die Forscher analysierten Pollen und Holzkohle von einem ehemaligen Seeboden entnommenen Bohrproben und nutzten den Pilz, der auf dem Dung großer Pflanzenfresser wächst, um ihre Häufigkeit zu errechnen. Damit konnten sie zeigen, dass die Verschiebung von Regenwald zu Trockenwald etwa 10 000 Jahre früher stattfand als die mit größerer Trockenheit einhergehende Klimaveränderung. Massenaussterben sowie die Veränderung des Lebensraums fanden in einer Zeit statt, als das Klima stabil war. Sie fanden auch Belege dafür, dass etwa ein Jahrhundert, nachdem die Populationen der großen Pflanzenfresser zusammengebrochen waren, der Regenwald von Feuersbrünsten durchtobt wurde, und dass dreihundert Jahre später Gras und Busch an die Stelle der Wälder getreten waren. Mit dem Verschwinden der großen Pflanzenfresser, so ihre Vermutung, häuften sich Zweige und Blätter, die ansonsten gefressen worden wären, am Waldboden auf und lieferten das Brennmaterial, durch das Buschfeuer die Regenwälder vernichten und den Übergang zu Gras- und Buschland vorantreiben konnten. Wie die Mammuts und Moschusochsen Beringias scheinen auch Australiens pflanzenfressende Ungeheuer das Ökosystem, an dem sie sich weideten, aufrechterhalten zu haben.

Zu den interessanten Implikationen, die die Entdeckung umfassender trophischer Kaskaden mit sich brachte, gehört auch, dass die Entfernung eines Tiers – insbesondere eines Spitzenprädators – aus einem System kontraproduktive und zerstörerische Ergebnisse nach sich ziehen kann. In vielen Gebieten Afrikas zum Beispiel sind Löwen und Leoparden in der Annahme getötet worden, dass dies die Überlebenschancen der Menschen erhöhen und die Herden der Jagdtiere schlagartig vermehren würde (wie anfangs die europäischen Jäger vermuteten). Ein Resultat war jedoch, dass die Populationen der Anubispaviane explodierten. Sie verursachen so viele Schäden an Ackerpflanzen und Haustieren, dass Kinder aus der Schule genommen werden müssen, um sie abzuwehren.[50] Sie übertragen zudem Darmparasiten auf die Menschen, in deren Land sie eindringen,[51] und scheinen sogar durch das Erbeuten von Jungtieren die Wildtierpopulationen dezimiert zu haben. Ähnliches geschah, als Naturschützer in Florida versuchten, Meeresschildkröten durch die Dezimierung der Waschbären, die ihre Gelege fraßen, zu schützen, und sie herausfinden mussten, dass dies einen gegenteiligen Effekt erzielte. Es gingen noch viel mehr Schildkröteneier verloren, da die ebenfalls Schildkröteneier räubernden Gespensterkrabben nicht mehr von den Waschbären gefressen wurden.[52]

Das vielleicht merkwürdigste Beispiel dieser unerwarteten Wirkungen ist die offensichtliche Verbindung zwischen dem Niedergang der Geierpopulation und der Ausbreitung der Tollwut in Indien. Dort sind Geier innerhalb kürzester Zeit fast ausgestorben – ein auf die Verwendung eines auch bei Tieren eingesetzten Medikaments namens Diclofenac zurückgehender Nebeneffekt, der die Aasfresser tötet, wenn sie an den Kadavern fressen. Da die Geierpopulation zusammengebrochen ist, wird das Aas, das gewöhnlich durch den Vogel verzehrt wurde, nun von verwilderten Hunden gefressen. Trotz aller Bemühungen, deren Population zu kontrollieren, ist diese mit dem Rückgang der Geier dramatisch gestiegen. In Indien sind Hundebisse zu 95 Prozent für die Todesfälle durch Tollwut verantwortlich und das heißt angesichts der steigenden Bevölkerungszahl, dass sich potenziell mehr Menschen mit der Krankheit anstecken.[53] Da

Geier infiziertes Fleisch beseitigen, haben sie offensichtlich auch dazu beigetragen, Tierkrankheiten wie Brucellose, Tuberkulose und Milzbrand unter Kontrolle zu halten.

Einst sind wohl die meisten Ökosysteme von trophischen Kaskaden dominiert worden. Die alte Auffassung der Ökologen, dass Natursysteme nur von unten kontrolliert werden – dass die Häufigkeit der Pflanzen die Häufigkeit der Pflanzenfresser bedingt, die wiederum die Häufigkeit der Fleischfresser kontrolliert –, rührte aus der Tatsache, dass die meisten der untersuchten Systeme schon große Veränderungen durch den Menschen erfahren hatten, nicht zuletzt durch die Dezimierung oder Ausrottung der Spitzenprädatoren. Vieles von der Reichhaltigkeit und Komplexität – der trophischen Diversität – dieser Nahrungsnetze war schon verloren, bevor es überhaupt verzeichnet wurde. Wir leben in einem Schattenreich, in einem matten, konturlosen Überrest dessen, wie es einmal war, oder wie es einmal wieder werden könnte.

7) Holt den Wolf zurück

Kuppen kontrahieren, drängen sich zu kargeren Formen
Der Staub wird dichter auf ihnen, als Wind auffrischt
Und sich hungrig streckt: am Nacken angespannt
Sträubt sich die Heide wie ein lebendiges Fell.

William Dunlop, *Landschaft als Werwolf*

Elefanten, Nashörner, Löwen und Hyänen assoziieren wir mit den Tropen. Doch in geologischen Maßstäben betrachtet, lebten sie noch bis vor Kurzem in klimatischen Verhältnissen, die weit kälter waren als Nordwest-Europa heute. Bis vor etwa 40 000 Jahren streifte der eng mit dem indischen Elefanten verwandte Europäische Waldelefant (*Elephas antiquus*) durch weite Teile Europas.[1] Das Wollmammut, das einer völlig anderen Ökologie angehörte und auf Kältesteppen graste (anstatt wie der Waldelefant in gemäßigten Wäldern zu äsen), überlebte sogar noch länger: Eine Restpopulation, in der Einöde der vor der Küste Nordsibiriens gelegenen Wrangelinsel vor den menschlichen Jägern geschützt, schaffte es bis in die Bronzezeit.[2]

Drei Nashornarten – das Wollnashorn, das Steppennashorn und das Waldnashorn – lebten in Europa noch in Gegenwart des Menschen. Bis vor ungefähr 40 000 Jahren war das Gebiet des heutigen Russland von zwei monströsen Kreaturen bevölkert, dem *Elasmotherium sibiricum* und dem *Elasmotherium caucasium*. Dabei handelte es sich um mit einem Buckel bewehrte Nashörner, die mit zweieinhalb Metern Widerristhöhe und einem Gewicht von etwa fünf Tonnen die Größe von Elefanten erreichten. Elefanten streiften durch Europa, Asien, Afrika und durch den amerikanischen Doppelkontinent; Nashörner waren zu keiner Zeit in Amerika beheimatet, aber sie lebten überall in der Alten Welt. In den letzten 50 000 Jahren, in denen diese Arten durch den Menschen bejagt wurden, büßten sie an Diversität ein und auch ihr Verbreitungsgebiet schrumpfte. Sie wurden zuerst in Europa ausgerottet, dann (im Falle der Elefanten) in

Nord- und Südamerika, darauf im Nahen Osten und in Nordafrika und schließlich in fast ganz Afrika. Die Tierschützer versuchen heute verzweifelt, die letzten, winzigen Populationen von Geschöpfen zu retten, die einst einen Großteil der Erdoberfläche beherrschten, vor so kurzer Zeit, dass wir beinahe unsere Finger ausstrecken und sie berühren können. Als im neunzehnten Jahrhundert, vermutlich zur Errichtung der Nelsonsäule, der Trafalgar Square aufgegraben wurde, war der Flusskies, den die Bauarbeiter freilegten, vollgepackt mit Flusspferdknochen; diese Tiere suhlten sich vor etwas mehr als 100 000 Jahren, wo sich heute Touristen und Tauben scharen. Diese und weitere im zwanzigsten Jahrhundert auf dem Platz vorgenommenen Ausgrabungen förderten auch die Knochen von Waldelefanten, Riesenhirschen, Auerochsen und Löwen zu Tage.[3] Wo heute das Denkmal steht, reckten Löwen ihr Haupt, lange bevor sich Sir Edwin Landseer an die Arbeit machte.[4]

Die damaligen Löwen waren größer als die heute in Afrika lebenden, gehörten aber wahrscheinlich der gleichen Art an. Sie machten in den gefrorenen Wüsteneien Europas Jagd auf Rentiere[5] und lebten noch bis vor 11 000 Jahren auf der Britischen Insel,[6] bis zum Beginn des Mesolithikums, als der Mensch nach langer Abwesenheit wieder auf das Land zurückkehrte. Tüpfelhyänen (die ebenso noch in Afrika vorkommen) überlebten in Europa bis etwa zur gleichen Zeit[7] (am Trafalgar Square ist ihr versteinerter Kot gefunden worden).[8] Scimitarkatzen (*Homotherium*-Arten), löwengroß, mit mächtigen gebogenen Reißzähnen, machten vielleicht ausschließlich auf junge Elefanten und Nashörner Jagd. Diese Arten – Elefanten und Nashörner und die Säbelzahnkatzen, die sie rissen – dürften während der vorigen Zwischeneiszeit, die vor etwa 115 000 Jahren (in geologischen Maßstäben ein Wimpernschlag) endete, das Ökosystem dominiert haben. Die wunderlichen Merkmale, die manche unserer Pflanzen aufweisen, könnten gespenstische Anpassungen an die Art sein, wie sich diese Pflanzenfresser ernährten.*

---

*Die Ausgangsidee für diese Spekulationen habe ich von dem Förster Adam Thorogood eingeimpft bekommen.

Die Gewohnheit der Elefanten, Bäume abzubrechen oder auszureißen, könnte eine Erklärung dafür sein, dass Arten wie Eiche, Esche, Buche, Linde, Platane, Feldahorn, Esskastanie, Haselnuss, Erle und Weide an der Stelle weiterwachsen können, an der ihr Stamm abgebrochen wurde.* Im östlichen und südlichen Afrika gibt es Dutzende von Baumarten, die an einem abgebrochenen Stamm austreiben – oder ausschlagen – und Ökologen erkennen darin eine evolutionäre Anpassung an Elefantenattacken.[9] Indem die Elefanten afrikanische Bäume wie Mopane oder Knobthorn-Akazie abbrechen, verbessern sie ihr Nahrungsangebot, da die Triebe, die die beschädigten Bäume hervorbringen, leichter zu erreichen und nahrhafter sind als ältere Äste.[10] Bäume, die die Behandlung durch die Elefanten überstehen, werden dort, wo die Tiere leben, oft zur vorherrschenden Form: Die Fähigkeit auszuschlagen bringt gewaltige Selektionsvorteile.

Allerdings scheint die offensichtliche Verbindung, nämlich die zwischen Stockausschlag und Elefanten, den Forschern, die europäische Ökosysteme untersuchen, irgendwie entgangen zu sein. Auch dies ist ein Beispiel eines Shifting-Baseline-Syndroms. Ökologen ist das Ausmaß, in dem die untersuchten Systeme von Menschen verändert wurden, nicht immer bewusst, insofern die Lebenswelt, die sie beschreiben, stark vereinfacht und reduziert worden ist.

Das Vorkommen von Elefanten könnte auch erklären, warum europäische Unterholzgewächse wie Stechpalme, Eibe und Buchsbaum – die, bis sie massiv genug sind, um einem Umstürzen widerstehen zu können, viel länger brauchen als Schirmbäume – so schwer

---

* Ich konnte bislang nur eine einzige Bemerkung in einem Artikel von Oliver Rackham ausfindig machen. Wurzelausschlag und Stockausschlag (der Wiederaustrieb auf Bodenniveau oder an einer Bruchstelle weiter höher am Stamm) sind vielleicht »Anpassungen, um sich von Attacken von Elefanten und anderen großen Pflanzenfressern zu erholen. Die Auslöschung der großen baumbrechenden Tiere im Paläolithikum dürfte womöglich die erste und weitestgehende Einflussnahme des Menschen auf die Wälder der Erde gewesen sein«, meint Rackham. Siehe Oliver Rackham, »Ancient Forestry Practices«, in: Victor R. Squires (Hg.), *The Role of Food, Agriculture, Forestry and Fisheries in Human Nutrition*, Bd. II, *Encyclopedia of Life Support Systems*, Oxford 2009.

abzubrechen sind und so starke Wurzeln ausgebildet haben. Die Fähigkeit mancher Bäume, auch bei Verlust eines Großteils ihrer Rinde überleben zu können, könnte eine weitere Anpassung sein: Rinde wird von Elefanten gerne mit den Stoßzähnen abgeschält. Der Schutz vor Elefanten mag für die gescheckte Hülle der Birke verantwortlich sein: die schwarzen Risse machen es schwerer, die weiße Haut sauber abzuschälen.

Die gleiche Evolutionsgeschichte könnte erklären, warum der traditionelle Heckenbau, der darauf beruht, lebendes Holz zu verflechten, zu spalten und fast zu verstümmeln, überhaupt möglich ist: Die Bäume, die wir für Hecken verwenden, haben wohl ähnliche Angriffe von Elefanten überstehen müssen. Die Schlehe, die sehr lange Dornen besitzt, scheint für die Abwehr äsender Hirsche übertrieben ausgestattet, womöglich aber nicht, um hungrige Nashörner abzuwehren.

Diese Tiere* wurden mit ihren Futterbäumen bei dem letzten Vordringen des Eises nach Süden gedrängt. Als sich das Eis wieder zurückzog, waren sie von der Jagd bereits so sehr dezimiert worden, dass sie ausstarben. Die Bäume kehrten nach Nordeuropa zurück – ohne jene Geschöpfe im Schlepptau, die abzuwehren sie sich entwickelt hatten. Unsere Ökosysteme sind die gespenstischen Überbleibsel eines anderen Zeitalters, das auf der evolutionären Zeitskala noch sehr nahe liegt. Die Bäume wappnen sich weiterhin gegen Bedrohungen, die nicht mehr existieren, so wie wir noch über das psychologische Rüstzeug verfügen, das wir brauchten, um zwischen Ungeheuern zu leben.

Spekulationen wie diese dürften wohl kaum zur Wiedereinführung von Elefanten und Nashörnern führen, aber verwandeln sie nicht das, was wir für normal halten, zu einer erstaunlichen Angelegenheit?

Die Vorstellung, dass die uns so vertrauten Bäume an Elefanten angepasst sind, dass wir in ihrem Schatten die großen Tiere erblicken

---

* Der Europäische Waldelefant und das Steppen- sowie das Waldnashorn. Mit dem kälteren Klima kamen Wollmammut und Wollnashorn, die vornehmlich Grasfresser waren und in trocken-kalten baumlosen Steppen lebten.

können, mit denen zusammen der Mensch sich entwickelt hat, dass das Mal, das diese Tiere hinterlassen haben, in jedem Park und in jeder Allee zu sehen ist, macht die Welt um neue Wunder reicher. Die Paläoökologie – das Studium vergangener Ökosysteme zum besseren Verständnis unserer gegenwärtigen – ist plötzlich eine Pforte, durch die wir in ein verzaubertes Königreich eintreten.

Lange, bevor ich sie sehen konnte, hörten sie uns, und der Wald hallte von seltsamen Lauten wider: Jaulen, Brüllen, Wiehern und einem so tiefen Geräusch, dass ich es nicht nur mit den Ohren, sondern auch mit der Brust hörte: einem anhaltenden dröhnenden Brummen wie der tiefste Ton einer Kirchenorgel. Als wir in Sichtweite des Geheges kamen, wurden die Geräusche noch lauter. Die Tiere scharten sich um das Gatter. Mit fetten Schenkeln und kleinen kessen Fesseln und Hufen sahen sie aus wie dicke Damen in Stöckelschuhen. Die rechteckigen, kompakten Körper waren von dicken Borsten überzogen; beinahe blond war das Winterfell. Die zarten Schnauzen waren so lang, dass sie wie kleine Rüssel aussahen. Als der Geruch aus dem Eimer an ihre Nüstern drang, rempelte das dominante Weibchen, ein höher als breit gebauter Rammbock mit Kamm und Buckel, die anderen Tiere aus dem Weg.

Die Futterpellets wurden auf den Boden geschüttet und die Wildschweine fingen an zu schnurren und zu knurren, quiekten und schrien urplötzlich, wenn die große Sau die anderen vom Fressen verjagte. Sie pflügten den weichen Boden um, benutzten aber nicht ihre kleinen trüben Augen, um das Futter zu finden, sondern das schärfere Sinnesorgan in ihrer Schnauze. In der Nähe des Zaunes war die Erde aufgewühlt und durchfurcht; in dem gesamten zwölf Hektar großen Gehege war der Boden von Riefen und Furchen durchzogen. Genau deshalb waren die Wildschweine hierher gebracht worden: Sie sollten die Rhizome des Farns ausgraben, der den Baumsämlingen das Licht nimmt, und den Boden aufwühlen, damit die Samen besser keimen konnten. Obwohl die Samen hier von den verbliebenen, schon alten Bäume auf den Boden regneten, überlebte kein einziger Sämling. Der Farn, durch Überweidung keinem Wettbewerbsdruck mehr ausgesetzt, hatte den kahlen Boden unter den Bäumen überwuchert und eine undurchdringliche Barriere geschaffen.

Nur mit Mühe ließen sich diese Wildschweine als wild bezeichnen: Das Gesetz gegen gefährliche Wildtiere zwingt ihre Besitzer, wie Zoowärter zu handeln. Das Schwarzwild lebt wie die Biber, die ich in Wales gesehen habe, hinter hohen Elektrozäunen. Doch anderswo auf der Britischen Insel breitet es sich wieder aus – ohne behördliche Erlaubnis. Der erste größere Ausbruch aus Wildschweinfarmen fand 1987 während der großen Stürme statt, als Bäume auf die Zäune stürzten. Seither sind die Tiere immer wieder aus Farmen und Tiergehegen entkommen. Zumindest vier kleine Kolonien konnten sich im Süden Englands und möglicherweise eine fünfte in Westschottland etablieren. Sie vermehren sich schnell. Die Regierung behauptet, dass sie innerhalb von zwanzig oder dreißig Jahren in nahezu ganz England verbreitet sein werden, sollten entschlossene Bemühungen ausbleiben, sie auszurotten.[11] Aussichten, die ich erfreulich finde, auch wenn ich verstehe, dass nicht jeder meine Ansicht teilt.

Dass das Schwarzwild im Ruf steht, besonders wild zu sein, ist, wie bei so vielen großen Wildtieren, stark übertrieben. Wahr ist, dass die Wildschweine ihnen nachstellende Jagdhunde angreifen oder Menschen, wenn sie sich in die Enge getrieben fühlen, doch die mit dieser Frage beschäftigten Forscher gelangten zu der Feststellung, sie seien »in der Literatur auf keine erhärteten Berichte gestoßen, dass Wildschweine, obgleich sie auf dem europäischen Kontinent überall vorkommen, Angriffe auf Menschen verübt hätten, die nicht provoziert gewesen wären.«[12] Die Regierung ist der Meinung, die Chancen, dass die Tiere exotische Krankheiten wie Schweinepest oder Maul- und Klauenseuche auf Nutztiere übertragen könnten, seien gering, dass sie aber Schaden bei Nutzpflanzen anrichten würden. Dieser allerdings, sagt sie, »ist eher klein bemessen im Verhältnis zu dem landwirtschaftlichen Schaden, den häufigere Wildtierarten wie Kaninchen anrichten.«[13] Die Keiler brechen mitunter in Schweineställe ein, töten die Zuchteber und decken die Sauen.

Andererseits würde das Schwarzwild jene dynamischen Prozesse in Gang bringen, die unserem Ökosystem fehlen. Auch bei ihm handelt es sich um eine Schlüsselart, die die Orte, an denen sie vorkommt, grundlegend verändert. Der Waldboden auf der Britischen Insel ist speziell, insofern er häufig von einer einzigen Art wie etwa Wald-Bingelkraut, Bärlauch, Hasenglöckchen, Adlerfarn, Hirschzungenfarn, Wurmfarn oder Brombeeren dominiert wird. Diese Weizen- oder Rapsfeldern ähnlichen Monokulturen dürften in manchen Fällen Ergebnis eines Eingriffs durch den Menschen, etwa der Ausmerzung des Wildschweins, sein. Besucht man den in Ostpolen liegenden Wald von Białowieża, der einem ungestörten Ökosystem so nahe kommt wie kein anderes noch in Europa existierendes, im Mai, wenn sich Dutzende blühender Pflanzenarten in einer Farbexplosion auf dem Waldboden drängeln, begreift man, wie viel auf der Britischen Insel verloren gegangen ist und in welchem Maß das Wildschwein seine Umgebung umgestaltet.

Dass manch einer befürchtet, die endlosen Teppiche von Hasenglöckchen könnten verloren gehen, ist verständlich. Sie sind, das gebe ich zu, atemberaubend, so wie Lavendel- oder Flachsfelder atemberaubend sind, aber in meinen Augen sind sie Indikatoren, die auf die Armut und nicht auf den Reichtum eines Ökosystems hinweisen. Einer der Gründe, warum Hasenglöckchen in den Wäldern überhaupt andere Arten verdrängen konnten, ist darin zu sehen, dass das Tier, das sie einstmals unter Kontrolle hielt, dort nicht mehr länger herumstreift. Wildschweine und Hasenglöckchen leben fröhlich nebeneinander, womöglich aber nicht Wildschweine und Hasenglöckchen allein. Indem das Schwarzwild den Waldboden durchackert und zerwühlt und für kleine Pfützen und Mini-Sümpfe in seinen Suhlen sorgt, schafft es Lebensräume für eine ganzes Bündel verschiedener Pflanzen und Tiere, ein veränderliches Mosaik kleiner ökologischer Nischen, die sich mit dem Durchzug der Rotten auftun und wieder schließen.[14] Wildschweine sind die unordentlichsten Tiere, die seit der Eiszeit in diesem Land gelebt haben. Dieser Umstand sollte sie jedem anempfehlen, der ein Faible für die Natur hat.

Wie die Wildschweine vor meinen Augen demonstrierten, schaffen sie Bäumen die Möglichkeit, an Orten zu wachsen, die momentan noch widrig erscheinen. Bei einem anderen, etwas weitergehenden Experiment stellte sich heraus, dass dort, wo Wildschweine den Boden aufwühlen, Birken- und Kiefernsämlinge ungehindert aufwachsen können, während es an Orten mit Unterholz, wo keine Wildschweine zugange sind, kaum Regeneration gibt.[15] In dem Gehege, das ich besucht habe, hatten die Forscher festgestellt, dass Rotkehlchen und Heckenbraunellen dem Wildschwein folgen und an den aufgewühlten Stellen nach Futter suchen. Es könnte sogar sein, dass das Rotkehlchen sich an der Seite des Wildschweins entwickelt hat, etwa so, wie der Madenhacker Afrikas sich zusammen mit großen Säugetieren entwickelt hat, und dass es sich nun, wo das Wildschwein fehlt, an Gärtner hält, die ihm den gleichen Dienst erweisen.

Die britische Regierung hat sich aus der Entscheidung, die eigentlich in ihrer Verantwortlichkeit liegt, herausgehalten: Was und ob überhaupt etwas zu unternehmen ist, damit das Wildschwein zurückkehrt. Sie hat den Grundbesitzern, privaten wie solchen der öffentlichen Hand, die Entscheidung überlassen, ob sie am Leben bleiben oder sterben sollen.[16] Sie hat sich also weggeduckt. Das Wildschwein gehört allen und niemandem, und es sollte uns, der Allgemeinheit, ermöglicht werden, darüber zu entscheiden, was mit ihm geschehen soll. Die Haltung der Regierung gewährleistet in den meisten Fällen zudem, dass das Schwarzwild ohne Rücksprache, Überlegung oder Untersuchung ausgemerzt wird, denn die Landbesitzer gehören von Hause aus zu jener Gruppe, die der Existenz wilder Tiere feindselig gegenübersteht, es sei denn, es handelt sich um solche, die sie für den Jagdsport benötigen. Schon jetzt werden hier von der staatlichen Forstverwaltung und anderen Eigentümern Wildschweine in einem Ausmaß getötet, das sie ausrotten könnte. Die Kommission rechtfertigt dies unter anderem damit, dass sie den Wäldern »beträchtlichen Schaden« zufügen.[17] Was heißt das? Der Gedanke, dass heimischen Ökosystemen von einer heimischen Art Schaden zugefügt wird, deren Zahl weit unterhalb des natürlichen Vorkommens liegt, ist an sich schon widersinnig. Was die Forstverwaltung als Schaden erachtet, sind in den Augen eines Biologen natürliche Prozesse. Es dürfte ein Mittel geben, sogar jene Grundbesitzer zu beschwichtigen, die sich in ihrer Feindseligkeit am erbittertsten zeigen: Das Wildschwein muss zu der Tierspezies aufrücken, das sie wertschätzen: Jagdwild. In Schweden, Frankreich, Deutschland, Polen und Italien verteidigt eine einflussreiche Lobby die Schwarzkittel aus reinem Selbstinteresse. Es handelt sich um die Jäger, die ihm in den Wäldern nachstellen und es mit leistungsstarken Gewehren zur Strecke bringt. Ihre Jagdgebühren dienen dazu, die Bauern, deren Erntepflanzen von den Wildschweinen heimgesucht werden, zu entschädigen.[18] Durch die lizenzierte Jagd hat in Frankreich die Art in den Augen der Öffentlichkeit offenbar den Ruf einer Landwirtschaftsplage verloren und wird nun als Teil der einheimischen Fauna geschätzt. Und es gibt weitere weniger zerstörerische Methoden, mit den Tieren Geld zu machen. Jenny Farrant, die in East Sussex einen Hof betreibt, hatte es das erste Mal mit Wildschweinen auf ihrem Land zu tun bekommen, als diese auf ihrem Hopfenacker marodierten.[19] Anstatt ihnen aber den Krieg zu erklären, entschied sie sich, sie für sich zu nutzen, und bietet nun Ferien mit Wildschweinbeobachtungen an.[20] Wenn die Landbesitzer, die unterschiedslos gegen die Tiere vorgehen, uns nur eine Chance lassen, werden wir die Schwarzkittel bald schätzen und lieben lernen, so wie wir die meisten unserer einstigen und künftigen Wildtiere schätzen und lieben lernen dürften.

Die Wildschweine, deretwegen ich gekommen war, sind nur eine Komponente eines der ehrgeizigsten Rückverwilderungsprojekte auf der Britischen Insel. Sie leben auf einem 4000 Hektar großen Anwesen im schottischen Hochland, das eine Organisation mit dem Namen Trees of Life vor ein paar Jahren von der Familie eines verstorbenen italienischen Großwildjägers erworben hatte. Dieses Anwesen, so die Hoffnung, soll das Herzstück eines großen Gebiets rückverwilderten Lands werden. Vorangetrieben wird das Projekt von einem der außergewöhnlichsten Menschen, denen ich je begegnet bin.

Hätte mir jemand Alan Watson Featherstone beschrieben und von seinen Überzeugungen berichtet, hätte ich ihn wohl nie angeschrieben. Vielleicht weil ich zu viel Zeit in Protestcamps verbracht habe, habe ich über die Jahre eine Reihe Vorurteile entwickelt, die mir bis heute als vernünftig vorkamen: gegen Leute, die Zufällen Bedeutung beimessen; gegen Leute, die glauben, Pflanzen wüchsen besser, wenn man ihnen Liebe entgegenbringt; gegen Leute, die in der Findhorn Foundation leben (jener 1972 gegründeten spirituellen Gemeinschaft am Moray Firth, die mir, als ich sie vor vielen Jahren das erste Mal besuchte, wie ein Dauerfestival krausen Denkens und faulen Zaubers vorkam); gegen Männer mit Pferdeschwanz.

All diese Kategorien treffen auf Alan zu, aber er gleicht keinem der Stereotypen, die ich mir, vielleicht ungerechtfertigt, anhand solcher Züge zurechtgelegt habe. In den Tagen, die ich mit ihm durch Täler und über Berge streifte, und den Nächten, die ich in seinem kleinen schönen Ökohaus in Findhorn verbrachte, in den Momenten, wo ich zufällig seinen Videokonferenzen und Besprechungen lauschte, mitbekam, wie er trotz seiner entgegengesetzten Ansichten, den Vortrag organisierte, den ich vor der Foundation über den Nutzen der Atomkraft zu halten gedachte, zerbröckelten meine Vorurteile. Effizient, energisch, konzentriert, motiviert, wie er war, hätte er auf jedem Gebiet reüssieren können. Ohne ein einziges Mal seine Stimme erheben oder sich durchsetzen zu müssen, bewältigte er ein enormes Aufgabenpaket und begegnete jedem, mit dem er sprach, dezidiert und ohne Umschweife. Ob es sich um Fundraising, Anstellungen, Restrukturierungen, Entlassungen, um Logistik, Wissenschaft oder Feldarbeit handelte – bei allem schien er à jour zu sein, ohne dass ihm der Schweiß auf der Stirn stand. Aufgaben delegierte er ohne Platzhirschgebaren oder andere Symptome eines »Gründersyndroms«.

Im Allgemeinen bin ich von Visionären enttäuscht, die sich häufig als Verrückte oder Betrüger herausstellen oder von verknöchertem Stolz befallen sind. Doch je mehr ich Featherstone zuhörte, desto mehr wuchs mein Respekt. In seiner Rede war er nie zögerlich oder stockend. Jedes Wort war mit Sorgfalt gewählt, jede Idee verständlich formuliert. Er sprach leise und bedächtig, ließ sich auf die Themen, die ich ansprach, ein und reagierte auf Einwände und Widerspruch. Seine Fähigkeit, komplexe Sachverhalte darzulegen und seine Erläuterungen so einfach zu halten, als hätte er bereits jeden Gesichtspunkt, den ich vorbrachte, gedanklich heruntergebrochen und zusammengefasst, war bemerkenswert. Er ist einer der spannendsten Köpfe, denen ich begegnet bin.

Alan ist ein kleiner Mann mit zarten Zügen und großen hellblauen Augen. Er trägt einen üppigen weißen Bart und hat weißes Haar, das er, tatsächlich, zum Pferdeschwanz gebunden hat. In seinen Bewegungen ist er schnell und rege; er springt über die Hänge wie eine Ziege. Geboren wurde er in Airdrie, einer kleinen Industriestadt bei Glasgow. Als seine Familie nach Stirling zog, begann er sich für die Wälder und Gewässer rund um sein Haus zu interessieren. Nach der Universität reiste er nach Nordamerika, wo er vier Jahre als Arbeiter auf einer Tabakfarm, als Anstreicher und als Landvermesser im Bergbau arbeitete. Die letztgenannte Beschäftigung führte ihn in entlegene Gegenden, wo Bären und Elche nicht ungewöhnlich waren.

»Es war eine Erfahrung, die alles veränderte. Sie löste so viele Fragen in mir aus und den Wunsch, mir all diese Dinge zu erklären. Ich arbeitete jedoch an der Zerstörung der Erde. Das genaue Gegenteil dessen also, was mir mein Herz einflüsterte.«

Als er nach Schottland zurückkehrte, ging er nach Findhorn, wo er lebte und, in den Gärten der Stiftung arbeitend, zu der für mich schwer nachvollziehbaren Überzeugung kam, dass »Pflanzen in einer Atmosphäre der Liebe gedeihen«. Er besichtigte Glen Affric, das Tal, in dem die letzten Überreste des einstigen kaledonischen Walds stehen, und war von dem, was er dort sah, zutiefst erstaunt. »Ich hätte nicht gedacht, dass es so etwas in Schottland gibt. Es sah aus wie in Kanada oder im Westen der USA. Ich hatte immer geglaubt, mit Heide bewachsene Bergrücken und leere Glens seien normal für die Natur hier. Aber ich sah auch, dass der kaledonische Wald abstarb.

Ich hatte so ein Bauchgefühl: Das Land hier ruft um Hilfe. Ruft uns. Dieses Gefühl trug ich jahrelang mit mir herum.«

1986 organisierte er eine Umweltkonferenz in Findhorn, an deren Ende die Menschen aufgefordert wurden, »Stellung zu beziehen und sich für die Erde zu engagieren.« Er kündigte an, ein Projekt zur Wiederherstellung des kaledonischen Walds gründen zu wollen. »Es gab damals kein Zurück mehr. Ich hatte keine Vorgeschichte, keine Erfahrung, keine Qualifikationen. Nur einen Abschluss in Elektronik. Aber da war diese Leidenschaft. Daher kam die ganze Motivation. Das Engagement, den Plan umzusetzen.«

Zunächst arbeitete er im Rahmen der Findhorn Foundation; doch 1989 gründete er Trees for Life. Er überredete die Besitzer der Ländereien auf der Nordseite des Great Glen – jenes geraden diagonalen Einschnitts, der Schottland fast in zwei Hälften teilt –, auf ihrem Boden Bäume anpflanzen oder Jungwald schützen zu dürfen. Er gewann Wissenschaftler dafür, das Projekt zu begleiten, und mobilisierte eine Freiwilligenarmee von Kartierern und Pflanzern. Er begann damit, einen erstaunlichen Plan auszuarbeiten.

Alan möchte im Westen von Inverness ein Gebiet von einigen tausend Quadratkilometern (etwa 10 Prozent der Highlands), das die Glens Shiel, Moriston, Affric, Cannich, Strathfarrar, Orrin, Strathconon und Carron umfasst, wieder aufforsten. Dieses nahezu unbewohnte Gebiet beherbergt drei der größten Restbestände des kaledonischen Waldes. Die noch existierenden Wälder, so der Plan, sollten sich regenerieren, die Lücken zwischen ihnen durch Neupflanzung aufgefüllt und die zwecks kommerzieller Forstwirtschaft eingeführten exotischen Bäume – Sitka-Fichte, Küstenkiefer, Douglasie, westliche Hemlocktanne – entfernt werden. Die Region würde sich in ein ursprüngliches, zusammenhängendes Waldgebiet verwandeln, wo fehlende Tierarten wieder eingesetzt werden und sich frei bewegen könnten. Es würde etwas geschaffen werden, was er als »das wilde Herz der Highlands« bezeichnete. Auf dem genannten Gebiet würden keine Bäume gefällt. Sobald die Bäume ausreichend Fuß gefasst hätten, würde das Land nicht mehr gemanagt werden. Als ich Alan besuchte, standen die für Trees for Life arbeitenden Freiwilligen kurz davor, den millionsten Baum zu pflanzen.

Um das Ganze zu beschleunigen, hatte sich Allen daran gemacht, Gelder für den Erwerb eines Anwesens zu akquirieren, das ganz und gar der Rückverwilderung gewidmet werden soll. In den Highlands gibt es dafür viele Gelegenheiten. Durch die tragische Geschichte der Region – die auf die (unweit von Findhorn stattfindende) Schlacht von Culloden folgenden Räumungen – fiel fast der ganze Norden Schottlands in die Hand einer kleinen Zahl von Landbesitzern, von denen nur wenige auf ihren Ländereien leben und von denen die meisten keine Schotten sind. An manchen Orten können sich Gemeinschaften kleinerer Grundbesitzer, die von den vom schottischen Parlament verabschiedeten Gesetzen zum Mietkaufrecht Gebrauch machen,[21] langsam wieder auf dem Land etablieren. Manche dieser Gemeinschaften betreiben eine Rückverwilderung eines Teils des so erworbenen Lands.

Im felsigen Bergland im Herzen der Highlands jedoch, wo der Boden arm ist, die Infrastruktur dünn und die Ländereien zu groß sind, als dass sie von solchen Gemeinschaften betrieben werden könnten, ist der Mensch eine bedrohte Art. Die Gegend ist eine der am dünnsten besiedelten Regionen Europas, und es ist unwahrscheinlich, dass Menschen jemals wieder in größerer Zahl dorthin zurückkehren. Anders als an anderen vielversprechenden Stellen geriete eine Rückverwilderung hier mit den Ansprüchen nur weniger Menschen in Konflikt.

Mit Beginn des neuen Jahrtausends bewarb sich Alan um Subventionen, bedrängte Philanthropen mit seinen Plänen, trieb die Mitgliederzahl in die Höhe, verkaufte Tagebücher und Kalender und engagierte Touristen und Studenten zur Anpflanzung von Bäumen. Bis 2006 war es ihm gelungen, genug Geld aufzutreiben, um mit 1,65 Millionen britischen Pfund die 4000 Hektar großen Ländereien in Glenmoriston zu kaufen.

Der italienische Eigner war ohne Testament gestorben, und der Verkauf seines Besitzes gestaltete sich schwierig. Wie so viele der im

Ausland lebenden Grundherren Schottlands hatte er seine Vermögenswerte über Beteiligungen in ein Steuerparadies geschleust, in seinem Fall Liechtenstein. Zwei Jahre brauchte es, bis die rechtlichen Verwicklungen aufgedröselt waren. Doch wenn man, wie Alan meinte, eine »Vision für 250 Jahre hat, muss man sich darin üben, die Sache ein bisschen entspannter zu sehen.«

Wie der meiste Grund und Boden in der Region dienten die Ländereien (mit Ausnahme zweier kleiner Winkel für Forstwirtschaft und Schafzucht) der Hirschjagd. Ein paar Wochen im Jahr tauchte eine in Tweed und Brogues gekleidete Gesellschaft in eine idealisierte schottische Welt ein (siehe Seite 203 f.) und reiste nach Dundreggan, um Hirsche zu schießen. Das restliche Jahr wurden die Ländereien außer von dem Hirschpfleger oder »Stalker« kaum besucht. Doch wie die hochgelegenen Schafwiesen in Wales war das Land kahlgefressen und die letzten Flecken des ursprünglichen Waldes fielen langsam der Überalterung anheim. Da es keine Raubtiere gab, die Grundherren im Winter zufüttern ließen und der Bestand nur leicht ausgedünnt wurde, war die Rothirschpopulation explodiert. Seit 1965 hat sie sich in den Highlands mehr als verdoppelt.

Der kaledonische Wald, der einst einen Großteil der Highlands bedeckte, ist von Menschen, Schafen und Hirschen auf etwa ein Prozent seiner einstigen größten Ausdehnung reduziert worden. An manchen Orten, an denen noch Bäume vorkommen, sind die jüngsten 150 Jahre alt. Die ältesten wuchsen bereits vor der Schlacht von Culloden, nach der die politischen Veränderungen einsetzten, die einen Gutteil der verbliebenen Wälder Schottlands zerstörten.

Nach Dundreggan – Dul Dreagain, Drachenloch – kam ich an einem Tag, an dem das Sonnenlicht nur flüchtig durch die dunklen Wolken brach. Eine Wolkenfront nach der anderen rollte den Great Glen hinauf und trieb das klassische unbeständige Wetter der ersten Aprilhälfte in das umliegende Hügelland. Alan führte mich in ein Gehölz uralter Wacholderbüsche, die sich wie die Zoophyten in Hieronymus Boschs *Garten der Lüste* zu fantastischen Formen ausgebaucht und verdreht hatten.

Nach dem Besuch bei den Wildschweinen gingen wir durch die alten Birken zu einem steinigen Kamm, auf dem die letzten Kiefern des Anwesens wuchsen. Diese Bäume, die ein Vierteljahrtausend lang an die Felsen geklammert wuchsen und zuerst von den Schiffswerften, die die Wälder in der Gegend abgeholzt hatten, und dann vom Alter auf ein paar wenige sparrige, über den Hang gekrümmte Kronen dezimiert wurden, näherten sich ihrem Lebensende. Große rötliche Äste brachen bereits von den Stämmen ab und rissen Löcher in die aufgespannten Kronen. Hoch in den Astgabeln wuchsen junge, von den Vögeln ausgesäte Ebereschen. Auch sie gehörten zu den letzten ihrer Art, da nur die, an die die Hirsche nicht herankamen, überlebten. Auf dem Weg fand Alan die Losung eines Baummarders, in ihr glitzerten die irisierenden Flügeldecken von Käfern. Hinter den Bäumen wich das Farngestrüpp der niedrigen, von Hirschen gestutzten und im Winter braun gewordenen Erika und der Besenheide. Beim weiteren Aufstieg setzte ein kalter Regen ein und weichte die Seiten meines Notizbuchs auf. Mein Kugelschreiber ritzte nur noch eine gepunktete Linie auf die Seite, eine Geisterschrift, die eher eingeprägt als mit Tinte gezogen war. Mit gegen den Wind gesenktem Kopf bemerkte ich die Fruchtkörper der kleinen Flechten auf dem Moor. Als sei ein Emaillierer mit seinem feinen Pinsel den Hang hinaufgekrochen und habe sie minuziös mit einem knalligen tiefen Orange ornamentiert. Wir traten auf zinnoberrote Plüschkissen aus Torfmoos – die Polsterausstattung eines indischen Restaurants.

Als wir den Gipfel des Binnilidh Bheag erreichten, gingen die Lichter an. Das Land, eben noch mattbraun und lohfarben, leuchtete in allen Farben. Der vom Regen geklärte Sonnenschein war scharf wie ein Laserstrahl und die auf dem Land liegende Nässe akzentuierte die Farbgebungen. Die kleinen Teiche auf dem Moor unter uns zerplatzten zu Lichtpunkten. Die Kiefern, durch die wir gingen, loderten auf: grünes Feuer zwischen dem kühlen Violett der kahlen Birken. Dahinter schlängelten sich quecksilbrig die Mäander und Bögen des Moriston-Flusses, wölbten sich im Licht auf. Die Sonne schnitt einzelne Merkmale der Landschaft heraus und verwandelte sie zu einer Collage. Bänder niedriger Bäume drängten sich an den kleinen Bächen. Aus dem Gewoge der Heide tauchten walgraue Felsen auf. Zwischen den Tönungen des Moors schien ein kleines grünes Feld, dessen brüchige Mauer sich, vom Schatten konturiert, in den Blick schob. Ich musste an die Liebe denken, mit der das Feld aufgepäppelt worden war, von der Karre mit Dung genährt, von Hacke und Spaten gehätschelt und zurechtgemacht, durch erbarmungslose Winter und grausame, enttäuschende Frühjahre gebracht, eingekleidet in Kohl, Rüben und Kartoffeln, bevor die Räumungen seine Erzeuger aus dem Land fegten.

Würde die Rückverwilderung eines großen Gebiets in den Highlands dem Leben seiner wenigen noch verbliebenen Einwohner Schaden zufügen und sie der noch verfügbaren Mittel zur Bestreitung ihres Lebensunterhalts berauben? Eine Frage, die ich nicht beantworten konnte, bis ich einen von der Scottish Gamekeepers' Association (Verband schottischer Wildhüter) veröffentlichten Bericht las, der sich anschickte, die in seinen Worten »wirtschaftliche Bedeutsamkeit des Rothirschs für Schottlands ländliche Wirtschaft« zu dokumentieren.[22] Er endete damit, das Gegenteil demonstriert zu haben.

Nachdem der Verband die Bestrebungen von Naturschützern und zweier mit mehr Einfallsreichtum gesegneter Ländereien (Glenfeshie und Mar Lodge) verunglimpfte, die Zahl der Hirsche zu verringern und die Aufforstung der Glens und Braes voranzutreiben, erklärte er, dass in den Gebieten, die von Großgrundbesitz geprägt sind (wie etwa die Region, in der Trees for Life am Werk ist), die Hirschjagd die wichtigste Jobquelle sei. Andere Möglichkeiten, so der Bericht, seien an solchen Orten »äußerst begrenzt«. Der Verband gab also eine Studie in Auftrag, die herausfinden sollte, wie viele Menschen in Verwaltung und Betrieb des Hirsch-Business auf den besagten Ländereien beschäftigt seien.

Als Fallbeispiel suchte man sich den Bezirk Sutherland heraus, ein riesiges Territorium im Norden Schottlands, das 5200 Quadratkilometer umfasst. Davon sind 4000 Quadratkilometer in der Hand von Großgrundbesitzern, deren Zahl sich gerade einmal auf 81 beläuft. Mit anderen Worten: drei Viertel eines der größten britischen Bezirke entfallen auf 81 Familien oder ihre verschwiegenen Trusts in Steuerparadiesen. In allen zehn Anwesen, die der Bericht untersuchte und die zusammen 780 Quadratkilometer einnehmen, konnte er lediglich 112 Personen in einer Beschäftigung ausmachen, die einer vollen Stelle gleichkommt.[23] Das heißt, dass in dem so maßgeblichen Gewerbe nur eine Person auf sieben Quadratkilometern, einem Gebiet von der fünffachen Fläche des Hyde Parks, beschäftigt wird. Die Zahlen des Verbands lassen darauf schließen, dass die nicht ansässigen Grundherren und ihre Hirschmonokultur nicht nur die ökologische, sondern auch die wirtschaftliche Regeneration der Region behindern. Der Bericht enthüllte auch, dass die Einnahmen, die durch die Pirsch auf den Ländereien Sutherlands erzielt werden, 1,6 Millionen Pfund betragen. Auf 4000 Quadratkilometer verteilt ist das eine winzige Summe. Die Ausgaben für die Hirschhege hingegen betragen 4,7 Millionen Pfund. In anderen Worten, die Pirsch kann nur aufrechterhalten werden, weil die Banker, Ölscheichs oder Bergbaumagnaten, denen das Land gehört, hier in ihrer kostspieligen Freizeit Geld verbrennen. Selbst die überaus wenigen Personen, die im Umfeld der Hirschjagd beschäftigt sind, sind noch von den irrationalen und möglicherweise jederzeit versiegenden Ausgaben der nicht vor Ort lebenden Grundherren abhängig.

Man vergleiche diese Zahlen mit einer auf Mull, einer Insel der Inneren Hebriden, durchgeführten Studie, aus der hervorging, dass die Wiedereinführung von Seeadlern der Inselökonomie 5 Millionen Pfund jährlich beschert und 110 Vollzeitjobs geschaffen hat.[24] Tausende reisen nun auf die Insel, um von der Adlerwarte am Glen Seilisdeir oder bei einer Adlerbootsfahrt am Loch Shiel zuzusehen, wie die Raubvogelküken ausschlüpfen und flügge werden.[25] An der Besucherinformation am Hauptfährhafen der Insel sind inzwischen für die Hälfte der Nachfragen die Adler verantwortlich.[26] Eine von der schottischen Regierung beauftragte Untersuchung kommt zu dem Ergebnis, dass der Wildtier-Tourismus in Schottland bereits 276 Millionen Pfund jährlich umsetzt.[27] Rückverwilderung und Wiedereinführung anderer verschwundener Arten könnte diese Zahl bedeutend erhöhen und weit mehr Jobs schaffen, als es die Pirsch auf Hirsche vermag.

Die Haltung von Jagdwild stellt eine der größten Bedrohungen für diese Beschäftigungsquelle dar. Neben vielen anderen Vögeln ist inzwischen auch einer der wiedereingeführten Seeadler vergiftetem Fleisch zum Opfer gefallen, das höchstwahrscheinlich von einem Jagdaufseher ausgelegt worden war.[28] Indem das Hirsch- und Moorhuhn-Business das Potenzial für den Wildtiertourismus in Schottland beeinträchtigt, könnte es mehr Beschäftigungsgelegenheiten zerstören, als es hervorbringt. Es geht hier nicht darum, den Jagdaufsehern die Notwendigkeit ihrer Arbeit und ihr Recht darauf in Abrede zu stellen, sondern darum, festzustellen, dass das Land mehr Menschen einen Lebensunterhalt bieten könnte, wenn es anders genutzt würde. Wenn das Beobachten von Wildtieren zu einem bedeutenderen Gewerbe anwachsen würde, würden auch das Wissen und die Ortskenntnisse der Wildhüter äußerst gefragt sein.

Der Wind drang mir in den Mund und versiegelte meine Ohren. Er brüllte in meinem Kopf und machte meine Hände taub. Ich sah, wie eine neue schicksalsschwarze Wolkenmasse auf uns zurollte. Wir machten uns auf den Weg über das Moor auf der anderen Seite des Hügels. Aber bis auf ein paar stachelschweinborstige Büschel ungenießbaren Grases war der Boden abrasiert: wie auf den Schafweiden in Wales waren die Pflanzen höchstens einen Zentimeter hoch. Bei jedem Schritt quoll Wasser unter meinen Stiefeln hervor. Wir gelangten an einen Einschnitt, der von einem kleinen dunklen Bach aus dem durchnässten Moor herausgespült worden war. Er hatte die Stümpfe und Stämme großer Kiefern freigelegt, die, einst im Torf begraben, nun auf der Hangfläche verwitterten. »Die Bäume sind noch nicht datiert worden, aber sie liegen nahe an der Oberfläche und dürften noch nicht allzu alt sein. Es sieht ganz danach aus, dass es hier vor 150 Jahren noch Bäume gab. Egal in welches Glen in den Highlands man geht, fast überall wird man auf die Stümpfe eines einstigen Waldes stoßen. Ein Baumfriedhof.«

Beim Abstieg folgten wir einer anderen Route und gerieten in einen Regen- und Hagelsturm. Vor dem Wind herlaufend war es so kalt, dass ich, ertastet durch das Echolot von Eis und Wasser, die inneren Umrisse meines Schädels spürte.

Wir befanden uns nun in dichterer Heide. Mitten im Sturm hielt Alan an und zeigte mit ein paar zähe Birkenzweige, die aus dem Heidekraut ragten. Die Flechten daran bezeugten, dass sie älter waren, als ihre Größe vermuten ließ. Der Pfad den Hang abwärts führte uns in eine andere Ecke des noch bestehenden Waldes, wo sich einige weitere krakelige Kiefern auf den Felsrücken klammerten. Unvermittelt legte sich der heftige Wind und die Sonne schnitt fast brutal durch den Himmel, ihre Intensität verschlimmerte die Kälte auf meiner Haut, die, steifgefroren, die Erschütterung des Lichts offenbar nicht mehr absorbieren wollte. Da ich den Kugelschreiber nicht mehr mit meinen Fingern umschließen konnten, klemmte ich ihn zum Schreiben in meine Handfläche.

Die Rinde der uralten Birken hier war schrundig wie die rissige Oberfläche erstarrter Lava. Die alten Kiefern hatten nach und nach große Steine aus dem Boden gehoben, die sie nun mit ihren freiliegenden Wurzeln umklammert hielten; sie hingen über dem Felsrücken, als würden sie gleich von den Bäumen in das Tal hinabgeschleudert. Die Zweige der großen Eichen waren so stark von Flechten überwachsen, dass ich zuerst dachte, sie trügen Laub.

Am Rand des Wegs erhob sich eine glitzernde schwarze Kuppel, einen knappen Meter im Durchmesser und 60 Zentimeter hoch. Als ich näher hinsah, bemerkte ich, dass er mit großen schwarzen Ameisen bedeckt war, die wie wild durcheinanderwimmelten. Es waren so viele, dass ihr Nest darunter nicht zu sehen war. Sie besaßen einen schwarzen polierten Kopf, einen bräunlichen Thorax und einen angeschwollenen, schwarz und zinngrau gestreiften Hinterleib. Alan erklärte, es handle sich um Waldameisen, die mit ihren schwarzen Körpern Sonnenenergie auftanken.

»Die Wärme tragen sie dann in ihr Nest. Wenn die Sonne hinter einer Wolke verschwindet, werden sie langsamer. Wenn sie hinter den Wolken bleibt, kehren sie ins Nest zurück. Waldameisen sind Solaringenieure. Sie bauen ihr Nest immer so, dass der Haupthang nach Süden weist. Man kann sich anhand der Nesthügel orientieren. Die Tiere sind auf Mischwald angewiesen: Kiefernnadeln, um ihr Nest aufzubauen, und Birken- oder Espenblätter für die Blattläuse, die sie melken.«

Und tatsächlich, ganz in der Nähe des Nestes standen die blassgrünen Stämme der Zitterpappel, die Rinde narbig, als sei sie mit einer Schrotflinte beschossen worden. Wie die anderen Arten des alten Walds sind auch die Espen viele Jahre lang ohne Nachkommenschaft gealtert. Doch die Freiwilligen, die auf den Ländereien arbeiten, hatten Schutzvorrichtungen um die Schösslinge aufgestellt, die die alten Bäume bisweilen noch in 50 Meter Entfernung vom Stamm aus dem Boden trieben. Schösslinge wachsen viel schneller als Sämlinge, da sie auf ein schon bestehendes Wurzelnetzwerk zurückgreifen können. Selbst in diesem rauen Land waren die jungen Schösslinge in zehn Wochen um fast einen Meter gewachsen. Und auch Ameisen waren bereits gesehen worden, wie sie die Blattläuse, die sich vom Saft der Schösslinge ernähren, taxierten und pflegten und sie zur Ausscheidung von Honigtau animierten.[29]

Die Espe, die Lieblingsnahrung des Hirschs, ist in den Highlands selten geworden. Trees for Life hat die noch verbliebenen Bestände kartiert, die Schösslinge geschützt und Wurzelteile abgeschnitten, um den Baum, wo er fehlt, zu verbreiten und wachsen zu lassen. Espen alimentieren seltene Insekten, Flechten und Pilze, aber Alan hatte noch eine andere Spezies im Sinn. Das Anwesen reicht bis an einen Fluss, der allem Anschein nach ein gutes Habitat für Biber abgeben könnte. Wie der Hirsch gibt auch der Biber der Espe vor allen anderen Pflanzen den Vorzug; dass sie so gut austreiben kann, ist wohl eine Anpassung an die Attacken, denen sie, wo immer sie gedeiht, ausgesetzt ist. »Das Habitat bekommen wir soweit hin. Aber wir haben nicht genug Anrecht auf den Fluss, um alles allein bewerkstelligen zu können. Wir müssen die benachbarten Landbesitzer davon überzeugen, uns zu helfen.«

Im Herbst schwärmen Freiwillige in die Wälder aus, um die Birkennüsschen zu sammeln. Im Frühjahr suchen sie nach Kiefernzapfen und legen sie in die Sonne, damit sie sich öffnen. Die Samen werden an die Forstverwaltung abgegeben in dem Wissen, dass die heimischen Bestände vor Ort besser wachsen als ortsfremde Sämlinge. Trees for Life hat die weniger häufigen Arten – Espe, Wacholder, Stechpalme, Hasel und Zwergbirke – in der eigenen Baumschule vermehrt. »Dies wird künftig wohl anders gehandhabt werden müssen.« Alan war fortwährend und völlig unsentimental damit beschäftigt, die Arbeitsvorgänge dem schwankenden Budget anzupassen. Entscheidungen wie diese traf er anscheinend ungerührt.

In den anderen Glens arbeiteten die Freiwilligen von Trees for Life daran, Erlenbrüche wiederherzustellen, indem sie zur Erhöhung der Wasserstände Entwässerungsgräben stauten und die fehlenden Bäume anpflanzten. Sie umzäunten Areale, in denen Ohrweiden wachsen, und pflanzten Haselsträucher, um den Eichhörnchen mehr Lebensraum zu bieten. An manchen Stellen waren bereits die Fitisse zurückgekehrt und Schermäuse verbreiteten sich in dem neuen Lebensraum. Die Arbeitstrupps waren dabei, einen Waldkorridor einzurichten, der mit der Zeit Glenmoriston mit dem acht Kilometer nördlich liegenden Glen Affric verbinden würde.

Da Trees for Life die Zahl der Hirsche durch Abschuss reduziert und sie durch eine Verlagerung der Futterstellen aus dem Gebiet fernhält, hofft Alan, dass Birken einen Großteil des offenen Geländes besiedeln, denen Kiefern, dann Eichen, Eschen, Bergulmen, Stechpalme und Hasel folgen würden. Auf den nach Norden zeigenden Hängen wuchsen einst überwiegend Kiefern; auf den flacheren Südhängen Laubbäume. »Wir gehen nicht davon aus, dass hier überall wieder Bäume wachsen. Da und dort wird der Bewuchs schütterer sein. Ein Mosaik. Nicht wie die dicht stehenden Nadelbäume in den Anpflanzungen.

Als ich die Gegend in den 1980ern hier sah, spürte ich, dass ich etwas tun musste. Angesichts der Baumstümpfe in den Torfmooren und der verbliebenen Bäumen fragte ich mich: Was will mir die

Landschaft sagen? Welche Geschichte will sie uns erzählen? Die Frage lautete: ›Was versucht die Natur hier zu machen?‹ Eine grundlegend andere Sache als das Ethos von der Vorherrschaft des Menschen. Rückverwilderung, das hat mit Demut zu tun, damit, sich zurückzunehmen.«

In 50 Jahren, so seine Hoffnung, sollte das Land Lebensraum sein für Auerhuhn, Fischadler, Steinadler, Eichhörnchen, Wildschwein, Biber, vielleicht sogar Luchs. Allerdings waren dies die weniger umstrittenen Vorhaben. »Mein Ziel ist es, bis 2043 wieder Wölfe nach Schottland zu bringen. Das wäre genau 300 Jahre, nachdem in der Gegend hier der letzte Wolf erlegt worden sein soll. Also von heute aus in einer Generation. Ökologisch gesehen könnten Wölfe heute schon hier leben. Die Hindernisse sind kultureller und ökonomischer Art.« – Was Alan da gerade gesagt hatte, sog ich förmlich auf, während ich unter dem zerzausten Blätterdach der alten Bäume stand und mich gegen den Wind lehnte. Meine Synapsen feuerten, ich glitt in Gedanken durch eine Welt, die mit einem Schlag labiler geworden war, spannender, weniger vorhersehbar, als ich es mir bis dato hatte vorstellen können. Ich fühlte den Schauder der Übertretung – war ich doch gerade Zeuge eines verbotenen, ja abscheulichen Gedankens geworden –, in den sich Verwirrung und Zweifel mischte. War dies überhaupt möglich? Oder zulässig? Gar vorstellbar?

Zurück im Auto aßen wir ein paar Sandwiches und stellten dann die Sitze zurück, um zu schlafen. Alan schlief sofort ein, als hätte er einen Schalter umgelegt. Ich ließ mich eine Weile treiben. Waldameisen schwärmten über das Land aus, verdunkelten die Erde. Alle trugen sie einen Samen zwischen den Mandibeln, wühlten jetzt mit ihren Schnauzen wie verrückt die Erde auf, sie hatten Ohren und Borsten, gruben die Samen ein und scharrten mit ihren Füßen Erde darüber, schwärmten weiter, Hauer und Fühler, über die Berge und in das nächste Tal …

Die Gründe zu verbergen, deretwegen ich fehlende Arten wieder eingebürgert sehen möchte, liegt mir fern. Ausschlaggebend ist nicht, wie das vorangegangene Kapitel dies nahelegen mag, der

Wunsch, Überschwemmungen zu kontrollieren, Erosion einzudämmen oder die Verbreitung von Krankheiten zu verhindern, auch wenn all dies nützliche Nebenwirkungen sind. Meine Gründe rühren aus der Freude an den Wundern der Natur, an ihrer Fülle und ihrem grenzenlosen Vermögen, in Staunen zu versetzen; aus dem Freiheitsgefühl, dem Kitzel, der mich überkommt, wenn ich durch eine Landschaft streife oder auf dem Meer bin, ohne zu wissen, was ich als Nächstes zu sehen bekomme, was im Wald oder im Wasser lauert, was mich, ohne dass ich es weiß, beobachtet. Vor allem ist es das Gefühl, dass sich das Ökosystem ohne all diese Tiere in einer Schieflage befindet, eingeschränkt, dysfunktional ist. Ich kann wissenschaftliche, ökonomische, geschichtliche oder hygienische Gründe anführen, keiner jedoch wird meine Motivation beschreiben.

Auf der Britischen Insel, wo ich lebe, werde ich stets an das Ausmaß des Verlustes erinnert. Dem Biologen David Hetherington zufolge, der das Cairngorms-Wildkatzen-Projekt leitet, ist das Vereinigte Königreich »das größte Land in Europa und vielleicht auch in der ganzen Welt«, in dem kein großes Raubtier mehr vorkommt.[30] Zudem hat es einen größeren Anteil seiner einheimischen Großtierarten – Pflanzen- wie Fleischfresser – verloren als jedes andere Land in Europa außer der Republik Irland. Großbritannien ist wohl auch eines der Länder in Europa, das die Rückverwilderung und die Wiedereinbürgerung verschwundener Arten am langsamsten und zögerlichsten in Angriff nimmt.

Vielleicht hängt dies mit dem Umstand zusammen, dass die Insel eine der weltweit höchsten Konzentrationen von Grundbesitz aufweist.[31] Großgrundbesitzer, die häufig (wenn auch nicht generell) Wildtieren gegenüber feindselig eingestellt sind, besonders dann, wenn sie mit ihrem Jagdwild konkurrieren oder es reißen, und Veränderungsvorschlägen hinsichtlich der Verwaltung ihrer Ländereien mit äußerstem Misstrauen begegnen, sind hierzulande besonders einflussreich. Obwohl sie mit ihren Ansichten zu einer sehr kleinen Minderheit gehören, dominieren sie die ländliche Politik, und ohne ihre Zustimmung kann nur wenig ausgerichtet werden.

Eine Gruppierung mit dem Namen Rewilding Europe plant, bis 2020 in Kontinentaleuropa auf einer Million Hektar die Wiederherstellung ökologischer Prozesse anzustoßen, und ruft andere Organisationen auf, weitere zehn Millionen Hektar ins Visier zu nehmen. So wie es aussieht, liegt das Vorhaben im Zeitplan. In einer ersten Renaturierungsphase arbeitet die Organisation im Donaudelta, den Süd- und Ostkarpaten, dem Velebit-Gebirge in Kroatien und in der *dehesa* (oder *montado*) – den savannenähnlichen Eichenhainen Spaniens und Portugals. Das Donaudelta beherbergt die größten Röhrichtgebiete der Welt und den größten Urwald Rumäniens, dessen Bäume bis zu 700 Jahre alt sind. Trotz aller Bemühungen des früheren Diktators Ceaușescu und einem fehlerhaft konzipierten Projekt der Weltbank ist das Marschland weitgehend unentwässert geblieben und viele seiner Flüsse folgen ungehindert ihrem Lauf. Die meisten Deiche, Pumpstationen und Landwirtschaftsmaßnahmen, die die Entwickler in Auftrag gegeben hatten, sind zusammengebrochen oder funktionieren nicht mehr. Hier gibt es Pelikane, Dommeln, acht Reiherarten, Baumfalken, Rotfußfalken, Blauracken und Bienenfresser, Watvögel, viele Arten Gänse und Lappentaucher, Wiedehopfe, Pirole, Rotbauchunken, riesige Welse und bis zu einer Tonne wiegende Störe. Die einheimischen Säugetiere jedoch sind so stark bejagt worden, dass sie fast ausgestorben sind.

In den großen Waldgebieten und Flussauen der östlichen Karpaten, die sich zwischen Polen, der Slowakei und der Ukraine aufteilen, gibt es noch Wisente, Luchse, Wölfe, Bären und Biber. Da die Bauern das Land aufgegeben haben, beginnen die zerstückelten Ökosysteme sich wieder zu verbinden. In Polen fahren über eine Million Menschen, meist Einheimische, jährlich in dieses Bergland, um zu wandern und die Wildtiere zu beobachten. In der Slowakei jedoch werden die alten Wälder noch gefällt; dort ist noch nicht zur Gänze begriffen worden, welches Potenzial sie besitzen, mit Alternativen Geld aus ihnen zu ziehen.

Die südlichen Karpaten Rumäniens, die ich drei zauberhafte Wochen lang zeltend durchwanderte, besitzen vielerorts noch eine natürliche Waldgrenze. Die ausgedehnten Birkenwälder der Täler weichen an den Hängen Fichtenbeständen, die erst in niedriges Gebüsch und dann in hochalpine Almen übergehen, wo nach der Schneeschmelze Krokusse, Steinbrech, Nelken und Primeln aufblühen. Als ich die Lichtungen in den Wäldern der Tieflagen besuchte, wimmelten sie so dicht vor Schmetterlingen, dass mitunter kaum der Weg zu sehen war. In den in großen Teilen schon gut geschützten Bergregionen gibt es Wölfe, Wildschweine und Bären. Die Rückverwilderer möchten das Jagen einschränken, um die Zahl der Gämsen und Rothirsche zu erhöhen, und Wisent, Biber und Gänsegeier wieder einführen. 2012 sind die ersten fünf Wisente, in Rumänien seit 160 Jahren ausgestorben, im Vanatori-Neamt-Nationalpark freigelassen worden.[32]

Das Velebit-Gebirge, das entlang der Adriaküste bis auf fast 2000 Meter Höhe steigt, ist bereits Heimat von Luchs, Wildkatze, Wolf, Bär, Gämse und Wildschwein sowie einer großartigen Vielfalt an Vögeln, Schlangen und Schmetterlingen. In den *dehesas* und *montados* Spaniens und Portugals erholt sich der fast überall in seinem ursprünglichen Verbreitungsgebiet ausgestorbene Pardelluchs – er ist die am meisten gefährdete Wildkatzenart weltweit – nach und nach durch Auswilderung von in Zoos gezüchteten Tieren. Die Regierungen der beiden Länder haben über eine Million Hektar Land für den Naturschutz bereitgestellt – zum Schutz des Pardelluchses, des Spanischen Kaiseradlers, der Geier, des Iberiensteinbocks und anderer seltener Wildtiere der Region.

Rewilding Europe versucht an jedem dieser Orte aufzuzeigen, dass die Wiederherstellung ökologischer Prozesse den Menschen vor Ort mehr Geld einbringt, als die vom Land abhängigen Erwerbstätigkeiten zuvor erzielen konnten. Die Organisation hofft, verschwundene Arten wieder einzuführen und die Tierpopulationen, denen bis heute nachgestellt wird, zu vergrößern. Sie möchte den Weidedruck durch wildlebende Pflanzenfresser auch in Gegenden, die natürlich verwildern, erhöhen, um eine Verwaldung zu verhindern; mich überzeugt dieser Ansatz nicht. Im Rückgriff auf eine Hypothese Frans Veras behauptet Rewilding Europe, dass grasende

Pflanzenfresser in Europa einst savannenähnliche Landschaften geschaffen haben und, entgegen einer massiven Beweislage, dass dies die Biodiversität erhöhe. Die Gefahr besteht, dass im Zuge der geplanten Projekte die Überweidung durch Nutzvieh von einer Überweidung abgelöst wird, die durch eine künstlich hochgehaltene Zahl wildlebender Tiere verursacht ist. Die Gruppe möchte offenbar die Rückverwilderung verwalten – in meinen Augen ein Widerspruch.*
Bei einer Unterhaltung mit zwei Verantwortlichen fiel eine Äußerung, die ich von Umweltschützern schon lange nicht mehr gehört habe: »Geld ist kein Problem.« Die Begeisterung der Öffentlichkeit für die Rückverwilderung ist auf dem Kontinent so groß, dass die ersten Projekte voll finanziert sind.

1997 wurde durch Tierschützer und Reiseunternehmen die Pan Park Foundation gegründet, mit der Absicht, in Europa eine Million Hektar Land zu erwerben, das sich selbst überlassen werden soll.** Bislang gelang es, in Schweden, Finnland, Russland, Estland, Litauen und Weißrussland, Rumänien, Bulgarien, Italien und Portugal 240 000 Hektar zu schützen. Nach zehnjährigen Verhandlungen wurde 2012 die erste, »grenzüberschreitende Wildnis« geschaffen: ein zusammenhängendes geschütztes Areal, das Nationalparks in Finnland und Russland umfasst und in dem weder Jagd noch Weide- und Holzwirtschaft, weder Bergbau noch irgendeine andere Gewinnungsindustrie erlaubt sind.***

---

*Ich habe dieses Thema via Skype und Email mit Staffan Widstrand von Rewilding Europe diskutiert. Wir haben uns darauf geeinigt, in dieser Frage uneins zu sein.

**Die Stiftung beruft sich auf eine Definition von Wildnis, die von einem Zusammenschluss verschiedener Tierschutzorganisationen formuliert wurde: »Wildnisgebiete sind große, unveränderte oder nur leicht veränderte Naturgebiete, die von natürlichen Prozessen beherrscht werden und in denen es keine menschlichen Eingriffe, keine Infrastruktur und keine Dauersiedlungen gibt. Sie werden dergestalt geschützt und betreut, dass ihr natürlicher Zustand erhalten bleibt und sie Menschen die Möglichkeit zu besonderen geistig-seelischen Naturerfahrungen bieten.«

***Das Areal verbindet die Nationalparks Oulanka und Paanajärvi und schafft so eine einziges »Wildnisgebiet« mit einer Größe von 132 000 Hektar.

Die Naturschutzorganisation WWF unterstützt den Schutz von rund einer Million Hektar in den Karpaten und im Einzugsgebiet der Donau, wobei angestrebt ist, bereits existierende Nationalparks und renaturiertes Land in Serbien und Rumänien miteinander zu verbinden.[33] Ein Zusammenschluss von Tierschützern mit dem Namen »Wild Europe« möchte gewährleisten, dass Wildtiere zwischen Schutzgebieten auf dem gesamten europäischen Kontinent hin- und herziehen können, und möchte zu diesem Zweck ökologische Korridore einrichten und zerstörte Landschaften wiederherstellen.[34] Die polnische Regierung plant, die Wildniszone rund um den Wald von Białowieża, dem größten Urwald Europas, auszudehnen.[35] Die deutsche Regierung hat sich verpflichtet, bis 2020 zwei Prozent des Landes für die Rückverwilderung freizugeben.[36]

Außer in Großbritannien und in Irland kehren fast überall große charismatische Tierarten zurück. Die Wölfe haben sich in fast ganz Europa ausgebreitet. In Frankreich war der Wolf zwischen 1927 und 1993 ausgestorben. Nur weil die Menschen, die das Tier normalerweise getötet hätten, sich zurückhalten, gibt es nun wieder, verteilt auf mindestens 20 Rudel, über 200 Wölfe, von denen einige in die Schweiz abgewandert sind.[37] Die Wölfe, die seit den späten 1990er Jahren aus Polen nach Deutschland kamen, also fast ein Jahrhundert, nachdem sie dort ausgestorben waren, haben mittlerweile etwa ein Dutzend Rudel gebildet.[38] Nachdem in Spanien die Wölfe in den 1970er Jahren nahezu ausgerottet waren, haben sich die Bestände wieder auf 2500 Tiere verfünffacht. Auch in Polen und Italien sind sie rasant gewachsen.[39] 2011, 113 Jahre, nachdem die Art in Belgien ausgestorben war, fand sich in einer Kamerafalle die Aufnahme eines Wolfs, der einen Hirschkadaver fortschleppt.[40] Ein weiteres Tier – oder womöglich dasselbe – wurde im gleichen Jahr in den Niederlanden gesichtet.

In den vergangenen vierzig Jahren hat sich die Zahl der Bären auf dem Kontinent mehr als verdoppelt. Obwohl ihr Bestand in Frankreich, Italien und Spanien auf ein gefährlich niedriges Niveau gesunken ist, konnten sie sich in Skandinavien, dem Baltikum, in

Osteuropa und auf dem Balkan sowie in Russland ausbreiten. In Europa gibt es heute etwa 25 000 Individuen.[41] In Österreich, wo sie seit dem neunzehnten Jahrhundert ausgestorben waren, sind sie vorsichtig wieder eingeführt worden, wenn auch mit veritablen Rückschlägen: Bären sind die schwierigsten und gefährlichsten europäischen Großtiere.

Die europäische Luchspopulation war vor einem Jahrhundert nahezu ausgestorben und erholte sich in den 1950er Jahren leicht; seit 1970 hat sie sich mehr als verdreifacht und ist auf rund 10 000 Tiere angewachsen.[42] In dieser Zeit sind die Raubkatzen im Jura und in den Schweizer Alpen wieder angesiedelt worden, in den Dinariden in Slowenien, im Böhmerwald in Tschechien und im Harz in Deutschland. An anderen Stellen sind sie von selbst eingewandert.

Der Wisent oder Europäische Bison, ein herrliches Tier, dessen Bullen über eine Tonne wiegen können, durchstreifte einst zwischen Russland und Spanien Wälder und Steppen. 1927 war er in der freien Natur ausgerottet. Nur dreizehn Wisente überlebten in zoologischen Gärten. Einige ihrer Nachfahren wurden 1952 im Urwald von Białowieża ausgesetzt. Kurz nach dem Zusammenbruch der Sowjetunion, im späten Frühling, verbrachte ich dort vierzehn Tage, fuhr auf einem gemieteten Fahrrad gemächlich über die sandigen Wege und pirschte, wo immer ich an eine aussichtsreiche Stelle kam, so geräuschlos, wie ich konnte, durch die Bäume. Förster greifen hier so gut wie nicht in das Ökosystem ein, das so erhalten ist, wie es den Menschen der mittleren Steinzeit vertraut gewesen sein muss. Eichen und Linden mit Stammdurchmessern doppelt so groß wie eine Fahrradlänge wuchsen hier vielleicht dreißig Meter in die Höhe, bevor sie sich verzweigen. Wo sie umgestürzt waren, bildeten sie eine unüberwindliche Barriere, die auf dem schwammigen Grund kleine Teiche aufstaute. Der Waldboden bestand aus einem undurchdringlichen Gewirr von Totholz. Zwischen den umgefallenen Stämmen sprühte es vor Bärlauch, Schöllkraut, Frühlingsplatterbse und zahlreichen Lilien. Ich scheuchte Wildschweine mit ihren Frischlingen auf, Eichhörnchen, Haselhuhn, einen großen Vogel, womöglich ein

Uhu, einen Schwarzspecht. Versteckt in dem Röhricht an einem durch den Wald fließenden Flüsschen und vergeblich auf die Biber wartend, die die Birken mit karikaturesker Präzision gefällt hatten, sah ich eine große Schnepfe über mich hinwegfliegen. Nachts an den Bächen am Waldrand schien in jedem Gebüsch eine Nachtigall zu sitzen. Schwarzstörche staksten in einem Trara von Fröschen und Wachtelkönigen durch die Wiesen.

Die Wisente habe ich nur zweimal zu Gesicht bekommen. Das erste Mal kam ich um eine Wegbiegung und traf auf eine Wisentkuh, die mehr als jedes andere Tier, das ich in meinem Leben erblickt habe, wie eine christliche Darstellung des Teufels aussah. Beide blieben wir stehen. Ich war nahe genug, um den Schleim an ihren Tränendrüsen zu sehen. Sie besaß kleine gebogene schwarze Hörner, die im sanften Licht des Waldes leicht aufglänzten, kräftige Brauenbögen und Augen so dunkel, dass Pupille und Iris nicht zu unterscheiden waren. Sie trug einen hübschen braunen Bart und einen komischen menschlichen Pony zwischen ihren Hörnern. Der Rücken bildete einen hohen Kamm und fiel dann ab in einen schmalen Rumpf, an dem ein schwarzer, peitschendünner Schwanz zuckte. Sie blähte die Nüstern und hob das Kinn. Ich glaubte, ihren biersüßen Atem riechen zu können. Wir blickten uns ein paar Minuten lang an. Ich stand so reglos da, dass ich mein Blut durch den Hals pochen spürte. Schließlich warf das Tier seinen Kopf herum, tänzelte ein paar Schritte, bevor es kehrtmachte, ein Stück den Weg entlangtrottete und durch die Bäume davontrabte.

Beim zweiten Mal hatte ich mich zwischen ein paar Büschen versteckt. Von dort konnte ich einen mit Fährten umringten Teich überblicken, auf den ich tief im Wald gestoßen war. Ich hatte etwa eine Stunde lang gewartet, als es mir so vorkam, als bewegten sich die Bäume. Ich blinzelte und sah genauer hin: Vor dem Wasser zeichnete sich eine große Wisentherde ab. Kaum zu glauben, dass eine Herde dieser Größe sich so leise angenähert haben konnte. Die Kühe tranken mit den Vorderbeinen im Wasser, die wolligen Kälber an ihrer Seite. In der in die Teichlichtung einfallenden Sonne glühten die großen Bullen mit den abgeflachten Flanken rötlich auf. Ich konnte hören, wie sie das Wasser beschnüffelten, mitunter schnaubten und leise grunzten. Nach etwa zwanzig Minuten begann sich der Wald erneut zu bewegen. Die Bullen hievten ihre massigen Leiber aus dem Teich, standen am Ufer und sicherten die Gegend, während die Kühe mit triefenden Bärten die Köpfe vom Wasser hoben, bevor sie sich durch den Schlamm zurückzogen, wobei die Kälber aus Angst, sie würden den Kontakt zu ihren Müttern verlieren, nachdrängelten. Wisente sind mittlerweile in vielen Teilen Osteuropas, in Deutschland, Spanien, den Niederlanden und Dänemark wieder angesiedelt worden – vielerorts in Gehegen, wo sie auf eine weitere Auswilderung warten. Die Population ist auf rund 3000 Tiere angewachsen, da sie jedoch allesamt Nachkommen von lediglich dreizehn Individuen sind, ist der Genpool gefährlich klein.

Biber sind in Europa nach letzten Zählungen 161 Mal in die Wildnis freigelassen worden. Um 1900 zu kleinen Populationen an der Elbe, der Rhône, der Telemark in Norwegen und in den Pripet-Sümpfen in Weißrussland zusammengeschmolzen, sind ihre Bestände seither um das Tausendfache auf etwa 700 000 Tiere angewachsen.[43]

Goldschakale waren aus weiten Teilen Europas verschwunden. Heute nimmt ihre Zahl in Bulgarien und Ungarn wieder zu und sie wandern in Regionen Italiens und Österreichs ein, in denen sie wohl seit der Eisenzeit nicht mehr vorkamen. (Der Zeitpunkt ihres Verschwindens ist eher spekulativ, da die fossilen und historischen Belege äußerst lückenhaft sind.)

Diese in fast allen Ländern Europas stattfindende ökologische Revolution ist in Großbritannien bislang ausgeblieben. Dafür gibt es mehrere Gründe. Arten wie der Wolf, die ihr Verbreitungsgebiet auf dem Kontinent ungehindert vergrößern können, können die britischen Inseln nur erreichen, wenn ihnen jemand ein Fährticket kauft. Zudem haben die Bauern hier ihr Land zögerlicher aufgegeben als anderswo: Je weiter die Menschen von der Stadt entfernt leben, desto eher geben sie es offenbar auf, vielleicht aus dem Gefühl heraus, dass das Leben an ihnen vorübergeht. Auf der Britischen

Insel liegen nur wenige ländliche Gebiete so weit abseits großer Städte wie in Spanien oder Portugal, Südfrankreich oder Mittel- und Osteuropa. Doch dies vermag den Unterschied nur zum Teil zu erklären. Auch das Verhalten gegenüber der Natur unterscheidet sich zwischen den Inseln und dem Kontinent gewaltig. Mir ist oft gesagt worden, Großbritannien sei zu klein und zu übervölkert für Auswilderungsprojekte. Gleichwohl hat dies die Niederlande, die weit weniger urbares Land besitzen, nicht von ähnlichen Vorhaben zurückschrecken lassen. Mir wurde auch entgegengehalten, dass wir uns dergleichen nicht leisten könnten; und doch haben sich Rumänien, Bulgarien oder die Ukraine darauf eingelassen.

Vielleicht ist Großbritannien die Nation Europas mit der ausgeprägtesten Zoophobie. Offenbar hegen wir eine tiefsitzende Angst vor wilden Tieren, selbst vor solchen, die uns eigentlich keinen Schaden zufügen können. Das mag daran liegen, dass Großbritannien zu den ersten Nationen gehörte, die weitgehend urbanisiert wurden, oder dass ein Gutteil der ländlichen Gegenden von einer kleinen, aber besonders mächtigen Klasse kontrolliert wird, die allen freilebenden Tieren, die nicht als Jagdwild gelten, eher feindlich gesonnen ist. Deutlich ist aber auch, teilweise wohl aufgrund der Popularität von Naturschutzprogrammen, dass die Begeisterung für die Idee wächst, die einheimische Tierwelt wieder in einen ursprünglicheren Zustand zurückzuversetzen, wie es außer bei den wenigen Tausend Menschen, die einen Großteil des Grundeigentums besitzen, der Fall ist. Es ist eine unglückselige Laune des Schicksals, dass diejenigen, die bei der Frage, ob verschwundene Arten wieder eingeführt werden, am meisten Einfluss haben, auch diejenigen sind, die sich dieser Vorstellung am meisten widersetzen. In dem zu erörternden Fall sind es jedoch nicht nur die Landbesitzer, bei denen mit Widerstand zu rechnen ist.

Die tödliche Wildheit des Wolfes ist eine Geschichte, der wir schon in früher Kindheit häufig begegnen. Der Wolf verschlingt die Großmutter und borgt sich ihre Kleider. Er kleidet sich als Schaf oder als Schäferhund, um seine niederträchtigen Pläne zu verfolgen.

Er bläst Häuser um. Er paart sich mit den Menschen, um in der Menschengesellschaft Unheil anzurichten. Obwohl der Wolf in den Gründungsmythen mancher Kulturen, etwa bei den Turkvölkern, den Tschetschenen, den Inuit oder den Römern, eine eher positive Rolle spielte, verkörpert er für das Christentum das Böse und die Gier.

Wie viel Wahrheit steckt hinter den Gräuelgeschichten? Wölfe haben Menschen getötet, das ist unstrittig. Eine umfassende Erhebung dokumentierter Wolfsangriffe in der Zeit von 1557 bis heute ergab, dass nicht-provozierte Angriffe von nicht an Tollwut erkrankten Wölfen »sehr selten« seien und dass von solchen fast nur vor dem zwanzigsten Jahrhundert berichtet wird.[44] Die Forscher fanden heraus, dass in den letzten zwanzig Jahren in Europa acht Menschen durch Wolfsangriffe verletzt worden seien, doch keiner davon war tödlich. Es gibt fast 20 000 Wölfe in Europa. In den letzten fünfzig Jahren sind auf dem Kontinent fünf Menschen von tollwütigen Wölfen getötet worden und vier von Wölfen ohne Tollwut, wobei vier Fälle aus jeder Kategorie auf Russland entfallen, wo 40 000 Wölfe leben. Aus Nordamerika, wo es 60 000 Wölfe gibt, ist kein Todesfall bekannt. Attacken von Wölfen, die nicht an Tollwut leiden, sind wahrscheinlich dann zu erwarten, wenn sie die Furcht vor dem Menschen verloren haben und mit ihm leben oder wenn sie in die Enge getrieben werden oder in der Falle sitzen.

Auf der Britischen Insel kommt Tollwut nicht vor,* und jeder Wolf, der hier wiedereingeführt würde, würde untersucht und unter Quarantäne gestellt werden. Wenn Wölfe ihre Furcht vor dem Menschen nicht ablegen (was ich gleich erörtern werde), sind Angriffe wahrscheinlich äußerst selten, wenn nicht sogar ausgeschlossen. Die Chance, in Europa von einem Wolf getötet zu werden – selbst dort,

---

* Außer bei Fledermäusen, die die Krankheit in der Regel jedoch nicht auf andere Wildtiere übertragen. (Vampirfledermäuse in Südamerika sind ein anderer Fall: Sie übertragen Tollwut auf andere Arten, darunter auch Menschen. Goldgräber in Roraima erzählten mir von schrecklichen von Vampiren verursachten Krankheitsausbrüchen in Gebieten, die sie im westlichen Amazonasbecken prospektiert hatten.)

wo er häufig vorkommt –, ist bei Weitem geringer als das Risiko, von einem Blitz getroffen oder von den falschen Schlafzimmerpantoffeln (die mitunter Ursache fataler Treppenstürze sind) oder gar von einem zusammenbrechenden Liegestuhl ins Jenseits befördert zu werden. Gleichwohl stellt eine Wiedereinbürgerung des Wolfes ein Risiko dar, das wir unseren Mitmenschen zumuten. Ein solcher Schritt sollte also nur mit breiter öffentlicher Zustimmung erfolgen.

Von den Einwohnern anderer Länder erwarten wir, dass sie weit gefährlichere Tiere als den Wolf in Ehren halten: Löwen, Tiger, Leoparden, Elefanten, Flusspferde, Krokodile und Kaffernbüffel zum Beispiel. In den reichen Ländern spenden zahlreiche Menschen an Tierschutzorganisationen, um ihren Bestand zu sichern. Muten wir etwa gefährliche (oder in unserem Fall eher ungefährliche) Wildtiere lieber anderen Menschen zu als uns?

Wölfe stellen in der Tat eine veritable Bedrohung für Nutztiere, insbesondere Schafe dar. Aus noch nicht genau verstandenen Gründen jagen sie jedoch, obschon Schafe viel leichter zu reißen sind, vorzugsweise Wildtiere.[45] Gleichwohl geraten sie, wo immer sie vorkommen, mit Nutztierhaltern in Konflikt. Die Auswirkungen auf den gesamten Erwerbszweig sind aber eher klein (in Amerika werden in Gegenden, wo Wölfe leben, weniger als 0,1 Prozent der Schafe getötet,[46] und in Italien sind es 0,35 Prozent[47]), doch können sie für einzelne Bauern mehr Schaden bedeuten, sobald ein örtlicher Wolf eine Vorliebe für Schaffleisch entwickelt hat. Gelegentlich tötet ein Wolf bei einem einzigen Angriff zahlreiche Schafe (Wölfe kehren über Wochen zu ihrer Beute zurück, wenn es genug Fleisch gibt: Massenrisse stellen sozusagen eine Art Vorratshaltung dar).

Jedes Jahr gehen in Frankreich, Griechenland, Italien, Österreich, Spanien und Portugal zusammen durchschnittlich zwei Millionen Euro Kompensationen an Bauern, die Tiere durch Wolfsrisse verlieren, und etwa die gleiche Summe wird aufgewendet, um solchen Attacken vorzubeugen.[48] Diese Beträge sind bereits gering, aber es könnte sein, dass die mit den Kompensationen befassten Behörden zu viel bezahlen, da Angriffe von Hunden häufig Wölfen zugeschrieben werden (beispielsweise leben in Italien 900 000 verwilderte oder streunende Hunde und lediglich 400 oder 500 Wölfe[49]), und manche Ansprüche dürften in betrügerischer Absicht geltend gemacht worden sein.

Es gibt ein in Europa noch unzureichend diskutiertes Abschreckungsmittel, das in Südafrika zum Schutz von Nutztieren gegen Löwen und andere Beutegreifer und in Amerika zur Bekämpfung von Kojoten eingesetzt wird. Durch das Schutzhalsband für Nutztiere werden zwei Kapseln mit Chemikalien an der Kehle befestigt, die bei einem Riss durch das Raubtier aufgenommen werden. In den USA befüllen es die Schafzüchter zwar mit einem tödlichen Gift, ein Emetikum (ein Brechmittel) jedoch könnte die Beutegreifer künftig davon abhalten, diese Nutztierart anzufallen. Ein Schweizer Biologe hat ein weiteres schlaues Gerät entworfen: ein Halsband, das den Herzschlag eines Schafes überwacht. Wenn der Puls ansteigt und einige Zeit hoch bleibt, verschickt das Halsband eine Textnachricht an den Schafhalter. Sobald Schafe einen Wolf wahrnehmen, geraten sie in Stress; der Schafhalter könnte gegebenenfalls genug Zeit haben, vor der eigentlichen Wolfsattacke einzugreifen.[50] Solche Halsbänder könnten auch Lärm produzieren, wie ihn Menschen machen, um den Wolf zu verjagen, bevor der Bauer eintrifft.

Als Alternative könnte ein Wolf, der immer wieder Schafe reißt, einfach abgeschossen werden. Auch wenn ich den Gedanken hasse, einen Wolf zu töten, und es wohl niemals selbst zustande brächte, sollten wir doch in unserer Liebe zu den Wildtieren nicht unnötig sentimental sein.

So seltsam es klingen mag, die Jagd könnte tatsächlich die Rettung des Wolfes sein. Dafür gibt es drei Gründe. Erstens: Wie bei den Wildschweinen würde die lizenzierte Freigabe von Wolfsabschüssen aus den Jägern wahrscheinlich eine mächtige Lobby für seinen Schutz machen. Man kennt das von Anglern: Sie gehören zu den entschlossensten Verteidigern der Fischbestände. Zweitens: Die Jagd würde Dritten demonstrieren, dass das Tier unter Kontrolle gehalten werden kann. Meiner Meinung nach kontrollieren wir das Vorkommen der Wildtiere zu sehr, aber der Wolf hat ein PR-Problem, und die Vorstellung, er solle ungehindert und ungeprüft umherstreifen und sich vermehren können, ist für einige Menschen vermutlich zu viel des Guten. Nachdem in Schweden der Wolf in den 1970ern aus Finnland eingewandert war und allenthalben Rufe nach seiner Ausmerzung laut wurden, hat die lizenzierte Jagd dazu beigetragen, die politische Akzeptanz des Wolfes zu erhöhen.[51] Ähnliches habe ich in Slowenien von einem Forstbeamten gehört: Würden die Wölfe und Bären nicht von Staats wegen gejagt werden, würden sie aus Sorge vor unkontrollierter Verbreitung von unautorisierten Jägern ausgelöscht werden. In beiden Ländern allerdings ist die Zahl der Wölfe, die jährlich für die Jagd zum Abschuss freigegeben wird, eine überaus strittige Angelegenheit: Eine Überjagung setzt eine Wolfspopulation so sehr unter Druck, dass sie in ihrer genetischen Überlebensfähigkeit bedroht ist. Der dritte und wichtigste Grund: Die Jagd hält den Wolf furchtsam. Wie die Aufstellung der Wolfsangriffe nahelegt, ist das beste Mittel, mit dem sich der Mensch vor dem Wolf schützen kann, sicherzustellen, dass er ihm nirgends zu nahe kommt. Nichts scheint das wirksamer zu bewerkstelligen als ein gelegentlicher Abschuss. Die gleiche Taktik könnte auch angewendet werden, um Wölfe von der Einwanderung in Gebiete abzuhalten, in denen sie unerwünscht sind. Einst haben die Menschen den Wolf gejagt, um ihn auszumerzen. Heute mögen wir den Wolf jagen, um ihn zu retten (wenn auch nur außerhalb von Schutzgebieten).

Allgemein wird angenommen, dass der letzte Wolf auf der Britischen Insel 1743 im Findhorn-Tal getötet worden ist, in der Nähe von Alans Wohnort. Der große Landschaftshistoriker Oliver Rackham hält diese Geschichte jedoch für apokryph. Er geht davon aus, dass der letzte definitive Nachweis eines Wolfs auf der Britischen Insel das enorme Kopfgeld gewesen sei, das für ein 1621 in Sutherland getötetes Tier bezahlt wurde.[52] In vielen Gebieten des Kontinents überlebten die Wölfe länger, bis sie im zwanzigsten Jahrhundert auf Restpopulationen in Spanien, Italien, Skandinavien und in Osteuropa schrumpften. Ihre Rückkehr in weite Teile Europas, die stellenweise begeistert begrüßt wurde, ist vielleicht das deutlichste Zeichen für den radikalen Wandel, der sich in den letzten vierzig Jahren in unserem Umgang mit der Natur abgezeichnet hat, ein Wandel, der in Großbritannien weit langsamer vonstattengeht, gleichwohl aber spürbar ist.

Das Verbreitungsgebiet der Wölfe ist groß, sie können fast überall leben, in der Tundra, in Wüsten, Wäldern, im Gebirge, in Mooren, in landwirtschaftlich genutzten Gebieten, in Städten. Wenn sie nicht getötet werden, werden sie schnell heimisch. Auf der Britischen Insel gibt es ein Gebiet, das alle zu ihrer Wiedereinbürgerung erforderlichen Merkmale aufweist: die Highlands Schottlands. Dort sind die Populationen von Rothirsch und Reh nicht nur ausreichend groß, um Wölfe ernähren zu können, sie sind zudem viel zu hoch. Die Bevölkerungsdichte dort ist weit geringer als in vielen Regionen Europas (wie etwa in Ostdeutschland oder im Apennin), wo Wölfe heute vorkommen. Es gibt nur wenige Straßen, sodass das Risiko, von Autos überfahren zu werden, gering ist. Die Highlands könnten wahrscheinlich etwa 250 Wölfen Lebensraum bieten, genug, um eine lebensfähige Population aufrechtzuerhalten.[53] England und Wales sind weniger geeignet, da dort weniger Hirsche vorkommen; in Wales gibt es fast keine Hirsche mehr.

Wölfe und Schafe stellen sicherlich keine ideale Vergesellschaftung dar, doch von der Einführung von Wölfen in Schottland mit seinen Hirschbeständen könnten selbst die Großgrundbesitzer profitieren, wie eine Studie nahelegt.[54] Das zu zahlreiche Vorkommen von Hirschen mag zwar den Jägern gefallen, stellt aber die Landeigner vor ein großes Problem. Möchte man die Population so niedrig halten, wie von der Hirschkommission empfohlen, zieht dies arbeits- und kostenintensive Maßnahmen nach sich. Die Jäger zahlen für die Pirsch auf Hirschböcke und ihren Abschuss, aber die erzielten Einnahmen werden in der Regel von den Kosten aufgefressen, die der Abschuss der Hirschkühe mit sich bringt, sodass die meisten Ländereien entweder Verluste erzielen oder mit einer schwarzen Null herauskommen. Im Ergebnis würden die Ländereien anstatt 550 so

800 Pfund Gewinn jährlich pro zehn Quadratkilometer aus der Hirschhaltung erzielen.[55] Die verbleibenden Hirschböcke wären zudem größer, da es je Hirsch mehr zu fressen gäbe, was darauf hinauslaufen könnte, dass für ihren Abschuss mehr gezahlt würde. Das Modell errechnet, dass durch die Wölfe die Zahl der Hirsche in den Highlands etwa auf die Hälfte ihres gegenwärtigen Vorkommens reduziert würde.

Wenn durch den Wolf Hirsche gerissen und sie furchtsamer werden, würde der Wald eine Chance haben, sich zu regenerieren. Aus einer im *European Journal of Forest Research* veröffentlichten Studie geht hervor, dass die Jagd durch den Menschen beim Schutz der Wälder weniger effektiv ist als die Jagd durch wildlebende Raubtiere.[56] Die Wölfe halten nicht nur die Hirschpopulation klein, sondern verändern auch das Verhalten der Tiere maßgeblich. Durch sie könnten zudem die Ansteckungen mit Borreliose zurückgehen, jener lähmenden und im fortgeschrittenen Stadium unheilbaren Krankheit, die durch Hirschzecken auf den Menschen übertragen werden.[57] Wir wissen zwar Bescheid, dass der Wolf in der Schafhaltung Schaden anrichtet, uns ist aber weit weniger bewusst, dass dies zum Teil durch den Umstand aufgewogen wird, dass er Füchse tötet, die sich gerne an den Lämmern vergreifen. Aus demselben Grund dürfte er sich auch auf die Moorhuhnbestände und die Fasanenjagd vorteilhaft auswirken. In Nordamerika geht der größte Teil der Kompensationen, die Bauern für Wildschäden ausgezahlt werden, auf Ernteeinbußen durch äsende Hirsche zurück und nicht auf von Wölfen oder Kojoten geschlagenes Nutzvieh.[58] Ich habe zwar noch keine Vergleichszahlen dafür gefunden, aber es wäre sogar möglich, dass Wölfe dort tatsächlich die Nahrungsproduktion für den Menschen erhöhen könnten.

Noch einmal, es wäre irreführend zu behaupten, ich würde den Wolf gerne wieder eingebürgert sehen, weil er Füchse reißt oder Krankheiten eindämmt oder gar den Besitzern von Moorhuhngebieten und Hirschgründen beispringt. Nein, ich möchte den Wolf wieder eingeführt sehen, weil Wölfe faszinierende Tiere sind und weil sie dazu beitragen, die Komplexität und trophische Diversität, die unseren Ökosystemen mangelt, wiedereinzuführen. Ich möchte die Wölfe wieder angesiedelt sehen, weil sie sich für mich wie der zwischen Systole und Diastole huschende Schatten anfühlen, weil sie die für den Verstand notwendigen Monster sind, Bewohner einer leidenschaftlicheren Welt, gegen die wir uns abgeschottet haben. Die Rückkehr des Wolfes macht zudem die Wiedereinführung anderer verschwundener Arten einfacher, da ihre Populationen unabhängig von menschlichen Eingriffen unter Kontrolle gehalten würden. All dies sollte allerdings nur erfolgen, wenn das Projekt in einer breiten Öffentlichkeit auf Begeisterung stößt.

Eine in Schottland durchgeführte Umfrage lässt den Schluss zu, dass die Menschen einer Wiedereinführung des Wolfes weniger feindselig gegenüberstehen als gedacht. Die Idee trifft unter der ländlichen Bevölkerung auf etwas mehr Zuspruch als Ablehnung und wird von der städtischen Bevölkerung etwas entschiedener befürwortet.[59] Überraschenderweise waren sogar die Schafzüchter gespalten: unter dem Strich zwar feindselig, aber eben nicht durchweg. Die Forscher, die die Erhebung anstellten, führten dies auf den Umstand zurück, dass die Züchter ihr Geld eher mit Subventionen machen als mit dem Verkauf von Lämmern. Nur die National Farmers' Union Schottlands war strikt dagegen, deutete aber an, dass dies wie bei vielen anderen Dingen nicht unbedingt die Meinung ihrer Mitglieder wiedergebe (in den britischen Bauernverbänden geben meistens Großgrundbesitzer mit ausgeprägt konservativen Ansichten den Ton an.) Ich frage mich, ob der Bauernverband von Wales die Haltung der Waliser Bauern dem Biber gegenüber verzerrt dargestellt haben könnte.

Wo der Wolf bislang nur schwer an den Mann zu bringen ist, könnte ein anderes großes Raubtier eingeführt werden, das für den Menschen so gut wie kein Risiko birgt und auch Schafen kaum gefährlich wird. Bis vor Kurzem glaubte man, dass der Luchs nur in ein prähistorisches Britannien gehörte und sogar den Menschen der Jungsteinzeit unbekannt war.[60] Doch diese Einschätzung ist durch neue Funde radikal geändert worden. Als Erstes sind in einer Höhle in Nord-Schottland und an zwei Orten im nördlichen Yorkshire Luchsknochen gefunden worden, die auf ein Alter von etwa 1800 Jahren datiert wurden und die Art um 4000 Jahre näher an die Gegenwart gebracht haben. Dann wurde in einer weiteren Höhle in Yorkshire ein Knochen gefunden, dessen Alter bei 1500 Jahren liegt.[61] Das ist der bislang jüngste Fossilbeleg, aber die kulturelle Beweislage für die Existenz des Luchses reicht noch etwas weiter.

Kumbrisch ist eine dem Walisischen ähnliche keltische Sprache, die im Norden Englands und im südlichen Schottland gesprochen wurde – auf einem Gebiet, das ehemals weit größer als das heute unter Cumbria firmierende County war. In einem kumbrischen Manuskript aus dem siebten Jahrhundert sind die Schlachten von Hen Ogledd, dem Alten Norden verzeichnet. Zwischen den blutrünstigen Sagas findet sich, völlig unpassend, ein trauriges und wunderschönes Kinder- oder Schlaflied. Es heißt *Pais Dinogad*: Dinogads Hemd. Die Mutter erzählt ihrem Sohn Dinogad von dem Jagdgeschick seines Vaters.

> Dinogads Hemd ist gefleckt, gefleckt
> Aus Marderfellen ist es genäht ...
> Zog in die Berge dein Vater, kam er
> Mit Rehbock, Wildschwein und Hirsch zurück,
> Einem gefleckten Moorhuhn aus den Bergen
> Und einem Fisch von den Derwennydd-Fällen.
> Worauf dein Vater seinen Speer auch lenkte –
> Sei es Wildschwein, *Llewyn* oder Fuchs –
> Nichts entkam ihm, außer es schwang sich in die Luft.[62]

Das ist, in anderen Worten, keine Erzählung wie die von Cath Palug aus dem *Black Book of Carmarthen*: Die Tiere, die es heraufbeschwört, gab es tatsächlich. Sie gehörten zu der damaligen Fauna und dürften dem Dichter Aneirin, dem Verfasser des Manuskripts, bekannt gewesen sein. Was aber bedeutet *llewyn*? Bis in der Kinsey-Höhle (die zufällig in dem Gebiet liegt, in dem einst Kumbrisch gesprochen wurde) der Knochen jüngsten Datums entdeckt wurde, nahmen die

Linguisten an, dass das Wort nicht das, was es bezeichnete, bedeuten konnte, und so übersetzten sie es mit Wildkatze oder Fuchs. Durch die neuen Funde jedoch sahen sie sich veranlasst, diese Auslegung zu überprüfen; *llewyn* könnte durchaus Luchs bedeuten.[63] (Das moderne walisische Wort für Löwe ist übrigens *llew*.)

Ein von der Insel Eigg stammendes Steinkreuz aus dem neunten Jahrhundert zeigt neben einem Hirsch, einem Wildschwein und einem Auerochsen, die von einem Jäger zu Pferde verfolgt werden, eine gefleckte Katze mit Pinselohren. Unglücklicherweise fehlt das hintere Stück des Tiers: Hätte es einen Stummelschwanz, dann wäre der Fall klar.[64] Die Abbildung könnte der letzte flüchtige Blick auf den in der britischen Kultur heimischen Luchs sein. Er dürfte noch ein paar hundert Jahre in einigen Waldrefugien überlebt haben – vielleicht in den Grampians –, aber spätestens um 1500 war er endgültig ausgestorben. In Europa hielt er sich wie der Wolf in kleinen, verstreuten Populationen. Und wie der Wolf tritt er langsam aus diesen Enklaven heraus.

Der Luchs verfolgt seine Beute nicht, sondern ist ein Lauerjäger. Er versteckt sich an den Stellen und Wildwechseln, die von seinen Beutetieren aufgesucht werden, und fällt sie an. In der Regel ist er auf Rehe spezialisiert.[65] Im schweizerischen Jura zum Beispiel sind fast 70 Prozent der Luchsrisse Rehe, gefolgt von Gämsen, Füchsen und Hasen.[66] Wo es wenige Rehe gibt, verlegt sich der Luchs auf größere Arten wie den Rothirsch. Da er ein Waldbewohner ist und sich nur selten aus dem Schutz der Bäume wagt, stellt er für Schafe kaum eine Gefahr dar, es sei denn die Hirten führen ihre Tiere in den Wald.

Soweit es die Nachforschungen ergeben haben, gibt es keine Berichte, noch nicht einmal eine Anekdote über Angriffe auf Menschen durch den Luchs.[67] Die Raubkatze hält sich von Natur aus in der Deckung und bleibt den Menschen, in deren Nähe sie lebt, meist verborgen. Wahrscheinlich würden sie Landbesitzern einen Gefallen tun, indem sie Hirsch- und Fuchspopulationen eindämmen. Und sie könnten auch die invasiven (aus Ostasien eingeführten) Sika-

Hirsche vertreiben, die sich tief in die Schonungen zurückziehen, wo sie für Menschen nicht mehr zu jagen sind.[68]

Auch hier wieder sind nach Auskunft von David Hetherington, dem führenden Experten auf dem Gebiet, die schottischen Highlands, insbesondere *Am Monadh Ruadh*, die Cairngorms, wie sie gewöhnlich bezeichnet werden, für eine Erstansiedlung am besten geeignet. Sie sind reich an Hirschen und zum Teil dank der düsteren Anpflanzungen exotischer Nadelbäume auch reich an Deckung. Eine kleinere Population könnte nach Meinung Dr. Hetheringtons in den Southern Uplands von Schottland und bis in den Kielder Forest in Nordengland angesiedelt werden.[69] Die Highlands könnten etwa 400 Luchse ernähren, was eine genetisch lebensfähige Population darstellen sollte; die Southern Uplands könnten 50 aufnehmen. Allerdings könnte die kleinere Population nur überleben, wenn die beiden Regionen durch Wildtierkorridore und eigens eingerichtete Wildtierbrücken miteinander verbunden sind. In Schottland werden neue Gebiete rasch genug aufgeforstet, um eine solche Verknüpfung machbar erscheinen zu lassen.

Nicht alle Wiederansiedlungen gelingen. Dr. Hetherington hat einen guten Tipp parat, um Enttäuschungen vorzubauen: »Wie die Italiener in Gran Paradiso sollte man es nicht machen. Nur zwei Luchse auswildern. Und beides Männchen.«[70]

8) Ein Werk der Hoffnung

Wahr ist es, dass des Menschen Geist
Die Bande der Natur zerreißt:
Und darum fliehst du scheu und schnell
   Des Mörders Pfad
Der, staubgeboren, dir Gesell
   Und Kamerad.

Robert Burns, *An eine ausgepflügte Feldmaus*[1]

Das Maschinengewehrgeratter auf die Windschutzscheibe prasselnden Hagels weckte mich auf. Mit dem Hochstellen meines Sitzes sperrte auch Alan die Augen auf. Wir verstauten die Reste unseres Essens und Alan fuhr zurück auf die Straße, nahm bald einen Weg in Richtung der höchsten Erhebung auf dem Anwesen. Beim Hinauffahren wurde das Land kahler und dunkler. Die vom Frost verbrannte Heide war nahezu schwarz: Sie sah aus, als sei ein Feuer über sie hinweggefegt. Wo man von der Straße in ein kleines Tal mit ein paar Bäumen blicken konnte, hielten wir an. Alan erklärte gerade, weshalb die Bäume an den Bächen überdauert hatten, als ich hinten im Tal einen Vogel aufsteigen sah. Ich dachte »Bussard« und wollte mich gerade abwenden, als die Sonne auf die breiten Flächen seiner Schwingen fiel. Der Vogel machte ein paar Flügelschläge in unsere Richtung. Ich versteifte mich in meinem Sitz: »Schau!«

Die breiten Schultern, der mächtige Kopf, der gedrungene Körper verjagten meine letzten Zweifel. Als der Adler über das Moor flog, stürzte sich aus dem Himmel ein anderer im Sturzflug auf ihn. Zusammen rollten und purzelten sie durch die Luft, ließen voneinander ab und flogen auf parallelen Bahnen über unsere Köpfe hinweg: Zwei Steinadler, im April. Alan meinte, es gebe gute Chancen, dass sie die Gegend hier zu ihrem Territorium machten; womöglich nisteten sie schon. Es war das erste Mal, dass er auf den Ländereien ein Paar zu Gesicht bekommen hatte.

Wir fuhren auf dem steinigen Weg weiter, bis wir an die letzten Schneeflecken kamen, die noch an den abschüssigen Stellen des welken baumlosen Moors kauerten. Wir stiegen aus. Es war bitterkalt. Ich hatte angenommen, dass in den schottischen Highlands der April nicht anders sei als in den Uplands von Wales. Ein Fehler. Der Wind fuhr in meine unzureichende Kleidung. Ich fühlte mich fast nackt.

Wir stiegen zu einem Felskamm auf, an dem kleine, gerade bis zum Knie gehende Zwergbirkenzweige sich noch gegen die Hirsche verteidigten. Den Wind im Rücken krochen wir gleichsam durch die Heide und identifizierten sie zwischen dem ähnlich aussehenden Moor-Gagel. Dundreggan besitzt das größte noch verbliebene Vorkommen von Zwergbirken in Schottland, aber im Vergleich mit der dichten Zwergbirkentundra, die ich in Nordnorwegen gesehen habe, war das gar nichts. Das Moor war rau und borstig, wie ein nach oben gerichteter Straßenbesen.

Neben dem Bergkamm hatte Trees for Life bereits 2002 in Absprache mit dem damaligen Besitzer ein großes Stück Land eingezäunt, um zu sehen, wie das Land reagiert, wenn die Hirsche von ihm ferngehalten werden. Schon bei den ersten Schritten auf dem Gelände konnte ich den Unterschied spüren. Es fühlte sich an, als ginge man auf einem Daunenbett: Der Pflanzenbewuchs war weich und luftig. Es hatte sich bereits eine dicke Schicht gebildet, bestehend aus Rentierflechten, Torfmoos und hohem Gras. An den abgestorbenen Stängeln der Moorlilie saßen noch die Samenkapseln.

Innerhalb der Umzäunung war das Land gespickt mit Landvermessungspflöcken und Transekt-Markierungen. Die Wissenschaftler, mit denen Alan arbeitete, hatten bereits Entdeckungen gemacht, die gängiges Wissen auf den Kopf stellten. Stets hatten Ökologen angenommen, dass Zwergbirken nur auf sumpfigem Land wachsen. Doch hier, wo es keine Hirsche gab – schon gar nicht viel zu viele –, stellte sich heraus, dass sie besser auf den felsigen Graten gediehen. Andere Untersuchungen hatten Zwergbirken gehäuft auf Sumpfland festgestellt, aber nur weil sich die Hirsche dort nicht so gerne hineinwagten. Die Wissenschaftler hatten auch angenommen, dass die Espe, die weiter unten in den Glens wächst, steile Abhänge bevorzugt. Aber auch dieses Verteilungsmuster ist offenbar ein Ergebnis der Überweidung: Sobald die Bäume etwas Schutz genossen, wuchsen sie auf ebener Erde weit kräftiger, fanden die Forscher in Dundreggan heraus.

Rückverwilderungsexperimente sind offenbar für gängige wissenschaftliche Erkenntnisse eine heftige Herausforderung. Zahlreiche von Ökologen untersuchte Orte sind durch menschliche Eingriffe grundlegend verändert worden, und viele der aufgezeichneten und für natürlich gehaltenen Prozesse scheinen ebenso sehr vom Menschen und seinen Nutztieren geprägt zu sein wie von den Wildtieren und -pflanzen. So wie die Annahme, dass die Kontrolle natürlicher Systeme stets von unten nach oben erfolgt, die heute von der Entdeckung durchaus häufiger trophischer Kaskaden erschüttert ist, dürfte sich mit der zunehmenden Erholung der Nahrungsnetze inzwischen auch die eine oder andere große oder kleine Hypothese als irrig erweisen.

Alan zeigte mir eine weitere Merkwürdigkeit. Durch das Moos und die Flechten innerhalb der Umzäunung schoben sich Kiefernsämlinge. Woher stammten sie? Die Fachbücher behaupten, so Alan, dass sich Kiefernsamen in der Regel etwa 50 Meter von ihrem Elternbaum entfernen können. Aber das kann nicht für alle Samen stimmen. Am Ende der letzten Eiszeit drangen die Kiefern wieder von Süden aus nach England vor. Wenn ein Baum zwanzig Jahre alt werden muss, um Zapfen ausbilden zu können, deren Samen 50 Meter nach Norden wandern, dann würde die Waldkiefer noch nicht einmal London erreicht haben, argumentierte er. Doch 500 Jahre nach ihrer Rückkehr nach England hatte sie bereits den Lake District erreicht. Die nächsten Bäume, die Samen produzierten, standen einen guten Kilometer von dem abgezäunten Gebiet entfernt und keines der Waldtiere, das die Zapfen verschleppt haben könnte, kam in der Gegend vor. Kiefern mussten also über ein Mittel der Verbreitung verfügen, das den Ökologen bislang entgangen war.

Auf den ersten Blick war es nicht leicht, sich vorzustellen, wie die Samen so weit gewandert sein könnten. Kiefernsamen sind schwer und sie haben nur kleine Flügelchen. Alan merkte an, dass im Frühjahr, wenn die Zapfen aufbrechen, die Highlands oft noch mit Schnee bedeckt sind, dessen Oberfläche anschmilzt und wieder gefriert. Außerdem werden sie von heftigen Windböen heimgesucht, wie ich schmerzlich zu spüren bekam. Form und Glätte der Samen ließen darauf schließen, dass sie diese Eigenschaften womöglich erworben haben, um über den gefrorenen Schnee zu gleiten. Ich hatte beobachtet, dass die Schösslinge in der Einfriedung meistens aus Ritzen oder unter großen Steinen hervorwuchsen, Stellen, an denen sich die Samen nach ihrer Rutschpartie über glatteren Boden vielleicht verkeilt hatten.

In diesem Augenblick heulte der Wind wie zur Bestätigung dieser Idee über das Moor, bewaffnet mit gefrorenem Schnee. Selbst wenn ich ihm den Rücken zukehrte, fühlte es sich an, als wehte er geradewegs durch mich hindurch. Dann hörte der Schneesturm so unvermittelt auf, wie er eingesetzt hatte, und ein Regenbogen spannte sich über das Moor. Er erlosch plötzlich wieder und nicht weniger abrupt wurden wir von einem Regen- und Hagelschauer getroffen. Alan, den dies nicht zu stören schien, war auf einen Haufen Moorhuhnkötel gestoßen und fing davor hockend an, mir die Ökologie der Art auseinanderzusetzen. So faszinierend dies auch gewesen sein mag, ich für meinen Teil hatte von dem schlechten Wetter mehr als genug.

Als wir durch das kleine Tal fuhren, sahen wir noch einmal einen durch den Wind segelnden Adler. Alan hielt das für ein gutes Zeichen: Bliebe der Vogel in seinem Territorium, würde er wohl mit hoher Wahrscheinlichkeit auch hier brüten. Zumindest ein Beutegreifer wäre damit vielleicht schon zurückgekehrt.

Im Folgenden findet sich eine Tabelle der großen Säugetiere und Vögel, deren Wiedereinführung auf der Britischen Insel in Betracht gezogen werden könnte (und die in manchen Fällen von selbst wieder Fuß zu fassen beginnen). Einige Einträge mögen überraschend sein: Zum Beispiel trete ich nachdrücklich für die Rückkehr des Elches ein, nicht aber für eine Wiedereinbürgerung des Wildpferds. Der Vielfraß rangiert auf meiner Liste weiter oben als der Bär. Und ich habe dem Grauwal den gleichen Rang verliehen wie dem Uhu.

Art	Auf der Britischen Insel ausgestorben	Tauglichkeit	Maßnahmen bisher
Biber	Vor Mitte des 18. Jahrhunderts.[2]	10	Offiziell ausgesetzt im Knapsdale Forest, Argyll. Ohne Genehmigung ausgesetzt im Einzugsgebiet des River Tay, wo er gedeiht.
Wildschwein	Die letzten bezeugten echten Wildschweine wurden 1260 auf Geheiß Henry III. im Wald von Dean erlegt.[3]	10	Vier kleine Populationen in Südengland, die aus Farmen oder Wildparks entkommen konnten oder freigelassen wurden. Verbreitung in andere Regionen wahrscheinlich, wenn keine Ausmerzung erfolgt.
Elch	Die jüngsten Knochenfunde sind 3900 Jahre alt und stammen aus dem Südwesten Schottlands.[4]	10	Tauglich für eine Wiedereinführung in Waldgebiete. 2008 wurden einige Tiere im Rahmen eines größeren Auswilderungsprojekts in ein 180 Hektar großes Gehege auf dem Anwesen von Alladale, Sutherland, freigelassen.
Rentier	Die jüngsten in Sutherland gefundenen Fossilien sind 8300 Jahre alt.[5]	2	Eine freilaufende Herde weidet in der Umgegend von Cairn Gorm in den schottischen Highlands.[6] Das Rentier gehörte zur eiszeitlichen Fauna Britanniens und ist wahrscheinlich aus klimatischen Gründen ausgestorben.

Wildpferd	Von den Fossilfunden jüngeren Datums ist einer falsch eingeordnet worden, der andere erscheint unsicher. Der jüngste eindeutige Beleg ist etwa 9300 Jahre alt.[7]	3	Eine Anzahl Przewalskipferde *(Equus ferus przewalski)*, die letzte noch lebende Unterart des Wildpferds, weidet auf den Eelmoor-Marschen in Hampshire.[8] Widerstandsfähige Hauspferderassen werden von Naturschützern freigelassen. Ob das Pferd als Teil der einheimischen Fauna betrachtet werden muss, ist strittig, die Befunde legen aber nahe, dass es weitgehend aufgrund eines Klimawechsels ausgestorben ist.
Wisent	Vielleicht schon kurz vor dem Höhepunkt der Vereisung vor 15 000 bis 25 000 Jahren.	7	Die erste Herde auf britischem Boden wurde 2011 in Alladale freigelassen. Erfolgreich wiedereingeführt in zahlreichen Lebensräumen und Klimazonen Europas und Russlands. Für eine Wiedereinbürgerung gibt es keine evidenten biologischen Hindernisse.
Saiga-Antilope	Der letzte Nachweis ist 12 100 Jahre alt und stammt aus dem Soldier's Hole in Somerset.[9]	1	Keine. Die Saiga ist ein Tier der Kältesteppe, wie sie gegen Ende der Eiszeit auch auf der Britischen Insel existierte. Dürfte dem derzeit herrschenden Klima nur schlecht angepasst sein.

Luchs	Das letzte Fossil stammt aus dem sechsten Jahrhundert, aber kulturelle Überlieferungen seiner Existenz reichen möglicherweise bis ins 9. Jahrhundert.[10]	9	Keine. Da ihm hin und wieder ein Schaf zum Opfer fällt, besteht ein erhöhter Diskussionsbedarf.
Wolf	Der letzte eindeutige Nachweis stammt aus dem Jahr 1621.[11]	7	Keine. Sollte ohne breite öffentliche Zustimmung nicht eingebürgert werden, da ein geringes Risiko für den Menschen und ein höheres für Nutztiere besteht.
Bär	Unklar. Oliver Rackham und Derek Yalden vermuten vor 2000 Jahren.[12]	3	Keine. Wird wohl kaum ernsthaft in Betracht zu ziehen sein, bevor infragen der öffentlichen Sicherheit und für andere mögliche Konflikte eine Lösung gefunden ist.
Vielfraß	Laut Derek Yalden vermutlich vor 8000 Jahren.[13]	4	Bislang nicht erwogen. Aber gut angepasst an Hochlagen und Regionen im Norden der Britischen Insel. Yalden geht davon aus, dass das Tier nicht wie Pferd und Rentier aufgrund von Klimaveränderungen, sondern der Bejagung wegen ausgestorben ist.[14] Würde eine Menge Schafe reißen und braucht viel Land.

Löwe	Der letzte Nachweis eines Löwen in der Region ist ein Knochen aus den damals noch mit der Britischen Insel verbundenen Niederlanden – 10 700 Jahre alt.[15]	1	Der Höhlenlöwe *(Panthera leo spelaea)* war eine größere Unterart des rezenten Löwen. Das Gezeter um eine Wiedereinführung des Löwen hat sich fürs Erste gelegt.
Tüpfelhyäne	In Europa vor etwa 11 000 Jahren ausgestorben.[16]	1	Dürfte auf einige politische Schwierigkeiten stoßen.
Elefant	Der Europäische Waldelefant wurde vor 115 000 Jahren durch die letzte Vereisung aus dem Gebiet des heutigen Britannien vertrieben. Anderswo in Europa ist er durch intensive Bejagung vor etwa 40 000 Jahren ausgestorben.[17] (Eine andere Art, das Wollhaarmammut, lebte in Britannien noch bis vor 12 000 Jahren, besaß aber eine völlig andere Ökologie.)	2	Der Europäische Waldelefant ist ein enger Verwandter des Asiatischen Elefanten, der gut an seine Stelle treten könnte. Ich weiß von keiner Diskussion über die Wiedereinbürgerung von Elefanten in Europa, würde aber gerne eine anstoßen.
Spitzmaulnashorn	Kam hier nie vor, zwei ähnliche Arten, von denen die letzte vor etwa 115 000 Jahren ausstarb, jedoch schon. Das Wollhaarnashorn lebte bis vor 22 000 Jahren in unserer Gegend und	2	Das Waldnashorn und das Steppennashorn, die beide in Britannien lebten, waren offenbar Arten, die an Bäumen und Büschen ästen, aber auch Gras fraßen. Deshalb würde sich das Spitzmaulnashorn eher als Stellvertreter

	in Deutschland bis vor 12 500 Jahren.[18]		eignen als das Breitmaulnashorn (dessen Ernährungsweise eher dem Wollhaarnashorn gleicht, das während der Eiszeit auf Grassteppen weidete).
Flusspferd	Wie der Elefant wurde es vor etwas über 100 000 Jahren durch die letzte Vereisung aus Britannien vertrieben und starb später im übrigen Europa durch intensive Bejagung aus.	1	Keine. Unser Flusspferd gehörte der heute in Afrika lebenden Art an. Geeigneter Lebensraum in Britannien ist rar. Das Tier kann überaus gefährlich werden.
Grauwal	Die jüngsten paläontologischen Reste stammen aus Devon und gehörten einem Wal, der um 1610 verendete.[19]	7	Lebte vor seiner Ausrottung offenbar in allen die Britische Insel umgebenden Gewässern. 2005 kündigten Dr. Andrew Ramsey und Dr. Owen Nevin von der University of Central Lancashire den Plan an, fünfzig Grauwale aus dem Pazifik in die Irische See fliegen zu wollen. »Man wird einwenden, das sei unmöglich, aber wir meinen das absolut ernst«, sagte Dr. Nevin.[20] Seither gibt es keine weitere Neuigkeit bezüglich dieser Idee.

Walross	Bronzezeitliche Knochenfunde auf den Shetlandinseln.[21]	2	Das Walross hat wohl zu keiner Zeit an den Küsten Britanniens Kolonien gebildet, war hier aber offenbar auf Beutefang.
Europäischer Stör	Nicht ganz klar, wann der Fisch zum letzten Mal in britischen Flüssen gelaicht hat, er dürfte aber noch im 19. Jahrhundert vorgekommen sein. Heute gilt er aufgrund von Überfischung, Umweltverschmutzung, Staudämmen und Wehren überall als stark gefährdet.	8	Keine. Bei allen Schwierigkeiten[22] wäre die Wiederansiedlung des Fisches in seinen angestammten Gewässern eine großartige Errungenschaft und ein klares Zeichen, dass die Ökosysteme von Flüssen und Meeren langsam gesunden. Pläne zur Wiedereinbürgerung bestehen in der Ost- und Nordsee[23] und in Frankreich wird versucht, die letzte im Gironde-Garonne-Dordogne-Becken bestehende Population zu erhöhen.[24]
Kleiner Rehschröter	Wahrscheinlich im 19. Jahrhundert in der Folge von Abholzungen, intensiver Forstwirtschaft und dem damit einhergehenden Mangel an abgestorbenem Holz.	10	Ein großer und beeindruckender metallisch schillernder Käfer. Seine Wiedereinführung wird davon abhängig sein, ob es gelingt, die Bewirtschaftung von unter Naturschutz stehendem Wald einzustellen. Wie so viele Arten wird sein Lebensraum durch systematischen Holzeinschlag und andere das Kronendach aufbrechende Maßnahmen vernichtet.

Seeadler	1916 aufgrund von Nachstellungen und der Eientnahme für Sammlungen. Einst weit verbreitet.	10	1975 wiedereingeführt auf Rum, einer Insel der Inneren Hebriden. Die Vögel haben sich langsam auf den Inseln und an der Westküste Schottlands niedergelassen und werden zur Zeit an der Ostküste Schottlands angesiedelt. Ein Versuch, Ähnliches in East Anglia zu unternehmen, scheiterte am Widerstand von Landbesitzern. Gelegentlich fällt ihnen ein Lamm zum Opfer.
Fischadler	1916 zum Teil wegen der Eiersammler.[25]	10	Ließ sich 1954 von selbst wieder in Schottland nieder und 2004 in Wales. Wurde 1996 in England wieder eingebürgert.
Uhu	Der letzte sichere Nachweis stammt aus der mittleren Steinzeit und ist 9000 bis 10 000 Jahre alt.[26] Ein nicht ganz eindeutiger Knochen aus der Eisenzeit wurde bei Meare in Somerset gefunden.[27]	7	Brütet vereinzelt, nachdem er aus Tierparks entkommen ist. Umstritten ist, welche Folgen er für andere Raubvögel und für Haustiere hat. Yalden und Albarella merken an, dass »die meisten Vogelkundler den Uhu als gefährliche Einführung einer nicht-einheimischen Art betrachten, die nicht gefördert werden sollte ... Doch diese Annahme wird durch nichts unterstützt.«[28]

Habicht	Im 19. Jahrhundert meist auf Betreiben von Wildhütern ausgelöscht.	10	Wiedereingeführt im 20. Jahrhundert durch Freilassungen oder weil er Falknern davonflog. Zur Zeit etwa 410 Brutvögel auf der Britischen Insel.[29] Wird noch immer illegal verfolgt.
Auerhuhn	1785.[30] Das letzte Paar soll angeblich für ein königliches Hochzeitsbankett auf Schloss Balmoral geschossen worden sein.[31]	10	Seit 1837 wiedereingeführt. In Schottland leben noch 2000 Vögel, ihr Bestand nimmt aber aufgrund kalter Frühjahre, nasser Sommer und Zusammenstößen mit Hirschzäunen wieder rapide ab.
Haselhuhn	Obwohl es wahrscheinlich auf der Britischen Insel vorkam,[32] gibt es nach der späten Eiszeit keine fossilen oder kulturellen Spuren mehr.	3	Keine.
Großtrappe	Letztes bekanntes Brutpaar: 1832 in Suffolk.[33] Durch Bejagung ausgestorben.	9	2004 in der Salisbury-Ebene wieder eingebürgert. Verbreitet sich langsam in andere Landesteile Englands. Obwohl der Vogel ein Steppentier ist und hier womöglich aufgrund des Klimawandels auch ohne menschlichen Einfluss ausgestorben wäre, lebt er offenbar gerne auf landwirtschaftlich genutzten Flächen.

Kranich	1545 letzter Nachweis von Brutvögeln in Britannien.³⁴ Die zahlreichen auf den Kranich bezogenen Orts- und Flurnamen verweisen auf sein Vorkommen.	10	Kraniche sind 1979 in die Norfolk Broads eingewandert und brüten dort seither. Zur Zeit brüten sie noch an zwei weiteren Orten in Ostengland. 2010 wiedereingeführt auf den Somerset Levels.³⁵
Weißstorch	Letzter verzeichneter Nistplatz 1416 in Edinburgh.³⁶	10	2004 versuchte ein Storchenpaar auf einem Strommast zu nisten, dessen Leitungen aufgrund von Wartungsarbeiten abgeschaltet waren.³⁷ 2012 baute ein einzelner Vogel ein Nest auf dem Dach eines Restaurants in Nottinghamshire.³⁸ Zahlreiche Besuche nicht brütender Vögel.
Löffler	Die bis vor Kurzem letzten Brutpaare wurden 1602 in Pembrokeshire und 1650 in East Anglia verzeichnet.³⁹	10	Eine aus sechs Paaren bestehende Brutkolonie siedelte sich 2010 in Holkham, Norfolk, an. 2011 umfasste die Kolonie acht Paare und brachte 14 Junge hervor.⁴⁰ 2012 brüteten neun Paare und 19 Küken wurden flügge.⁴¹
Nachtreiher	Letzte Brutvögel im 16. oder 17. Jahrhundert in Greenwich. Wahrscheinlich der auf mittelalterlichen Banketten häufig servierte *brewes* oder *brues*.⁴²	10	Heute ein seltener Gast. Brütet an vielen Orten Europas. Jetzt, da er auf der Britischen Insel nicht länger verfolgt wird, wird er hier möglicherweise wieder brüten.

Krauskopfpelikan	Knochen aus der Bronzezeit sind in den Cambridgeshire Ferns gefunden worden und aus der Eisenzeit in der Nähe von Glastonbury auf den Somerset Levels. Am selben Ort wurde auch ein einzelner Knochen aus dem Mittelalter gefunden.[43]	10	Keine. Das einst große Teile Europas umfassende Verbreitungsgebiet des Pelikans ist stetig geschrumpft. Das Tier reagiert empfindlich auf Störungen. Sein Lebensraum wurde durch Entwässerungsmaßnahmen immer kleiner. Vor zweitausend Jahren brütete er laut Plinius noch an Rhein, Schelde und Elbe.[44] Heute liegen die nächsten Brutkolonien an der Donau und in Montenegro. Das bedeutet, dass Pelikane Britannien wohl kaum auf natürlichem Wege wieder besiedeln. Sie müssten eingeführt werden.

Die Liste versteht sich als Plausibilitätskatalog. Die höchsten Punktzahlen stehen für die Wiedereinführungen, die als Erste einen Versuch wert sein könnten, weil ihr Erfolg relativ wahrscheinlich ist, weil sie politisch akzeptabel sind und weil sie dazu beitragen, die dynamischen Prozesse wieder in Gang zu bringen, die auf dem zu renaturierenden Land und Meer im gegenwärtigen (sich erwärmenden) Klima erforderlich sind. Eisbären sind also keine Aspiranten.

Sobald sich die infrage kommenden Arten in Populationsgrößen etabliert haben, die genetisch überlebensfähig sind und kein Risiko durch den Menschen mehr zu gewärtigen haben, sollten sie mehr oder weniger sich selbst überlassen und auf sich gestellt bleiben. Wenn sie hier nicht überleben können, beantwortet dies die Frage, ob die Wiedereinführung angebracht war oder nicht.

Grob gesehen habe ich die eiszeitlichen und präborealen Arten, die an die offene Tundra oder die Steppe angepasst waren – Habitate, wie sie während und kurz nach der großen Kälte verfügbar waren –, sehr weit unten eingestuft. Wenn ein Tier aufgrund der Erwärmung und der damit einhergehenden Lebensraumveränderung ausgestorben ist, ist es an das gegenwärtige Klima wahrscheinlich weniger angepasst als Arten, die durch Bejagung ausgerottet wurden. Aus diesem Grund ist die Beurteilung von Rentier und Wildpferd unfreundlich ausgefallen. Beide sind bald nach dem Rückzug der Gletscher auf das Gebiet des heutigen Britanniens zurückgekehrt, verschwanden jedoch, als das Grasland der kalten trockenen präborealen Periode dem Wald wich.

Welcher Faktor für das Verschwinden einer einstigen Art ausschlaggebend war, können wir nicht immer mit Gewissheit sagen. Manche Spezies werden sowohl vom Klimawandel als auch von der Jagd betroffen gewesen sein. Wir müssen also begründete Vermutungen anstellen und die Überlebensdauer von Pferd und Rentier zum Beispiel mit der anderer bejagter Arten wie etwa dem Elch, dem Auerochsen oder dem Rothirsch vergleichen, die viel länger fortbestanden. Auch die Frage, ob Pferd und Rentier verschwanden, weil das Grasland sich in Wald verwandelte, oder ob das Grasland dem Wald wich, weil Pferd und Rentier verschwanden, ist nicht leicht zu beantworten. Allerdings behaupten auch diejenigen, deren Forschungen nahelegten, die Steppen im Norden Sibiriens seien zur Tundra geworden, weil die Grasfresser von Jägern getötet wurden, dass die Steppen weiter südlich sich aus klimatischen Gründen in Tundra verwandelten.*

---

* Simow u. a. behaupten, dass »sich am Ende des Pleistozäns der boreale Wald vermutlich aufgrund von Klimaveränderungen nordwärts ausgebreitet hat und zwar in Gebiete mit überwiegend steppenartigem Bewuchs.« Siehe S. A. Zimov u. a., »Steppe-tundra transition: a herbivore-driven biome shift at the end of the Pleistocene«, in: *The American Naturalist*, Bd. 146, Nr. 5 (1995), S. 765-794. An anderer Stelle schreibt Simow: »In den südlichen Steppengebieten stellt sich die Situation anders dar. Dort ermöglicht der wärmere Boden eine raschere Zersetzung des pflanzlichen Materials, auch wenn Pflanzenfresser fehlen.« Siehe Zimov, »Pleistocene Park: return of the mammoth's ecosystem«, in: *Science*, Bd. 308 (2005), S. 796-798.

Zudem kennen wir den genauen Zeitpunkt ihres Aussterbens nicht, denn die Fossilsituation ist alles andere als erschöpfend.

Mein Ziel ist es, das Feld der Möglichkeiten für unsere ökologische Fantasie zu erweitern. Dazu sind ein paar Einblicke in die Paläoökologie erforderlich. Mit der Gegenwart beschäftigte Biologen und Naturforscher lassen mitunter die Tatsache außer Acht, dass außer der Antarktis jeder Kontinent einst über eine Megafauna verfügte.

Als ich Zoologie studierte, las ich etliche ökologisch und physiologisch argumentierende Artikel, die zu erklären suchten, warum sehr große Tiere zwar in den Tropen, nicht aber in den gemäßigten Breiten leben. Seinerzeit fand ich diese Texte interessant, mitunter sogar überzeugend. Allerdings war mir, wie den Autoren dieser Spekukationen, etwas entgangen. Der Unterschied, den sie zu erklären versuchten, existierte schlichtweg nicht. Vor gar nicht langer Zeit lebten fast überall Großtiere und häufig in beträchtlicher Zahl. Und sie wären auch heute noch dazu in der Lage. Seit den 1950er Jahren leben afrikanische Löwen im Zoo von Nowosibirsk in Freiluftgehegen und pflanzen sich fort. Offenbar sind die großen Tiere in den meisten Regionen der Erde von Menschen ausgerottet worden. Nicht durch naturgegebene ökologische oder physiologische Beschränkungen sind diese Arten den gemäßigten Gebieten ferngeblieben, sondern aufgrund menschlicher Eingriffe.

Abgesehen vielleicht von Australien und Madagaskar gab es nirgendwo eine solch erstaunliche Megafauna wie in den beiden Amerikas. Neben etlichen Mammutarten (darunter einer, die das Wollhaarmammut wie ein Zwerg aussehen ließ), Mastodons und Elefanten mit vier oder mit spiralförmig gedrehten Stoßzähnen lebte dort ein fantastisches Bestiarium weiterer schwergewichtiger Pflanzenfresser. Es gab einen Biber *(Castoroides ohioensis)* von der Größe eines Schwarzbären: Mit einer Kopf-Rumpf-Länge von zweieinhalb Metern und 15 Zentimeter großen Zähnen. Es gab einen gigantischen Bison *(Bison latifrons)*, dessen Bullen bei zweieinhalb Metern Schulterhöhe zwei Tonnen wogen und Hörner mit einer Spannweite von über zwei Metern trugen. Buschochsen *(Eucheratherium collinum)* und

Moschusochsen bewohnten den gesamten nördlichen Kontinent. (Die beiden Arten sind keine echten Rinder: Sie sind eng verwandt mit Schafen und Ziegen, nur sehr viel größer.) In Südamerika lebte ein riesiges Lama *(Macrauchenia)*, dessen Kopf in einem Rüssel endete. Glyptodonten wie *Glyptodon* und *Doedicurus* waren Gürteltiere von der Größe eines Kleinwagens, die ähnlich einer Schildkröte einen Panzer aus Knochenplatten trugen. Bodenbewohnende Faultiere wie *Megatherium* und *Eremotherium* besaßen das Gewicht eines Elefanten, richteten sich auf ihren Hinterbeinen sechs Meter hoch auf und zogen mit ihren mächtigen Klauen Bäume zu sich heran.

Der große amerikanische Löwe *(Panthera leo atrox)*, eine der größten je lebenden Großkatzen, nahm sich vergleichsweise niedlich aus gegenüber dem schreckenerregenden *Smilodon populator* – einer riesigen Säbelzahnkatze, die so viel wog wie ein Braunbär, in Rudeln jagte und 30 Zentimeter lange Reißzähne besaß. Der Kurznasenbär *(Arctodus simus)* erreichte aufgerichtet eine Größe von 3,4 Metern; in der Riverbluff Cave in Missouri finden sich Kratzspuren von seinen Klauen in mehr als 4,5 Metern Höhe.[45] Eine Hypothese geht davon aus, dass seine erstaunliche Größe und schockierende Zahn- und Klauenbewehrung die Charakteristika eines ausgesprochenen Aasfressers seien: Das Tier sei darauf spezialisiert gewesen, Riesenlöwen und Säbelzahnkatzen die Beute abzujagen.[46]

Der nordamerikanische Vogel Rock *(Aiolornis incredibilis)* verfügte über eine Flügelspannweite von fünf Metern und einen gebogenen Schnabel von der Größe eines Männerfußes. Von einem weiteren Raubvogel, dem *Argentavis magnificens*, ist noch kein Schädel gefunden worden, aber die verfügbaren Knochen lassen darauf schließen, dass, bei einem Gewicht von 72 Kilogramm, die Spannweite der Flügel etwa 7,5 Meter maß.[47] An der Pazifikküste wanderten fast drei Meter lange Säbelzahnlachse *(Oncorhynchus rastrosus)* die Flüsse hinauf.

All diese bemerkenswerten Kreaturen verschwanden etwa um die gleiche Zeit, vor 10 000 bis 15 000 Jahren. Ihr Aussterben fällt zusammen mit der Ankunft und Ausbreitung von Menschen, die zum ersten Mal über eine ausgefeilte Technologie verfügten: Es waren

Jäger, die fein gearbeitete Steinklingen für ihre Jagdwaffen benutzten. Die Befunde weisen darauf hin, dass die anfängliche Behauptung etlicher Paläontologen, klimatische Veränderungen hätten die amerikanische Megafauna aussterben lassen, nicht stimmt.[48] Diese hatte erst kurz zuvor massive Schwankungen überlebt und die Lebensräume, die viele der verschwundenen Arten benötigten, gibt es noch immer. Die Großtiere waren durch Bejagung ausgerottet worden.*

Die Tiere der Neuen Welt waren zuvor noch nie auf Menschen getroffen, außer vielleicht auf ein paar verstreute Horden, die nur die elementarsten Technologien kannten. Wie lange Zeit später die unglücklichen Geschöpfe all jener von den Europäern entdeckten Inseln blieben sie wahrscheinlich stehen und sahen furchtlos zu, wie sich die Jäger ihnen näherten.

Wenn die mittelsteinzeitlichen Menschen auf dem amerikanischen Kontinent alles gegessen hätten, was sie erlegten, hätten sie wohl kaum die Herden wilder Tiere dezimiert. Dazu war ihre Population zu klein. Ein Bodenfaultier hätte eine Jagdhorde über Monate ernähren können. Das Tempo, in dem die Megafauna der beiden Amerika zusammenbrach, lässt vermuten, dass der Mensch dort alles, was ihm begegnete, abschlachtete.**

Jeder, der damals in die Neue Welt einfiel, konnte ein Theseus oder ein Herkules sein und die unglaublichen Monster niedermet-

---

*William Ripple und Blaire Van Valkenburgh geben zu bedenken, dass die Populationen eher klein waren, da sie von Raubtieren kurz gehalten wurden und trophischen Kaskaden unterworfen waren. Das könnte es dem Menschen leicht gemacht haben, sie auszurotten. Siehe Ripple und Van Valkenburgh, »Linking top-down forces to the Pleistocene megafaunal extinctions«, in: *BioScience*, Bd. 60, Nr. 7 (2010), S. 516–527.

**Auch hier lohnt es sich, die alternative Hypothese zu bedenken: dass die Herbivorenpopulationen, da sie nur in geringer Zahl vorkamen, schnell zusammenbrechen konnten. Hatte der Mensch andere Raubtiere um ihre größten Beutetiere gebracht, waren diese wahrscheinlich gezwungen, auf kleinere Tiere auszuweichen (wie es Wölfe in Alaska tun, wenn die Elchpopulation durch die Jagd dezimiert ist). Dies könnte einen starken Dominoeffekt ausgelöst haben, der die Aussterbewelle die Nahrungskette abwärts trieb. Siehe Ripple und Van Valkenburgh, »Linking top-down forces«.

zeln: Stoff für epische Erzählungen, die an die Nachkommen weitergegeben werden konnten. Wie all jene, die eine noch nicht ausgeplünderte Wildnis zu Gesicht bekommen haben – die Seeleute, die auf Mauritius auf die Dodos stießen oder auf die Wale in den südlichen Meeren, die Fischer, die als Erste die Grand Banks vor Neufundland für ihre Fischzüge nutzten –, werden sie in dem Glauben gehandelt haben, dass ihre Jagd auf ewig anhalten würde. Womöglich ist die Achtsamkeit, mit der manche Ureinwohner Amerikas der Natur begegnen, erst später entstanden. Ein Abschlachten dieser Größenordnung stößt uns ab. Beruhen aber nicht die meisten unserer großen Mythen auf ähnlichen Abenteuern? Sind Odysseus, Sindbad, Sigurd, Beowulf, Cú Chulainn, der Heilige Georg, Arjuna, Lạc Long Quân und Glooskap nicht auch heute noch in unseren Erzählungen lebendig? Wir alle haben Vorfahren, auf welchem Kontinent sie auch wohnten, die mit wilden Bestien gekämpft haben mussten, mit Hörnern, Stoßzähnen, Klauen und Reißzähnen bewehrten Tieren, die um ein Vielfaches größer waren als sie selbst. Sie müssen die Erzählungen ihres Triumphs und ihrer Tragödien weitergegeben haben, Sagen, die sich über hunderte von Generationen veränderten und entwickelten, aber in ihrer wesentlichen Gestalt bis heute bestehen blieben. Sind diese Kämpfe mit den wilden Tieren der Vorgeschichte unserem Unterbewusstsein nicht ebenso unumstößlich eingeprägt wie Homers Epen irgendwann auf Papyrus festgehalten wurden?

Um diese Abenteuer nachzustellen, haben die Römer den afrikanischen Kontinent nach Monstern abgesucht, die sie in ihren Amphitheatern loslassen konnten. Die Spanier züchten schwarze Bullen mit dem Temperament des Auerochsen. Die Massai riskieren lange Gefängnisstrafen, Verstümmelungen und Tod, wenn sie Löwen jagen. In ganz Europa pflegte man grausame Jagden, bei denen Bären, Dachse, Hunde und all jene Tiere, die grimmig genug erschienen, um den vorväterlichen Kitzel anzustacheln, eine Rolle spielten. Da es keine Monster mehr gibt, sehen wir uns gezwungen, zu sublimieren und umzukodieren, neue Abenteuer und Herausforderungen zu erfinden, Auswege aus unserer ökologischen Langeweile zu suchen.

Eine interessante Frage stellt sich jedoch. Wenn die Megafauna in Amerika, in Australien, Neuseeland, Madagaskar und Europa ausgelöscht wurde, warum hat sie dann zumindest teilweise auf dem afrikanischen Kontinent und mancherorts in Asien überlebt? Dort gibt es noch Geschöpfe, die uns, wären wir nicht von früh auf mit ihnen vertraut, nicht weniger erstaunlich und befremdlich vorkommen würden wie die urzeitlichen Glyptodons, Elefantenvögel oder Beutellöwen. Elefanten, Nashörner, Giraffen, Flusspferde, Elenantilopen, Geparden, Tiger: sie alle wären – oder sind – anderswo auf der Erde ausgerottet worden. Die Antwort besteht wohl darin, dass sich diese Tiere in Afrika und Südasien parallel mit Hominiden und Frühmenschen entwickelt haben. Sie lernten den unersättlichen Affen zu fürchten, jenes Minimonster, das auf seine Taten zurückblicken und sie für die Zukunft ausschmücken konnte.

Aktivisten, die sich selbst Pleistozän-Rückverwilderer nennen, streben eine Wiederherstellung der amerikanischen Fauna an, wie sie vor der Ankunft des Menschen existierte.[49] Sie berufen sich darauf, dass durch die Ausrottung trophische Kaskaden und andere Prozesse zum Erliegen kamen, die die Ökosysteme der Neuen Welt geprägt haben dürften. Arten, die sich zusammen mit der verschwundenen Megafauna entwickelten, so etwa die Pronghorn-Antilope, auch Gabelbock genannt, deren erstaunliche Geschwindigkeit von bis zu sechzig Kilometern pro Stunde wahrscheinlich eine Anpassung an das Vorkommen des amerikanischen Geparden darstellt, bewohnen heute ein ökologisches Vakuum, in dem sie weder von Raubtieren noch von Konkurrenz eingeschränkt werden. Die genannten Aktivisten fordern die Einführung von Stellvertreterarten auf den amerikanischen Kontinent: exotische Spezies jener Gattungen, die ausgestorben sind, oder Tiere, denen eine ähnliche ökologische Rolle zukommt.

Man spricht von der Einführung des in Zentralasien heimischen Baktrischen Kamels, das ein ähnliches in Nordamerika bis zur Ankunft des Menschen häufig vorkommendes Tier, das *Camelops*, ersetzen soll. Es gibt den Vorschlag, den afrikanischen Geparden zu importieren, der die Pronghorns jagen soll; den afrikanischen Löwen einzuführen, dazu ausersehen, den verwilderten Pferden nachzustellen (Letztere sind weitverbreitet und stellen einen guten Ersatz dar für die Wildpferde, die einst durch den Kontinent streiften); und afrikanische und asiatische Elefanten anzusiedeln, die Mammut, Mastodon und ähnlich monströse Kreaturen ersetzen sollen. (Die Amerikaner sollten dankbar sein, dass es keinen Ersatz für die große Säbelzahnkatze oder den Kurznasenbär mehr gibt.) Diese Tiere, so die Behauptung, würden nicht nur dazu beitragen, die Ökosysteme Amerikas wiederzubeleben, sondern sie wären auch besser vor dem Aussterben geschützt, wenn sie nicht nur auf einem Kontinent wild vorkämen.

Man kann nicht gerade behaupten, dass diese Vorschläge allgemein mit Enthusiasmus begrüßt würden. Abgesehen von naheliegenden Befürchtungen hinsichtlich der Freilassung von Löwen und Elefanten, wenden verschiedene Ökologen ein, dass oberflächliche Ähnlichkeiten erhebliche genetische Unterschiede verdecken könnten. Der amerikanische Gepard (größer als die rezente afrikanische Art) war zum Beispiel viel enger mit dem Puma verwandt.[50] In einigen Fällen entwickelten sich die Stellvertreterarten aufgrund von Ökosystemen und klimatischen Bedingungen, die sich von denen in Amerika vor der Ankunft des Menschen unterschieden. Es wäre schon erstaunlich, wenn sie sich in das amerikanische Ökosystemrelikt auf eine Weise einfügten, die die ökologischen Beziehungen jener Arten, die sie ersetzen sollen, getreulich nachahmt. Es dürfte sich jedoch lohnen, der Idee nachzugehen und das eine oder andere Experiment zu wagen.

Die Wiedereinführung einer verschwundenen Megafauna in Europa dürfte hingegen mit weniger massiven biologischen Hindernissen zu rechnen haben. Anders als die ausgestorbenen amerikanischen Tiere haben die Monster, die einst durch die Alte Welt streiften, enge Verwandte in Afrika oder Asien. Die unter dem Trafalgar Square begrabenen Flusspferde gehörten der gleichen Art an wie das heute in Afrika lebende *Hippopotamus amphibius*. In Europa überdauerte es an einigen Orten bis vor 30 000 Jahren und scheint dann durch

Überjagung ausgestorben zu sein.[51] Die letzte Nashornart der gemäßigten Breiten, die aus Europa verschwand, hatte Ähnlichkeit mit dem Spitzmaulnashorn, das offenbar eine vergleichbare ökologische Nische besetzt. Der Asiatische Elefant könnte ein guter Ersatz für seinen Verwandten, den Europäischen Waldelefanten, abgeben.

Wollte man Elefanten in Europa wieder heimisch machen, bedürfte es als Erstes eines gewissen Maßes an öffentlicher Überzeugungsarbeit. Um ausreichend Futter zu finden, würden Elefanten lange Wanderungen unternehmen, besonders im Winter. Gärtner, Bauern und Förster dürften ein solches Ansinnen wohl kaum begrüßen, obwohl es uns von den Nacktschnecken und Blattläusen abbringen würde, von denen manche von uns so besessen sind. Wenn aber die Bauern das Land aufgeben und sehr große Landstriche verwildern, wäre es bedauerlich, wenn wir uns nicht der mächtigsten Vertreter unserer verschwundenen Arten erinnern oder sie zumindest in Betracht ziehen würden.

Der im Nordosten Sibiriens von Sergej Simow und anderen Ökovisionären eingerichtete Pleistozän-Park ist allgemein weniger umstritten. 1988 wurde damit begonnen, Jakutenpferde, die mit den am Ende der Eiszeit in der Region lebenden Wildpferden nahe verwandt sein sollen, in einen Naturpark auszuwildern, der mit 160 Quadratkilometern etwa die Größe Liechtensteins besitzt. In der Gegend lebten bereits Rentiere, Elche und dem amerikanischen Bighorn-Schaf ähnelnde Schneeschafe, ebenso Luchse, Wölfe, Bären und Vielfraße. Inzwischen sind noch Moschusochsen, Wisente und Rothirsche wiedereingeführt worden.[52] In naher Zukunft soll der Park um weitere 600 Quadratkilometer ausgedehnt werden, er wäre dann etwas größer als die Baleareninsel Menorca.

Simow und seine Kollegen erwägen auch, oder sehen sich dazu genötigt, einige weitere Arten einzuführen, die einst in der Region lebten oder die nahe mit solchen Spezies verwandt sind, die einst dort vorkamen. Dazu gehören die Saiga-Antilope, das Trampeltier oder Baktrische Kamel, der Amurleopard, der Sibirische Tiger und Löwen. Wie Simow für sein Experiment vorausgesagt hatte, wandeln die neuen Pflanzenfresser bereits die Moos- und Flechtentundra in ein steppenartiges Grasland um. Die Frage, ob diese Transformation auch die Klimaveränderung beschleunigt, bedarf sorgfältiger Überprüfung. Die Annahme, dass die Wiederherstellung von Grasland die globale Erwärmung abmildert, könnte sich als optimistisch herausstellen.[53] Ihr ist von keiner geringeren Autorität als Simow selbst widersprochen worden,* dem federführenden Autor eines zehn Jahre zuvor verfassten Artikels.[54]

Es gibt Leute, die ernsthaft die Wiederherstellung einer weiteren im sibirischen Ökosystem verschwundenen Art in Erwägung ziehen. Welche Nachteile damit auch immer einhergehen, die Vorstellung (so überspannt sie sein mag[55]), das Wollhaarmammut wieder auferstehen zu lassen, indem man genetisches Material aus den gefrorenen Kadavern extrahiert und es den Eizellen eines asiatischen Elefanten injiziert, hat immerhin den Vorteil, die Fantasie in allen Registern zu befeuern. Dabei erscheint es seltsam, dass diesem Projekt so viel Aufmerksamkeit und Geld gewidmet wurde, während die Idee, den Asiatischen Elefanten in bestimmte Gegenden Europas und Asiens wieder einzubürgern, in denen er oder seine Schwesterart (der Europäische Waldelefant) ausgemerzt wurden, nicht Fuß fassen konnte, geschweige denn, soweit eruierbar, diskutiert worden ist. Der Elefant im Wald – das enorme und augenscheinliche Faktum, das fast überall übersehen worden ist – ist das ungeheuerlichste Beispiel des Shifting-Baseline-Syndroms, dem ich bislang begegnet bin. Wer weiß, was uns noch alles entgangen ist?

---

* Simow und seine Kollegen argumentieren jetzt dahingehend, dass die Steppen, da sie trockener als moosbewachsene Tundra sind, nicht so viel Methan – auch das ein Treibhausgas – produzieren und freisetzen. Da sie zudem heller sind, absorbieren sie weniger Hitze. Siehe hierzu: {www.pleistocenepark.ru/en/background/}, letzter Zugriff: 5. Dezember 2019. Doch diese Effekte werden zumindest zum Teil von den 1995 dokumentierten Auswirkungen aufgehoben, wonach das Moos den Boden viel besser isoliert als Gras und so verhindert, dass der Permafrostboden taut und das darin enthaltene Methan und Kohlendioxid freigesetzt wird. Zum gegenwärtigen Zeitpunkt ist noch nicht klar, welcher Effekt sich stärker auswirkt.

Die Debatte in Nordamerika wirft eine wichtige Frage auf, die auch anderswo von Belang ist: Muss ein gesundes und wünschenswertes Ökosystem notwendigerweise aus einheimischen Arten bestehen? Bestimmte exotische Tiere und Pflanzen zerstören alle möglichen Formen ökologischer Diversität an den von ihnen heimgesuchten Orten. Ohne natürliche Feinde, Parasiten oder Krankheiten greifen sie einheimische Arten an, die keine Mittel zu ihrer Abwehr entwickelt haben. So können sie rasch ein Ökosystem überrennen, mitunter bis zu einem Punkt, an dem der letzte noch stabile ökologische Prozess darin besteht, dass die Großen die Kleinen fressen, wie ich in kleinen Bächen Englands beobachten konnte, in die der aus Amerika stammende Signalkrebs vorgedrungen war.

An manchen Orten nimmt sich das Umsichgreifen solcher exotischer Arten wie eine Horrorgeschichte aus. So ist zum Beispiel der ursprünglich aus Südostasien stammende Froschwels in China und den USA aus Fischzuchtfarmen und Zierteichen entkommen, krabbelt nachts über Land und kann so Gewässer besiedeln, die kein anderer Fisch erreicht.[56] Er frisst so ziemlich alles, was sich bewegt, schleicht sich in Fischzuchtbetriebe und arbeitet sich leise durch den gesamten Bestand. Wenn die Zeiten ungünstig sind, vergräbt er sich im Schlamm und kann dort ohne Nahrung monatelang überdauern, bis sich die Bedingungen verbessern und er wieder massiv in die Ökosysteme einfällt. Die Agakröte, die einst auf Mittel- und Südamerika beschränkt war, wurde in den Tropen vielerorts zur Bekämpfung von Ernteschädlingen eingeführt. Leider hält sie auch viele Arten in Schach, die keine Schädlinge sind. Sie scheint so gut wie unzerstörbar zu sein: Es wurde schon beobachtet, wie ein Exemplar genüsslich eine glimmende Zigarettenkippe verspeiste. Fast alles, was sich über sie hermacht, stirbt: Sie ist für ihre Fressfeinde so gefährlich wie für ihre Beute. Anders als andere Amphibien ist sie in der Lage, in Salzwasser zu laichen: Sie könnte direkt den Seiten von Karel Čapeks Roman *Der Krieg mit den Molchen* entsprungen sein.

Die im Südatlantik liegende Insel Gough, die bedeutendste Seevogelkolonie der Welt, wird von einem Raubtier heimgesucht, wie man es eigentlich nicht erwartet: der gemeinen Hausmaus. Vor 150 Jahren von Walfangschiffen entkommen, hat sich ihre Größe verdreifacht und sie hat sich vom Pflanzen- zum Fleischfresser gewandelt. Die Seevögel haben keine Strategien gegen räuberische Angriffe entwickelt, und so geht die Maus einfach an ihre Nester und frisst die Küken bei lebendigem Leib auf. Zu ihrer Beute gehören auch Albatrosnestlinge, die fast dreihundert Mal so viel wiegen wie sie selbst. Ein Biologe, der Zeuge dieses Gemetzel wurde, meinte, es sei, als ob eine Katze ein Flusspferd attackieren würde.[57]

Aber auch weit banalere Invasionen können verheerende Folgen für den Reichtum eines heimischen Ökosystems haben. *Rhododendron ponticum*, das, wie der Name sagt, an den Küsten des Schwarzen Meers und entlang ähnlicher Breitengrade vorkommt, frisst sich in die britischen Waldgebiete, wo es andere Pflanzen erstickt und vergiftet. Es kann sogar ausgewachsene Bäume zum Absterben bringen. Ich habe ganze Eschenbestände an Pilzbrand zugrunde gehen sehen, offenbar aufgrund der dichten Rhododendron-Bedeckung rund um die Stämme, die die Feuchtigkeit hält. Das Gewächs ist ein Hort des Eichentod-Pilzes, der bestimmte Bäume auf den britischen Inseln absterben lässt, tatsächlich aber keine Eichen. Während in Britannien der Weißdorn Raum für 149 Insektenarten, die Birke für 229 und die Eiche für 284 bietet, heißt es vom Rhododendron, er beherberge keine einzige.[58]

Ein Grund, weshalb er hier so gut gedeiht: Er ist den Beschränkungen entkommen, die ihm durch die Pflanzenfresser seines Heimatgebietes auferlegt sind. Interessant ist allerdings, dass *Rhododendron ponticum* während einer früheren Zwischeneiszeit auf den britischen Inseln heimisch war.[59] Seine natürlichen Schädlinge, Fraßfeinde und Konkurrenten scheinen durch das wiederholte Vordringen des Eises vernichtet worden zu sein, und dies erlaubt ihm nun, da er von Liebhabern importiert wurde, eine völlig unbehelligte Rückkehr, sozusagen als *Deus invictus* unserer Flora. Ist es möglich, dass zum Beispiel der einstige Europäische Elefant oder das Waldnashorn in der Lage waren, die Pflanze zu fressen? Wenn *Rhododendron ponti-*

cum nicht kurz gehalten wird, wird die Pflanze am Ende fast die gesamte Vegetation der von ihr eroberten Areale verdrängen.

Ich bin immer wieder beeindruckt, wie bescheiden manche Arten, die in der Fremde großen Schaden anrichten, in ihrem ursprünglichen Verbreitungsgebiet auftreten. Der Echte Hausschwamm ist ein Pilz, der auf Kiefern und Eiben lebt und eigentlich aus dem Himalaya stammt, wo manch ein verzweifelter Hausbesitzer sich inbrünstig wünschen mag, es gebe ihn noch. In seiner Heimat ist er so selten geworden, dass er zwischen 1953 und 1992 nur dreimal offiziell gesichtet wurde,[60] und er könnte in der freien Natur stark vom Aussterben bedroht sein. In Großbritannien ist der Blutweiderich eine erfreuliche Zier, die gelegentlich an Flussufern oder in der Nähe von Seen vorkommt. In Nordamerika und Neuseeland stellt er eine um sich greifende unkontrollierbare Bedrohung dar, die Feuchtgebiete erstickt und Flüsse verstopft. Andererseits gibt es viele exotische Arten, die in den von ihnen kolonisierten Ländern nur wenig erkennbaren Schaden anrichten. Bis vor Kurzem war mir nicht bewusst gewesen, dass der Steinkauz nicht zu unserer heimischen Fauna gehört: Er war im neunzehnten Jahrhundert auf die Insel eingeführt worden. Sein hiesiges Vorkommen wirft jedoch keine Debatten auf. Der Vogel hält sich in recht kleiner Zahl und ohne heimische Arten zu verdrängen. Zu wissen, dass er nicht von hier stammt, wird meine Freude kaum dämpfen, wenn ich ihn das nächste Mal sehe.

Viele Pflanzenarten – laut einer Schätzung 157[61] –, die wir einmal für heimisch hielten, scheinen heute, wie Botaniker es nennen, Archäophyten zu sein: exotische Arten, die noch vor Ende des fünfzehnten Jahrhunderts zu uns gelangten. Eine Handvoll kam schon während des Neolithikums nach Britannien, ihre Samen wahrscheinlich in dem Getreide versteckt, das von den ersten Bauern als Saatgut eingeführt wurde, vielleicht an den Füßen von Reisenden haftete oder im Fell der Tiere, die sie mitbrachten.

Manche Archäophyten sind jedem Naturliebhaber vertraut, und dass sie auf einer Liste nicht-heimischer Arten erscheinen, ist oft überraschend: zum Beispiel Klatschmohn, Große Klette, Kornblume,

Wermutkraut, Ackergauchheil, Hirtentäschel, Erdrauch, Kornrade, Rote Taubnessel, Wilde Malve, Bruchweide, Saatwicke, Acker-Stiefmütterchen, Hundskamille und Weiße Lichtnelke.[62] Einige davon findet man in den Päckchen mit Wildblumensamen, die wir zur Rettung von Britanniens heimischer Flora in ungenutzte Winkel unseres Gartens auszusäen ermutigt werden. Wie ihre schönen Namen vermuten lassen, haben sie sich selbst in unserer Kultur ausgesät und gehören zu unserem Leben wie die Arten, die noch vor uns erschienen sind.

Zu diesen Archäophyten gehören inzwischen sehr selten gewordene Pflanzen. Das Herbst-Adonisröschen zum Beispiel, das offenbar schon in der Eisenzeit auf die Insel kam, ist auf der Roten Liste Großbritanniens als gefährdet eingestuft[63] und offiziell als vorrangige Art für den Naturschutz klassifiziert. Ist es, auch wenn man weiß, dass diese Pflanzen vom Menschen eingeführt wurden, unlogisch, sie retten zu wollen? Sie richten keinen Schaden an und schenken denen, die sie zu schätzen wissen, Freude und Erstaunen, was an sich schon ausreicht, um sie unter Schutz zu stellen. Allerdings verschlimmert dies die selten eingestandene, geschweige denn gelöste Verwechselung zwischen Naturschutz und Gärtnerei.

Auch einige Tierarten dürften fälschlich für einheimisch gehalten worden sein. Der bedeutende Säugetierkundler Derek Yalden führt schlagkräftige Beweise an, wonach der Feldhase und die Zwergmaus von Menschen nach Britannien gebracht wurden.[64] Knochen mutmaßlich von Schneehasen (einer anderen Art) wurden in England und Wales in Ablagerungen aus dem frühen Mesolithikum – kurz nach dem Rückzug des Eisschildes – gefunden. Diese Hasenart ist offenbar verdrängt worden (und überlebte vielleicht in Schottland), als sich das Land bewaldete. Mögliche Hinweise auf den Feldhasen erscheinen in der Bronzezeit, eindeutigere Spuren in der Eisenzeit. In den *Commentarii de Bello Gallico* berichtet Caesar, dass die Briten den Genuss von Hasen, Hühnern oder Gänsen »für unerlaubt [halten]; doch hegen sie diese Tiere zur Lust und zum Vergnügen.«[65] Das lässt es möglich erscheinen, dass Feldhasen entweder als Schoßtiere oder für den Jagdsport nach Britannien gebracht wurden. Zwergmäuse tauchen weder in mesolithischen noch neolithischen Fundstellen auf, doch heute sind ihre Knochen häufig im Gewölle der Schleiereule zu finden. (Knochen kleiner Säugetiere sind oftmals in dieser Form überliefert.) Die ersten beiden Funde in Britannien stammen aus der Römerzeit.[66] Sie mögen von Mäusen stammen, die im Stroh oder Heu ins Land kamen, das eisenzeitliche Bauern als Futter und Einstreu für auf die Insel verschiffte Tiere benutzt hatten. In dem offenen Land, das diese Bauern schufen, konnten sich Hase und Zwergmaus rasch verbreiten.

Ein Ökosystem wieder funktionsfähig zu restaurieren, bedeutet nicht, dass alle nicht-heimischen Arten eliminiert werden müssen. Erforderlich ist nur, jene Arten, die vielen anderen die Lebensgrundlage streitig machen, zu kontrollieren und sie daran zu hindern, Fuß zu fassen. Selbst exotische Tiere mit den höchsten Vermehrungsraten könnten von heimischen Raubtieren kurzgehalten werden. Zur Zeit stürmen beispielsweise Grauhörnchen das Ökosystem und trotzen allen Anstrengungen, sie in ihrer Ausbreitung einzudämmen. Ökologen hassen sie und dafür gibt es gute Gründe. Baummarder und Habichte jedoch lieben sie (im rein fleischlichen Sinne).[67] Hätten die Landeigner den Raubtieren nicht den Krieg erklärt, ohne dessen Auswirkung zu bedenken, hätten sie nun keinen Krieg gegen die Grauhörnchen zu führen, den sie nur verlieren können. Marder und Habichte, die sich gerade wieder an Orten ansiedeln, an denen sie ausgerottet waren, besitzen vielleicht das Potenzial, die Grauhörnchen so kurzzuhalten, dass sie sich fast wie eine heimische Art in das Ökosystem einpassen. In Flüssen, die über gesunde Raubfischpopulationen verfügen, profitieren diese offenbar von den invasiven Flusskrebsarten. Manchmal, wenn ich mir zum Mittagessen einen fetten Flussbarsch fange, finde ich schon den einen oder anderen Flusskrebs in seinem Magen. Ihre Schale löst sich offenbar aufgrund der Magensäure schneller auf als ihr Fleisch: Ich habe schon perfekt ausgeschälte Flusskrebsschwänze aus einem Barsch gezogen, die aussahen, als kämen sie frisch vom Fischhändler. Wie ich beobachtet habe, kommen die Krustentiere an Stellen, wo große Döbel lauern, nicht so einfach unter ihren Steinen hervor. Zweimal ist es vorgekommen, dass ich in meinen Krebsreusen riesige Hechte gefangen hatte – einer musste gut über zwanzig Pfund gewogen haben; er zog die Reuse durch den Fluss, als ich versuchte, sie einzuholen. Allerdings weiß ich nicht zu sagen, ob die Fische auf die Krebse oder auf den Köder aus waren. Es wäre zudem überraschend, wenn diese Wasserheuschrecken nicht auch von Barbe, Forelle oder Aal verspeist würden. Diese Raubfische könnten möglicherweise an Stellen, wo sie aufgrund einer geringen Schadstoffbelastung gut gedeihen, die Flusskrebspopulationen so weit eindämmen, dass diese keine Gefahr mehr für die momentan von ihnen verdrängten einheimischen Arten darstellen.

Otter wie Iltis, beide in Europa heimische Tiere, scheinen den amerikanischen Nerz aus ihren Revieren zu vertreiben.[68] In den finnischen Schären ist der Seeadler, der sich dort, fast ausgestorben, wieder ausbreitet, offenbar dabei, den amerikanischen Nerz in seiner Verbreitung zurückzudrängen.[69] Dieser erst vor Kurzem wieder eingeführte große Adler könnte in Großbritannien die gleiche Wirkung haben.

Allerdings stellen invasive Arten für Schutzmaßnahmen zum Erhalt einer einzigartigen und unverwechselbaren Fauna und Flora eine große Herausforderung dar. Manche Tiere und Pflanzen besitzen Eigenschaften, die sie befähigen, in viele Teile der Welt vorzudringen und sie zu kolonisieren. Dabei besteht die Gefahr, dass die Ökosysteme fast überall eine ähnliche Artenzusammensetzung erfahren und sich die Welt in einen langweiligeren Ort ohne Überraschungen verwandelt. Selbst wenn Grauhörnchen und Signalkrebse von Raubtieren zurückgedrängt werden, werden sie ihre Konkurrenten (Eichhörnchen und Dohlenkrebs) weiterhin durch die Krankheiten, deren Überträger sie sind, zerstören. Wir sollten versuchen, ihre weitere Ausbreitung einzudämmen, aber akzeptieren, dass sie nicht ausgemerzt werden können: Grauhörnchen, amerikanischer Nerz und Signalkrebs gehören jetzt einem Ökosystem an, in dem sie zuvor nicht vorkamen, und alles, was wir hoffen können, ist, dass sie von anderen Arten in Schach gehalten werden.

Am Tag nach unserem Streifzug durch das Dundreggan führte mich Alan zum Glen Affric, ein Tal, in dem das wohl ursprünglichste große Waldareal der Insel liegt.[70] Es war ein bitterkalter, nasser Tag. Von der Straße aus, die den Affric entlangführte, machte der alte Wald den Eindruck einer riesigen Brokkoli-Auslage. Nur solange die Waldkiefer jung ist, ist sie schlank und spitz. Die ausgewachsenen Bäume jedoch bilden ausladende und gerundete Wipfel aus. Die Straße wand sich um Felsvorsprünge, an denen sich die uralten Bäume festklammerten, ihre störrischen und verdrehten Formen fanden sich in den von Rissen durchfurchten Felsen gespiegelt.

An einem Wasserfall machten wir Halt. Auf den Felsen über der Schlucht stehend spürte ich den kalten Hauch, der von ihm ausging, und schmeckte die von Dunst geschwängerte Luft, moosig und salzig. Das torfbraune Wasser zog sich dunkeloliv über die Schanze, bevor es über die lange Staffelung von Stromschnellen stürzte und aufschäumte. Die Schlucht glich einem japanischen Gemälde, knorrige Kiefern standen auf bucklig en Felsen und streckten sich widerborstig über das Wasser.

Auf dem gegenüberliegenden für äsende Tiere unzugänglichen Ufer waren die Felsbrocken unter den Bäumen von einem Teppich aus Moos und Flechten überzogen, in dem Preiselbeeren und Heidelbeeren wuchsen. Um die Felsen wucherte die Heide in dichten Triften. Auch an den Bäumen, die ständig dem von den Fällen aufsteigenden Nebel ausgesetzt waren, wuchsen Flechten in einer solchen Üppigkeit, dass sie Bärte und Mähnen bildeten. Die Hasel- und Vogelbeersträucher des Unterholzes hatten Mühe, ihrer moosigen Umhüllung zu entrinnen. Dies war, Alan sprach es aus, Regenwald.

Die Straße führte uns am Loch Beinn a Mheadhoin vorbei, dessen Wasser aussah wie gebürsteter Stahl. Auf seinen Inseln und Klippen wuchsen schirmförmige Kiefern. Darunter streckten sich, unerreichbar für die Hirsche, junge Bäume ins Licht.

Glen Affric ist einer der wenigen Orte in Britannien, an dem die Arbeit der Forstbehörde von Anfang an weitgehend begünstigend für den Wald ausfiel. Seit 1750 eine Sägemühle im Tal gebaut wurde, standen die alten Bäume unter Druck, und die Schafe, die unter ihnen weideten, verhinderten fast jede Verjüngung. 1951 erwarb die Forstverwaltung nahezu das gesamte Glen und entschloss sich, unter Vernachlässigung ihrer eigentlichen Aufgaben, das Gebiet zu bewahren und nicht auszuplündern. In den 1960ern konnte ein junger Förster seine Vorgesetzten davon überzeugen, 800 Hektar des Glen einzuzäunen. Er hatte entgegen der seinerzeit gängigen Überzeugung argumentiert, dass sich die Bäume von selbst, ohne Neuanpflanzung, regenerieren würden.

Das Ergebnis war spektakulär und eine eindeutige Antwort für alle, die dies für unmöglich gehalten hatten. Wir sahen es auf der Bergflanke auf der gegenüberliegenden Seite des Loch: dichte Reihen ein paar Jahrzehnte alter Kiefern, deren gezackte Konturen von den großen Höckern älterer Bäume unterbrochen wurden. Dieses Experiment war einer der Faktoren, die Alan dazu inspiriert hatten, Trees for Life zu gründen.

Er parkte den Wagen in einem Birken- und Kieferngehölz an der Stirnseite des Loch. Im Gegensatz zu der rissigen grauen Rinde der Birken in Glenmoriston waren hier die Stämme weiß und glatt. Alan machte mich auf etwas Faszinierendes aufmerksam. Der Boden zwischen den Bäumen war von kleinen Buckeln übersät, die ich hätte als Ameisenhügel deuten können. Alan erklärte, dass es sich um Bewuchs handle, der Steine und alte Baumstümpfe überwuchere. Zwischen den Buckeln umherspringend zeigte er mir die aufeinanderfolgenden Wachstumsstadien. Wenn ein Felsbrocken von den Hängen über dem Waldstück hier herunterpurzelt oder wegen einer anderen Störung blank liegt, machen sich als Erstes Flechten auf ihm breit. Sie lösen Mineralien aus ihrer Unterlage, brechen damit die Oberfläche auf und schaffen organisches Material. Nun kann sich Moos festsetzen und ersetzt nach und nach die Pionierflechten. Das Moos wiederum schafft Lebensraum für Blattpflanzen wie Heidelbeere oder Preiselbeere. Der Vorgang kann ein Jahrhundert oder mehr in Anspruch nehmen. Die Hügel sind charakteristisch für alte Wälder. Sie bilden sich nur unter Bäumen aus, vielleicht weil die Pflanzen bei dem dünnen Boden ohne diesen Schutz austrocknen würden. Alan, der einen Felsbrocken zwanzig Jahre lang beobachtet hat, konnte verfolgen, wie die dort lebende Vegetation von einer Phase zur nächsten überging.

Nachdem er sich 1981 das Versprechen abgenommen hatte, sich für die Wiederherstellung des kaledonischen Waldes einzusetzen, verbrachte er einige Jahre damit, sich weiterzubilden und Geld aufzutreiben. Dann fing er an, bei Privatleuten in dem nördlich von unserem Standpunkt gelegenen Glen Canich vorzusprechen, damit sie ihm auf ihren Ländereien den Schutz junger Kiefernsämlinge gestatteten. 1989 führte er einen Forstbeamten zu einer Stelle im Glen Affric, an der noch Restbestände von Kiefern wuchsen.

»Ich sagte: ›Ihr habt das Land, wir haben das Geld. Legen wir es doch zusammen.‹ Es war eigentlich eine unmögliche Partnerschaft. Ich war eine Art Hippie aus Findhorn mit einem Bart und langen Haaren, er war ein Regierungsbeamter. Doch seither ist das Verhältnis zwischen Trees for Life und der Behörde nur besser geworden.

Wir sind viel radikaler, als es die Behörde sein könnte. Sie kann sich zum Beispiel nicht für Wölfe einsetzen und ist auch nicht bereit, den Rückbau von Straßen und Wegen gutzuheißen, noch nicht. Wir können einfach dreister sein. Ich kenne das Glen besser als die meisten ihrer Mitarbeiter, und ich erkenne Möglichkeiten, die dort mitunter noch nicht einmal angedacht wurden. Etwa drei Viertel der von uns gepflanzten Bäume stehen auf öffentlichem Land, auf Besitzungen der Forstbehörde hier und da in den Highlands. Wir arbeiten auch mit den Anrainern zusammen. Die Idee dahinter ist, die neuen Wälder miteinander zu verbinden bis hinunter zur Westküste.«

Zu Fuß gingen wir weiter, tauchten bald schon in dichte Heide und schlugen uns bergaufwärts. Hier sahen die großen Kiefern, von denen keine jünger als hundert Jahre war, wie die flachwipfligen Akazien über der graubraunen Savanne Ostafrikas aus. Manche waren breiter als hoch. Jede hatte ein anderes Wuchsbild. Manche Bäume besaßen einen einzelnen geraden Stamm, der sich erst weit oben zu einem breiten Dach verzweigte; bei anderen wuchsen die Äste auf der ganzen Strecke aus dem Stamm; wieder andere besaßen mehrere Stämme; ein oder zwei wuchsen fast horizontal. Die Stämme waren elefantengrau mit drachenartig geschuppten Ästen in der Farbe eines rosa Sonnenuntergangs und gekrönt von einem Dunst buschiger Nadeln.

»Für mich ist das ein geriatrischer Wald. Er ist wie ein Altersheim. Im Winter kommen die Hirsche hierher. Sobald die Sämlinge über das Heidekraut hinaufwachsen, werden sie gefressen.

Die Hirsche sind jedoch nicht das Problem. Es ist das Geschäft mit der Jagd, dem daran gelegen ist, die Population viel zu hoch zu halten. Die Forstbehörde hat Jagdpächter. Sie kommen nicht aus der Gegend, sondern reisen nur an, um Hirsche zu schießen. Und trotzdem bremsen sie uns aus. In ihrer Haltung sind sie sehr traditionell. Einer von ihnen, ein Engländer, drohte sogar damit, mein Haus anzuzünden.

Die Rothirsche in Schottland sind etwa ein Drittel kleiner als auf dem europäischen Kontinent oder als jene, die hier in den Torfmooren konserviert wurden. Eigentlich sind sie Waldbewohner. Auf dem offenen Land finden sie weniger zu fressen. Die Hirsche in den Highlands sind Kümmerlinge. Als die Siedler in Nordamerika die dortigen Rothirsche sahen, die so viel größer als die britischen Exemplare waren, hielten sie sie für eine andere Art und nannten sie Elks [Elche]. Dies sorgt seither ständig für Missverständnisse.«

(Inzwischen deutet alles darauf hin, dass sie, obwohl eng miteinander verwandt, einer anderen Art angehören: Der nordamerikanische Rothirsch [oder Elk] wurde 2004 als *Cervus canadensis* klassifiziert. Eine andere Erklärung für die geringere Größe mag in dem Umstand liegen, dass die Jäger in der Regel die größten Hirsche aussuchen und schießen.)

Später habe ich gelesen, dass *The Monarch of the Glen*, ein Bild des Malers Sir Edwin Landseer, der auch die an den Trafalgar Square zurückgekehrten Löwen geschaffen hat, im Glen Affric angesiedelt ist. (Der Ort ist jedoch stark umstritten. An anderen Stellen wird behauptet, dass der »Talkönig« in Glenfeshie, Glen Orchy oder Glen

Quoich gemalt worden sei.) Das 1851 vollendete Bild wurde zum Sinnbild der Balmorality, jener schottischen Ersatzkultur, die in den gerade »geräumten« Highlands von Victoria und Albert und einer nacheifernden Aristokratie in Schloss Balmoral geschaffen wurde. Die mythologisierende Nachstellung der Lebensumstände der vertriebenen Highlander – alles Schottenkaro und Breitschwert – war das Narrativ, mit dem sich die Leute, die sich das Land unter den Nagel gerissen und seine Bewohner vertrieben hatten, legitimieren und die Umverteilung schönreden konnten. Es handelte sich um die schottische Entsprechung des Hameau de la Reine, das sich Marie Antoinette in Versailles errichten ließ.

Das Gemälde zeigt einen prächtigen Hirsch, voll im Fleische stehend und mit großartigem Geweih, der seine Augen herrscherlich über die Hügel erhebt: idealisierte Jagdbeute und zugleich imaginiertes Selbstbild der neuen Herren. Das Tier steht auf einem von Hügeln umgebenen Berggipfel. Seine Pose, der Blick und das ganze Setting besitzt in meinen Augen eine erstaunliche Ähnlichkeit mit Franz Winterhalters Prinz-Albert-Porträt von 1842. Einen größeren Gegensatz zu der armseligen Realität der Enteignung und der Beschlagnahme oder zu den schmächtigen verkümmerten Hirschen unserer Tage könnte es kaum geben.

Der eiskalte Regen hatte sich durch meinen dünnen Mantel und meine abgetragenen Schuhe gearbeitet, als wir zu einem hohen Zaun gelangten und durch ein Tor gingen, das eine Tür zu einer anderen Welt zu sein schien, so groß war der Kontrast zwischen der Vegetation auf der einen und der anderen Seite. Es handelte sich um den Zaun, den um fünfzig Hektar Bergland zu ziehen 1990 die Forstverwaltung eingewilligt hatte und für den das Geld verwendet wurde, das Alan und die Findhorn Foundation aufgetrieben hatten. Auf der einen Seite war das Gras kurz abgefressen und von Hirschlosung übersät. Bis auf ein paar kleine in der Heide verborgene Schösslinge und ein oder zwei weitere in den Krümmungen umgestürzter Stämme, an die die Hirsche nicht herankamen, gab es keine jungen Bäume. Auf der anderen Seite ein Mosaik aus verschiedenen Lebensräumen, das man, wie Alan sagte, überall in den Highlands zu sehen bekäme, wenn die Zahl der Hirsche vermindert würde.

Der nasse Boden war dicht mit Moor-Gagel bewachsen, der im Sommer die Luft mit seinem schläfrigmachenden Duft füllen würde. Quälend langsam sind hier die Kiefernsämlinge gewachsen. Das Alter junger Nadelbäume ist leicht zu bestimmen: ein aus dem Stamm wachsender Astquirl steht für ein Jahr Wachstum. Wir zählten die Stockwerke und es stellte sich heraus, dass die Bäume hier, die mir gerade bis an die Brust, manche nur bis an die Hüfte reichten, gekeimt waren, als der Zaun errichtet wurde. Von ihrer Größe abgesehen, sahen sie aus wie die ausgewachsenen Bäume auf der anderen Seite des Zauns: sie hatten *en miniature* die gleiche Zahl von Wachstumsquirlen ausgebildet.

»Das sind Bonsaibäume. Die Japaner ahmen die Natur nach und züchten Bäume in so widrigen Bedingungen, wie wir sie hier haben.«

Auf einem nur ein paar Schritt entfernten, trockeneren Felsrücken waren die Bäume jedoch in zwei Jahren so schnell gewachsen wie die auf dem sumpfigen Boden in zwanzig Jahren. Der größte war mittlerweile sieben Meter hoch (Alan meinte, dass dieses Exemplar seine ganze Zuneigung erfahren habe, was man schließlich auch sehen könne.) Die Bäume wuchsen gerade und schnörkellos; sie würden erst nach mehreren Jahrzehnten die knorrige und ausladende Individualität der im Sumpf wachsenden Bonsaibäume erlangen. Ebereschen hatten sich zwischen sie gemischt, die doppelt so groß waren wie ich, sowie junge Birken und Wacholderbüsche. Eine Orchidee – das kriechende Netzblatt –, die außerhalb des Zaunes nur selten vorkam, gab es hier in großer Zahl. Innerhalb des Zauns starben die älteren Bäume nun schnell ab. Einige waren schon umgestürzt und würden liegenbleiben, wie sie gefallen waren. Das im Holz enthaltene Harz würde den Stamm erst in etwa hundert Jahre völlig verschwinden lassen. Andere Bäume waren stehend abgestorben und verloren nun ihre entnadelten Zweige. Die abgestorbenen Stämme bieten Lebensraum für Arten, die auf lebendem Holz eher nicht leben: Pilze, bestimmte Flechten, Käfer, Hundeschnauzenschwebfliegen, Vögel wie Eulen, Spechte und Haubenmeisen sowie Fledermäuse, die in dem morschen Holz in Höhlen nisten. Aus den verrottenden Stämmen sickern ständig Nährstoffe in den Boden, den andere Pflanzen für sich nutzen können.[71]

»Mir gefällt die Vorstellung, die Bäume wüssten nun, dass sie gehen können, dass sie ihren Teil geleistet haben und dass nun ihre Kinder um sie herum in die Höhe wachsen.«

Alan meinte, er würde die Hirsche noch ein paar Jahre draußen halten, dann würde der Zaun an manchen Stellen niedriger gesetzt, sodass ein paar in das Gebiet gelangen könnten. »Hirsche sollten Teil des Systems sein, wenngleich nicht in zu großer Zahl.« Würde der Hirschbestand überall in den Highlands eingedämmt sein, würden auch die Einhegungen entfernt.

An Orten wie diesen, wo noch ein paar vitale Bäume stehen geblieben waren, konnte man der Natur die Rückverwilderung überlassen. In anderen, wie etwa auf dem kahlen West-Affric-Anwesen, das vom National Trust for Scotland unter anderem aufgrund der Trees-for-Life-Kampagne erworben wurde, mussten Waldinseln gepflanzt werden, deren Pflanzen aus den nächstgelegenen Samenquellen gezogen worden waren. Damit die Regenerierung in Gang kam, versuchten die Rückverwilderer, die Verteilungsmuster, in denen die Bäume natürlicherweise gewachsen wären, nachzuahmen. Der Plan Alans bestand darin, die heimischen Wälder entlang der Glens, die sich diagonal durch die Highlands ziehen, sich wieder selbst aussäen zu lassen, um sie dann über Pässe, die noch unter der Baumgrenze lagen, miteinander verbinden zu können.[72] Die Kiefer erachtete er dabei als die Art, die den Lebensraum schaffen würde, wie er für die meisten der verschwundenen heimischen Wildtiere erforderlich wäre. Einige würden von selbst zurückkehren. Andere Arten – von der Waldameise bis zum Wolf – müssten erst wieder in den Wäldern ausgesetzt werden.

Alan hat augenscheinlich bereits eine schrittweise Rückverwilderung des gesamten Einzugsgebiets des River Affric in Gang gesetzt. Wenn der Plan Gestalt annimmt, wird daraus ein vierzig Kilometer langer Korridor heimischen Waldes entstehen.[73] Dabei handelt es sich allerdings nur um einen Winkel innerhalb des zweieinhalbtausend Quadratkilometer großen Ökosystems, das er wieder herstellen möchte.

»Wenn ich etwas gelernt habe, dann Geduld«, sagt er. »Wir sprechen hier von Bäumen mit einer Lebenserwartung von ungefähr 250 Jahren. Das ist nicht sonderlich viel. Wollte man in Kalifornien wieder einen Wald aus ausgewachsenen Mammutbäumen wachsen lassen, würde es zweitausend Jahre dauern. Und verglichen mit anderen Orten ist es hier leicht. Im Himalaya, zum Beispiel in Nepal, wird aufgrund der Entwaldung der gesamte Boden von den Hängen gewaschen; es ist so viel, dass sich im Golf von Bengalen eine Insel gebildet hat. Hier bei uns ist der Boden versauert und arm an Nährstoffen, aber er ist immerhin noch da, sodass eine Rückverwilderung nur 250 Jahre dauert.«

Manche der größeren Landeigner in der Region standen dieser Idee feindlich gegenüber, da sie darin – übrigens zu Recht – eine generelle Bedrohung sahen, die die von ihnen favorisierte Nutzung des Landes, nämlich als Weide für Hirsche oder Schafe, die wiederum durch Abschussgebühren oder Subventionen finanziert würde, infrage stellt. Alan meint jedoch, auf manchen Anwesen würde sich diese Haltung langsam ändern. Bei der übrigen schottischen Bevölkerung ändere sich diese Haltung bei Weitem schneller.

»Wir haben die Grundbesitzer, die nicht einmal ortsansässig waren, fast ohne Murren hingenommen. Die Niederlage in der Schlacht von Culloden verursachte in Schottland ein gewaltiges psychologisches Trauma. Auch heute noch schwärt diese Wunde in unserer Nation. Die Räumungen waren zum Teil die Folge dieser Niederlage. Man brachte die Schafe ins Land und schaffte die Leute weg. Schottland fühlte sich untergeordnet und demoralisiert. Wir wurden zu einer Nation der Schafe. Wie alle Eingeborenen, die die Verbindung zum Land verlieren, haben auch wir unser Selbstvertrauen verloren.

Doch in den letzten zwanzig oder dreißig Jahren hat unsere Verbindung mit dem Land eine enorme Wiederbelebung erfahren. Dies ist an der Zahl der Menschen zu ersehen, die an Waldinitiativen teilnehmen oder in den Highlands wandern gehen. Heute wissen die Menschen über den kaledonischen Wald Bescheid. Dies geht mit dem gestärkten politischen Bewusstsein einher, das zur Schaffung des schottischen Parlaments geführt hat. Von da ist es ein kleiner Schritt zu erkennen, dass wir für unser Land Sorge tragen müssen. Doch wie sollen wir das anfangen, wenn es den Menschen, die hier leben, gar nicht gehört?«

Der Regen sickerte durch meine Jacke, meine Hosenbeine hinab in meine Stiefel und ich wünschte mir nur, dass Alan etwas von dem Unbehagen, das ich fühlte, zu erkennen gab und vielleicht die Absicht kundtat, sich auf den Weg bergab zu machen, zurück in das beknackte Auto. Stattdessen brachte er Gedanken zum Ausdruck, die auch mir in den letzten Monaten immer wieder durch den Kopf gegangen waren: »Die Umweltbewegung hat bis jetzt erzwungenermaßen immer nur reagiert. Wir wussten, was wir nicht wollten. Wir müssen aber auch aussprechen, was wir wollen. Wir müssen aufzeigen, welcher Art unsere Hoffnungen sind. Die ökologische Wiederherstellung ist ein Werk der Hoffnung.«

9) Schafskatastrophe

Bei Langley Bush streif ich umher,
  doch den Hügel krönt kein Wald
Auf Cowper Green irr ich herum,
  's ist ne Wüste fremd und kalt
Und weite Aue an der Eiche ist,
  bevor sich eingestellt Verfall,
des Verderbers Axt, dem Eigennutz,
  zur Beute schon geworden.

John Clare[1]

Die meisten menschlichen Bestrebungen entwickeln sich, wenn sie nicht auf öffentlichen Widerspruch stoßen, zu Monokulturen. Das Geld sucht sich den Wettbewerbsvorteil einer Region aus – das Gebiet, auf dem sie am erfolgreichsten ist – und propagiert ihn zum Nachteil alles Übrigen. Ist dieser Prozess einmal losgetreten, wird eine Landschaft, ein Küstengebiet bald nur noch eine einzige Funktion erfüllen.

Dies strapaziert die Natur ungemein. Ein Grundwasservorkommen mag genug Wasser enthalten, damit ein paar Farmer Alfafa anbauen können, es wird aber womöglich nicht für alle Farmer reichen. Ein Loch, eine Bucht oder ein Fjord mögen Platz für Wildlachs und ein paar Lachsfarmen bieten; wenn jedoch zu viele Zuchtkäfige aufgestellt werden, werden die dort grassierenden Parasiten auch den Wildlachs in seinem Bestand gefährden. In einer vielfältigen Landschaft aus Weiden, Äckern, Hecken und Gehölzen kommen zahlreiche Feldvögel vor, nicht aber in einem endlosen Weizen- oder Sojafeld. Die eifrigsten Verfechter der Rückverwilderung sehen in den Schutzgebieten sich selbst überlassenen Lands eine Kompensation für die eintönigen Monokulturen andernorts. Meines Erachtens sollten Stücke wilden Lands – kleinere hier, größere dort – für jedermann zugänglich sein. Niemand sollte weit fahren müssen, wenn er vor einer allzu geordneten Welt fliehen möchte. Ich hätte durchaus Einwände gegen eine großflächige Rückverwilderung von fruchtbarem Ackerland, da sie eine Bedrohung für die globale Nahrungsmittelversorgung darstellen könnte; wir verlieren aber wenig, wenn wir der Natur in kleinen brachliegenden Winkeln und unerschlossenen Abschnitten sogar des fruchtbarsten Lands ihren Lauf ließen.

Der Drang zur Monokultur sorgt für eine Entwilderung von Orten und Menschen. Er entledigt die Erde der Vielfalt des Lebens und der natürlichen Strukturen, von denen der Mensch sich angezogen fühlt. Er kreiert eine einförmige, eine flache Welt, der es an Farbe und Vielfalt mangelt. All das fördert die ökologische Langeweile, engt den Gestaltungsraum unseres Lebens ein und schmälert die Intensität unserer Verbindung mit der Natur – er drängt auch uns in eine geistige Monokultur.

Außer der kleinen Zahl, die damit ihr Geld macht, möchte kein Mensch ernsthaft, dass dies mit dem Land in seiner Umgegend passiert. Aber diese wenigen besitzen Macht sowohl durch ihre Eigenschaft als Landbesitzer als auch durch eine Art kulturelles Minderwertigkeitsgefühl, das Dritte davon abhält, ihnen entgegenzutreten. Der italienische Philosoph Antonio Gramsci benutzte den Ausdruck »kulturelle Hegemonie«, um zu beschreiben, wie Ideen und Begriffe, die einer herrschenden Klasse zugutekommen, verallgemeinert werden. Sie werden, in Gänze und unüberprüft übernommen, zu Normen, die unser Denken prägen. Womöglich leiden wir an landwirtschaftlicher Hegemonie: Was für Bauern und Landbesitzer als gut gilt, wird unhinterfragt und unangefochten für alle als gut erachtet.

Manchmal zahlen wir sogar für diese Hegemonie und für die Monokulturen in ihrem Gefolge. Jährlich werden Milliarden Pfund an öffentlichen Geldern ausgegeben, mit denen der Niedergang der natürlichen Umwelt unterstützt wird. In den Vereinigten Staaten haben die Agrarsubventionen dazu geführt, dass auf riesigen Flächen ohne Unterbrechung Mais angebaut wird. In Kanada werden Zellstoffproduktion und Papiermühlen subventioniert, was dazu beigetragen hat, dass Altbestandswälder durch gleichförmige Plantagen ersetzt werden. Aus Sicht der Rückverwilderungsbestrebungen schlimmer noch sind öffentliche Ausgaben, die an Orten, die von der Natur zurückerobert würden, die Anlage von Monokulturen unterstützen. Dies genau geschieht in einer Nation, die ich als Fallstudie für jene Monomanie heranziehen möchte, die zahlreiche Gebiete überall auf der Welt zerstört hat. Hier, bei uns in England, hat sich eine Monokultur der besonderen Art entwickelt: eine Überfülle, eine Heimsuchung, eine Plage ... von Schafen.

Ich habe eine ungesunde Obsession Schafen gegenüber. Sie sitzt mir in vielen wachen Stunden im Nacken und sucht mich in meinen Träumen heim. Ich hasse Schafe. Eine Feststellung, die ich erklären sollte. Nicht die Tiere an sich hasse ich, sie können für das, was sie tun, nicht verantwortlich gemacht werden. Ich hasse die Wirkung, die sie auf unsere Ökologie und Sozialgeschichte haben. Schafe – eng gefolgt von der Moorhuhnjagd und der Pirsch auf Hirsche – sind die Hauptursache für den traurigen Zustand der britischen Bergregionen. Wales verfügt heute über weniger als ein Drittel der in Europa durchschnittlich vorkommenden Waldbedeckung. Für die Rückverwilderung, wie ich sie mir vorstelle, stellt die Haltung von Schafen das größte Hindernis dar. Doch das Schaf als Agenten der Zerstörung zu bezeichnen, grenzt schon fast an Blasphemie. Denn in England und Wales besitzt es anscheinend volle diplomatische Immunität. Die Rolle, die es bei der Enteignung eines großen Teils der Landbevölkerung spielte – damals, als die Allmenden von den Gutsherren, die auf Gewinne aus dem Verkauf der Wolle hofften, eingezäunt wurden –, ist weitgehend vergessen. Thomas Morus schrieb 1516 in seinem Buch *Utopia*:

»Eure Schafe«, sagte ich, »die so sanft zu sein und so wenig
zu fressen pflegten, haben angefangen so gefräßig und zügellos zu
werden, dass sie die Menschen selbst auffressen und die Äcker,
Häuser, Familienheime verwüsten und entvölkern. Denn in jenen
Gegenden des Königreichs, wo feinere, daher teurere Wolle gezüchtet wird, [lassen] die Adeligen und Prälaten, jedenfalls sehr fromme
Männer, [...] dem Ackerbau keinen Boden übrig, legen überall

Weideplätze an, reißen die Häuser nieder, zerstören die Städte und lassen nur die Kirchen stehen, um die Schafe darin einzustallen. [...] So umgibt ein einziger unersättlicher Prasser, ein scheußlicher Fluch für sein Vaterland, einige tausend zusammenhängende Äcker mit einem einzigen Zaun, die Bodenbebauer werden hinausgeworfen, entweder gewaltsam unterdrückt oder mit List umgarnt, oder, durch allerlei Unbilden abgehetzt, zum Verkauf getrieben. So oder so wandern die Unglücklichen aus [...] aus ihren altgewohnten Heimstätten, und finden kein schützendes Obdach.[«][2]

In Schottland, wo die »Räumungen« abrupter und noch brutaler erfolgten als die Einhegungen in England und Wales, ist die Enteignung und die Verarmung, die mit der Schafhaltung einherging, in Erinnerung geblieben. In Wales allerdings ist die weiße Pest ein Nationalsymbol geworden, ein Emblem, fast so heilig wie das Agnus Dei, das Lamm Gottes, »das die Sünden der Welt auf sich genommen hat«, obwohl die Schafe die Menschen verdrängt haben, seit die Zisterzienser im zwölften Jahrhundert die Strata Florida Abbey gegründet haben, und obwohl man sich gegen die Einhegungspolitik mit Revolten mutig zur Wehr setzte, wie das Beispiel *Rhyfel y Sais Bach* (der Krieg der kleinen Engländer) zeigt, ein Aufstand, der 1820 im heutigen Ceredigion stattfand.[3] Einer ähnlichen Fetischisierung bin ich in Australien und Neuseeland, in Nordamerika und Norwegen, in den Alpen und Karpaten begegnet.

Es gibt einen Grund für diese Heiligsprechung, doch er wird zunehmend obsolet. Wurden im achtzehnten und neunzehnten Jahrhundert in Wales die Schafe für die damals vorgenommenen Einhegungen instrumentalisiert, fand im zwanzigsten Jahrhundert ein partieller, aber dennoch verbreiteter Prozess statt, der in den Bergregionen in eine Landreform mündete. In der Folge des 1909 von David Lloyd George lancierten People's Budget, ein Gesetz, durch das die Einkommenssteuer der sehr Reichen erhöht wurde, begannen die Großgrundbesitzer in Wales, darunter viele Engländer, Teile ihrer Besitzungen zu verkaufen. Offenbar hingen sie mehr an ihren Besitzungen in England oder ihren Jagdgebieten in Schottland als an ihren walisischen Ländereien, sodass Letztere als Erstes losgeschlagen wurden. Ein Großteil des Landes wurde von den Pächtern erworben, was dazu beitrug, dass in Wales der Anteil des Großgrundbesitzes geringer ist als in England oder Schottland. Dafydd Morris-Jones, ein Landwirt, mit dem ich über dieses Thema ausgiebig gesprochen habe, formulierte es so: »Dass die ansässige Bevölkerung nach Jahrhunderten der Untertänigkeit in der Lage war, ›ihr Land‹ in Besitz zu nehmen und nicht mehr länger ihrem Grundherren verpflichtet zu sein, hat sich in einem gewissen Nationalstolz niedergeschlagen.«

Nach dem Zweiten Weltkrieg erlangten die Bauern, die ihr Land noch pachteten, durch den Agricultural Act (Landwirtschaftsgesetz) von 1947 und den Agricultural Holdings Act (Landwirtschaftsbeteiligungsgesetz) von 1948 eine lebenslange Pachtgarantie. So war noch bis vor Kurzem in Wales achtzig oder neunzig Jahre lang ein Gutteil des Grund und Bodens in der Hand von Kleinbauern gewesen, von denen die meisten Schafe und Rinder züchteten. (Die Rinder verschwanden offenbar auch deshalb, weil die Mutterkuhprämie – eine EU-Subvention – 2003 gestrichen wurde.) Diese Kleinbauern hielten, in einer Periode, in der dies mit Todesdrohungen verbunden war, die walisische Sprache und wichtige Elemente der walisischen Kultur lebendig. Inzwischen werden die einstigen Familienbetriebe wieder zu landwirtschaftlichem Großgrundbesitz zusammengelegt. Trotz der 3,6 Milliarden Pfund, die die britische Bevölkerung jährlich für die Unterstützung einer überlebensfähigen Landwirtschaft ausgibt, geht die National Farmers' Union davon aus, dass »in den kommenden fünf Jahren 21 Prozent der bäuerlichen Betriebe in den Uplands aufgegeben werden.« Die kurze Blüte der kleinen Landwirtschaftsbetriebe geht offenbar zu Ende.

Bis zur Einhegungspolitik hielten die Bauern im walisischen Hochland zahlreiche Rinder und Ziegen. Sie pflanzten Getreide an, Hackfrüchte und Heu, an manchen Orten sogar auf den Bergrücken. Am Ende des neunzehnten Jahrhunderts, mit der aufkommenden Eisenbahn, wurde diese gemischte Landwirtschaft von der Schafs- und

Rinderhaltung abgelöst. Die Einhegungen führten zu einer Weidekultur, die noch immer in den Flurnamen, Balladen und mündlichen Überlieferungen anklingt. Die Bauern zogen mit ihren Herden zwischen *hendre* – wörtlich: »Altes Dorf« (die Winterweide in der Nähe der Gehöfte) – und *hafod* umher, einfachen Hütten auf den Sommerweiden in den Bergen, die manchmal zu festen Steinhäusern ausgebaut wurden. (Ich habe ein ähnliches System in Transsylvanien zu Gesicht bekommen, wo die Hirten, die in den Bergen auf schönen schwarzen Pferden unterwegs waren, noch in den 1990ern in aus Stangen und Brettern gezimmerten Sommerhäusern oder *stînas* schliefen, ihre Schafe und Kühe auf den Weiden molken und einen weißen Käse herstellten, den sie in Beuteln an den Dachsparren aufhingen; sie tranken Pflaumenschnaps, saßen abends um ein Lagerfeuer und sangen.) Viehtreiber führten die Schafe auf alten Pfaden nach England, trieben die Herden von den waliser Bergregionen auf Märkte bis nach Kent. Die Schäfer züchteten Hunde und richteten sie zu erstaunlichen Kunststücken ab. All dies ist fast gänzlich verschwunden oder überdauert – in Form von Hüteprüfungen – als schwacher Abglanz einer Wirtschaftsform, der es einst diente.

Nach dem Zweiten Weltkrieg eingeführte Subventionen veranlassten die Bauern, ihre Schafherden zu vergrößern. Zwischen 1950 und 1999 stieg die Zahl der Schafe in Wales von 3,8 auf 11,6 Millionen Tiere. Nachdem die Per-capita-Prämien – Zuschüsse für jedes Tier, das ein Bauer hielt – 2003 eingestellt wurden, ging der Bestand bis 2010 wieder auf 8,2 Millionen zurück, was heißt, dass in Wales noch immer fast drei Schafe auf einen Einwohner kommen.[4]

Seit dem Zweiten Weltkrieg haben die Schafe das, was von der Hochlandflora noch übrig gewesen war, bis auf die Stoppeln abgefressen. In 4000 Jahren haben Nutztiere fast das gesamte Ökosystem des britischen Berglandes ausgehend von dem ursprünglichen dichten Wald in einen offenen Wald, von einem offenen Wald in Gebüsch, von Gebüsch in Heideland und Grasland umgewandelt. Innerhalb von nur sechzig Jahren haben die stark gewachsenen Herden in den meisten Bergregionen Großbritanniens die Umwandlung zu einem

Ende gebracht und das Heide- und Grasland in ein Bowling Green mit hügeligen Umrissen verwandelt.

Auch wenn die Zahl der Schafe abnimmt, die Auswirkungen sind geblieben. Leistungsfähigere Maschinen ermöglichen es nun den Bauern, auch noch Gehölze in Steillagen auszutilgen, die zuvor nicht gerodet werden konnten. So können sie die Flächen vergrößern, für die sie Subventionen erhalten. In Mittelwales folgen manche Bauern offenbar einem heftigen Drang, das Land »aufzuräumen«, wie sie es nennen. In der Umgegend meines Hauses werden noch immer alte Schlehdorn- und Holzapfelgehölze, letzte Heckenreste auf Hügeln, auf denen ansonsten kein Baum mehr wächst, herausgerissen und abgebrannt – es gibt dafür, soweit ich feststellen kann, keinen landwirtschaftlichen Grund, sondern lediglich das Bedürfnis nach Sauberkeit und Komplettierung. Von meinem Kajak in der Cardigan Bay aus bietet sich mir ein Anblick, wie er sich einem Fischer der Jungsteinzeit geboten haben dürfte: Aus den Hügeln aufsteigende Rauchsäulen von den Landstücken, auf denen die Bauern Ginster und Bäume niederbrennen.

Aus dem National Ecosystem Assessment (der Nationalen Ökosystem-Evaluierung) des Vereinigten Königreichs geht hervor, dass der katastrophale Rückgang der Feldvögel sich in Wales trotz der Verringerung der Schafpopulation beschleunigt hat. In den sechs Jahren nach 2003 sank die Häufigkeit dieser Arten um 15 Prozent.[5] Die Zahl der Brachvögel verringerte sich in nur dreizehn Jahren um 81 Prozent (seit 1993) und die der Kiebitze um 77 Prozent in nur elf Jahren (seit 1987). Der Goldregenpfeifer, für den intensive Erhaltungsmaßnahmen getroffen worden waren, ist nun, auf gerade einmal 36 Brutpaare reduziert, fast ausgestorben.[6] Sogar an den am strengsten geschützten Orten geht es nur sieben Prozent der in Flüssen lebenden Tier- und Pflanzenarten gut.

Das ist zum überwiegenden Teil der Landwirtschaft geschuldet: Überweidung, die verhindert, dass die Wälder sich erholen können, und die die Bereiche, in denen Tiere und Pflanzen leben könnten, zerstört; das Ausreißen, Fällen, Niederbrennen von Bäumen, Pestizide und Kunstdünger, an denen die Wildtiere zugrunde gehen und die die Gewässer belasten. In Wales befinden sich fast alle Flüsse ökologisch in einem miserablen Zustand, was kaum verwundert, wenn man feststellt, dass die Menge an Nitrat und Phosphor, die ins Wasser gelangt, stark angestiegen ist.[7] An wissenschaftlich untersuchten Stellen sind in 90 Prozent der Fälle Rückstände von Schafdesinfektionsmitteln gefunden worden.[8] Diese Desinfektionsmittel sind besonders schädlich, da sie ein starkes Pestizid – Cypermethrin – enthalten, das einen großen Teil der wirbellosen Tiere in einem Fluss vernichten kann. In 92 Prozent der Fälle wird die Landwirtschaft als Grund für den Niedergang der Tier- und Pflanzenwelt in Wales angegeben.[9]

Eine ähnliche Geschichte kann in fast allen Bergregionen der Britischen Insel erzählt werden: Dartmoor, Exmoor, die Black Mountains, die Brecon Beacons, Snowdonia, die Shropshire Hills, der Peak District, die Pennines, der Forest of Bowland, die Dales, die North York Moors, der Lake District, die Cheviots, die Southern Uplands. Tatsächlich sind die einzigen weiten Flächen in den Hochlagen der Insel, die nicht durch Schafe bis auf die Wurzeln abgefressen sind, solche Gegenden in den Highlands und auf den schottischen Inseln, die durch zu viele Hirsche bis auf die Wurzeln abgegrast sind. Die Schafhaltung ist bei uns ein schleichendes ökologisches Desaster, das den Ökosystemen des Landes mehr Schaden zugefügt hat als der Klimawandel oder die industrielle Umweltverschmutzung. Doch kaum jemand scheint davon Notiz genommen zu haben.

Es schmerzt mich, dies zu sehen. Die Bergbauern versuchen lediglich zu überleben, und ihr Beruf ist eine harte, undankbare und prekäre Arbeit. Doch für die intensive Beweidung der Bergregionen, wo auch immer auf der Welt sie stattfindet, haben andere Bürger des jeweiligen Landes beträchtliche ökologische Kosten zur Aufrechterhaltung dieses Erwerbszweigs zu tragen.

Ob in Wales oder in Wyoming, die Verfechter der intensiven Beweidung argumentieren bisweilen, dass Bäume und Sträucher an die Stelle des Grases treten würden und somit die ökologische Qualität des Landes nachließe, wenn man Schafe oder andere Tiere aus den Höhenlagen entfernen würde. Der Nationale Bauernverband Schottland warnt, »weniger Schafe heißt eine zu geringe Beweidung traditionellen Weidelands, ein Nachlassen der Biodiversität, eine Rückkehr zu Farngestrüpp und Schotterbrache und damit die Gefahr eines irreparablen Schadens für Schottlands schöne Landschaft.«

Der Präsident des Bauernverbands in Wales behauptet, dass die Reduzierung der Schafe »sich äußerst abträglich auf die Biodiversität des Hochlands auswirkt«.[10] Dies ist falsch. Wie ich später aufzeigen werde, verwechseln all diese Fürsprecher offenbar ein funktionierendes mit einem aufgeräumten Ökosystem.

Schlagkräftiger ist da schon das Argument, die Beweidung des Hochlandes sei ein wesentlicher Aspekt der Nahrungsmittelproduktion. Dies klingt plausibel, aber trifft es wirklich zu? Falls Wales ein geeignetes Beispiel darstellt, dann eher nicht. Nahezu drei Viertel der Landfläche in Wales dient der Nutztierhaltung,* meistenteils zur Fleischproduktion.** An Warenwert jedoch importiert Wales sieben Mal mehr Fleisch, als es exportiert.[11] Eine bemerkenswerte Tatsache, die auf einen erstaunlichen Produktivitätsmangel schließen lässt. Und damit ist das Thema noch lange nicht am Ende. Sind die Bergregionen von dichter Vegetation bedeckt, absorbieren sie den Regen und geben ihn schrittweise wieder frei, was dem Tiefland eine ständige Wasserzufuhr garantiert. Wenn Bäume und Gebüsch entfernt werden, fließt der Regen zu rasch aus den Bergen ab und verursacht talabwärts Überschwemmungen. Die Schafe verdichten zudem den Boden, reduzieren seine Durchlässigkeit, was dazu beiträgt, dass er

---

* Das National Ecosystem Assessment gibt an, dass »landwirtschaftlich genutztes Land 2008 etwa 1,64 Millionen Hektar oder 79 Prozent von Wales einnahm« und dass »nur noch 3 Prozent der landwirtschaftlichen Fläche auf Feldfrüchte entfallen«. Tim Blackstock, Mike Christie u. a., »Chapter 20«, a. a. O., S. 994.

** Schafe haben dabei den größten Anteil, deren Hauptprodukt Fleisch ist. Es gibt zudem eine Million Rinder. (Siehe Tim Blackstock, Mike Christie u. a., »Chapter 20«, Abb. 20.31, a. a. O., S. 1019.) Die Rinderhaltung teilt sich nahezu gleich in Milch- und Fleischproduktion auf, wobei die männlichen Kälber aus beiden Zweigen für die Fleischproduktion aufgezogen werden. (Siehe Statistics for Wales, Welsh Assembly Government, Farming Facts and Figures, Cardiff 2010.)

noch weniger Wasser aufnimmt. Entwässerungskanäle auf den Weiden verstärken diese Effekte. Wenn die Überschwemmung abklingt, fallen die Wasserstände rapide. Die Beweidung des Hochlands sorgt somit für ein Wechselspiel von Überschwemmung und Trockenheit.

Was dabei herauskommt, lässt sich an den Überschwemmungen ablesen, die beginnend mit 1936 siebzig Jahre lang für den River Wye aufgezeichnet wurden.[12] Der Wye entspringt bei Pumlumon in den kambrischen Bergen. In der genannten Periode hat sich die Anzahl der jährlichen Überschwemmungen ungefähr verdreifacht. Es war aber kein entsprechender Anstieg der Niederschlagsmengen zu verzeichnen.[13] Zwei Dinge hatten sich verändert. Zum Ersten ließen, wie bereits erwähnt, die Behörden bis in die späten 1990er hinein Schwemmholz aus den oberen Zuläufen des Flusses ziehen, was den Abfluss des Wassers in die Überschwemmungsgebiete beschleunigte. Zum Zweiten hat sich durch die gestiegene Zahl an Schafen die Beweidung in den Einzugsregionen des Flusses intensiviert. Umweltaktivisten haben für die zunehmenden Überschwemmungen ausnahmslos den Klimawandel verantwortlich gemacht, der sicherlich als Faktor rasch an Bedeutung zunimmt. Dies war jedoch bis vor Kurzem nicht der Fall. Eine größere Rolle scheint offenbar die verminderte Niederschlagsaufnahmefähigkeit des Bodens gewesen zu sein. Die das walisische Hochland entwässernden Flüsse, insbesondere Severn und Wye, fließen, wo sie das Tiefland erreichen, durch einige der produktivsten Regionen der Britischen Insel. Dort ist der Boden fruchtbar genug für den Obst- und Gemüseanbau, aber auch für Getreide. Zahlreiche Bauernhöfe sind auf Bewässerung angewiesen. Viele büßen Ernten und Einkommen ein, wenn das Land überschwemmt wird. Wie viel an Nahrungsmittelproduktion an diesen Orten tatsächlich durch die erhöhte Unberechenbarkeit der Flüsse eingebüßt wird, ist schwer abzuschätzen; ich konnte jedenfalls keine Untersuchungen finden, die dies unternommen hätten. Angesichts der bemerkenswert niedrigen Erträge, die in den britischen Hochlagen erzielt werden, dürfte es im Bereich des Möglichen liegen, dass die Bewirtschaftung der Bergregionen netto auf einen Nahrungsmittelverlust hinausläuft. Es wird nur wenige Erwerbszweige geben, in denen, gemessen an den beträchtlichen Umweltschädigungen, so minimale Gewinne erzielt und so wenige Menschen ernährt werden.

Die Beweidung gehört zu den unproduktivsten Bewirtschaftungsformen, die in den Bergen zum Einsatz kommen. Trotz der großen Fläche, die die Viehhaltung einnimmt, und trotz der Subventionen, die sie erhält, trägt die Forstwirtschaft und die Holzverarbeitung in Wales nur knapp über 400 Millionen Pfund zur Wirtschaftsleistung bei.[14] Der Wandertourismus produziert bei weit geringeren ökologischen Auswirkungen über 500 Millionen Pfund und »Natur- und Wildnis-Aktivitäten« generieren 1,9 Milliarden Pfund.* Das National Ecosystem Assessment hat ergeben, dass die Umwandlung von Weideland in ein Vielzweck-Waldgebiet fast überall im Waliser Bergland zu einem ökonomischen Gewinn führen würde.[15] Anders gesagt ist das derzeitige Bewirtschaftungsmodell, das keineswegs zentral für die ländliche Ökonomie ist, dazu angetan, ebendiese Ökonomie zu beeinträchtigen. Die öden britischen Hochländer sind nicht nur im geografischen, sondern auch im ökonomischen Sinn eine Wüstenei.

Das Ganze würde uns allerdings weniger tangieren, wenn wir nicht dafür zahlen müssten. Die Landwirtschaft in den Bergen ist vollumfänglich von Subventionen aus Steuergeldern abhängig. In Wales beträgt die durchschnittliche Subvention für Schaffarmen in den Bergen 53 000 Pfund. Das durchschnittliche Nettoeinkommen eines Betriebs beträgt 33 000 Pfund.[16] Die Summe dessen, was ein Bauer durch die Schafzucht zu seinem Einkommen beiträgt, beträgt demnach minus 20 000 Pfund.

Agrarsubventionen kosten das Vereinigte Königreich 3,6 Milliarden Pfund jährlich. Sie vereinnahmen 43 Prozent des Budgets der EU: 55 Milliarden Euro oder 47 Milliarden Pfund.[17] Nach Schätzungen der britischen Regierung beträgt die Belastung für die Gemeinsame Agrarpolitik im Vereinigten Königreich 245 Pfund pro Jahr

---

*Dazu gehören Naturschutz, Wildtiertourismus und andere Jobs, die nur in diesem Kontext entstehen, sowie akademische und kommerzielle Forschung und Beratung. Siehe Tim Blackstock, Mike Christie u. a., »Chapter 20«, a. a. O., S. 1023.

und Haushalt.[18] Das entspricht etwa dem Bedarf von fünf Wochen Lebensmitteln in einem Durchschnittshaushalt[19] oder geringfügig weniger, als was jährlich an Sparbeträgen oder für Geldanlagen beiseitegelegt wird (296 Pfund).[20] Privatunternehmen mit Steuergeldern zu subventionieren, ist stets eine fragwürdige Angelegenheit. Wenn dann noch wichtige öffentliche Ausgaben wegen Geldmangels gekürzt werden, ist dies noch schwerer zu rechtfertigen.

Was bekommen wir im Gegenzug für diese Großzügigkeit? Die Gemeinsame Agrarpolitik hebt die Preise für Tierfutter, Chemikalien und Maschinen an und trägt so dazu bei, die kleineren Bauern aus dem Markt zu drängen. Sie erhöht die Bodenpreise, wodurch junge Menschen, die Bauern werden möchten, davon ausgeschlossen sind, und sie hat einen Anteil an der Erhöhung der Lebensmittelpreise. Diese enormen Ausgaben öffentlicher Gelder kommen erstaunlich wenigen Menschen zugute: In ganz Wales gibt es gerade einmal 16 000 Vollzeit- und 28 000 Teilzeitbauern.[21] In erster Linie aber werden diese Gelder für Umweltzerstörungen ausgezahlt.

Das rührt keineswegs aus einem politischen Versehen. Die Regeln sind ziemlich eindeutig. Sie sind in einer europäischen Verordnung mit dem Orwell'schen Titel »Guter landwirtschaftlicher und ökologischer Zustand« niedergelegt. Zu den verbindlichen Standards zählt auch die »Vermeidung des Vordringens unerwünschter Vegetation auf landwirtschaftlichen Flächen«.[22] Das heißt, dass Bauern, die ihr Geld erhalten wollen, das Wiederaufwachsen von Wildpflanzen verhindern müssen.* Sie müssen nichts produzieren, keine Tiere halten oder Feldfrüchte anbauen; sie müssen auf ihren Flächen lediglich dafür sorgen, dass ein paar Bäume oder Sträucher nicht überleben, was sich leicht erreichen lässt, indem sie Mähgerät über ihr Land schleppen. Die berüchtigte Fünfzigbäume-Richtlinie stellt sicher, dass Weideland, das mehr als fünfzig Bäume pro Hektar enthält, nicht förderungswürdig ist. Eine Studie des Grassland Trust

---

* Unter diesen Voraussetzungen können die Subventionen der 1. Säule abgerufen werden, die den Großteil der Agrarhilfe-Zahlungen ausmachen.

ergab, dass durch diese Regel für das Tier- und Pflanzenleben wertvolle landwirtschaftliche Habitate wie die Waldweiden Schwedens, die Karstebenen Estlands und die Garigue in Korsika unberücksichtigt blieben.[23] In Deutschland werden Weiden von Subventionen ausgeschlossen, wenn sie kleine Riedflächen enthalten. In Bulgarien reichte bereits das Vorkommen eines einzelnen Stämmchens der Hundsrose, dass das Land für eine Förderung nicht mehr infrage kam. In Schottland sind die Farmer davon unterrichtet worden, dass die gelben Sumpfschwertlilien, die seit Jahrhunderten die Felder an der Westküste vergoldet haben, als »vordringende Vegetation« klassifiziert werden und die Subventionsanträge ungültig machen könnten. Der Regierung von Nordirland wurde eine Strafe von über 64 Millionen Pfund auferlegt, weil sie (neben anderen ähnlichen Verstößen) Bauernhöfen Subventionen zugestanden hat, deren traditionelle Hecken zu breit ausfielen.[24] Im Endeffekt förderten diese Vorschriften die fieberhafte Säuberung der Habitate. Das System hätte kaum besser angelegt sein können, um sicherzustellen, dass die Bauern die Winkel, in denen es auf ihrem Land noch so etwas wie Wildnis gibt, ausfindig machen und zerstören.

Ein Bauer kann sein Land bis auf die Wurzeln abgrasen lassen, seine Schafe im Waldland weiden, die Flüsse vergiften und dennoch sein Geld bekommen. Auf etlichen Landwirtschaftsbetrieben in meiner Gegend werden all diese Dinge gemacht, ohne dass ihnen jemals die Fördergelder gestrichen worden wären. Nur eines darf ein Bauer niemals tun, nämlich das, was diesen Regeln zufolge als »Aufgabe von Flächen« bezeichnet wird und was ich Rückverwilderung nenne. Ohne dass die Europäische Kommission Beweise vorlegen kann, stellt sie fest: »Die Intensivierung der Erzeugung in den fruchtbarsten Regionen bei gleichzeitiger Aufgabe von Flächen in weniger begünstigten Gebieten hätte negative Auswirkungen auf die Umwelt.«[25]

Das Land aufzugeben bedeutet, es zu verlassen oder es im Stich zu lassen. Aufgabe ist – wie Verbesserung, Verwaltung, Vernachlässigung und ungenügende Beweidung – einer jener Begriffe, die zu dem Eindruck führen, dass ohne uns das Ökosystem nicht überlebensfähig ist. Wir verbessern das Ökosystem aber nicht, indem wir es managen; wir verändern es bloß. Überall in Europa haben diese Verordnungen komplexe, mannigfaltige und reichhaltige Ökosysteme in einfache und größtenteils leere Flächen verwandelt. Sie haben dazu beigetragen, eine ökologische Katastrophe herbeizuführen.

Es gibt noch eine zweite Subventionsschiene, die die Bauern dafür bezahlt, den Schaden, der durch das genannte System angerichtet wird, zum Teil wieder zu beheben. Eine absurde Vergeudung öffentlicher Gelder. Erst werden die Bauern genötigt, fast alles zu zerstören; dann können sie eine geringe Summe beantragen, um die Zerstörungen teilweise wieder rückgängig zu machen. Aber eben nur zum Teil. Die »grünen« Subventionen (auch Fördermittel der 2. Säule genannt, zur Entwicklung des ländlichen Raums) belohnt die Bauern für marginale Veränderungen und dies auch nur in bestimmten Gebieten. Ausgezahlt werden diese Gelder durch die nationalen Regierungen, die sich dabei an den Europäischen Verordnungen orientieren. Die Regierung von Wales betont gegenüber Bauern, dass diese Zahlungen »zumindest geringfügige Modifikationen im Bewirtschaftungssystem voraussetzen.«[26] Tatsächlich verbietet es ihnen ausdrücklich, mehr als ein paar kleine Ecken ihres Lands zu renaturieren. Die Zahlungen für die »Rückwandlung in wildes Grasland oder Gebüsch« kommen zum Beispiel nur für Areale in der Größe eines Drittelhektars oder kleiner infrage.[27] Während die Regelungen Subventionen für fast alles von der Beseitigung von Grobfisch bis zur Errichtung von Schwinggattern vorsieht,[28] gibt es in den meisten Hochlandregionen von Wales keine Zahlungen für die Anpflanzung heimischer Bäume: Zahlungen für Baumpflanzungen werden nur für die Tieflagen und Täler ausgegeben, dort, wo der Boden am meisten hergibt und die Bauern wenig Veranlassung haben, sie in Anspruch zu nehmen.*

---

* Die Forstbehörde veröffentlicht Karten, die ausweisen, wo die Anpflanzung von Bäumen für Zuschüsse geeignet ist und wo nicht. Langsam beginnt sie die Regeln zu lockern, nachdem zahlreiche Klagen laut geworden waren, sie würde die Aufforstung in den Hochlagen eher verhindern.

Eigentlich müssen die Bauern die Maßnahmen, für die sie die »grünen« Zahlungen erhalten, nachweisen. Aber der Grad der Durchsetzung rangiert irgendwo zwischen schwach und nicht vorhanden. Ein Freund, der von Berufs wegen die Bauern überprüft, die dafür bezahlt werden, dass sie ihre Schafe von den Wäldern fernhalten, erzählte mir, dass »die große Mehrheit der Bewirtschaftungspläne, die ich überprüft habe, mangelhaft waren und im Grunde nichts als betrügerische Behauptungen darstellten.« Regelmäßig stieß er in Wäldern, in denen es eigentlich keine Schafe geben dürfte, auf die weiße Plage. Wenn er dann aber empfahl, die Zahlungen zu stoppen, meinte sein damaliger Vorgesetzter, er müsse falschliegen, und sollte wirklich ein Problem vorliegen, sollte er lediglich versuchen, den Bauern davon zu überzeugen, dass er wenigstens die Vorgaben erfüllen müsse.

Es ist schon rätselhaft, wenn in fast allen anderen Branchen die Subventionen entfallen, die Landwirtschaft aber trotz der Finanzkrise weiterhin so große Unterstützung durch den Steuerzahler erhält. Ich kann gar nicht begreifen, warum die Öffentlichkeit in dieser Sache nicht häufiger protestiert. Womöglich reflektieren diese Zahlungen – und die ihnen zugrundeliegenden Verordnungen – eine tiefverwurzelte Angst, die Kontrolle über die Natur zu verlieren. Wir haben die Meinung und das Gefühl, es sei des Menschen heilige Pflicht, zu »herrschen über die Fische im Meer und über die Vögel unter dem Himmel und über das Vieh und über die ganze Erde und über alles Gewürm, das auf Erden kriecht«, noch nicht völlig abgelegt.[29] Doch dies ist womöglich nicht die einzige Erklärung.

Der im *Economist* schreibende Autor »Charlemagne« hat von der »Richard-Scarry-Regel« gesprochen: »Politiker werden nur selten gegen Interessen handeln, die schon in Kinderbüchern eine Rolle spielen.«[30] Eine reizvolle Idee, sie scheint aber nicht auf andere Bereiche anwendbar: Mit Lokführern zum Beispiel schlagen sie sich gerne herum. Doch auf die Landwirtschaft dürfte sie zutreffen. Ein großer Teil der für sehr kleine Kinder geschriebenen Bücher handelt von dieser Zunft. Sie berichten von malerischen und bezaubernden Bauernhöfen, in denen eine Kuh und ihr Kalb, ein Schaf und ein Lamm, eine

Henne und ihre Küken, ein Pony, ein Schwein, ein Hund, eine Ente und eine Katze frei herumlaufen. Die Bauern haben immer ein breites Lachen im Gesicht, sind rotbäckig und leben mit ihren Tieren in arkadischem Frieden zusammen. Dass Schlachten, Metzgern und Verzehr, Kastration, Entzahnung, Separierung, Batteriehaltung, Kastenstände und andere Realitäten des Gewerbes niemals zur Sprache kommen, ist verständlich. Unabsichtlich mögen diese Bücher schon ganz am Anfang der Bewusstseinsbildung einen tiefen unhinterfragten Glauben an die Tugend und die Schönheit der Landwirtschaft und an die Notwendigkeit einpflanzen, sie ungeachtet der Nachfrage zu erhalten.

Ich habe mehrere Monate damit verbracht, für die Subventionsverordnungen und die Art, in der sie von den nationalen Regierungen ausgelegt werden, eine Erklärung zu finden, und wurde von einer Behörde an die andere verwiesen. Nach einer langwierigen und ärgerlichen Korrespondenz mit Beamten des Landwirtschaftsministeriums konnte ich endlich eine Audienz bei der damaligen Ministerin Elin Jones vereinbaren. Ich begann die Natur des Problems zu verstehen, als sie einen Aktenstapel auf den Tisch legte und daneben einen Kugelschreiber des Nationalen Bauernverbands platzierte. Ich wollte herausfinden, warum die Forstbehörde, eine Abteilung der Regierung von Wales, fast überall im Bergland ein Totalverbot von Baumpflanzungen verfügt hatte.* Die Erklärung von Seiten der Ministerin erstaunte mich: Sie behauptete, dass eine Aufforstung des Berglands die globale Erwärmung verschlimmern würde, da damit Kohlendioxid aus dem Boden freigesetzt würde. Als ich ihre Beamten fragte, wie diese Aussage zu rechtfertigen sei, sandten sie mir zwei lange wissenschaftliche Berichte zu. Ich las sie und stellte fest, dass sie das Gegenteil dessen besagten, was die Ministerin und ihre Abteilung behauptet hatten. Aus einem der Berichte ging hervor, dass nicht die Baumanpflanzungen, sondern die Überweidung durch Schafe den

---

*2011 veröffentliche die Forstwirtschaftsbehörde eine Karte, die auswies, wo Zuschüsse für die Neuanpflanzung von Wald ausgezahlt werden. Fast alle Bergregionen von Wales, darunter ein Großteil der kambrischen Berge, war rot markiert, was bedeutete, dass dort keine Anpflanzungen bezuschusst würden.

Kohlenstoffanteil im Boden des Waliser Berglands verringert habe:*
Das Kohlenstoffniveau an den Hängen des Pumlumon liegt im Waldboden höher als auf Weideland.[31] Der andere Bericht klärte darüber auf, dass in allen durchgerechneten Situationen die Anpflanzung von Bäumen auf Grasland den Kohlenstoffanteil im Boden erhöhte.[32]

Doch Elins Argument wird in der gesamten Europäischen Union bemüht, um die Wiederaufforstung von Bergland zu verhindern. Die Europäische Kommission behauptet, dass weniger Landwirtschaft die Möglichkeiten beeinträchtigen würden, zu einer Abmilderung des Klimawandels beizutragen.[33] Beweise, die diese Aussage stützen würden, werden nicht geliefert. Es wäre schon sehr erstaunlich, wenn man herausfände, dass Wald und Gebüsch einen schlechteren Einfluss auf die Atmosphäre haben als Schaf- oder Rinderhaltung.** Subventionen sind nicht das Einzige, womit wir für die Beweidung der Hügel zahlen. In England und Wales verursachen Überschwemmungen Schäden in Höhe von etwa 1,25 Milliarden Pfund pro Jahr.***

---

* »Dies hatte einen nachteiligen Effekt auf die Ranker- und torfigen Podsolböden, wobei die erodierten Gebiete deutlich weniger Kohlenstoff und Stickstoff aufwiesen: im Mittel 5 Prozent C und 0,4 Prozent N gegenüber 24–27 Prozent C und 1,1–1,4 N in intakten Heideland-Ökosystemen am gleichen Ort. Siehe Scottish Executive, Environment and Rural Affairs Department, *ECOSSE: Estimating Carbon in Organic Soils Sequestration and Emissions*, Edinburgh 2007, online: {www.scotland.gov.uk/Publications/2007/03/16170508/16}, letzter Zugriff: 5. Dezember 2019.

** Nicht nur, dass ein von Wald bedeckter Boden viel mehr Kohlenstoff speichert als ein Grasboden, die Bäume speichern auch mehr Kohlenstoff über der Oberfläche: Sie sind sozusagen Pfeiler aus feuchtem Kohlenstoff. Schafe und Rinder produzieren große Mengen des Treibhausgases Methan. Die von den Bauern verwendeten Traktoren und Quads fahren mit fossilen Brennstoffen.

*** Die durchschnittlichen jährlichen Kosten aus Überschwemmungsschäden werden für England auf mehr als 1 Milliarde Pfund geschätzt. Siehe Environment Agency, »Investing for the future: flood and coastal risk management in England«, Bristol 2009, online: {www.gov.uk/government/publications/flood-and-coastal-risk-management-in-england-long-term-investment}, letzter Zugriff: 5. Dezember 2019. Die Zahl für Wales beträgt, oder betrug, 262 Millionen Pfund. Sie ist wahrscheinlich aufgrund der Überschwemmungen von 2012 gestiegen. Siehe National Trust Wales, »Nature's capital: Investing in the nation's natural assets«, Cardiff 2008, online: {www.assembly-wales.org/cr-lu2_natures_capital_wales_final.pdf}, letzter Zugriff: 5. Dezember 2019.

Land und Häuser vor möglichen Auswirkungen zu schützen, kostet weitere 570 Pfund jährlich. Die unmittelbaren Gründe für die Überschwemmungen, die im Sommer 2012 die Region, in der ich lebe, heimsuchten, durch Häuser strömten, die Evakuierung des Dorfes Pennal sowie an der Küste die Rettung von Campern durch Hubschrauber und Rettungsboote nötig machten, Straßen, Eisenbahnstrecken und Umspannwerke überfluteten, war ein Sturm über dem Atlantik, der über dem Bergland seine überaus schwere Regenfracht ablud.[34] Die Überschwemmungen hatten aber offenbar wegen der verminderten Regenaufnahmefähigkeit des Hügellands eine noch schlimmere Wirkung oder mochten sogar davon verursacht gewesen sein. Anstatt langsam abzusickern, strömt der Regen jetzt nahezu ungebremst in die Täler. Ein Beamter erzählte mir, dass eine Versicherungsgesellschaft vor Kurzem die Möglichkeit untersuchen ließ, den Pumlumon zu kaufen und wiederaufzuforsten. Der Pumlumon ist der größte Berg im kambrischen Gebirge und an seinen Hängen entspringen die Flüsse Severn und Wye. Es stellte sich heraus, dass dies billiger wäre als die Ausgaben für Teppiche in Gloucester. Der Plan wurde allerdings aufgrund der erwartbaren politischen Schwierigkeiten fallengelassen.

So erheblich die Gründe für ein Umdenken sein mögen, die landwirtschaftliche Vormachtstellung ist so stark, dass es im Grunde tabu ist, Bauern und Landbesitzer herauszufordern. In Wales stellen die Landwirte (Vollzeit- wie Teilzeitbauern) 1,5 Prozent der Gesamtbevölkerung und 5 Prozent der Einwohner ländlicher Gegenden, also 44 000 von 960 000 auf dem Land lebender Menschen.[35] Doch das Land wird fast ausschließlich zu ihrem Nutzen regiert und gelenkt. Viele die ländliche Politik bestimmenden Vorstellungen und Perspektiven kommen aus den Bauernverbänden, die häufig von den größten und reichsten Landeigentümern gesteuert werden. Die Ansichten der Mehrheit der auf dem Land lebenden und nicht zu den Bauern gehörenden Menschen – in Wales sind das 95 Prozent – werden an den Rand gedrückt. Elin Jones war eigentlich Ministerin für Angelegenheiten des ländlichen Raums und nicht Ministerin für Landwirtschaft, aber der Stift, den sie bei unserer Diskussion dabei hatte, war eine Chiffre für die Politik ihres Ministeriums. Die ländliche Politik in Europa und vielerorts in Nordamerika leidet an der gleichen Misere: Ihr erster Zweck liegt offenbar darin, die Bauern (oder die Förster, die Fischer) zufrieden zu stellen, obwohl sie überall nur eine kleine Minderheit ausmachen.

Ich bin davon überzeugt, dass sich das ändern kann, dass die sinnlose Zerstörung, die durch Agrarsubventionen angekurbelte Monomanie in Europa und einigen anderen Teilen der Welt, zu einem Ende kommen würde, würden die Menschen nur etwas genauer wissen, wie ihr Geld verwendet wird. Mehr als jede andere Maßnahme würde dies die Bäume wieder wachsen lassen, die Singvögel wieder zurückbringen sowie die schrittweise Rückeroberung durch die Natur anregen und die ökologischen Prozesse wieder anstoßen, die so lange unterdrückt worden waren. Anders gesagt, dies würde eine teilweise Rückverwilderung des Landes möglich werden lassen.

10) The Hushings / Freispülungen

... das zertrümmerte Antlitz
Der Bauernhöfe mit dem steinernen Rinnsal
Ihrer Tränen die Hügel hinunter.

R. S. Thomas, *Reservoirs*

Vielleicht sind die Kinder die Geschöpfe auf der Welt, für die die Rückverwilderung am dringlichsten ist. Die Verbindung, die Kinder mit der Natur eingehen können, ist sogar noch schneller zusammengebrochen als die Natur selbst. In nur einer Generation ist der Aufenthalt in der freien Natur, wie er noch für viele von uns zum Alltag gehörte, verschwunden. Seit den 1970er Jahren ist die Fläche, in der Kinder sich ohne Aufsicht bewegen können, um nahezu 90 Prozent geschrumpft und der Anteil der Kinder, die regelmäßig an naturhaften Orten spielen, ist von mehr als der Hälfte auf weniger als ein Zehntel gefallen.[1] Eltern haben ungerechtfertigt Panik vor Fremden und mit Recht vor dem Verkehr. Das Ökosystem der häuslichen Welt ist noch reicher und verbindlicher geworden. In manchen Ländern werden Kinder inzwischen angeschwärzt und gepiesackt, wenn sie sich in der Öffentlichkeit zusammenfinden; ihre Spiele werden verboten, ihre Gegenwart wird als bedrohlich empfunden.[2] Und wie Jay Griffiths in ihrem bemerkenswerten Buch *Kith* berichtet, wurden die Kinder durch die Umzäunung und die Zerstörung der Natur auch von Geist und Körper ertüchtigenden Allmenden ausgeschlossen.

Die Allmenden waren das Zuhause von Jungs und Vögeln,
aber die Enclosures* stahlen beiden die Nester, nahmen

---

*Enclosure (dt. Einhegung), der Vorgang, gemeinschaftlich genutztes Land zu privatisieren oder manchmal auch zu verstaatlichen, wobei die Menschen und die Verwendungen, denen es einst unterlag, daraus verbannt wurden, wurde in Engand während des 18. und 19. Jahrhunderts durch entsprechende Parlamentsbeschlüsse gesetzlich festgeklopft und beschleunigt.

den Kindern die Orte ihrer Kindheit, beraubten sie ihrer Tutoren, den Tieren, und ihrer Mentoren, den Flüssen, und stahlen ihnen den Schutzraum ihrer Träume. Die freie Natur wurde eingezäunt und mit Schildern versehen: »Zutritt für Unbefugte verboten«. Von Generation zu Generation schrumpfte die Welt da draußen und der Aufenthalt zwischen den vier Wänden gewann an Wichtigkeit.[3]

Wie Griffith darlegt, zerstörte die Einhegung, begleitet von einer rapiden Ablösung der buntscheckigen Landnutzung von Seiten der Allmende-Bauern durch die Monokultur der Grundherren, vieles von dem, was das Land so ergötzlich für Kinder machte – die alten Bäume und unbeackerten Talsenken, die Teiche und von Binsen durchsetzten Wiesen, die Wälder, Heide- und Buschland –, und verbannte sie aus den Gebieten, die sie nicht zu zerstören vermocht hatte. Die Zerstörung und Auszäunung ging auch noch lange nach dem neunzehnten Jahrhundert weiter. Zäune, um uns auszuschließen, wurden in so großer Zahl errichtet, dass sie uns schließlich einschlossen.

Griffith merkt zudem an, dass Einhegungen den langen Kreislauf von Volksfesten und Kirmessen beendete, mit denen die Menschen ihre Verbundenheit mit dem Land feierten und bei denen die Autoritäten untergraben und Unfug getrieben wurde. Die Festplätze wurden geschlossen, eingezäunt und überwacht.

In den frühen 1990ern konnte ich im Massai-Land beobachten, in welch erschreckendem Tempo diese Beschneidung vor sich ging. Ich wurde Zeuge, wie die Krieger der Gemeinschaft, mit der ich zusammenarbeitete, ihre letzten Zeremonien – ihre letzten Riten – durchführten, als die dafür benutzten Allmenden privatisiert und umzäunt wurden.[4] Der Vorgang der Einhegung und Abschließung sperrte die Menschen quasi über Nacht von ihrem Land aus, zerstörte ihre Gemeinschaften, löste ihre einzigartige Kultur auf und trieb die jungen, jetzt oftmals mittellosen Leute in die Städte, wo sie vom Kontakt mit der Natur auf Dauer abgeschnitten waren. Mit anderen Worten: Ich erlebte, wie die Geschichte meines eigenen Landes sich wiederholte, und wurde Zeuge der damit einhergehenden Fassungslosigkeit, Bestürzung und des Kummers.

Die für alle gedachten Allmenden gehörten auch den Kindern. Ihre Bäume und ihre landschaftlichen Gegebenheiten stellten, ohne dass sie in Auftrag gegeben oder konstruiert worden waren, die Rutschbahnen und Klettergerüste, Sandgruben und Rampen, Wippen und Schaukeln, Spielhäuser und Verstecke zur Verfügung, die heute bei zu hohen Kosten und (da geplant, aufgeräumt und überwacht) bei einem Zehntel des Spaßes gebaut, getestet, überprüft und inspiziert werden müssen. Die Stöcke und Blumen, die Insekten und Frösche, das reichte für Kinder als Spielzeug, um ihre Welt mit Geschichten zu füllen. »So gewiss wie das Land wurde auch die Kindheit eingehegt«, merkt Griffith an.

Die Wirkungen sind schädlich gewesen, aber sie sind so vertraut, dass wir sie kaum mehr sehen. Die Welt zwischen den vier Wänden ist bei Weitem gefährlicher als die Welt draußen, vor der die Eltern eine so große Angst haben. Die fast nicht vorhandene Gefahr durch Fremde wurde ersetzt durch die echte und heimtückische Gefahr der Entfremdung. Kinder, die nur noch zuhause bleiben, entfremden sich einander und der Natur. Fettleibigkeit, Rachitis, Asthma, Kurzsichtigkeit, die Abnahme der Herz- und Lungenfunktion scheinen allesamt mit dem sesshaften Leben zuhause zu tun zu haben.

Einige von Richard Louv in seinem Buch *Last Child in the Woods* zusammengefasste Untersuchungen stellen offenbar eine Verbindung zwischen dem fehlendem Kontakt zur Natur und einem Anstieg des Aufmerksamkeitsdefizitsyndroms (ADS) her.[5] Forschungen an der Universität von Illinois weisen darauf hin, dass Spielen unter Bäumen und im Gras mit einer Abnahme der ADS-Symptome und Spielen in Innenräumen oder auf Asphalt offenbar mit einer Zunahme dieser Symptome verbunden ist.[6] Ein Artikel behauptet, dass das Spielen im Freien die gedanklichen und Wahrnehmungsfähigkeiten der Kinder verbessert,[7] ein anderer, dass Aktivitäten im Freien zu Verbesserungen im Lesen, Schreiben, Rechnen und wissenschaftlichen Arbeiten führen.[8] Womöglich wären die Kinder in der Schule besser, wenn sie mehr Zeit außerhalb des Klassenzimmers verbringen würden.

Was den Kleinen mehr als alles andere fehlt, ist Zeit in den Wäldern. Wenn ich mein Kind und andere Kinder beobachte, scheint mir, dass eine dichte Bedeckung für das selbstvergessene Spielen – große Bäume und Unterholz, das durch umgestürzte Stämme und Sträucher, die Senken, Ufer und Höhlungen verbergen – wie ein Labyrinth wirkt, das Kinder aus der bekannten Welt entführt und in andere Welten lockt. Beinahe von einem Moment zum anderen bevölkern sich die Wälder mit anderen Wesen, werden zum Schauplatz rhapsodischer Mythen und Sagen und verpflanzen die Kleinen in andere Figuren eines zeitlosen, immer neuen, immer gleichen Epos. Genetische Erinnerungen erwachen hier, alte Impulse werden ausgegraben, uralte Muster von Spiel und Entdeckung von Neuem durchgespielt.

Ein Unterschied zwischen der Unterhaltung in Innenräumen und dem Spiel im Freien besteht darin, dass das Draußen endlose Möglichkeiten an Überraschungen bietet. Das Vergnügen dort ist nicht vorgefasst, die Entdeckungen, die man macht, sind ureigene. Der Gedanke, dass die Mehrzahl unserer Kinder niemals von einem springenden Delfin, einer singenden Nachtigall, dem explosiven Kampf der Schnepfen, dem Rascheln einer Natter in Staunen versetzt werden, ist fast so traurig wie das Verschwinden der Arten selbst an jenen Plätzen, an denen wir einst spielten.

Mir würde es gefallen, wenn jede Schule an einem Nachmittag in der Woche ihren Schülern freien Lauf in den Wäldern ließe. Ein großes Hindernis allerdings steht dem im Wege: Es gibt nicht genügend Wälder. Viele Schüler in den Städten wohnen so weit von den nächsten Waldgebieten entfernt, dass diese einfache Unternehmung sich zu einer mittleren Expedition auswachsen würde. Könnte nicht bei jedem neuen Wohnprojekt ein Stück sich selbst überlassenen Lands eingeplant werden, in dem die Kinder nach Belieben spielen können?

In vielen Teilen der Welt sind die Wälder selbst außerhalb der Städte ausradiert worden. Nun, da die Landwirtschaft an bestimmten Orten ohne Subventionen unrentabel geworden ist, könnten wir miterleben, wie manche Einhegungen, die Kinder und Erwachsene, aber auch die Tier- und Pflanzenwelt ausschlossen und in denen wir einst unseren Spaß hatten, aufgehoben werden.

Mir ist klar, dass solche Aussichten zu Konflikten führen werden, dass die Vision, die ich in diesem Buch skizziere, mit den Visionen anderer Leute kollidiert. Die Einzelheiten sind je nach Nation verschieden, die Geschichte aber bleibt von kleinen Abweichungen abgesehen die gleiche: Bestimmte Formen der Landwirtschaft, der Fischerei oder der Forstwirtschaft, die die Natur niederhalten, werden von ihren Akteuren als unerlässlich für den wirtschaftlichen und kulturellen Erhalt sowie für die Traditionen ihrer Gemeinschaften angesehen. Ich habe gesehen, wie Holzfäller und Fischer in Kanada, Bauern in Norwegen und Walfänger in Japan solche Kämpfe ausfochten. Die Konflikte sind handfest und können nicht einfach beiseitegewischt werden. Was ich hier beschreibe, trifft vor allem auf Wales zu, ist aber im Wesentlichen von universellem Belang. Es handelt sich um einen Zusammenstoß zwischen den berechtigten Anliegen derjenigen, die gegenwärtig das Land besitzen oder es in Anspruch nehmen, und derer, die sich ihm gerne wieder verbinden möchten, aber keinen Fuß in die Tür bekommen.

St. David's Day. *Dydd Gŵyl Dewi*. Die Knospen der Salweide standen kurz vor dem Aufbrechen. Das seidige Geäder der Hüllblätter war so fein gespannt, dass sie wie Quecksilberperlen aussahen. Mit dem aufsteigenden Saft hatten die Birkenzweige eine blassviolette Färbung angenommen. Schwertlilien waren am Straßenrand aus dem Boden geschossen; wenn die Lastwagen vorbeifegten, schwankten ihre schwangeren Knospen auf den steifen Stängeln. Ansonsten gab es von der Straße aus kein Anzeichen, dass der Frühling sich bald aus den Klauen des Winters befreien würde. Die Wiesen dösten noch in ihren winterlichen Farben – gelb und bräunlich. Das Farngestrüpp des letzten Jahres, ein tiefes, vom Schnee niedergedrücktes Rostbraun, schmiegte sich an die Berge. Die höheren Gipfel – Cadair Idris, Aran Fawddwy, Tarren Hendre – besaßen noch ihr buntscheckiges Kleid: Neben den leuchtend weißen Flecken wirkte das tote Gras brauner und dunkler. Die tiefstehende Sonne war so hell und die Schatten so knackig, dass das Land aussah, als sei es für einen Film ausgeleuchtet worden. Wir hatten es mit dem vierten Jahr in Folge zu tun, in dem das übliche britische Wetter in sein Gegenteil umgeschlagen war: Ostwinde, warme Tage und frische Nächte im Frühling, schmierige, regengepeitschte Sommer, ruhige, warme Herbste.

Mitten in den kambrischen Bergen fuhr ich auf einem holprigen Weg zu einem kleinen steinernen Bauernhaus. Es war umgeben von grünen Feldern, auf denen Waliser Schafe mit gesprenkelten Gesichtern, mit Pandabäraugen und komischen schwarzen Schnauzen grasten. Am Rand des hübschen Hofs rann klares Wasser über eine Art Schwelle in ein aufgemauertes Bassin. Ein Schäferhund, weiß und karamellfarben, sprang am Ende seiner Kette nach vorn und bellte.

Dafydd Morris-Jones kam mit seiner Mutter Delyth aus dem Haus, um mich zu begrüßen. Ich hatte einen sehr viel älteren Mann erwartet, aber er war noch in seinen Zwanzigern. Er hatte blaue Augen, ein hübsches, offenes Gesicht, zwei Ohrringe am oberen Rand eines Ohrs und – für einen Schafhalter angemessen – Koteletten in der Form von Lammkoteletts. Delyth besaß dieselben hellen Augen. Ihr weißes Haar fiel bis auf die Schultern. Sie machte einen fitten und starken Eindruck.

Ich war auf Dafydd gestoßen, nachdem ich in einem Brief an die Cambrian Mountain Society meine Bedenken ausgedrückt hatte hinsichtlich ihrer Darstellung der Ökologie und der Landschaft des Plateaus. Die Gesellschaft hatte mein Schreiben an Dafydd weitergeleitet. Obwohl ich nicht mit allem, was er schrieb, einverstanden bin, war ich doch beeindruckt von seiner klaren Argumentation und seinem umfassenden Wissen. Ich habe ihn also gefragt, ob wir uns treffen könnten.

Delyth führte mich ins Haus und bat mich, in ihrem kleinen Wohnzimmer Platz zu nehmen. Eine Anrichte, auf deren Tellerbord ihr bestes Geschirr ausgestellt war, nahm eine ganze Wand ein. Dafydds Urgroßvater hatte es dort, wie sie sagte, festgenagelt, nachdem sein Sohn, Dafydds Großvater, als kleiner Junge daran hochgeklettert war und es umgekippt hatte, wobei alle Teller kaputtgingen.

Die Familie hatte den Hof 1880 zur Pacht übernommen und das Land 1942 gekauft. Gerade hatte Dafydd das Dach einer seiner Scheunen erneuert – das seit seines Urgroßvaters Pachtantritt gehalten hatte – und die originalen Schieferplatten wieder verwendet. »Das sollte für die nächsten 150 Jahre reichen«, meinte er.

Nachdem Tee und Scones serviert worden waren, führte er mich auf sein Land. Seine Schafe, die gerade anfingen, dick zu werden, tummelten sich noch auf den tieferliegenden, in unmittelbarer Umgebung des Hauses liegenden Weiden. Dafydd erklärte, dass er die Mutterschafe später als die meisten Schafhalter mit den Widdern zusammenführe, damit sie anstatt im Stall draußen auf dem Feld lammen können. »Auf dem Feld werfen die Schafe nach Einbruch der Dämmerung nicht mehr. Lässt man sie im Stall, werfen sie rund um die Uhr. Wichtig ist nur, früh aufzustehen, da sie bei Tagesanbruch mit dem Lammen einsetzen. Die Krähen reihen sich dann auf den Zäunen auf und warten auf ihren Moment. Sie hacken den Lämmern die Augen aus, noch bevor sie ganz geboren sind. Man muss dann da sein, um sie zu verscheuchen.«

Als wir den Weg, der quer durch sein Land lief, entlanggingen, wurde mir bald klar, dass ich mich in Gegenwart eines brillanten Kopfes befand. In den nächsten Stunden erzählte Dafydd über die beste Art, eine preisgünstige hydroelektrische Turbine nachzubauen, über das von den Römern verwendete Langstreckensignalsystem, die Probleme im Zusammenhang mit Säurerückstandsbecken in China, neue Kletterrouten in aufgegebenen Schieferbergwerken, den Unterschied zwischen einem unterschlächtigen und einem oberschlächtigen Mühlrad und ein Dutzend weiterer Themen, stets mit einer ungewöhnlichen Kombination aus Leichtigkeit und Sachverstand. Er hatte sich zudem gut auf meinen Besuch vorbereitet und die Schlüsseltexte zu dem Thema, über das ich mit ihm sprechen wollte, gelesen und überdacht. Er war, und dieses Wort benutze ich nur selten, ein brillanter junger Mann. Er hätte alles Mögliche tun können, hatte aber die kargste und härteste Form der Lebensbestreitung gewählt. Mir wurde klar, dass er etwas an sich hatte, über das nur wenige Menschen verfügen: Er wusste, wer er ist. Das war beneidenswert.

Dafydd hatte an der Universität von Cardiff einen Abschluss in Walisisch gemacht. Die Hälfte seiner Zeit wandte er für die Landwirtschaft auf und teilte die andere Hälfte zwischen der Arbeit an Übersetzungen (vorwiegend im Winter) und Lehrtätigkeit im Freien (vorwiegend im Sommer) auf. Er war stark in das Leben seines Tals eingebunden und half zum Beispiel, den Gemeinschaftswald zu managen, der an die Stelle einer örtlichen Nadelholz-Anpflanzung getreten war. »Hier«, meinte er, »sieht man, eingeschrieben in die Landschaft, die Geschichte der Nation.«

Der Schein der niedrigstehenden Sonne machte jeden Kratzer, jeden Buckel des von den Schafen abrasierten Bodens sichtbar. Halb in die Grasnarbe eingesunken lagen die Überreste einer, wie Dafydd sagte, 1680 zum ersten Mal errichteten Trockensteinmauer, die einst die zwei großen Besitzungen voneinander trennte, über deren Grenze sich einst sein Hof erstreckt hatte. Sie verlief vom Pumlumon bis nach Cwmystwyth über viele Kilometer durch Moor- und Bergland. Die Hälfte einer der Besitzungen war – traditionsgemäß – bei einem Kartenspiel verloren worden, weshalb der Bauernhof, den Dafydds Urgroßvater später gepachtet hatte, zwischen zwei Besitzern aufgeteilt worden war. Unter den Erhebungen und Buckeln, auf die er zeigte, befanden sich bronzezeitliche Grabhügel, mittelalterliche Sockel von Langhäusern und rätselhafte Einfriedungen, die einmal Fischteiche gewesen sein könnten, aber irgendwie an der falschen Stelle lagen. Der niedrige knubbelige Hügel vor uns gehörte zu einem Bauernhof, der im *Mabinogion*, einer etwa 1500 Jahre alten walisischen Legende, erwähnt wird.

Neben dem Pfad lag ein Haufen Steine, die so etwas wie den Umriss von vier Wänden nachzeichneten und nun in das kurz geschorene Gras zurücksanken. »Dieses Haus war bis 1916 von dem alten Koch, der in Mutters Schule arbeitete, bewohnt worden.«

Ich folgte ihm die Hügelflanke hinauf zu einem Fleck mit hellerem Gras und Flatterbinsen. Das, sagte er, sind die Überreste eines ehemaligen Hushing. Sie stammten entweder aus der Zeit der Römer oder aus dem Mittelalter: Die Archäologen wollten sich da nicht festlegen. Ich musste zugeben, dass ich nicht wusste, was das Wort bedeutete.

Er erklärte, dass ein Hushing Teil des alten im Tal betriebenen Bleiminensystems gewesen sei. Die Bergleute hätten seinerzeit hoch über den Ablagerungen, die sie freilegen wollten, einen Damm gebaut und mittels eines Grabens Wasser in die eingedämmte Senke geleitet. War das Staubecken voll, sei der Damm eingerissen worden und das den Hang hinabtosende Wasser habe die Bodendecke weggespült. Das war, in anderen Worten, die Methode, die ich in den Goldminen von Roraima gesehen hatte, nur eben ohne Dieselpumpen.

Je weiter wir hinaufstiegen, desto rauer wurde das Gras, aber auch das Land, das es bedeckte. Dafydd erklärte, dass er, um grüne Subventionen* zu erhalten, im Winter die Schafe von den Berglagen fernhalten müsse. Er führte mich hinauf zu seinen Sommerweiden auf dem Mynedd yr Ychen, dem Ochsenberg. Zwischen dem Gras hatten sich kurze Büschel Heidekraut, noch in der schwarzen Trauerkleidung des Winters, behaupten können. An seinen Stängeln raschelten die getrockneten Blüten vom letzten Jahr. Als wir den Hügelkamm erreichten, öffnete sich unseren Augen das große gelbe Plateau. Es erstreckte sich in Richtung eines der unauffälligsten Berge, des Pumlumon Fawr, der, sanft aus dem Massiv aufsteigend, stets kleiner aussieht, als er ist. Auf seinen grauen und gelben Flanken standen Flecken schlichter blockartiger Fichtengehölze. Bis auf den Wind war das Land still. Wie so oft in den kambrischen Bergen war kein Vogel zu hören und nichts raschelte im Gras.

Die Heide auf dieser Weide könnte eine Erklärung für den Namen des Bergs sein, meinte Dafydd, da Rinder in ihrem Futter einen hohen Anteil Kupfer benötigten, und in Heidekraut ist es reichlich vorhanden. Dass es Ochsen- und nicht Rinderberg hieß, sei ein Indiz, dass der Name noch auf die Zeit zurückgehe, bevor man Pferde als

---

* Es handelt sich um Zahlungen der zweiten Säule.

Zugtiere eingesetzt habe. Seit der Bronzezeit und noch bis vor ein paar Jahrhunderten wurden Ochsen für schwere Arbeiten herangezogen. Der Grenzwall zwischen den Bergweiden und den näher am Haus liegenden Winterweiden, erzählt er mir später, sei gebaut worden, damit die Schafe ihr Grasen selbst regulieren könnten. An der Talseite war der Wall abgeböscht worden, sodass die Schafe den Berg hinaufwandern konnten, wenn das Gras auf dem Gebiet weiter unten knapp wurde, nicht aber auf der Hangseite, sodass sie nicht zurückkehren konnten, bevor es der Schafhalter wünschte.

Unter uns schmiegten sich die eingestürzten Wände eines kleinen steinernen Gebäudes an den Hang. »Das war das einstige Gänsehaus. Jeden Abend ging Großmutter hier hinauf, um die Gänse darin einzusperren. Die Gänse ästen Gras und die Spitzen des Heidekrauts. Die Landwirtschaft war damals noch gemischter. Bis 2000 hielten wir noch eine kleine Herde Hereford-Rinder, die noch auf die Kühe meines Urgroßvaters zurückging.«

Dafydd zeigte mir die Stellen, wo einst die Gehöfte seiner Nachbarn standen, in manchen Fällen noch bis vor dreißig oder vierzig Jahren. »Nachts funkelten das ganze Tal entlang Lichter. Jetzt gibt es sie nicht mehr.« Er erklärte, das Tal sei einst eine geschäftige Durchgangsroute gewesen und von Leuten auf ihrem Gang zur Kirche, zur Schule oder ins Pub genutzt worden. Letzteres sei inzwischen geschlossen. Es sei auch von den Pilgern aufgesucht worden, die an den Kais von Aberystwyth (die seit Langem abgerissen sind) ankamen und zur Zisterzienserabtei Strata Florida wanderten. Auch die Viehtreiber, die ihre Tiere auf den alten Wegen nach Rhayader und dann nach London führten, hätten dort Halt gemacht. »Unsere Geschichte wird mündlich überliefert, aber sie ist an das Land gebunden. Früher spielten die Jungs ein Spiel: Einer ließ seine Mütze auf einem Felsen irgendwo in den Bergen zurück. Dann ging er ins Pub und nannte einem Freund den Namen des Felsens. Das war alles, was an Information nötig war. Der Freund musste losrennen und die Mütze holen. Jeder Felsen trug einen Namen. Mein Onkel konnte sich noch an alle erinnern. Aufgeschrieben worden sind sie nie.«

Beim Zuhören wurde mir klar, dass wir beide auf etwas zurückblickten, das nicht mehr existierte. Drehten sich Dafydds Gedanken um die Tage, in denen die Hügel vor Menschen nur so brummten, waren meine angefüllt von den Tagen, als sie vor wilden Tieren und Pflanzen wimmelten.

Wir gelangten an der westlichen Bergseite durch niedrige Horste aus Ginster und Heide hinunter in die grüneren Felder hinter dem Haus. Als wir uns dem Hoftor näherten, trafen wir auf Delyth, die uns die Steigung auf einem Quad entgegenkam, an dem ein Heuwagen hing. Ihr weißes Haar flatterte im Wind. Sie sah aus wie Boudicca[9] auf ihrem Streitwagen. »Ich hoffe, ihr macht eine Pause fürs Mittagessen. Es ist jetzt fertig«, meinte sie.

»Ich versuche sie in ihrer körperlichen Arbeit zu bremsen«, sagte Dafydd. »Aber die Landwirtschaft liegt ihr im Blut und sie ist nicht zu stoppen. Mit dem Quad ist sie bislang nur viermal gefahren.«

Nachdem sie die Schafe gefüttert hatte, geleitete uns Delyth in ihre kleine Wohnstube und servierte uns *cawl* mit Pute aus ihrer eigenen kleinen Putenherde, gesüßt mit Steckrübe und Karotten, und noch ofenwarmem Vollkornbrot. Zusammen mit Dafydd erzählte sie mir die Geschichte ihres Hofs und ihrer Gemeinde.

Sie erklärten, dass die Besitzungen sich in den 1640er Jahren herausgebildet hatten. Die Menschen in dieser Gegend seien nicht vertrieben worden, mussten aber zahlen, wenn sie auf ihrem bewirtschafteten Land bleiben wollten, das sie seit Langem schon als ihnen gehörend betrachteten. Die ersten Grundherren waren Mitglieder einer besonderen Waliser Aristokratie; die Prices, Vaughans, Johneses waren Familien, die den Owain-Glyndŵr-Aufstand unterstützt hatten. Sie taten das Ihre, die walisische Kultur und Sprache lebendig zu halten. In Hafod Uchtryd, der großen Besitzung, der auch die Hälfte des Gehöfts gehörte, hatten die Johneses eine Druckerpresse für walisische Texte im Keller stehen.

1833 übernahm der Herzog von Newcastle die Ländereien. Der Besuch der anglikanischen Kirche, und nicht mehr der methodistischen, gehörte fortan, wie Delyth erklärte, zu den Pachtbedingungen.

Missachtete man diese Regel, verlor man seinen Hof. »Dafydds Urgroßvater hielt Andacht und betete in einer Sprache, die er nicht verstand. Doch seine Urgroßmutter bestand darauf, in die Methodistenkirche zu gehen: Auf Englisch wollte sie nicht zu ihrem Herrn sprechen. Ihr Mann hatte fürchterliche Angst: Wir hätten alles verlieren können.«

»Unsere Kenntnisse waren nicht gefragt«, fuhr Dafydd fort.

»Es ging die Rede, dass die Menschen, die auf ihren Höfen blieben, einigermaßen beschränkt seien – das bedeutete, dass es auch mit ihren Kenntnisse nicht weit her war. Kein Mensch dachte daran, aufzuschreiben, was er ohnehin wusste. Mein Vater notierte fast nichts. Er behielt die Schafe, die Zahlen, die Preise und alles im Kopf. Heute müssen wir unseren Grips nicht mehr so sehr anstrengen.«

Dafydd hatte sich die alte Waliser Zählweise beigebracht. Sie basierte auf den Vielfachen von 10, 15 und 20 und war von Hirten zum Zählen ihrer Tiere ausgedacht worden.

»Man kann die Zahlen zwischen den Fingern beider Hände hin und her jonglieren, und die Blöcke auf der einen Seite, die Individuen auf der anderen Seite zusammenzählen. Damit kann man sehr schnell zählen. Mit den neuen Zahlen ist man nicht schnell genug, um das Tempo rennender Schafe mitzuhalten. Deshalb muss man sie bremsen und durch das Gatter führen. Seit den 1970ern wird den Walisisch-Schülern das Dezimalsystem gelehrt. Den Sinn dahinter kann ich verstehen, es ist uns aber auch etwas verloren gegangen.«

Dafydd konnte, wie Delyth berichtete, das Gewicht eines Schafs auf ein Kilo genau abschätzen; sie benutzten keine Waagen mehr, da er immer richtig lag und es schneller ging, die Schafe nach Augenmaß zu wiegen. Sie wiederum konnte etwas, wozu er nicht in der Lage war: Sie konnte die Krankheiten ihrer Tiere aus der Ferne ausmachen, sie aus der Art herauslesen, wie ein Schaf stand oder lag. Sie weiß auch genau, wann sie lammen.

Behutsam lenkte Dafydd die Unterhaltung auf das Thema, in dem wir unterschiedlicher Meinung waren.

»Meine Bedenken gegen die Rückverwilderung liegen darin, dass sie die Menschen außen vor lässt. Für mich handelt es sich um eine post-romantische Ideologie, die sich ausmalt, wie das Land sein würde, wenn nur die Menschen nicht da wären. Schau dir doch an, was am Fuß der Website von Wildland Network* steht: Man möchte die Landschaft ›von menschlichen Einflüssen befreit und durch minimale Eingriffe gemanagt‹ wissen. Das klingt für mich schwer nach ›Säuberung‹.«

Hier vor Ort herrsche eine tiefe Abwehrhaltung, was das Anpflanzen von Bäumen anginge, erklärte er, die auf den von der Forestry Commission in der Mitte des zwanzigsten Jahrhunderts verübten Vandalismus zurückginge. Wie ich es auch anderswo in Wales gesehen habe, hatte die Regierungsbehörde in Wales eine Art Kulturrevolution in Gang gesetzt, im Zuge derer ihre grünen Wachen ehemalige Herrenhäuser und Gutshöfe beschlagnahmte und sprengte. In einigen Fällen machten sie sogar zerfallene Dörfer dem Erdboden gleich und ersetzten sie mit Anpflanzungen identischer Sitka-Fichten. Ein Verbrechen, das kaum als solches zur Kenntnis genommen und nicht aufgearbeitet wurde.

»Die Leute aus Myherin [das kleine Bachtal im Osten des Hofs] sahen sich gezwungen zu gehen: Sie wurden unter Druck gesetzt, damit sie Land und Häuser verkauften. Wo sie einst gelebt hatten, ließ die Forstbehörde 17 000 Hektar Fichten anpflanzen. Von den zehn Häusern, die sie kaufte, sind nur noch drei sichtbar. Zwei sind Ruinen, eines ist eine Schutzhütte. Der Rest ist einfach zwischen den Bäumen verschwunden. Die Wurzeln haben die Überreste gesprengt. Sämtliche Spuren der einstigen Gemeinde sind zerstört.

Ich bin nicht gegen Neues, nicht von vorneherein, aber es sollte eine Weiterentwicklung dessen sein, was man schon hat, und nicht einfach Tabula rasa. Mit flächendeckender Rückverwilderung verliert man seine ungeschriebene Geschichte, das Gefühl für sich selbst und den Ort, an dem man lebt. Es ist so ähnlich wie die Bücherverbrennung. Über Menschen wie uns werden keine Bücher geschrieben.

---

*Trotz der Namensgleichheit mit einer aktiven nordamerikanischen Organisation handelte es sich hier um eine britische Vereinigung, die inzwischen entweder ruht oder eingestellt wurde.

Wenn man die Anhaltspunkte unserer Existenz auf dem Land vernichtet, wenn man die zentralen Wirtschaftsweisen untergräbt, die der walisisch sprechende Bevölkerung im Kernland ihrer Sprache eine Existenzgrundlage verschaffen, schreibt man uns aus der Geschichte heraus. Wir haben nichts anderes.

Naturschutz sollte sich damit befassen, wie wir in der Natur leben können. Wenn er davon abkommt, wird rasch vergessen, dass man ihn noch immer aus der Perspektive des Menschen betrachtet. Ich denke, Rückverwilderung ist ein Oxymoron. Wie William Cronon deutlich gemacht hat: Selbst wenn man die Rückverwilderung um ihrer selbst willen verficht, geht man noch immer von einem menschlichen Standpunkt aus.[10]

Die Leute würden gerne wieder Raubtiere ansiedeln. Warum? Den Wölfen macht es nichts aus, wenn sie nicht hier sind. Wir würden sie doch nur wieder einführen, um das, was der Mensch der Umwelt angetan hat, um diese Schuld, die wir auf uns geladen haben, zu mindern. Das heißt um einem Bedürfnis des Menschen gerecht zu werden und nicht einem der Wildnis. Das beruht alles auf unseren eigenen Werturteilen. Für mich ist Rückverwilderung ein postromantisches Gärtnern. Wie diese großen Rokoko-Palais mit ihren mit Milchmädchen geschmückten Sälen.

Natürlich würde ich hier lieber Bäume sehen als Windräder. Aber weder das eine noch das andere würde die Schulen offen halten, den Dorfladen erhalten oder das Pub wieder eröffnen. Mittlerweile beträgt das Durchschnittsalter der Bauern im Vereinigten Königreich 62 Jahre. Und mit jedem Jahr wird es höher. Wir laufen Gefahr, dass hier nur noch alte Menschen wohnen, die die ›alte‹ Sprache sprechen, und sonst gibt es niemanden. Ein erschreckender Gedanke.«

»Es hat auch Folgen für die Sicht«, fügte seine Mutter hinzu. »Ohne Bäume kann man die Lichter von den anderen Gehöften im Tal sehen. Man fühlt sich nicht so einsam. Der Waldbau schließt uns nur voneinander ab. Wenn man da nicht aufpasst, kann man schnell verzweifeln.«

Diese Argumente schienen mir überzeugend und ich verließ

den Hof aufgewühlt und verwirrt. Zwei Wertvorstellungen, an die ich beide fest glaubte, standen in Widerstreit. Ich war mir schmerzlich bewusst, welchen ökologischen Schaden die Schafe dem britischen Hochland und den Hochlagen vieler weiterer Weltteile zugefügt hatten. Vogelzählungen und andere Indikatoren sprechen dafür, dass die Auswirkungen sogar noch zunehmen. Der Wirtschaftszweig, der diese Schäden verursacht, hängt von öffentlichen Subventionen ab, hier wie in vielen anderen Ländern. Wir zahlen also sowohl für den Anschlag auf die Natur als auch dafür, die Erholung des Lands und seiner Ökosysteme zu verhindern.

Doch die Vorstellung, dass Dafydd und Delyth und Menschen wie sie beiseitegedrängt werden sollten, um Platz für die Wildnis und ihre Tiere zu machen, war ebenso unerträglich. Ich wollte ihre Geschichte nicht ausradiert oder ihre Kultur ausgemerzt sehen, wollte keine *Hushings* erleben: Das Fortspülen der angesammelten Schichten ihres Lebens, wodurch ihre Stimmen zum Verstummen gebracht würden.

Ich hatte durchaus Antworten auf den einen oder anderen Gesichtspunkt, den Dafydd vorgebracht hatte. Das Land und seine Ökonomie haben im vergangenen halben Jahrhundert drastische Veränderungen erlebt. Die öffentlichen Gelder, die früher Menschen wie Dafydd und Delyth zugutegekommen wären, werden heute zum Großteil von Viehzüchtern vereinnahmt, die nicht auf dem Land leben, das sie bewirtschaften, und nur nach dem Rechten sehen, wenn es unbedingt nötig ist. Belege für diese Landwirtschaft auf Distanz sieht man auf den Straßen von Mittelwales häufig genug: Kreuz und quer übers Land fahrende Land Rover, Anhänger mit Quads hinter sich herziehend. Die Leute, die dieses Land erworben haben, bringen wahrscheinlich wenig Interesse für seine Geschichte und Kultur auf. Sie stützen sich auf das moralische Kapital von Menschen wie Dafydd und Delyth, deren Überleben für viele Steuerzahler die einzige noch verbleibende Rechtfertigung für den Luxus von Subventionen ist.

Während die Landwirtschaft auf Distanz zunimmt und die Mechanisierung voranschreitet, geht die Zahl der Beschäftigten auf den Höfen zurück, ein weltweites Phänomen. Die Landwirtschaft in Wales generiert inzwischen weniger als ein Viertel des Einkommens, das mit der wilden Natur erzielt wird, und dies trotz des Umstands, dass sie ein viel größeres Gebiet einnimmt, als das für den Naturschutz bereitgestellte Land. Das Landwirtschaftsmodell, das davon ausgeht, dass die Schafhaltung in den Hochlagen national gesehen einen wachsenden oder auch nur stabilen Beschäftigungsanteil liefert, muss mir erst noch unter die Augen kommen. Bauern, die wie Dafydd ausharren, überleben, weil sie einen Gutteil ihres Einkommens mit Tätigkeiten erzielen, die nicht unmittelbar mit der Landwirtschaft zu tun haben. Die Rückverwilderung hat hingegen großes Potenzial, Wanderer und Naturliebhaber anzulocken. Obwohl die kambrischen Berge in der Nähe der Ballungsräume der West Midlands liegen, werden sie nur spärlich besucht. In den Anfangsjahren würde die Rückverwilderung viel Arbeit erfordern. Bäume müssen angepflanzt, verschwundene Pflanzen und Tiere wieder eingeführt, Zäune entfernt und invasive Arten wie Rhododendron, Sitka-Fichte und streunende Schafe in Zaum gehalten werden. Mit zunehmender Erholung des Ökosystems würden die mit der Rückverwilderung beschäftigten Arbeitskräfte weniger werden, die Möglichkeiten, Einnahmen aus dem Tourismus zu erzielen, allerdings ansteigen. Schafe zu verbannen kommt keineswegs einer Vertreibung der Menschen gleich. Man kann sich durchaus eine erfolgreiche Gemeinschaft einstiger Bauern vorstellen, die als Wächter und Führer tätig sind, Bed and Breakfast anbieten, mit Hofläden, Tontaubenschießen, Fahrradvermietung, Reiten, Angelteichen, Falknerei, Bogenschießen und all den anderen Dienstleistungen aufwarten, die inzwischen ländlichen Gemeinden ein Einkommen sichern.

Untersuchungen an Orten in Nordamerika, an denen die einstige Rohstoffindustrie dem Geschäft mit der Natur gewichen ist, haben zu gemischten Ergebnissen geführt. Ein Papier stellt zum Beispiel fest, dass »Beschäftigungs- und Einkommensniveaus in ›Wildnis‹-Bezirken schneller wuchsen als in Bezirken mit ›Rohstoffgewinnung‹.«[11] Ein anderes kommt zu dem Schluss, dass sich in Regionen, in denen der Holzeinschlag zum Schutz der Wälder eingestellt wurde, die wirtschaftliche Lage »in manchen Gebieten verbessert, in anderen verschlechtern und anderswo so gut wie nicht verändert habe.«[12] Die Ergebnisse dürften je nach Land unterschiedlich ausfallen, aber die möglichen – positiven oder negativen – Auswirkungen sollten sorgfältig geprüft werden. Rückverwilderung könnte unter Umständen jedoch mehr als die Schafhaltung dazu beitragen, die Schule in Betrieb zu halten, den Dorfladen zu stützen oder das Pub wieder zu öffnen, etwas, was der derzeitigen Wirtschaft ganz offensichtlich nicht gelungen ist.

Was die Bücherverbrennung angeht, ich sehe sie, wann immer ich in den Hügeln rund um meinen Wohnort wandere. Ich sehe, wie Eichenwälder, die mitunter von Bauern oder Bergbaugesellschaften über Jahrhunderte erhalten wurden, von den Schafen, die unter den Bäumen weiden, zerstört werden. Ich sehe Hecken, die umgegraben, Trockensteinmauern, die durch Drahtzäune ersetzt, uralte, einst die Grenze zwischen zwei Höfen markierende Bäume ausgerissen und verbrannt werden. Ja, die Rückverwilderung könnte eine Bedrohung für die Kulturgeschichte des Landes darstellen. Andererseits sehe ich in jenen Gemeinden, die diese Geschichte zu pflegen behaupten, Bauern, die sie ausradieren, fast ohne dass sich eine Stimme des Protestes erhebt.

Wenn eine Rückverwilderung stattfände, würde dies für die Belange des Menschen geschehen, nicht für die des Ökosystems. Das ist in meinen Augen das entscheidende Argument. Wölfe würden nicht um der Wölfe willen eingeführt, sondern um der Menschen willen. Wenn eine Rückverwilderung in Gang käme, dann weil wir eine biologisch reiche Umwelt mehr wertschätzen als ein verarmtes System, das, mit Hilfe öffentlicher Gelder, nur den Schafen zugutekommt.

Nachdem ich Dafydd den ersten Entwurf des vorliegenden Kapitels gezeigt hatte, reagierte er auf meinen Vorschlag, dass die Bewohner des Landes selbst über die Einführung von Wölfen entscheiden sollten, mit folgenden Zeilen:

Zunächst: Welche Leute, welches Land? Die lautesten? Die, die am besten ausgebildet sind? Die prozentuale Mehrheit der Gesamtbevölkerung? Da spielt ein anderes Werturteil hinein. Stufen wir etwa die Verbesserung und Bereicherung des Lebens von Außenstehenden höher ein als die Belange der bestehenden Gemeinde und stellen zum Beispiel das Erholungsbedürfnis und die emotionalen Bedürfnisse der Leute aus den West Midlands über jene der örtlichen Bevölkerung? Kommt da nicht dasselbe Argument zum Tragen, wie es herangezogen wurde, um den Bau von Stauseen (das heißt Liverpools Wasserbedarf im Fall von Tyweryn), die Räumung ganzer Landstriche (Truppenübungsplätze zum Zwecke der Verteidigung der Nation in Eppynt und Penyberth) und die Abholzungen durch die Forstbehörde (der wachsende Holzbedarf der Nation) voranzutreiben?!

Sicherlich. Gleichwohl werden die Lämmer auch nicht produziert, um die Bauern zu ernähren, sondern um sie zur Verbesserung und Bereicherung der Lebensumstände an Außenstehende zu verkaufen. Wenn man das Land anders nutzt, ohne dabei die Eigentumsverhältnisse zu ändern, wird sich an dieser Beziehung nichts ändern. Enteignung und Zwangsräumung, wie sie von den Forstleuten, den Staudammentwicklern und der Armee vorgenommen wurden, sind allerdings eine andere Sache. Ich wäre gegen jeden Vorschlag, der beinhaltete, den Bauern für die Rückverwilderung Land abzuzwingen. Wenn eine Rückverwilderung in Gang gesetzt werden sollte, müsste dies mit Zustimmung und unter Einbindung der Leute geschehen, die auf dem betreffenden Land arbeiten.

Keiner dieser Aspekte vermag jedoch das von Dafydd und Delyth so entschieden vorgebrachte Kernargument von der Hand zu weisen, für das ich durchaus große Sympathien hege. Sie sehen die Rückverwilderung als Endpunkt eines langen Prozesses ökonomischen Wandels und ökonomischer Ausschließung, der sie und ihre Kultur aus dem Land getilgt hat.

Ich verfiel in einen Stupor kognitiver Dissonanz, jenes Geisteszustands, der aus der Unfähigkeit rührt, miteinander konfligierende Vorstellungen oder Werte zu vereinbaren. Die Positionen schlossen sich gegenseitig aus, ich konnte jedoch keine von beiden in Abrede stellen. Es war unmöglich, die Rückverwilderung und die Wiederherstellung des Ökosystems zu befürworten *und* zugleich die Bemühungen gutzuheißen, die die Schafhaltung, die Dafydd, Delyth und ihre Kultur am Leben hielt, zu unterstützen. In beiden Richtungen sah ich nur Zerstörung und Traurigkeit. In diesem kläglichen Zustand verharrte ich mehrere Wochen.

Doch eines Morgens, als ich den Hang hinter meinem Haus hinaufstieg, an einem vereinzelten Birkengehölz vorbei, das sich auf einer einstmals überweideten Stelle wieder angesiedelt hatte, fiel es mir wie Schuppen von den Augen. Die Antwort war so einfach, so naheliegend, dass ich nicht verstehen konnte, wie sie mir bis jetzt entgangen sein konnte.

Wie zuvor schon erwähnt, erhalten Schafzüchter im Waliser Bergland durchschnittlich 53 000 Pfund an Subventionen pro Jahr, wohingegen das Durchschnittsnettoeinkommen bei 33 000 Pfund jährlich liegt. Die Viehhaltung kostet jeden Bauern also 20 000 Pfund pro Jahr, auch wenn diese Lücke bei steigenden Preisen für Lammfleisch kleiner werden dürfte. Doch unter der Gemeinsamen Agrarpolitik ist eines der wenigen Dinge, die, will man seine Subventionen erhalten, verboten sind, das, nichts zu tun. Die den »guten landwirtschaftlichen und ökologischen Zustand« gewährleistende Vorschrift sieht vor, dass man alles verwirkt, wenn man sein Land nicht sauber hält. Es ist nicht erforderlich, irgend etwas zu produzieren; es gilt lediglich, das Land daran zu hindern, in den Naturzustand zurückzukehren, indem man es pflügt, beweidet oder die aufkommende Vegetation einfach zurückschneidet. Dies alles dient dem Zweck, die Wiederherstellung des Ökosystems zu verhindern.

Darin also liegt vielleicht die Lösung des Rätsels, das mir so viele Schwierigkeiten bereitet hat: Diese Regel sollte fallen gelassen werden. Bauern, die es nur des Geldes wegen tun, würden bald feststellen, dass sie, wenn sie am Strand liegen, mehr verdienen würden, als wenn sie Schafe über regendurchweichte Hügel treiben. Leute wie Dafydd und Delyth, die an das glauben, was sie tun und weiter gesteckte Ziele haben als nur die Profitmaximierung, würden mit der Schafhaltung weitermachen. Wo das Leben und die Gemeinschaft, die aus der Schafhaltung erwachsen, hochgehalten werden, würde diese Form der Landwirtschaft weiter bestehen. Wo dies nicht der Fall ist, würde sie enden. Große Gebiete würden der Rückverwilderung anheimfallen können und die Bauern, denen die Flächen gehören, könnten Subventionen für die Anpflanzungen, Wiederansiedlungen und andere Aufgaben erhalten, die zur Erholung eines Ökosystem in all seinen Funktionen erforderlich wären. Die Alternative ist das System, über das wir heute verfügen: Eine durch das Subventionsregime erzwungene obligatorische Landwirtschaft.

Natürlich bedarf die hier vorgestellte Idee der Ausarbeitung. Augenblicklich ist das Subventionssystem stark regressiv. Zwar wird es von Steuern, gleichermaßen von Arm und Reich, finanziert, doch die Gelder werden von den größten Landbesitzern disproportional abgegriffen. Unter dem gegenwärtigen System ist dies unausweichlich, da die Landwirte nach Hektar ausbezahlt werden. Kevin Cahill und seinem Buch *Who owns Britain* zufolge sind auf der Insel 69 Prozent des Landes im Besitz von 0,6 Prozent der Bevölkerung.[13] Ich halte es für durch und durch falsch, dass Menschen, die sich abmühen, ihre Familien zu ernähren, gezwungen sein sollten, Almosen an Herzöge, Scheichs und Immobilienhaie weiterzureichen: an die abwesenden Grundherren, Spekulanten und verschiedenen Millionäre, denen in Großbritannien und in andern Teilen Europas ein Großteil des urbaren Lands gehört.

Um dieser Ungerechtigkeit entgegenzuwirken, sollte die Europäische Union meines Erachtens einen Höchstbetrag für die erste Kategorie der Subventionszahlungen einführen.* Mein Vorschlag würde lauten, dass nicht mehr als 100 Hektar im Besitz eines landwirtschaft-

---

* Nämlich Zahlungen der ersten Säule, das heißt Zahlungen, die direkt für einen Landwirtschaftsbetrieb vergeben werden.

lichen Betriebs oder Trusts für diese Zuschüsse geltend gemacht werden können. Dies würde einen Großteil der öffentlichen Gelder einsparen und den kleineren Betrieben (die arbeitsintensiver als die großen sind) einen Vorteil verschaffen. Es könnte auch dazu beitragen, die zunehmende Konzentration des Landbesitzes umzukehren.

Bei der Neuverhandlung der Gemeinamen Agrarpolitik, die die Auszahlung der Subventionen steuert, argumentierte die Regierung in Westminster gegen eine solche Deckelung, und zwar deshalb, weil sie einer »Konsolidierung« entgegenwirke, die, wie sie meint, die Wettbewerbsfähigkeit erhöhe.[14] In anderen Worten, die Regierung hat es auf eine größere Eigentumskonzentration abgesehen.

Dafydd verweist darauf, dass die Aufhebung der Verpflichtung für Landbesitzer, ihr Land auch zu bewirtschaften, Landbesitz für Außenstehende attraktiv machen, die Preise in die Höhe treiben und die Bauern aus dem Markt drängen könnte. Das ist durchaus eine Gefahr, auch wenn es sich für die Bauern, die ihr Land besitzen (und von höheren Preisen profitieren könnten), anders auswirkt als für jene, die ihr Land gepachtet haben und unter Umständen von ihrem Vorkaufsrecht Gebrauch zu machen wünschen.

Das gegenwärtige Subventionssystem hat jedoch den gleichen Effekt: Es bläst auf Kosten der Pächter und Neueinsteiger (Menschen, die Bauern werden möchten) die Preise künstlich auf. Ein Subventionssystem, mit dem diese Folgen nicht auftreten, ist nur schwer vorstellbar. Sobald es Betriebszuschüsse gleich welcher Art gibt, werden sie die Bodenpreise nach oben treiben. Die Einführung einer Deckelung würde dem bis zu einem gewissen Grad entgegenwirken und das Land sowie das Geld, das daraus zu ziehen wäre, für die Superreichen weniger attraktiv machen.

Dies sind ambitionierte Vorschläge. Aber etwas muss sich ändern. Sowohl ökonomisch und politisch als auch ökologisch ist das jetzige Subventionssystem unhaltbar. Eines Tages wird es zusammenbrechen – in ganz Europa. Wir sollten uns auf diesen Moment vorbereiten und eine deutliche Alternative entwickeln. Die Vorschrift abzuschaffen, das Land nicht aufzugeben, würde lediglich die Handlungsfreiheit der Bauern oder ihre Freiheit zur Untätigkeit erhöhen – und wäre alles andere als eine Zwangsmaßnahme. Die Steuerzahler sähen sich nicht länger genötigt, nur eine Sichtweise, nach der sich das Land entwickeln soll, zu finanzieren. Wir würden an manchen Orten für die Natur, an anderen für die Kultur bezahlen. Es besteht, außer für Areale von besonderem ökologischen Belang, im Grunde keine Notwendigkeit festzulegen, wo welche Stellen vorzukommen haben.

Die Freiheit der Landwirte würde den Raum schaffen für die Freiheit Dritter. Wo Erstere sich entscheiden, ihr Land nicht mehr von Wildwuchs zu befreien, nicht mehr zu beweiden oder abzubrennen, könnte sehr schnell eine Veränderung eintreten. Land, das im Augenblick kaum eine Spur von Leben zeigt, das bis auf den Wind und die Schafe keine Geräusche mehr kennt, würde, wie Ritchie es in einem der aussichtslosesten Winkel der kambrischen Einöde herausgefunden hat, mit etwas anfänglicher Unterstützung rasch wieder von Bäumen, Vögeln und Insekten besiedelt werden. Mit den wiedererstehenden Ökosystemen würden sich manche Orte zu tiefen Wäldern entwickeln, andere zunächst in Ginster- und Heideflächen, wieder andere in Bruchwald, sumpfige, von Erlen, Weiden und Espen dominierte Gehölze.

Wenn wir dann in der Lage wären, die fehlenden Arten wieder einzuführen – die großen Säugetiere, die aus diesen Bergen so lange Zeit verschwunden waren –, könnten Orte, die bislang bloß Krähen und Blutwurz mit Nahrung versorgten, ein so reiches Leben entwickeln, wie wir es von den berühmtesten Nationalparks der Welt kennen.

Die Menschen wie die Wildtiere könnten auf dem Land wieder Fuß fassen. Landstriche, die zu einer abstoßenden Ödnis heruntergewirtschaftet wurden, in der es keine lebende Struktur, keinen natürlichen Schutz gibt, könnten uns wieder fröhlich stimmen und faszinieren. Wo es bislang nichts anderes als braunes Gras gab, wo die Erkundung und Entdeckung der Natur so rasch zum Erliegen kommt, wie sie beginnt, könnten von Neuem Ökosysteme florieren, die Kinder und Erwachsene jubeln lassen und endlose Entdeckungs- und Überraschungsabenteuer bieten würden. Zumindest einige dieser rückverwilderten Orte werden, so hoffe ich, groß genug sein, dass ein Tagesmarsch nicht reicht, sie zu durchqueren. In vielen reichen Nationen fehlt das Gefühl der Grenzenlosigkeit und zeigt seine Wirkung. Gelange ich nach einem halbstündigen Spaziergang durch einen Wald an einen Zaun, der diesen von den angrenzenden Feldern trennt, habe ich das Gefühl, dass etwas, das gerade seinen Anfang genommen hat – eine tiefe Abstraktion –, vorzeitig beendet wird. Die Entdeckung und das Erstaunen, die Freiheit eines unstrukturierten Denkens, der sich meine Gedanken öffneten, kommen zu einem abrupten Ende.

In manchen Teilen der Welt kehrt eine turbulente Natur an Orte zurück, von der sie verbannt war. Eine Schätzung geht davon aus, dass zwei Drittel der einst bewaldeten Landstriche der Vereinigten Staaten, die gerodet wurden, wieder von Wald bedeckt sind, nachdem, besonders im Osten des Landes, Landwirtschaft und Holzeinschlag nachgelassen haben.[15] Gemäß einer anderen Studie wird vermutet, dass 2030, auch ohne Änderung der Subventionierung, Bauern auf dem europäischen Kontinent (wenngleich nicht in Großbritannien, wo keine größere Veränderung erwartet wird) 30 Millionen Hektar Land, also etwa ein Gebiet von der Größe Polens, aufgeben werden. Dies wird nicht aufgrund einer bestimmten Politik oder eines Plans geschehen; tatsächlich tun einige europäische Regierungen alles dafür, eine solche Entwicklung zu verhindern und die Bauern auf dem Land zu halten. Da aber junge Menschen das Land auf der Suche nach Arbeit und Abenteuer in der Fremde verlassen und es niemanden gibt, der ihren Platz einnehmen könnte, ist der Niedergang der Landwirtschaft in vielen Gegenden unausweichlich.

Darin liegt auch eine gewisse Traurigkeit, die ich spürte, als ich durch die Ardèche in Südfrankreich wanderte, und auf raffiniert gebaute Steinterrassen, gepflasterte Wege, alte Brücken und steinerne Treppen stieß, die, wie Maya-Ruinen im Dschungel, von Kastanienwäldern überwuchert wurden – die Bäume wuchsen manchmal auf den Mauern selbst –, durch die Wildschweinrotten marodierten und Baummarder sprangen. Meine Freude an der wiedererstehenden Wildnis wurde gedämpft von dem Schock, dass damit von den Händen unzähliger Generationen geleistete Arbeit, die ihren unbekannten Nachkommen eine Zukunft bauen sollte, völlig verschüttging. Hier war eine ganze Kultur ausgelöscht worden.

Der Rückzug, in dem sich Kummer und Freude mischen, scheint an vielen Orten, insbesondere in Europas Bergregionen, unerbittlich vonstattenzugehen.

Wir haben keine andere Wahl, als dies anzuerkennen – es sei denn, man wollte die Bauern und ihre Kinder dazu zwingen, auf dem Land zu bleiben, und dann entscheiden, was als Nächstes geschehen soll. Die von den Bauern aufgegebenen Gebiete werden weiträumig genug sein, um die Wiedereinführung, sollten die Menschen auf dem Kontinent sich dafür aussprechen, nicht nur von Wölfen, Bären, Luchsen und Wisenten, die bereits langsam wieder Fuß fassen, zu erlauben, sondern auch von Elefanten, Nashörnern, Flusspferden, Löwen und Hyänen.

Klingt das lächerlich? Natürlich. Man muss fairerweise konstatieren, dass die Menschen in Europa dazu noch nicht bereit sind. Aber wenn es ausreichend Land geben sollte, wenn dieses Land in ausreichend großen Flächen zusammengefasst und von weiterer Ausbeutung geschützt ist, gibt es dafür aus biologischer Sicht wahrscheinlich kaum Hindernisse. All diese Tiere (oder verwandte Arten) kamen noch bis in jüngerer Zeit in Europa vor und unsere einheimische Flora und Fauna hat sich entwickelt, um sich ihrer Aufmerksamkeit zu erwehren. Die Hindernisse wären allerdings politischer und kultureller Art. Doch wie die in vielen Teilen Europa sich wandelnde Haltung gegenüber dem Wolf zeigt, muss dies nicht immer so bleiben. Vielleicht müssen eines Tages Großkatzen nicht mehr nur herbeifantasiert werden. Während die Natur in anderen Teilen der Welt noch auf dem Rückzug ist, könnte Europa als erster Kontinent, der seine Megafauna und auch viele der mittelgroßen Tiere verloren hat, durch Rückverwilderung zu einer der biologisch reichhaltigsten

Regionen der Erde werden. Während wir zu Recht über den schockierenden Zusammenbruch der Biodiversität in so vielen Ländern lamentieren, ist uns eine Geschichte entgangen: die Geschichte eines europäischen Sommers voller Geräusche.

11) Das Tier in uns
oder wie Rückverwilderung nicht stattfinden sollte

Und ich denke, in dieser leeren Welt ist für mich und einen Berglöwen Platz. Und ich denke, wie leicht könnten wir in der Welt da draußen auf ein oder zwei Millionen Menschen verzichten, ohne sie je zu vermissen. Doch welch eine Lücke in der Welt: wenn das Frostgesicht fehlt jenes schlanken gelben Pumas![1]

Vier tschechische Skinheads in schwarzen Muscle Shirts und Kampfhosen zeigten stechenden Blicks mit den Fingern auf die Waffen und redeten mit leisen, angespannten Stimmen. Sie kochten vor Zorn und Erregung. Für sie, so schien es, war der vor fast einem Jahrhundert zu Ende gegangene Krieg noch nicht vorüber. Hier, an einer in Mitteleuropa weithin vergessenen Front – der Soška fronta –,[2] wo sich im Ersten Weltkrieg Soldaten der italienischen und der österreichisch-ungarischen Armee gegenüberstanden, waren 600 000 Männer zu Tode gekommen. Sie hatten sich entlang des Soča-Tals und in den Bergen gegenübergelegen, unter Bedingungen, die so brutal und tödlich waren wie die an der Somme – in manchen Fällen kämpften sie lediglich um ein paar Meter blanke Gipfel in Gräben, die in Eis und Gestein geschlagen waren.

Durch die Julischen Alpen wandernd, waren wir den alten Nachschublinien gefolgt, hatten betonierte Gefechtsstände gesehen und an den Überresten von Seilbahnen Halt gemacht, die benutzt worden waren, um Ausrüstung von einem Gipfel zum anderen zu befördern. Während wir auf andere, in leuchtende Farben gekleidete Wanderer trafen, die uns in einem Dutzend unterschiedlicher Sprachen freundlich grüßten, auf den hochgelegenen Bergwiesen Steinböcke beim Wiederkäuen beobachteten und die Alpendohlen mit Käsekrümeln fütterten, waren die Schrecken jener Front kaum zu erahnen. Doch hier im Museum von Kobarid fügte sich anhand der Schaukästen, Karten und Tafeln das Gesehene zu einem Bild und machte das unglaubliche

Ausmaß des Gemetzels begreifbar. Während sich die Skinheads in die verblichenen Fotografien vertieften und dabei zischelten und flüsterten, wies mich meine Partnerin auf etwas hin, das mir entgangen war. Und sofort war ich fasziniert. Ganz gleich, ob die Fotografien oben in den Bergen gemacht worden waren oder unten im Tal, zeigten die meisten Schautafeln die gleiche Begebenheit. Ich schaute über die Stacheldrahtrollen, die erstarrten Männergesichter, die Gewehre und Pferde und blieb an etwas Erstaunlichem hängen. Etwas, das fehlte.

Ich ging hinaus in die Sonne, nahezu außerstande, zu glauben, was ich gesehen hatte – oder nicht gesehen hatte. Ich starrte auf die Berge ringsum und verglich sie mit dem, was ich auf den Fotografien betrachtet hatte. Manche Bilder waren an dieser Stelle oder anderen uns bekannten Plätzen aufgenommen worden, darunter auch der Abschnitt des Soča-Tals, in dem wir wohnten. Doch wo jetzt dichte Wälder wuchsen und ein hohes geschlossenes Blätterdach bildeten – in den Tälern, über den Hügeln und die Berghänge hinauf, bis sie tausende Meter über dem Meeresspiegel, in niedrige Kieferngehölze übergehend, zu einer natürlichen Baumgrenze ausliefen –, war fast gar nichts zu sehen gewesen. Das Gebiet auf den Fotografien, die während des Ersten Weltkriegs im Westen Sloweniens aufgenommen worden waren, war nahezu baumlos.

Wenn ich behaupte, ein Land habe die Größe von Wales, erwarte ich nicht, dass diese Bemerkung ernst genommen wird. Wales wird so häufig als Vergleichsgröße herangezogen, dass es schon fast eine Maßeinheit darstellt. Wie oft mag man schon gelesen haben, dass »in diesem Jahr ein Regenwaldgebiet von der Größe von Wales zerstört worden ist« oder »die Überschwemmungen haben eine Region von der Größe von Wales überflutet« oder »die Rettungsmannschaft musste eine Buschgebiet von der Größe von Wales absuchen«? Aber in diesem Fall ist der Vergleich treffend: Wales und Slowenien besitzen fast die gleiche Größe.* Sloweniens Bevölkerung (zwei Millionen)

---

* Slowenien hat mit 20 237 Quadratkilometern 98 Prozent der Fläche von Wales, das 20 779 Quadratkilometer einnimmt.

ist nur wenig kleiner als die von Wales (drei Millionen) und sein Bruttosozialprodukt lag in dem Jahr vor unserem Besuch um einen Bruchteil höher.* Damit enden allerdings die Ähnlichkeiten.

Während das Waliser Hochland im letzten Jahrhundert nach und nach entwaldet wurde, hat sich die Vegetation in den Hügeln und Bergen Sloweniens von Grasland und Gebüsch in tiefen Wald gewandelt. Die Bäume sind mittlerweile so hoch und beeindruckend und bedecken das Hügelland so dicht, dass man beim Anblick der alten Fotografien aus der Kriegszeit – nach ökologischen Maßstäben erst vor sehr kurzer Zeit aufgenommen – kaum fassen kann, denselben Ort vor Augen zu haben. Ich habe mich derart daran gewöhnt, Zeuge von Zerstörungsprozessen zu sein, dass ich mich beim Betrachten dieser Fotografien in einem rückwärts abgespielten Film wähnte.

Wir schoben das Schlauchboot über die Uferböschung in das flache Wasser unter einer überhängenden Birke. Die entstehenden kleinen Wellen wogten über die glatte Oberfläche, kräuselten erst die frühen Herbstfarben – grün, kupferrot, gelb, blau – und rollten sie wieder aus wie eine psychedelische Linoleumwalze. Wir ließen uns ins Boot gleiten, paddelten bis in die Mitte des Flusses und zogen die Paddel ein. Sobald das Schlauchboot in die Strömung geriet, begann es sich wie ein herabgefallenes Blatt zu drehen und den Fluss hinabzutreiben. Keiner sagte ein Wort.

Links glitt Slowenien vorbei, rechts Kroatien. Beide Seiten waren in tiefen Wald gehüllt. Buchen, Ahornbäume und Espen hingen über das Wasser und ließen ihre Zweige in der Strömung schleifen. Auf den steilen Kalksteinhängen beiderseits der Kolpa stießen Weißtannen durch das Blätterdach der Laubbäume. Vogelgesang drang aus den Wäldern und verbreitete sich über das Wasser. Außer einem gelegentlichen Auto auf der schmalen Straße auf slowenischer Seite und einem fernen Rumoren eines Wehrs auf kroatischer war kein Laut zu hören. Ich lehnte mich zurück. Fluss und Himmel waren von

---

*2009 erwirtschaftete Slowenien 18 000 Euro pro Kopf. Währenddessen kam Wales auf 14 800 Pfund, was zur Zeit der Niederschrift 17 000 Euro entsprach.

Blättern gesäumt. Um die am Wasser stehenden Salweiden flatterten Rotschwänzchen und Bachstelzen durch das gefleckte Sonnenlicht. Eine Drossel flog durch den Himmelsfluss über uns, gegen das Licht schimmerten ihre Flügel silbrig wie Gaze. Bald nahm die Strömung zu und das erste Wehr kam in Sicht. Wir schoben das Boot auf eine Kiesbank, nahmen uns die Zeit, es zu inspizieren. Alles sah danach aus – obwohl es nicht sein konnte –, als sei hier noch nie ein Mensch entlanggekommen. Am stromaufwärts liegenden Ende der Kiesbank war der Geruch nach Pfefferminze so stark, dass ich mir fast einbildete, ich könnte die Duftschlieren über den Büschen hängen sehen. Das Kraut bildete eine hüfthohe Hecke, die eine Insektenwolke freigab, als ich es mit der Hand streifte. Am unteren Ende war die Kiesbank, die sich am Wehr angelagert hatte, von Weidendickicht bedeckt. Als ich in es eindrang, entdeckte ich ein aufgegebenes Entennest. Grasmücken schwirrten durch die Zweige. Ich kämpfte mich auf die andere Seite, wo Bittersüßer Nachtschatten über einem vernachlässigten Mühlbach hing. Aus seinen dunklen Blüten ragten die gelben Staubgefäße wie Stachel hervor. In dem Bach stiegen rot und schwarz getüpfelte Forellen auf und küssten die Oberfläche. Ich sah ihnen eine Weile zu und stieß dann durch die Korbweiden zurück auf die andere Seite der Anschwemmung, wo das Wasser wie poliert über die Steinlippe glitt, bevor es in Gischtfahnen explodierte. Oberhalb des Wehrs schien das Wasser wie unter Spannung zu stehen, seine polierte Glätte von Turbulenzen gestört. Forellen hingen, die Schwänze auf dem über den Steinen zurückströmenden Wasser ruhend, unter der Oberfläche und hatten die Köcherfliegen im Visier, die versuchten, sich aus dem Oberflächenfilm freizustrampeln; die Fische stiegen auf und schnappten sie sich mit einem weißen Aufblitzen ihres Mauls. Die Dellen, die sie auf der Oberfläche hinterließen, schlüpften über die Wehrkante.

Als ich das Wasser entlang der Kiesbank prasseln hörte und die in Richtung Wehr gleitenden Herbstblätter und das weiße, über die Kante stürzende Wasser sah, fiel mir eine Rentierschnitzerei im Britischen Museum ein, die mir gefallen hatte. Ein Rentierbock und eine Kuh, die sich südwärts durch einen rauschenden Fluss kämpfen und den Herden auf ihrer herbstlichen Wanderung zu den Winterweiden folgen. Der Bock stützt beim Schwimmen sein Kinn auf dem Rumpf der Kuh ab, seine Nüstern sind geweitet, das Geweih in den Nacken geworfen und vor Anstrengung und Erregung treten die Augen hervor. Man kann die Rentiere fast schnauben und keuchen hören, kann sehen, wie das Wasser um das Kinn fließt und das lange Winterfell nach unten zieht. All dies ist auf einem Stück Mammutelfenbein von der Größe einer Karotte abgebildet, vor 13 000 Jahren mit einen Flintsteinmeißel eingraviert.

Wir meisterten das Wehr auf eine Art, die man kaum als anmutig beschreiben würde: rückwärts, in einem Durcheinander von Gliedmaßen und Paddeln. Die in meinem Kopf hausenden Juroren hielten ihre Nullen hoch.

Dann schwangen wir das Boot herum und trieben durch eine weite flache Strecke. Weit vor uns stieß sich eine Frau in einem Stocherkahn von Slowenien nach Kroatien über den Fluss, wurde dabei von dem schmalen Band aus Sonnenlicht verschluckt und tauchte wieder auf. Wir passierten ihr Haus. Ein Apfelbaum hing über das Wasser. Ich konnte die rot-grünen Äpfel sehen, die sich in den Kehrwässern entlang des Ufers drehten und einige hundert Meter flussabwärts hin und wieder im Sonnenlicht aufblitzten. Ich fischte ein paar aus dem Fluss, die wir im Boot liegend aßen.

Nach ein paar weiteren Wehren, die wir mit etwas mehr Würde überquerten, trieben wir in eine zwischen Kalksteinklippen liegende tiefe und enge Spalte. Ich starrte ins Wasser. Obwohl der Fluss hier an die sechs Meter tief war, war sein Wasser so klar, dass ich den Grund und den Schatten von Fischen sah, die wie noch unfertige Gedanken darüber hinweghuschten.

Als wir aus der Schlucht herauskamen, bemerkte ich eine Kreatur, wie ich sie niemals zuvor gesehen hatte. Blassgrau mit großen schwarzen Punkten, ein großer Kopf mit einem nach unten gebogenen Kiefer, die kalten gelben Augen eines Wolfs, so lang und schmal wie ein Hecht, patrouillierte sie, unbeeindruckt von uns, das Ufer entlang und jagte. Es war ein Huchen, der räuberische Flusslachs des Donaugebiets. Mit drei oder vier Pfund Gewicht war es noch ein junges Exemplar, manche seiner Artgenossen wiegen bis zu 30 Kilo. Auch die Flüsse weiter im Norden, die in die Adria abfließen, enthalten Ungeheuer. Die dort lebenden Marmoratforellen werden wie der Huchen bis zu 30 Kilo schwer. Ein Angler, mit dem ich am Ufer der Soča gesprochen habe, erzählte, dass manchmal, wenn er eine Äsche am Haken habe und sie mit dem Kescher einholen wolle, eine riesige Forelle hinter einem Felsen hervorgeschossen komme und sie vom Haken schnappen und am Stück verschlingen würde.

So wie sich die Wälder Sloweniens erholt haben, ist es auch den Flüssen ergangen. Ihr Wasser ist klar, da der Boden, der nun von den Baumwurzeln festgehalten wird, nicht länger weggeschwemmt werden kann. Es ist weder von Pestiziden noch von Düngemitteln belastet; und da die Wälder die Niederschläge nur langsam freigeben, sind sie von den schlimmsten Überschwemmungen oder heftigen Dürren verschont geblieben.

Fast eine Stunde lang ist Tomaž Hartmann auf einer Forststraße durch Kočevski Rog gefahren. Über uns ragten Buchen- und Weißtannenwälder in die Höhe, stellenweise schienen sie sich über der Straße zu berühren. Die Wurzeln der Bäume krochen über moosige Felsbrocken, die in die karstigen Krater der Kalksteindolinen gerollt waren. Die Karsttopografie – verwitterte Kalksteinlandschaften aus Klüften, Dolinen, Schlünden und Karen – hat ihren Namen von dieser Gegend Sloweniens, die manchmal Kras oder Karstplateau genannt wird. Das Wort bedeutet Ödland. Wenn Karstlandschaften beweidet werden, verkahlen sie rasch; es war jedoch schwierig, dieses Wort überein zu bringen mit dem, was sich hier meinen Augen bot.

An einer Stelle, wo sich die Straße an eine Hügelkante schmiegte, konnte ich viele Kilometer weit über das Dinarische Gebirge sehen. Der Blick wurde von den Wipfeln der unter uns stehenden Bäume gerahmt, durch die das Sonnenlicht brach. Die Berge zogen sich durch das ehemalige Jugoslawien und verblassten in immer vageren Blautönen. Der gesamte Gebirgszug war mit Wald bewachsen. Wo die Straße in einen Pass hinunterführte, schloss uns Dunkelheit ein. Durch die Baumstämme konnte ich sehen, wie die Luft dichter wurde, wie sich ein grüner Schatten über den anderen legte. Ein paar Schritte von der Straße saß ein Fuchs und beobachtete uns. In den Schattenschichten glomm sein kupferfarbenes Fell wie glühendes Holz, das an den Ohrenspitzen zu Holzkohle ausgekühlt war. Er hob seine schwarzen Pfoten und lief in die Tiefe des Waldes. Spechte flogen in großen Schwüngen den Weg entlang.

Über unseren Köpfen glitzerte das Buchenlaub im silbernen Licht. Die großen Tannen touchierten die Sonne wie gereckte Lanzen. Sie sahen aus, als seien sie schon immer hier gewesen.

»All das«, meinte Tomaž, »ist seit den 1930er Jahren herangewachsen.« Er stellte den Wagen ab und wir gingen einen Waldweg hinauf. Am Wegrand schoben sich Pilze durch das alte Laub. Edelreizker, orange und blassgrün, deren Ränder sich aufwarfen wie bei japanischer Keramik. In der Nähe verrotteter Baumstümpfe wuchsen Schuppiger Porling, Schwefelkopf und Krause Glucke. Täublinge – scharlachrot, grauviolett und golden – hellten den Waldboden auf. Tomaž führte uns einen Hang mit Kalksteingeröll hinauf zu einem Stück Urwald, dem einstigen Kerngebiet der großen Wälder, die sich während des vergangenen Jahrhunderts regeneriert hatten. Beim Aufstieg gerieten wir in einen fransigen Wolkensaum. Die Geräusche klangen gedämpft. Die Bäume ragten dunkel aus dem Nebel. Tomaž sprach, während wir weitergingen, über die Dynamik des Waldsystems: Dass es niemals ein Gleichgewicht erlange, sondern fortwährend durch einen Kreislauf von Veränderungen taumele. Er hatte bereits einige größere Veränderungen festgestellt, und ihm war klar, dass sich mit der Klimaerwärmung noch viele weitere einstellen würden. Obwohl er sich als Förster oder Naturschützer beschrieb, hatte er nicht den Wunsch, diesen Zyklus zu unterbrechen oder eine bestimmte Phase der Sukzession von einem Stadium zum anderen auszuwählen und einzufrieren. Er war nur darauf bedacht, soweit es sein Job erlaubte, den Wald vor der Zerstörung durch die Menschen zu schützen.

Er war jetzt in seinen Sechzigern und hatte die meiste Zeit seines

Erwachsenenlebens in diesen Wäldern gearbeitet. Er war ein liebenswürdiger, einnehmender Mann mit einem sanften Gesicht und weißem Bart, der mit sich und seinem Leben im Frieden zu sein schien. Die Arbeit im Wald und seine Familie hätten sein Leben, wie er sagte, mit all dem Glück und Sinn erfüllt, die sich ein Mann nur wünschen kann. Wenn er nicht arbeitete, baute er im Wald aus Blättern, Schnee und abgefallenen Ästen vergängliche Skulpturen.

Vor uns schoss verschwommen etwas Dunkles und Kompaktes über den Pfad und verschwand im Unterholz. Wahrscheinlich ein junges Wildschwein, meinte Tomaž. Obwohl der Moment des Übergangs nicht ganz klar war, befanden wir uns plötzlich im urwüchsigsten Kern des Waldes. Die Bäume, an denen wir bislang vorbeigegangen waren, waren beeindruckend gewesen, was wir aber hier sahen, besaß eine andere Größenordnung. Diese Buchen wuchsen ohne Verzweigungen an die dreißig Meter in die Höhe – glatte, in Elefantenhaut gekleidete Säulen –, bis sie wie riesige Gardenien im Blätterdach des Waldes zu einem laubgrünen Hochplateau erblühten. Weißtannen schoben sich an ihnen vorbei, die größten Wipfel reichten fast 45 Meter hoch. Nur wo sie umgestürzt waren, konnte man die Größe ihrer Stämme ermessen.

Der Wald war in einen Zyklus eingetreten, wie ihn Tomaž zuvor noch nicht erlebt hatte, und in dem viele der Baumriesen umgekommen waren. Manche waren gestorben, wo sie standen, und waren stehen geblieben, von Käfer- und Spechtlöchern, sprießenden Zunderschwämmen und Birkenporlingen zerfressen. Sie sahen aus, als ob ein Windhauch sie umpusten könnte. Andere lagen quer über den Felsbrocken und Kratern, versperrten uns manchmal den Weg oder hingen über unseren Köpfen. Manche der auf dem Boden liegenden Stämme waren so dick, dass ich kaum über sie hinausschauen konnte. Wo sie lagen, drängten sich kleine Schösslingsdickichte ins Licht. Angesichts der Überfülle des Lebens, das in Form von Pilzen und Insekten in dem toten Holz hauste, erinnerte ich mich an einen von den alten Ökologen gerne angeführten Aphorismus: In toten Bäumen steckt mehr Leben als in lebendigen. Der ordentliche, aufgeräumte

Wald, den Forstverwaltungen so vieler Nationen im Sinn haben, beraubt zahlreiche Arten ihres Lebensraums.

An einem großen verrotteten Baumstamm, der seine Rinde verloren hatte und nun von einem grünen Algenbewuchs bepelzt war, zeigte uns Tomaž zwei aus vier weißen Kerben bestehende Muster, tiefe parallele Kratzer. Dort hatte ein Bär seine Krallen geschärft. Er hatte im Wald schon viele Bären gesehen, erzählte er uns, aber noch nie einen Luchs oder einen Wolf – obwohl beide Tiere hier häufig vorkommen. Bloß zu wissen, dass sie da seien, würde jeden Moment, den er im Wald verbringe, elektrisieren und bereichern. Auch ich spürte es; es war wie ein dritter Herzschlag. Der Wald schien vor Möglichkeiten zu strotzen. Um Auden zu verballhornen: Hier ist, was wächst im Dschungel der Natur, noch ungebrochen, die Monster, maßlos, sind noch unerschrocken.[3] Diese großartige Rückverwilderung war, wie Tomaž erklärte, das zufällige Ergebnis einer Reihe grässlicher menschlicher Tragödien.

Vor etwa 150 Jahren waren nur 30 Prozent der Kočevje-Region, von der heute 95 Prozent bewaldet sind, mit Bäumen bedeckt. Ein Großteil des Forsts wurde von den Prinzen von Auersperg als Jagdrevier gehalten. Sie waren, wie es bei Prinzen offenbar häufig der Fall ist, so von der Jagd besessen, dass sie zusammen mit anderen Großfürsten der Habsburger Monarchie in Slowenien und Kroatien eine offizielle Freundschaftsbekundung gegenüber den Bären aufsetzten, unterzeichneten und mit ihren mächtigen Siegeln versahen. Darin kamen sie überein, sein zahlenmäßiges Vorkommen zu erhalten, damit sie ihn auch weiterhin verfolgen könnten. Welche Rolle der Bär bei diesen Verhandlungen spielte, ist nicht überliefert.

Die Revolutionen von 1848 beendeten den Feudalismus in Mitteleuropa. Die Bauern verloren das Recht, ihre Tiere auf Allmendeland zu führen, konnten dafür aber ihre eigenen Grundstücke erwerben. Ungefähr um die gleiche Zeit begann der Import billiger neuseeländischer Wolle die europäische Industrie zu untergraben. Am Ende des neunzehnten Jahrhunderts hatten zahlreiche Kleinbauern ihr Land verkauft und waren entweder in die Städte gezogen oder nach Amerika ausgewandert. In den 1930er Jahren, als immer mehr Menschen aufgrund der Depression das Land verließen, kam es zur weiteren Ausdehnung der Wälder, die nun rund 50 Prozent der Kočevje-Region bedeckten. Die größte Ausbreitung erlebte der Wald jedoch in der Folge der Ereignisse, die ein Jahrzehnt später stattfanden. Der überwiegende Teil der Bevölkerung in Südwestslowenien – etwa 33 000 Menschen – bestand ethnisch gesehen aus Deutschen. In den Bergen hielten sie Schafe und Ziegen und in den Ortschaften besorgten sie einen Gutteil des Handels. Unter der autokratischen Herrschaft König Alexanders in den zehn Jahren vor dem Zweiten Weltkrieg wurden die Deutschen in Jugoslawien – rund eine Million insgesamt – diskriminiert und aus der Gesellschaft gedrängt. Viele von ihnen schlossen sich daraufhin deutsch-nationalistischen Bewegungen an, deren manche sich bald mit den Nazis verbündeten. Als 1941 Hitlers Armee plötzlich in Jugoslawien einfiel, waren über 60 Prozent der ethnischen Deutschen Mitglieder des Kulturbunds, einer Organisation, die bald in Himmlers euphemistisch bezeichneter Volksdeutschen Mittelstelle aufging.*

Hitler trat den Südwesten Sloweniens an Italien ab und viele der jugoslawischen Deutschen wurden von den Nazis zwangsweise in das Dritte Reich umgesiedelt, um ihre »Rasseinheit« zu bewahren und sie von den Partisanenangriffen zu schützen. Etliche Deutsche aus Kočevje wurden nach Ostslowenien verbracht, andere wiederum in weitere Länder unter deutscher Herrschaft.

Die Schrecken der 1990er Jahre in Jugoslawien waren ein schwaches Echo dessen, was sich während des Zweiten Weltkriegs dort abgespielt hatte. Viele ethnische und religiöse Gruppen begingen damals Gräueltaten, führten Vertreibungen, Massaker und an Genozid

---

* Ich habe die Darstellungen von Tomaž und anderen Slowenen, mit denen ich gesprochen habe, erweitert und beziehe mich dabei insbesondere auf Material, das vom Institut für Vertriebenenforschung veröffentlicht wurde. Siehe Institute for Research of Expelled Germans, »The forced labour, imprisonment, expulsion, and emigration of the Germans of Yugoslavia«, 2011, online verfügbar: {expelledgermans.org/danubegermans.htm}, letzter Zugriff: 1. Mai 2020.

grenzende Säuberungen durch, die von anderen Kriegskatastrophen abstachen. Beinahe eine Million Menschen starben in vom Nazi-Einmarsch ausgelösten bürgerkriegsähnlichen Konflikten. Einige dieser Großverbrechen waren von der SS-Division »Prinz Eugen« verübt worden, unter deren Mitgliedern sich auch ethnische Deutsche aus Jugoslawien befanden. Juden, Partisanen und Kommunisten sowie Menschen, die in ihren Augen mit diesen Gruppen sympathisierten, wurden von ihnen massakriert.

Nachdem die Achsenmächte besiegt waren, kam es der kommunistischen Regierung unter Marschall Tito gelegen, die ethnischen Deutschen für zahlreiche von Dritten begangenen Verbrechen verantwortlich zu machen. Dies war offenbar einfacher, als der Wahrheit ins Auge zu sehen: Dass auch von Kroaten, Serben, Bosniern, Albanern, Ungarn, Nazis, Kommunisten, Monarchisten, orthodoxen Christen, Katholiken und Muslimen Gräueltaten begangen worden waren. Fast alle jugoslawischen Deutschen, die nicht mit den Armeen der Achsenmächte aus dem Land geflohen waren, wurden von Titos Regierung entweder vertrieben oder – häufig in Arbeitslagern – interniert. Manche wurden von der sowjetischen Roten Armee in Lager in der Ukraine verschleppt. Innerhalb weniger Jahre nach dem Ende des Kriegs in Jugoslawien war der deutsche Bevölkerungsanteil um 98 Prozent gefallen.[4]

Zahlreiche weitere Personen, die mit dem Deutschen Reich zusammengearbeitet hatten, wurden hingerichtet. Die sechs Bataillone der slowenischen Landwehr flohen im Mai 1945 zusammen mit den deutschen Truppen nach Österreich.[5] Sie wurden von den Briten zwangsweise repatriiert. Auf der Fahrt mit Tomaž durch die Wälder von Kočevski Rog hatte ich am Straßenrand große wie Totempfähle wirkende Baumstämme gesehen, die der Bildhauer Stare Jarm in die gefolterten Gestalten christlicher Märtyrer umgeschnitzt hatte. Sie markierten die Dolinen, an deren Rändern tausende Kollaborateure aufgestellt und mit Maschinengewehrsalven getötet wurden. Danach hatten die Partisanen die Krater mit Dynamit zum Einsturz gebracht, um die Leichen unter den Trümmern zu begraben.

Das brach gefallene Land der Region Kočevje, deren Bevölkerung erst von den Nazis umgesiedelt und dann von der sozialistischen Regierung und der Roten Armee versprengt wurde, ist nicht mehr besiedelt worden. Nachdem die Bauernhöfe aufgegeben und die Wiesen nicht mehr von Schafen und Ziegen beweidet wurden, hatte die Saat, die von den benachbarten Wäldern herabregnete, die Chance aufzugehen. Das Land wurde einmal mehr von Bäumen besiedelt.

Jernej Stritih, ein kluger lakonischer Regierungsdirektor in der slowenischen Regierung, mit dem wir uns in Ljubljana angefreundet hatten, nahm uns im Soča-Tal im Nordwesten Sloweniens in die Gastwirtschaft eines Freundes mit, die dieser im Eingangsraum seines Bauernhofs unterhielt. Der Eigentümer besaß eine kleine Schafherde, die er für Zuchttierschauen hielt und deren Käse er an Touristen verkaufte. Wir hatten sie noch am Morgen auf der Trenta-Messe gesehen, mächtige Tiere, die schwer mit ihrem herabhängenden gelben Vlies beladen waren. Sie hatten den ersten Preis gewonnen. Auf einem Tisch stand ein großer goldener Pokal, der in dem schwachen bräunlichen Licht schimmerte, während der Wirt in lederner Weste und buschigen Koteletten mit seinen Freunden trank und redete. Von Zeit zu Zeit hörte er mit dem Reden auf, beugte sich, fast als wäre er sich dessen nicht bewusst, über ein vor ihm auf dem Tisch liegendes Hackbrett und begann, während die anderen Männer ihre Unterhaltung fortsetzten, zu spielen.

Beim Essen erklärte Jernej, dass unser Wirt einer der letzten Schäfer der Gegend war. Da im Tal kein Ackerbau mehr betrieben wurde, konnten sich die wenigen noch verbleibenden Schafe in den Tieflagen aufhalten und wurden nie in die Berge geführt. Im Gegensatz zu Kočevje hat es hier keine massenweisen Enteignungen der ansässigen Bevölkerung gegeben. Die soziale Tragödie ist auf andere Weise betrieben worden. In den 1950ern, erzählte unser Gastgeber, hätte Tito die Ziege verbannt. Anscheinend geschah dies, um die Umwelt zu schützen, aber zweifellos wollte er die Bauern aus ihrer, wie Marx und Engels es genannt hatten, »ländlichen Idiotie« zerren und in das städtische Proletariat zwingen. (Die osteuropäischen Bauern hatten die Vorhersage des *Kommunistischen Manifests*, dass sie »zugrunde gehen und im Angesicht der modernen Industrie schließlich verschwinden würden«, dummerweise nicht erfüllen können.) Ohne Ziegen, die das Gebüsch niederhielten, wurden die Wiesen für Schafe ungeeignet.

Die Rückverwilderung der Westseite Sloweniens, das rasche Aufwachsen der Wälder dort und die Erholung der Populationen von Bär, Wolf, Luchs, Wildschwein, Steinbock, Marder, Uhu und anderen bemerkenswerten Geschöpfen fand auf Kosten der menschlichen Bevölkerung statt. Das soll nicht heißen, dass die dadurch ausgelöste soziale Tragödie noch immer stattfindet. Im Gegenteil, die Region ist zu einem lukrativen Ziel für den anspruchsvollen Tourismus geworden, der eine zur Zeit unseres Besuchs aufstrebende örtliche Wirtschaft nährt. Die Flüsse Sloweniens sollen für die Fliegenfischerei die besten in Europa sein. Ich habe mich einen Tag lang ein paar Kilometer die Soča hochgearbeitet, ein großartiger Sturzbach türkisen, sich durch Kalksteinschluchten schlängelnden Wassers, und dabei einer winzigen Köderfliege zugeschaut, wie sie die Rinnen und Strudel hinuntertanzte. Um an meinen Ausgangsort zurückzukommen, trampte ich die Talstraße zurück. Ein Lieferwagenfahrer aus der Gegend nahm mich mit.

»Sie angeln bei so hohem Wasserstand?«
»Meine einzige Chance.«
»Heute ist nichts mit angeln. Wie ist es gelaufen?«
»Ich habe zehn gefangen.«
»Sagte ich doch. Man kann nicht angeln.«

Die Wälder und ihre wilden Tiere und Pflanzen, die Berge, in denen der Steinbock und die Gämse wieder vorkommen, die Höhlen mit dem nur hier heimischen Grottenolm, der von den Ansässigen wegen seiner glatten rosa Haut als Menschenfisch bezeichnet wird, die Flüsse, die immer Wasser führen und exzellentes Wildwasser-Rafting ermöglichen, die unerhörte Schönheit dieses wiederhergestellten Lands lockt Menschen aus dem übrigen Slowenien, aus ganz Europa und darüber hinaus hierher. Gespräche mit zahlreichen

Slowenen haben mir gezeigt, dass die Unversehrtheit der natürlichen Umwelt inzwischen eine Quelle des Nationalstolzes ist.

Die Wälder haben auch andere Gewerbe entstehen lassen. Auf dem Weg nach Kočevje kamen wir durch Ribnica, zufällig am Tag des jährlich stattfindenden Holzmarkts. Wir machten ein paar Stunden Pause und liefen durch vielleicht hundert Stände, die Sensenstiele und Harken, Schredder und Pressen, Reisig- und Kehrbesen, Körbe und Spankörbe, Hocker und Fässer, Wiegen und Schaukelpferde, Regale und Nudelhölzer verkauften. Männer im Lederwams, mit Spitzhüten und enormen Schnurrbärten, bahnten sich ihren Weg durch die Menge und spielten Akkordeon. Auf dem Marktplatz waren Tische aufgestellt worden und wir nahmen an einem städtischen Grillfest teil, an dem sich Hunderte satt aßen. Die an jenem Tag verkauften Holzwaren, so wurde uns gesagt, stellten nur einen kleinen Teil der Erzeugnisse dar, die in einem blühenden Heimgewerbe hergestellt werden. Letzteres hatte bereits im Mittelalter seinen Anfang genommen, als der habsburgische Kaiser den Einwohnern der Region das uneingeschränkte Recht zugestand, ihre Waren im ganzen Reich zu verkaufen, in der Hoffnung, damit die Armut der Gegend zu lindern. Niemand ist damit zum Millionär geworden, aber es hielt die Menschen und ihre Gemeinden am Leben.

Nichts davon vermag jedoch eine beunruhigende Wahrheit zu leugnen. Slowenien ist nur ein Beispiel eines weltweiten Phänomens. Die meisten Rückverwilderungen, die bislang auf der Erde stattgefunden haben, sind das Ergebnis humanitärer Katastrophen.

Auf dem gesamten amerikanischen Doppelkontinent – in Nord-, Mittel- und Südamerika – berichteten die ersten, im sechzehnten Jahrhundert eintreffenden Europäer von dichter Besiedelung und Landwirtschaft im großen Maßstab. Manchen dieser Berichte wurde schlicht kein Glauben geschenkt. Francisco de Orellana und Bruder Gaspar de Carvajal, die 1547 den Amazonas entlangreisten, behaupteten, sie hätten von Wällen umgebene Städte gesehen, in denen viele Tausend Menschen lebten, erhöhte Straßen mit extensivem Ackerbau auf beiden Seiten.[6] Als spätere Expeditionen den Fluss befuhren, fanden sie keine Spuren mehr davon, lediglich dichten Wald links und rechts des Flusses und kleine verstreute Gruppen von Jägern und Sammlern. Die Berichte Orellanas und Carjavals wurden als wirres Gerede von Fantasten abgetan, die versucht hätten, das kommerzielle Interesse an dem neu entdeckten Land anzuheizen.

Erst im späten zwanzigsten Jahrhundert wiesen Untersuchungen von Archäologen wie Anna Roosevelt[7] und Michael Heckenberger[8] darauf hin, dass diese Berichte wahrscheinlich zutrafen. In Teilen des Amazonas, die zuvor als nur dünn besiedelt galten, haben Heckenberger und seine Kollegen Anhaltspunkte für Gartenstädte gefunden, die, rasterförmig angelegt, von breiten Straßen durchschnitten und von mächtigen Erdwällen und hölzernen Palisaden umgeben waren. An manchen Stellen konnten sie Dämme, Brücken und Kanäle freilegen. Die Städte waren mit ihren Trabantendörfern durch planmäßig angelegte und umfassende Straßennetze verbunden. Es handelte sich um avancierte Ackerbaukulturen, die Fischteiche, Äcker und Obstgärten unterhielten.[9] Offenbar waren europäische Krankheiten – Pocken, Masern, Diphtherie und Erkältung – durch Entdecker und frühe Siedler an die karibische Küste Südamerikas transportiert worden und über die Handelswege der Ureinwohner in das Herz des Kontinents verschleppt worden, wo sie in den dicht bevölkerten Ansiedlungen wüteten, bevor andere Europäer dorthin gelangen konnten. Die Vegetation des Amazonas ist von einer solchen Üppigkeit, dass sie alle sichtbaren Spuren seiner Zivilisationen innerhalb weniger Jahre nach deren Auflösung auslöschte. Die großen *várzea*-(Schwemmland-)Wälder, deren Baumungeheuer bei vielen Expeditionen des achtzehnten und neunzehnten Jahrhunderts für solches Erstaunen sorgte, stellten wahrscheinlich nicht die ursprünglichen Ökosysteme dar, für die die Forschungsreisenden sie hielten.

Das Gleiche gilt für die Fauna und Flora im übrigen amerikanischen Doppelkontinent. Frühe Jäger- und Sammlerkulturen löschten einen Großteil der in der westlichen Hemisphäre heimischen Megafauna aus. Präkolumbische amerikanische Zivilisationen – wie etwa die Maya im Yucatan – zerstörten riesige Waldgebiete. Gegenden, die später als *terra nullius* oder *informem terris* angesehen wurden,* jungfräuliches, von Menschen unberührtes Land, erwiesen sich schon zu Zeiten, bevor die allerersten Entdecker eintrafen, als dicht besiedelt. Der Schriftsteller Ran Prieur notiert in seinem *Dark Mountain* betitelten Journal:

> Auch die unglaubliche biologische Überfülle Nordamerikas war ein post-katastrophisches Phänomen. Von den Schwärmen der Wandertaube, die den Himmel über Tage verdunkelten, haben wir gehört, auch von den Bisons, die zehnmillionenfach durch die Großen Ebenen trampelten, von den Flüssen, die vor laichenden Lachsen überkochten, dass man kaum ein Boot darauf rudern konnte, von den vor Leben wimmelnden Küsten, den tiefen Wäldern, die ein Eichhörnchen vom Atlantik bis zum Mississippi durchqueren konnte, ohne den Boden zu berühren. Wir wissen nicht, wie Nordamerika ohne eine Menschenseele auf seinem Boden ausgesehen hätte, aber wir wissen, dass das Land unter den »Indianern« so nicht ausgesehen hat. Ausgrabungen von Knochen zeigen, dass die Wandertaube um das vierzehnte Jahrhunderte nicht unbedingt häufig war. Die »Indianer« hatten es insbesondere auf trächtige Hirschkühe und wilde Truthennen vor der Eiablage abgesehen, um die Konkurrenz bei Mais und Nüssen auszuschalten. Sie brannten routinemäßig Wälder ab, um sie für den Menschen offen zu halten. Und sie hielten die Lachs- und Muschelbestände durch Verzehr niedrig, wodurch sie andere Tierbestände, die sich von diesen ernährten, klein hielten. Wenn die menschliche Bevölkerung zusammenbrach, explodierten die Populationen nichtmenschlicher Kreaturen.[10]

---

* *Terra nullius* ist ein formeller Begriff des römischen Rechts und bedeutet Land, das niemandem gehört. *Informem terris*, ein Ausdruck, der auf Tacitus zurückgehen dürfte, meint ungestaltetes oder trostloses Land.

Grauenvolle Ereignisse – manche versehentlich, andere absichtlich als Völkermord herbeigeführt – fegten auf dem Kontinent die große Mehrheit der Bevölkerung und die reichen und erstaunlichen Gesellschaften, die sie ausgebildet hatten, hinweg. In vielen Teilen der beiden Amerikas waren, wie in einem postapokalyptischen Roman, die einzigen Menschen, die übrigblieben, Jäger und Sammler. Manche gehörten Stämmen an, die diese Lebensweise schon lange gepflegt hatten, andere waren aufgrund des Zivilisationszusammenbruchs gezwungen, sich verlorengegangene Fertigkeiten von Neuem anzueignen. Krankheiten machten Städte zu einer tödlichen Falle: Nur verstreute Bevölkerungsgruppen hatten die Chance, Epidemien zu entrinnen. Die Aufsplitterung in kleine Jäger- und Sammler-Verbände ließ komplexe ökonomische Gebilde nicht zu. Die Wälder tilgten die Erinnerungen daran, was zuvor verloren gegangen war. Der Verlust für die Menschheit war ein Gewinn für die Natur.

Die Auswirkungen der amerikanischen Völkermorde machten sich womöglich auch überall auf der nördlichen Halbkugel bemerkbar. Richard Nevle und Dennis Bird von der Stanford University spekulieren, dass die sich erholenden Wälder so viel Kohlendioxid aus der Atmosphäre banden – etwa zehn parts per million (ppm) –, dass sie womöglich für die als kleine Eiszeit bekannte Abkühlung zwischen dem sechzehnten und siebzehnten Jahrhundert mitverantwortlich sind.[11] Die kurzen Sommer und langen kalten Winter, die Märkte auf dem Eis der Themse und die bittere Kälte, wie sie Pieter Bruegel in seinen Bildern festgehalten hat, könnten teilweise durch die Auslöschung der amerikanischen Ureinwohner verursacht worden sein. (Die Gefahr, dass eine Rückverwilderung heute eine kleine Eiszeit nach sich ziehen könnte, ist gering: die Aktivitäten des Menschen haben die Konzentrationen des Kohlendioxids in der Luft auf über einhundert ppm ansteigen lassen.)

Falls sich eine andere faszinierende Spekulation als richtig herausstellen sollte, hat sich die Zivilisation der amerikanischen Ureinwohner aufgrund eines ähnlichen Effekts ausgebildet. Die Biologin Felisa Smith nimmt an, dass die Auslöschung der amerikanischen

Megafauna durch mesolithische Jäger für eine weitere Minieiszeit, die jüngere Dryas* verantwortlich war, die vor 12 800 Jahren begann und 1300 Jahre andauerte.[12] Die wilden Pflanzenfresser des amerikanischen Doppelkontinents gaben, wie heute Schafe und Rinder, Flatulenzen in beeindruckender Menge ab. Smith berechnete, dass sie etwa zehn Millionen Tonnen Methangas pro Jahr produzierten. Methan ist ein Treibhausgas, das über eine kürzere Zeitspanne als Kohlenstoffdioxid aktiv, dabei aber etwa 20 Mal wirksamer ist. Die mit dem Aussterben der großen Pflanzenfresser einhergehende rasche Abnahme der Methanproduktion dürfte ausreichend gewesen sein, um den ungefähr gleichzeitigen Zusammenbruch der Temperaturen (weltweit ein Rückgang um 9 bis 10 Grad Celsius) zu verschulden. Sollte dies richtig sein (es ist nur eine von zahlreichen miteinander konkurrierenden Erklärungen), waren Anfang und Ende der Geschichte der ersten Menschen Amerikas von Katastrophen und Klimawandel flankiert.

In seinem Meisterwerk *Der Traum von der Wildnis* erforscht Simon Schama die Narrative und Motive, aus denen hervorging, was man als Nazi-Rückverwilderungsprojekte beschreiben könnte.[13] Einer der wirkmächtigsten Mythen deutschen Nationalbewusstseins hatte seinen Ursprung in einem denkwürdigen Ereignis, das vor 2000 Jahren in einem ausgedehnten Urwaldgebiet an der Weser stattfand, dem die Deutschen später den Namen Teutoburger Wald gaben. Der römische Historiker Tacitus berichtete, die in diesem Wald lebenden Menschen seien wild und frei. Unter dem Dach der Bäume betend würden sie dem Gott des Waldes Menschenopfer darbringen. Sie seien noch nicht vom Luxus verdorben, seien keusch, zäh und kräftig und hätten sich lediglich in Pelze und Mäntel gekleidet. Dieses als Cherusker bezeichnete Volk wurde von einem Mann zusammengehalten, den Tacitus Arminius nannte und der in Deutschland Hermann heißt.

---

* Der Name bezieht sich auf eine Tundrablume, *Dryas octopetala* oder Weiße Silberwurz die in dieser geologischen Epoche weit verbreitet war.

Hermann war der Sohn eines germanischen Stammesfürsten, der sich in römischer Gefangenschaft befand. Er wurde in die römische Armee aufgenommen und diente sich durch ihre Ränge, vergaß aber nie seine Stammesidentität. Er zettelte einen Aufstand im Urwald* an, und im Jahr 9 n. Chr. lockten die wilden Männer, die er befehligte, die römische Armee unter dem Kommando von Publius Quinctilius Varus in einen Hinterhalt, als sie durch den großen Wald in ihr Winterlager zog. Die cheruskischen Wilden umzingelten Varus' 25 000 Mann zwischen Sümpfen und undurchdringlichen Wäldern und durchbohrten sie mit ihren Speeren. Nur eine Handvoll der dekadenten und selbstgefälligen Soldaten aus den Truppen des Reichs konnte entkommen. Aus diesem unwahrscheinlichen Sieg wurde ein unwiderstehlicher, aber letztendlich tödlicher Mythos geboren.

Seit dem späten fünfzehnten Jahrhundert haben sich die Deutschen immer wieder als Abkömmlinge wilder und naturverbundener Geschöpfe dargestellt, die in einem arkadischen Waldland ein unverdorbenes Leben führten. Mitte des achtzehnten Jahrhunderts wurde der Wald, in dem Hermann die zivilisierten Römer bezwungen hatte, zur Verkörperung des wahrhaftigen Vaterlandes – rau, frei und stark.

*Wald** und *Volk** wurden von Nazi-Ideologen explizit in einen Zusammenhang gesetzt. Als Deutschland 1941 seinen Angriff auf die Sowjetunion startete und Ostpolen überrannte, besetzte Hermann Göring, Oberbefehlshaber der Luftwaffe, den Wald von Białowiża – jenen *Urwald**, der sich, als königliches Jagdrevier, über die Jahrhunderte erhalten hatte – und erklärte ihn zu seinem Privatbesitz. Die von ihm gegründete Oberste Naturschutzbehörde ging daraufhin ans Werk, einen riesigen Nationalpark rund um den alten Wald einzurichten, der mit der bei den Nazis üblichen Grausamkeit von seinen Einwohnern geräumt wurde, wobei viele auch ermordet wurden.[14] Das Land wurde mit brutaler Gewalt rückverwildert.

---

* Mit einem Asteriskus versehene Wörter oder Ausdrücke ohne weiterführende Anmerkung im Original deutsch.

Görings Brutalität in Ostpolen stellte eine extreme Form dessen dar, was die Normannen in England betrieben hatten. Das normannische Waldgesetz nahm große Landflächen in Beschlag. »Forst« stand nicht für einen Ort, wo Bäume wachsen, sondern einen Platz *foris* – außerhalb – des üblichen Gesetzes. Andernorts war das Land weitgehend gemeinschaftlich genutzt, doch die besagten Areale, darunter auch solche ohne Baumbewuchs, unterlagen den schrofferen und weniger kulanten Interessen der königlichen Jagd. In manchen Fällen wurde die Bevölkerung aufgrund des Jagdgesetzes vertrieben, in anderen wurde sie in ihren Rechten und ihren Lebensgewohnheiten beschnitten.

Wie Göring waren auch Wilhelm I. und sein Hof von der Jagd besessen und sie betrachteten die Aneignung und die Schaffung neuer Jagdgebiete als im Rahmen der Eroberung erforderlich. Im achtzehnten Jahrhundert wurden, wie in E. P. Thompsons Buch *Whigs and Hunters* dokumentiert, die Waldgesetze durch den Black Act noch einmal brutal ausgeweitet.[15] Die dort formulierten, durch Erhängen zu büßenden Straftaten sollten die ansässige Bevölkerung davon abschrecken, sich gegen die schleichenden Übergriffe auf ihre Ernten und Rechte durch die Hirsche des Königs und die königliche Jagd zu wehren.

Die Prinzipien des Waldgesetzes wurden auch in die britischen Kolonien exportiert. In Kenia ließen die Behörden die ansässige Bevölkerung von dem Land vertreiben, das zuvor zu Wildreservaten erklärt worden war. Diese Gebiete wurden später zu Nationalparks und Naturschutzgebieten. Die Säuberungen wurden damit gerechtfertigt, dass die Anwesenheit von Menschen und ihrem Nutzvieh nicht mit dem Schutz des Wildtierbestands vereinbar wäre. Dies war, in Anbetracht dessen, dass es von einer Siedlerbevölkerung kam, die die Savanne zu einem Schlachthaus gemacht hatte, geradezu absurd. Denn nur deshalb, weil die eingeborene Bevölkerung die Herden wilder Tiere nicht zugrunde gerichtet hatte, mit denen sie bis zur Ankunft der Briten in Ostafrika und auch später noch zusammengelebt hatte, wollten die Europäer dieses Land für sich annektieren und erhalten. Nur Wächter, Ranger und zahlende Touristen hatten Zutritt zu den Parks und Naturschutzgebieten. Wenn die Menschen, die einst auf diesem Land gelebt hatten, zurückkehrten, wurden sie wie Eindringlinge und Wilderer behandelt.

Als ich in den frühen 1990er Jahren in Ostafrika arbeitete, wurde dieser Ausschließungsprozess sowohl in Kenia als auch in Tansania weiter vorangetrieben. Die Massai hatten bis auf zwei Landstücke bereits ihr gesamtes in der Trockenzeit genutztes Weideland verloren und standen davor, auch noch den Rest einzubüßen. Auf Betreiben eines britischen Naturschutzverbands waren sie just aus dem im Norden Tansanias gelegenen Mkomazi-Nationalpark geworfen worden. Sie strandeten in dem umliegenden Landwirtschaftsgebiet, wo sie umgehend wegen Landfriedensbruch verhaftet und mit Strafen belegt wurden. Sie versuchten in den Park zurückzukehren, als sie dort aber ankamen, wurden sie erneut wegen Landfriedensbruch festgenommen und mit Strafen belegt. Ihr Vieh verhungerte.

In Kenia bin ich Massai-Hirten begegnet, die von Rangern der kenianischen Naturschutzbehörde krankenhausreif geschlagen wurden, als sie versuchten, auf ihre Trockenzeit-Weiden zurückzukehren. Als ich Dr. Richard Leakey, den damaligen Direktor der Behörde, mit diesen Vorgängen konfrontierte, brachte er eine brutale utilitaristische Verteidigung der Einfriedungs- und Vertreibungspolitik vor. »Die Freistellung von Land zum Schutz der Wildtiere, womit auch die Tourismusindustrie unterstützt wird, ist eine strategische Angelegenheit. Die Moral dahinter ist immer dieselbe, ob damit nun Pläne für den Weizenanbau, für Gerste, für Wasserkraft oder den Wildtiertourismus durchgesetzt werden. Nationalstaaten müssen im Wesentlichen funktionieren.«[16]

Zu erwartende Einkünfte aus dem Tourismus leisteten bei der Kampagne für die Gründung des Yellowstone-Nationalparks in den Vereinigten Staaten – des ersten Nationalparks der Welt – Hilfestellung. Obwohl die Verfechter des Yellowstone-Parks, darunter Thomas Meagher, Cornelius Hedges und Ferdinand Hayden, aus Liebe zum Land handelten, war der Vorschlag zu einem beträchtlichen Teil von

Jay Cooke, dem Eigentümer der Northern Pacific Railroad vorangetrieben und finanziert worden.[17] Er hoffte, dass das Tourismusgeschäft den Umsatz seiner Eisenbahn in die Höhe treiben würde. (Cooke profitierte letztlich nicht von der 1872 erfolgten Einrichtung des Parks; seine Firma ging 1873 bankrott.)

Das Gesetz, mit dem der Park ins Leben gerufen wurde, hielt fest, dass das Land

> hiermit geschützt und von der Besiedlung, Inbesitznahme oder dem Verkauf durch das Gesetz der Vereinigten Staaten ausgenommen ist … und alle Personen die sich darauf einrichten oder niederlassen, oder es ganz oder zum Teil in Beschlag nehmen, sollen als Eindringlinge betrachtet und aus dem Gebiet entfernt werden.[18]

Die Vorkehrung war notwendig geworden, um in einer Zeit, da der Westen einem raschen Wandel unterlag, den Charakter des Lands vor dem Vordringen der europäischen Amerikaner zu schützen. Doch der Kongress hatte übersehen, dass das Gebiet seit gut 11 000 Jahren besiedelt war und offenbar noch immer von den Crow, den Shoshone Tukadika und den Blackfoot genutzt wurde.* Auch sie wurden als unbefugte Eindringlinge des Parks abgestempelt und schließlich aus ihm entfernt. Das Gesetz, mit dem das Yellowstone-Gebiet unter Schutz gestellt wurde – und die Vertreibung der Eingeborenen –, wurde in den Staaten und in vielen anderen Weltgegenden zum Modell für die Schaffung von Nationalparks.

---

* Nicht jeder ist mit dieser Darstellung einverstanden. Susan Hughes behauptet: »Die Sheepeaters [Shoshone Tukadika], wie sie in der Folklore Nordwest-Wyomings dargestellt werden, sind zum großen Teil ein Mythos, der aus dem mittelalterlichen Wilden Mann und einem sich durch die Kolonialgeschichte ziehenden Indianerklischee entstanden ist. [...] Eine dauerhafte Gruppe von Sheepeaters wird es im Yellowstone-Nationalpark wohl nie gegeben haben.« S. Susan S. Hughes, »The Sheepeater Myth of Northwestern Wyoming«, in: *Plains Anthropologist*, Bd. 45, Nr. 171 (2000), S. 63–83.

Obwohl die Gepflogenheiten moderner Wildschutzbehörden nicht mit denen der Nazis vergleichbar sind, gibt es doch gemeinsame Motive, die dem Dritten Reich lange vorausgingen, weit über seinen Zusammenbruch hinaus Bestand hatten und einem Vorgang Gestalt gaben, den man als erzwungene Rückverwilderung beschreiben könnte.

Seit der Veröffentlichung von Schamas Buch haben weitere Forschungen neues Licht auf die Einstellung der Nazis zur Natur und der damit einhergehenden Rückverwilderungsbestrebungen geworfen. In faszinierenden Artikeln fassen Boria Sax und Martin Brüne jüngere Erkenntnisse über die dunkle Seite des Verhaltensforschers Konrad Lorenz zusammen.[19] Lorenz, ein Österreicher, gilt weithin als Begründer der modernen Wissenschaft der Ethologie oder, wie er es selbst nannte, der Tierpsychologie. Für seine Arbeit auf diesem Gebiet erhielt er den Nobelpreis. Heute wissen wir allerdings, dass er auch bei der Formulierung einiger unwissenschaftlicher Lehrsätze der Naziideologie Pate stand. Er trat für ein eugenisches Programm ein, dessen Absicht in der Rückverwilderung der menschlichen Natur bestand. Sie sollte erreicht werden, indem man den Menschen von dem in seinem Verständnis genetischen Vermächtnis der Zivilisation befreite. Lorenz suchte nach einer wissenschaftlichen Rechtfertigung für Friedrich Nietzsches Ansatz, den Zivilisationsprozess des Menschen mit der Domestizierung von Tieren gleichzusetzen. Das eine wie das andere resultiere, so Lorenz' Behauptung, in einem genetischen Niedergang und in der Zerrüttung dessen, was Nietzsche als instinktives Verhalten feierte, womit einem gesellschaftlichen Zusammenbruch, Degeneration, wahlloser Fortpflanzung, einem Mangel an patriotischer Begeisterung und schließlich dem Untergang des Menschen Vorschub geleistet würde. Er billigte offenbar die Ansicht der alten Griechen, wonach, wie er es formulierte, »ein schöner Mann nie schlecht und ein hässlicher Mann nie gut sein könne.«[20] Er listete die physiologischen Merkmale auf, die seines Erachtens nicht anders als die Domestikation der Tiere durch den Zivilisationsprozess des Menschen verursacht wurden – Rundköpfe, verkürzte Gliedmaßen, Kugelbauch –, was nicht von ungefähr den Nazi-Stereotypen jüdischer Physiognomie entsprach. Für diese angebliche Veränderung prägte er den Ausdruck *Verhausschweinung**.

Unmittelbar nach dem *Anschluss** (der Annektierung Österreichs durch das Deutsche Reich) 1938 trat Lorenz der Nazi-Partei bei. Er wurde Mitarbeiter des Rassenpolitischen Amtes der NSDAP und erarbeitete ein eugenisches Programm, das noch über das von Heinrich Himmler geleitete Vorhaben hinausging. Lorenz glaubte, dass Menschen nicht nur in Hinsicht auf ein körperliches, sondern auch auf ein ethisches Idealbild gezüchtet werden könnten. Er führte an, dass nicht nur Personen mit »domestiziertem« Körperbau, sondern auch solchen mit »domestiziertem« Instinkt die Fortpflanzung verwehrt werden sollte. Aus den für die Fortpflanzung Ausersehenen würde sich nicht nur eine Herrenrasse, sondern eine Herren-Art von instinktgesteuerten, wilden Wesen herausbilden. Er befürwortete die »Ausmerzung ethisch minderwertiger Menschen« und führte eine Studie an aus der Heirat zwischen Deutschen und Polen hervorgegangenen Kindern durch, die dazu führte, dass diejenigen, die sich als genetisch defizient erwiesen, in Konzentrationslager verbracht wurden.[21]

Seine Auffassungen von rassischer Reinheit korrespondierten mit den Nazi-Vorstellungen von Wildnis. Im krassen Gegensatz zu dem in Europa im neunzehnten Jahrhundert vorherrschenden Denken sahen die Nazis, wie Sax erklärt, die Natur nicht als etwas Gesetzloses und Chaotisches, sondern als etwas Geregeltes und Standardisiertes. Sie verglichen sich mit wilden Beutegreifern, die ihrer Ansicht nach ein natürliches Recht auf die Herrschaft über das Ökosystem hätten. Auch nach dem Krieg blieb Lorenz bei dieser Analogie, allerdings in kodifizierter Form. Er behauptete irrigerweise, dass die Haushunde genetisch auf zwei Abstammungslinien zurückgehen: den nördlichen Wolf und den mesopotamischen Schakal. Hunde, die vom Wolf abstammten, ererbten seiner Meinung nach die Merkmale von Tieren, die »eingeschworene und sehr exklusives Banden« bilden, »die zusammenhalten durch dick und dünn und deren Mitglieder einander bis auf den Tod verteidigen.«[22] Hunde hingegen, die von Schakalen abstammten, seien gehorsam, aber infantil und ließen es an Loyalität mangeln. Diese Charakterzüge entsprechen den Darstellungen der »arischen« Völker aus dem Norden, von denen, wie die Nazis behaupteten, die Deutschen abstammten. Im Gegensatz dazu stünden die »degenerierten« Völkerschaften des Südens, aus denen die Juden hervorgegangen seien.

Eine Faszination für große Raubtiere scheint häufig mit Misanthropie, Rassismus und der extremen Rechten assoziiert zu werden. Der Auszug aus D. H. Lawrences Gedicht »Puma«, mit dem dieses Kapitel beginnt, deutet auf diesen Zusammenfall der Interessen. Terry Eagleton merkt in seinem Buch *The English Novel* an, dass Lawrence, der den »Faschismus zwar als eine fadenscheinige Lösung für die Krise der Mittelklassezivilisation betrachtete«, in seinem Denken Elemente – darunter Rassismus und Antisemitismus – aufwiese,

> die in gefährlicher Nähe zu faschistischem Gedankengut segeln. […] am gefährlichsten wird es, wo er uns auffordert, die Rationalität als eine Form der Entfremdung über Bord zu werfen und stattdessen mit den Blut- und Rasseinstinkten zu denken. Dieser Aspekt seines Werks führte nach Ansicht Bertrand Russells direkt nach Auschwitz.[23]*

Der 2002 verstorbene britische Millionär John Aspinall machte sein Geld mit Spielsalons. Einen Namen machte er sich, weil er das Geld für von ihm gegründete Zoos – Howlett's und Port Lympne

---

* Ich würde die Idee, dass Lawrence uns auffordert, die Rationalität über Bord zu werfen, infrage stellen, und zwar schon deshalb, weil wir gar nicht so viel über Bord zu werfen haben (wie die Arbeit von Jonathan Haidt und Antonio Damasio zeigt). Was er uns zu verwerfen auffordert und was, wie ich glaube, Eagleton wie Russell im Sinn haben, ist der Universalismus. Wenn es möglich wird, dass Blut und Kultur mehr zählt als die durchgängige Anwendung universalistischer Prinzipien (insbesondere die Goldene Regel), dann kann das ein Freibrief sein, auf anderen Menschen herumzutrampeln.

in Kent - ausgab, wo sein Zuchtprogramm großen Erfolg feierte. Die Tiger, die er hielt, waren sein Fetisch. So ermunterte er seine Tierpfleger zu einem freien Umgang mit den Raubkatzen, was dazu führte, dass drei von ihnen tödlich verletzt wurden (zwei weitere wurden von Elefanten zu Tode getrampelt). Als er wegen eines Krebsleidens im Sterben lag, versuchte er, seine Tiger dazu zu bringen, auch ihn zu töten.

Er glaubte, dass die menschliche Rasse »Ungeziefer« sei und verkündete, dass »Großbritanniens Bevölkerungsproblem durch einen heilsamen Völkermord gelöst werden kann«.[24] Er war der Ansicht, das »Konzept der Unantastbarkeit des Menschenlebens« sei »das Schädlichste, was die Philosophie jemals verbreitet« habe.[25] (Die Art, wie er seine Zoos führte, scheint offenbar mit diesem Glauben in Übereinstimmung zu stehen.) Zudem war er ein erklärter Befürworter von Hitlers Ansichten zur Eugenik[26] und beschrieb seine dritte Frau als »perfektes Beispiel eines Primatenweibchens, das seinem dominanten Männchen bereitwillig dient und ihm ein angenehmes Leben bereitet«.[27] Mit Mangosuthu Buthelezi arbeitete er an der Aushöhlung des Afrikanischen Nationalkongresses, um in Südafrika eine Mehrheitsregierung zu verhindern. Mit Lord Lucan (der später verschwand, nachdem er angeblich die Betreuerin seiner Kinder zu Tode geprügelt hatte) und dem Finanzier Sir James Goldsmith erörterte er die Möglichkeit, einen Militärputsch gegen Harold Wilsons Labour-Regierung zu lancieren.[28]

1960 erschien Joy Adamsons Buch *Frei geboren*: Darin beschrieb sie die Aufzucht und spätere Freilassung einer kleinen Löwin in Kenia - das Buch hatte enormen Erfolg. Die Darstellung des Charakters und Verhaltens der Autorin im Buch sowie in dem darauf basierenden, mit einem Oscar ausgezeichneten Film war reine Fiktion. In Wahrheit besaß sie eine auffällige Reihe von Charaktereigenschaften, die man als psychopathisch bezeichnen könnte. Durch Manipulation in Kombination mit überaus heftigen Temperamentsausbrüchen setzte sie ihre Anliegen durch. Für die Löwen, Leoparden und Geparden in ihrer Obhut verwandte sie viel Sorgfalt und Aufmerksamkeit, schien aber, was den Umgang mit Menschen, insbesondere mit ihren afrikanischen Bediensteten anging, weit weniger Skrupel zu haben und zeigte kaum Verständnis für das Leid, das sie verursachte.

Ihre Biografin Caroline Cass berichtet, dass sie einem in ihrer Küche arbeitenden Boy, der zu lange mit dem Tee auf sich warten ließ, diesen ins Gesicht geschüttet und ihn damit verbrüht habe.[29] Als ihr Koch einmal eine Suppe verdorben hatte, zerrte sie ihn vor den Magistrat und verlangte, allerdings ohne Erfolg, dass er von der Polizei einer Prügelstrafe unterzogen werde. Einen weiteren Bediensteten zwang sie mit Verbrennungen dritten Grades, die er sich bei einem Unfall zugezogen hatte, zu Fuß zwölf Kilometer in eine Klinik zu laufen, da sie sich als Strafe für seine Unachtsamkeit weigerte, ihn zu fahren.

Adamsons erste öffentliche Vorlesung auf einer 1961 gestarteten Welttournee trug den Titel »Der Mensch: die unterlegene Art«. Sie drohte damit, die Wärter im Zoo von Sydney zu erschießen, nachdem sie angedeutet hatte, sie würden ihre Löwen misshandeln. In Kenia verlangte sie von den Kolonialbehörden, ihr 30 000 Morgen Land im Besitz der Eingeborenen zu übereignen, das ihren Pflegetieren zunutze kommen sollte. Als sie schließlich von einem ehemaligen Bediensteten ermordet wurde, zogen sich die Ermittlungen wegen einer Überfülle an möglichen Tätern in die Länge. Cass merkt an, nur wenige Menschen hätten sich überrascht gezeigt, dass »Joy von einem Afrikaner getötet worden war. Der vorherrschenden Meinung zufolge hatte Joy bekommen, was sie verdient hatte, da sie [ihre Bediensteten] so widerwärtig behandelt, ihre Löhne nicht bezahlt, sie mit äußerster Grobheit angepackt und sie mit wenig Rücksicht auf ihr Wohlergehen entlassen hatte.«[30]

Das Interesse der Nazis an der Neuerschaffung dessen, was sie als natürliche Ordnung erachteten, beschränkte sich nicht nur auf Raubtiere. Sie wollten die Ökologie eines ursprünglichen Waldes insgesamt wiederherstellen. In einen rekonstruierten *Urwald** gehörte ihrer Ansicht nach ein *Ur*, ein Auerochse.

Der letzte Auerochse starb 1627 in Polen. Das Datum liegt kurz genug zurück, damit das Tier in der polnischen Sprache und Kultur noch gegenwärtig ist. Männer mit beeindruckendem Körperbau zum Beispiel sind dort nicht »gebaut wie ein Scheißhaus aus Backstein«, so der britische Ausdruck, sondern »gebaut wie ein Auerochse«. Ein guter Vergleich.

Vor etwa 25 Jahren wurde ich von Archäologen in die Mendip Hills mitgenommen, wo sie vor Kurzem ein Schluckloch entdeckt hatten, das von bronzezeitlichen Menschen als Abfallgrube verwendet worden war. Vom Erdboden aus war das Loch fast unsichtbar, ein Riss im Felsgestein, der von Farn- und Brombeergestrüpp verdeckt war. Ich kroch rückwärts in die Spalte. Meine Füße ertasteten die Hängeleiter aus Draht, die die Archäologen von der Kante aus herabgelassen hatten. Als ich den Höhlenboden erreicht und meine Stiefel zwischen die Kalksteinbrocken gepflanzt hatte, drehte und wendete ich mich, um die Kammer mit meiner Helmlampe abzuleuchten.

Die Höhle war hoch genug, um darin zu stehen. Wände und Boden und alles, was darauf lag, waren mit Kalzitkristallen überkrustet, die im Schein der Lampe auffunkelten. Unter dem mineralischen Raureif und in dem über den Boden verstreuten Haufen, die sich in der Dunkelheit verloren, waren Formen auszumachen: zerbrochene Gefäße, Schädel, Knochen in vielerlei Formen und Größen. Die Luft war kühl und feucht, aber nicht modrig. Sie roch nur nach Gestein und Wasser. Einer der Archäologen bückte sich und las etwas auf. Er reichte es mir. »Was könnte das sein?«, fragte er. Es war ein abgeflachter mit Flügeln versehener Knochen, etwa von der Länge meiner Handfläche, mit einem großen Loch in der Mitte.

»Ein Atlaswirbel.«

»Fraglos. Aber von was für einem Tier?«

»Mhm, Rothirsch?«

»Nein, von einer bronzezeitlichen Kuh. Damals waren die Kühe kleiner als heute – vielleicht von der Größe der Dexter-Rinder. Und das, was ist das?«

Er hob einen Knochen auf, den ich mit beiden Händen entgegennahm. Das Stück wird wohl einen Durchmesser von 20 Zentimeter gehabt haben und ein paar Pfund gewogen haben. Ich betrachtete es etwas dümmlich im Licht meiner Kopflampe.

»Atlaswirbel eines – eines Mammuts?«

»Wie, in der Bronzezeit?!«

»Ich, ich habe nicht geringste Ahnung.«

»Er stammt von der gleichen Art wie zuvor.«

Er sagte, er stamme von der Art, aus der das Hausrind gezüchtet wurde. Die wilden Kühe waren etwas größer, als es bei den modernen Zuchtformen der Fall ist, die Bullen jedoch waren bei Weitem gewaltiger. Massive Rinder mit stark ausgeprägten Schultern und monströsen Hörnern. Als ich den Knochen in meinen Händen drehte und sein Gewicht fühlte, spürte ich, wie die Jahre davon abfielen, spürte, wie ich selbst in dieser Höhle voller bronzezeitlichem Abfall die Jahre vergaß, und bekam so etwas wie einen elektrischen Schlag. Das schwere Gewicht des Knochens, das Wissen, woher er stammte, das Gefühl, dass das Tier, dessen Kopf von dem so sauber und neu wirkende Knochen getragen wurde, nicht vor 3000 Jahren gejagt und geschlachtet worden war, sondern erst vor so Kurzem, dass ich beinahe meine Hand ausstrecken und die Handfläche auf das schweißige Fell seiner kühlenden Flanken hätte legen können, durchzuckte meine Arme und explodierte fast mit einem Lichtblitz in meinem Kopf. Vielleicht war dieser Augenblick der Startpunkt einer Reise der Einbildungskraft, die viele Jahre später zu dem vorliegenden Buch geführt hat.

Die Brüder Ludwig und Heinz Heck, die während der Naziherrschaft – einer Zeit, in der die Betreibung eines Zoos politische Dimensionen hatte – jeweils Zoodirektoren in Berlin und München waren, gaben sich nicht damit zufrieden, den Auerochsen in ihrer Fantasie zu rekonstruieren. Sie wollten einen echten Ur schaffen.[31] Wie die Wissenschaftler in *Jurassic Park* trachteten sie danach, dieses Tier sowie das Wildpferd aus genetischem Material – in diesem Fall Material, das die Nachkommen der Wildtiere in sich trugen – wiedererstehen zu lassen. Wie es Konrad Lorenz beim Menschen zu erreichen hoffte, versuchten sie Rinder von ihren Domestizierungsmerkmalen zu befreien, sodass das innewohnende reine, ungezähmte Biest schnaubend und brüllend aus seiner degenerierten Hülle brechen könnte.

Wie so oft bei den Ankündigungen, die die Nazis machten, war auch der Erfolg übertrieben, den die Heck-Brüder für ihre genetischen Rückzüchtungsversuche beanspruchten. Sie behaupteten, dass sie in dem kurzen Zeitraum von nur zwölf Jahren den Auerochsen neu erschaffen hätten. Das Einzige, was sie tatsächlich erreicht hatten, war die Züchtung eines Rinds, dessen Fell dem seiner wilden Vorfahren in etwa ähnelte, das aber um einiges kleiner war, andere Proportionen besaß und keine reinerbigen Nachkommen hervorbrachte.[32] Dieses enttäuschende Geschöpf, das mit einem Auerochsen in etwa so viel Ähnlichkeit hatte wie Himmler mit der »arischen« Schönheit, die er verherrlichte, sollte die echten deutschen, durch Zivilisationsbefall degenerierten Ökosysteme wiederherstellen. Einige der Ersatz-Auerochsen setzte Ludwig Heck in dem von Göring gekaperten Wald von Białowiża aus.

Die Nachkommen dieser Tiere werden heute in den Niederlanden in einem großen Poldergebiet des Oostvaardersplassen für ein Rückverwilderungsprojekt eingesetzt, das keine politischen Konnotationen mehr besitzt. In einem Naturreservat von 5000 Hektar streifen sie friedlich umher, erhalten weder veterinärmedizinische Behandlung noch Unterstände oder Futter und nehmen die Rolle ein, die dem Auerochsen einst zugefallen sein mag. (Allerdings mit dem entscheidenden Unterschied, dass die entsprechenden Raubtiere und manche Konkurrenten fehlen und auch keine Wanderungen möglich sind.)[33] Frans Vera, der Gründer des Projekts, wählte die Heck-Rinder zum einen wegen ihrer Robustheit und zum anderen offenbar des öffentlichen Interesses wegen, das ihr ungewöhnliches Erscheinungsbild wecken würde.[34]

Simon Schama warnt zu Recht davor, »einen obszönen Syllogismus« herzustellen und »auf welche Weise auch immer zu unterstellen, dass der zeitgenössische Umweltschutz eine wie auch immer geartete historische Verwandtschaft mit dem Totalitarismus aufweist.«

Nichtsdestotrotz sind die verschiedentlich erfolgten zwangsweisen Rückverwilderungen eine scharfe Warnung dafür, welch schlimme Wendung ein solches Vorhaben nehmen kann, wenn wir uns seiner Risiken und Präzedenzen nicht bewusst sind. Rückverwilderung darf nicht aufgezwungen werden. Wenn sie erfolgt, sollte sie mit der Zustimmung und dem aktiven Engagement der Menschen geschehen, die auf und von ihrem Land leben. Regierungen dürfen aus dem Land der Armen kein Paradies für die Reichen erschaffen, wie dies in Ostafrika und Botswana geschehen ist. Wenn ein Rückverwilderungsvorhaben nur mit Zwangsenteignungen vonstattengehen kann, sollte es erst gar nicht vorangetrieben werden.

Für Pressionen besteht keine Notwendigkeit. Mit den unterbreiteten Vorschlägen und den Veränderungen die ohnehin bereits in den Bergregionen der Britischen Insel, in Europa, in Teilen Amerikas und in bestimmten Weltregionen vonstattengehen, können großflächige Wiederherstellungen lebendiger Systeme und natürlicher Prozesse in einer Weise erfolgen, die individuelle Interessen nicht beeinträchtigen. Ich glaube, dies wird unsere Zivilisation verbessern, unser Leben bereichern und wieder wilder machen und uns Wunder bieten, die momentan in diesen verödeten Landstrichen nahezu unmöglich scheinen.

12) Im Naturschutzgefängnis

> *Was wäre die Welt, wäre sie bar*
> *aller Nässe und Wildheit? Lasst sie doch da,*
> *Oh, lasst sie doch da, Nässe und Wildheit;*
> *Lang lebe die Wildnis, die Unkrautigkeit.*

Gerard Manley Hopkins, *Inversnaid* (1881)

Die Ökologie habe ich in den Tropen gelernt. Das Fach war Teil meines Studiums, und als ich ein paar Jahre in der Naturgeschichtsredaktion der BBC arbeitete, konnte ich es bis zu einem gewissen Grad anwenden. Doch erst als ich Großbritannien verließ und zunächst nach West-Papua, dann nach Brasilien und schließlich nach Ostafrika ging, lernte ich diese wunderbare Wissenschaft in allen ihren Aspekten schätzen. Erst als ich in Ökosystemen lebte, die noch über viele trophische Ebenen, ihre ursprüngliche Diversität und Dynamik verfügten, begann ich zu verstehen, wie die natürliche Welt funktioniert.

Ins Amazonasgebiet kam ich mit einer Gruppe von Wissenschaftlern, die an vorderster Front ihres Fachgebiets standen, und teilte mit ihnen die Begeisterung über ihre Entdeckungen. Mit ihrer Arbeit begannen sie unser Verständnis des lebenden Planeten zu verändern. An allen drei Aufenthaltsorten lernte ich immer wieder die Lektion, dass die Vielfalt und Komplexität der Natur meist nur erhalten werden konnte, wenn keine großen Störungen eintraten. Größere Eingriffe wie Rodungen und Viehzucht ließen das Ökosystem rasch an Komplexität verlieren. Eigentlich ist das naheliegend und sollte kaum einer Feststellung bedürfen. Als ich wieder zu Hause war, dauerte es eine Weile, bis ich etwas Sonderbares bemerkte. Bei uns scheinen viele Naturschützer das Gegenteil zu glauben, nämlich dass Vielfalt, Unversehrtheit und »Gesundheit« der natürlichen Welt von menschlichen, oftmals massiven Eingriffen abhänge, etwas, das gerne mit den Begriffen »Management« oder »verantwortungsvoller Umgang« bezeichnet wird. Häufiger als gedacht geht dies mit der Rodung von

Bäumen und – zur Niederhaltung der Vegetation – unter Einsatz von Rindern und Schafen einher. Auch in einigen anderen Gebieten der reichen Welt hängt man diesem Glauben, wenn auch weniger ausgeprägt, an. Manche Naturschutzverbände scheinen nicht nur zoophob, sondern auch dendrophob zu sein, das heißt, sie fürchten sich vor Bäumen. Offenbar macht ihnen das unordentliche, ungeplante, unstrukturierte Aufleben der Natur Angst.

An einem kühlen, stürmischen Tag im Juni fuhr ich die Bergstraße zwischen Machynlleth und Llanidloes hinauf, um ein Naturschutzgebiet zu besuchen, in dem sich angeblich die Schönheit der kambrischen Berge erblicken lässt. Glaslyn, so der Name, wird von den Leuten, denen das Gebiet gehört, als »Wirklich wild!« bezeichnet: »Es ist nicht nur das größte Naturreservat, das derzeit vom Montgomeryshire Wildlife Trust verwaltet wird, sondern auch das wildeste und bedeutendste Areal der Region.«[1] Ich war also auf eine Oase gespannt, auf ein üppig wucherndes Schutzgebiet mitten im Ödland. Auch nach vier Jahren, die ich am Rand der kambrischen Berge gelebt habe, war mein Enthusiasmus noch nicht zum Erliegen gekommen.

Als ich meinen Wagen am Straßenrand parkte, drang vom Himmel kommend der Gesang einer Feldlerche an mein Ohr. Wolken zogen vor der Sonne vorbei und fingen mit ihren Segeln den kalten Nordwest ein. Ich nahm die Strecke zum See hinunter, der das Zentrum des Schutzgebiets bildete, und sah ihn zwischen dem dunklen Heidekraut schimmern wie Wasser am Boden einer alten Kupferschale.

Bevor ich an den Pfad gelangte, der hinunter zum See führte, sprang ich über einen Zaun und schlug mich durch die Heide. Nirgends stand das Heidekraut höher als 30 Zentimeter. Dazwischen ein paar Wollgrashorste, eingestreut wie weiße Puder-Pinsel, Mooshügel und abgefressene Heidelbeerbüsche, ein paar kümmerliche Büschel winzigen Labkrauts, die kleinen struppigen Stängel der Besenheide – und überall Blutwurz. Das war alles in diesem »wirklich wilden« Naturschutzgebiet. Ich war verblüfft, aber die Gründe waren schnell ausgemacht: Schafsköttel, wohin man sah. Ich erreichte den Zaun auf der anderen Seite des Reservats und starrte den furchterregenden Abgrund der Glaslyn-Schlucht hinunter auf die grünen Weiden und Waldgebiete weit unten in der Ferne. Ein paar junge Vogelbeerbäume klammerten sich an die steilsten Hänge. Ansonsten waren die Seiten der Schlucht von Erosionsfurchen durchzogen. Der blanke Fels und der nackte Boden sahen aus wie die Berge in Afghanistan. Weder Dohlen noch Krähen flatterten durch den Luftraum; lediglich eine vereinzelte Möwe kämpfte sich gegen den Aufwind hinab in die sanft geschwungenen Felder und Hecken des South-Dulas-Tals. Ein bitterer, böiger Wind drängte die Schlucht hinauf und wehte über das Gelände.

Ich stiefelte an den Weg zurück, der zum See führte, und fand mich bald inmitten einer Schafherde wieder, die das ohnehin schon niedrige Heidekraut noch weiter abgraste. Als ich an den Tieren vorbeiging, starrten sie mich an und wiederkäuten mit ausdruckslosen, doch seltsam beflissenen weißen Gesichtern. Dem Drang, diese Kreaturen anzusprechen, der mich stets überfällt, wenn sie mich anschauen, gab ich dieses Mal nicht nach. Ich wusste nur zu gut, welche Frage ich ihnen stellen würde: Was tut ihr hier?

Der See war von feinem grauen Kies umgeben, der, als ich ihn überquerte, klirrte wie zerbrochenes Glas. Wo die Steine von den Füßen der Besucher in den Torf gedrückt worden waren, wurden sie von körnigen salbeigrünen Flechten überwuchert. Kleine Wellen glucksten gegen das Ufer. Kein Baum, kein Busch war zu sehen, lediglich das Heidekraut, das nirgends höher als bis zu meinen Knien ging. Das Naturreservat wirkte so braun und verwaschen wie eine alte Sepia-Fotografie. Ein trister Ort, fast so trostlos und fast so leer wie die Weiden rund um Llyn Craig-y-pistyll, die ich im vergangenen Herbst besucht hatte. Zwischen dem Heidekraut stand ein vereinzeltes Büschel Farn. Ich sah einen kleinen Heufalter – rötlich und grau, pelzig, mit einem kleinen schwarzen Augenfleck an den Flügelspitzen –, der sich kurz auf einer Blutwurzblüte niedergelassen hatte. Es war das einzige Insekt, das ich an diesem Tag in dem Reservat zu Gesicht bekam. Die Heidelbeersträucher waren fast bis auf die Wurzeln abgefressen. Sie trugen weder Blüten noch Früchte: Alles Essbare war abgebissen worden. Das Heidekraut war gespickt mit Fetzen von Schafwolle. Außer zwei Feldlerchen in der Ferne, einem gelegentlichen über die Heide schießenden Wiesenpieper und den unvermeidlichen Kanadagänsen auf dem See, war kein Vogel zu sehen, kein Vogellaut zu hören. Die Pflanzen und Tiere dieses Juwels in der Krone der kambrischen Berge waren nahezu identisch mit den erbärmlichen Überresten – den eintönigen, verarmten, nach der Zerstörung des atlantischen Regenwalds übriggebliebenen Mondlandschaften –, die sich auch auf den benachbarten Gebieten dieser feuchten Einöde gerade noch hielten.

Auf dem Kies am See lag ein kleiner Trupp weißgesichtiger Mutterschafe in der Sonne und beäugte ein Schwinggatter auf halbem Weg am Ufer. Als ich mich näherte, stellten sie sich auf ihre Füße und bahnten sich einen Weg durch das Heidekraut, um sich ein paar Schritte weiter einer größeren Herde anzuschließen. Einige streiften am Zaun entlang, wo sie sich das verfilzte, ungeschorene Vlies scheuerten. Kleine Haarbüschel hingen in den Knoten des Maschendrahts.

Auf dem Gatter verkündete ein Anschlag: »In diesem Reservat weiden Welsh White Cattle.« Rinder konnte ich keine entdecken, aber das Land war überweidet und aufgewühlt: zertrampelt, narbig und verdichtet. Hier gab es kein Heidekraut mehr, nur noch bis fast auf die Wurzeln abgefressenes Gras, ein paar aufgeschossene Acker-Kratzdisteln, deren lila Spitzen zu blühen begannen, und Horste kurzer Flatterbinsen. Alles sah genauso aus wie eine beliebige übermäßig abgegraste Weide, doch auch dieses Gelände gehörte zu dem »wildesten und in der Region bedeutendsten Areal« von Montgomeryshire.

Auf der windabgewandten Seite des Sees war das Wasser glatt, bevor es ein paar Schritte vor dem Ufer wie eine geborstene Windschutzscheibe in winzige Krakelüren aufbrach, die sich am gegenüberliegenden Strand erst zu Riffeln, dann zu kleinen Wellen aufschaukelten. Der See war absolut klar. Sein Boden war von seltsam regelmäßigen Scherben aus einem braunen Stein bedeckt. Ich überquerte die Viehweide und drängte durch dichtere, von glänzendem grünen Moos umgebene Binsenhorste. Dann stolperte ich den aufgeweichten, mit Baumwollgras gefiederten Hang hinauf. Alles hier in dem Naturreservat, außer Schafen und Rindern, reichte, so schien es, gerade bis ans Knie. Ich sprang über den Zaun, gelangte wieder auf den Weg und folgte ihm nach Süden in Richtung Pumlumon. Als der Weg um einen kleinen Hügel bog, bemerkte ich in der Ferne zwei aus der Heide aufragende Bäume. Ich richtete meinen Feldstecher auf sie und fluchte laut auf: Sitka-Fichte! Die Samen müssen von den großen Anpflanzungen jenseits der Berge herübergeweht worden sein. Soweit ich beurteilen konnte, waren sie die einzigen Bäume im gesamten Reservat, mit Ausnahme derer, die an den steilen Hängen der Schlucht klebten. Die weiße Pest – wie ich die Schafe damals bezeichnete – hatte den Rest zerstört.

Der Weg führte mich tiefer in jenes Pumlumon-Gebiet von besonderem wissenschaftlichen Interesse, in dem das Glaslyn-Naturreservat liegt. Als er die Kuppe eines Hügels erreichte, eröffnete sich mir ein Ausblick hinunter nach Llyn Bugeilyn, einen langgezogenen See, der ein Gletschertal füllte. In der Ferne schwebte ein Rabe im Wind. Über dem See lag die Ruine eines Bauernhauses. Und hier endlich, innerhalb der einstigen Umfriedungen des Hauses, gab es Bäume.

Ich ging in die eingestürzte Scheune auf der Rückseite, setzte mich auf einen der heruntergestürzten Steine und aß, was ich als Mahlzeit mitgebracht hatte. Überall lagen ausgeblichene Eichensparren auf dem Boden. Farne, Weidenröschen und ein kleiner Vogelbeerbaum wuchsen außer Reichweite der Schafe auf dem Mauerwerk. Zwischen den bemoosten, wurmzerfressenen Balken waren Brennnesseln gewachsen. Am Fuß der Mauern wuchsen Gundermann und Schaumkraut.

Eine riesige Esche beschirmte die eingestürzte Scheune zusammen mit einem uralten bemoosten Vogelbeerbaum, der schon halb umgekippt war. Darunter fanden sich kleinere Eschen, ein verkrüppelter Bergahorn, dann eine kurze Reihe knorriger, alter Weißdornsträucher, letzter Überrest einer einstigen Hecke. Schwallweise trug der Wind den süßlich-widerwärtigen Geruch ihrer Blüten zu mir herüber. Der Boden unter den Sträuchern war mit Blütenblättern gesprenkelt und die Wurzeln krümmten sich über der steinigen Grasnarbe, als wollten sie mit Gewalt wieder in den Boden zurück. Außer dem Wind in den Bäumen war kein Laut zu hören.

Ich machte mich wieder auf den Weg zurück in die Heide. Bei strahlendem Sonnenschein stieg ich auf den Banc Bugeilyn, den Berg über dem See. Er bot einen exzellenten Aussichtspunkt. Im Süden erhob sich massig der Pumlumon: gedrungen, von holprigem Profil, blass khakifarben wie das übrige Land. Ich überblickte etwa ein Viertel des Naturschutzgebiets und suchte das gesamte Blickfeld sorgfältig mit dem Feldstecher ab. Ich registrierte die Ansammlung von Bäumen um das alte Bauernhaus; eine kleine Gruppe Salweiden am See; zwei weitere Sitka-Fichten und ein paar Vogelbeerbäume, festgeklammert an einer Flanke der Schlucht, die für die Schafe zu steil war. In der gesamten Landschaft dieses berühmten Terrains von vielleicht 2000 Hektar Größe stand sonst kein einziger Baum. Um mich herum kleine Klippen schwarzen Bodens, in deren Umkreis das Moor eingesackt war – Anzeichen von Torferosion aufgrund von Überweidung. Hier war etwas fürchterlich schiefgelaufen.

Auf dem Weg zurück zum Auto fühlte ich mich leer und elend. Ich ließ den Motor an, löste die Handbremse und fuhr in Richtung Straße. Nach fünfzig Metern schon trat ich auf die Bremse, hielt so nah wie möglich am Rand des schmalen Wegs an und sprang aus dem Wagen. Ich konnte kaum glauben, was ich gesehen hatte. Der Rasen am Straßenrand bestand aus einer einzigen Explosion von Farben, so bunt wie die Lord Mayor's Show in London. Die hängenden roten Blütenstände des Sauerampfers standen neben goldenem, wie Quaker-Hauben aussehendem Hornklee, die zarten Dolden des Knollenkümmels neben quendelblättrigen Kreuzblumen – manche rosa, manche blau –, Rote Lichtnelke neben schlitzblättrigem Storchschnabel. Die kleinen weißen Blüten des Augentrosts, mit Dotter auf ihren Lippen, waren zu sehen, dunkle Braunwurz, die beim Durchstreifen mit der Hand einen fuchsigen Geruch freigab, die lila Flockenblume, gelbe und weiße Schafgarbe, Fingerhut, Hornkraut, Wurmfarn, dichte Kissen Labkraut, wilde Himbeere, Ehrenpreis, Bärenklau und Weidenröschen. Durch die Grasnarbe stießen kleine Schösslinge von Salweide und Vogelbeere.

Ein paar hundert Meter weiter stoppte ich erneut. Hier wuchsen größere Vogelbeeren und Salweiden am Straßenrand, aber auch Weißdorn und Holunder. In ihrer Umgebung reichte mir das Heidekraut bis über die Hüfte. Die Heidelbeeren waren dunkel vor lauter Beeren und voller Kuckucksspucke. Kleine Heufalter, kleine blasse Motten und Zuckmücken schwirrten um die Pflanzen. Ein metallisch bunter Gartenlaubkäfer – Kopf und Thorax von irisierendem Grün, hell kupferne Flügeldecken – krabbelte über die Heidelbeerblüten und sondierte mit seinen seltsamen dreifingrigen Fühlern in alle Richtungen.

Dergleichen hatte ich bereits anderswo in den Bergen gesehen. Die Straßenbankette stellten, zumindest in Teilen, die einzigen vor Leben strotzenden Bereiche dar, da die Schafe nicht an sie herangelangen konnten. (Ein erfahrener Ökologe meint, dass auch ein Effekt von dem Straßenstaub ausgehen könnte, der die Bankette düngt.) Indem die Verkehrsbehörde sicherstellte, dass die Schafe vom Verkehr ferngehalten werden, hat sie mehr für Naturschutz und biologische Vielfalt getan als die mit dem Schutz unsere Naturerbes beauftragten Organisationen. Ich dachte, was ich im Glaslyn-Naturreservat gesehen hatte, war das Ergebnis eines schändlichen Versagens, ein schockierender Managementfehler. Schon bald musste ich allerdings feststellen, dass es noch weit schlimmer war.

Bevor ich fortfahre, sollte ich anmerken, dass es mir nicht darum geht, den Montgomeryshire Wildlife Trust bloßzustellen, der von hingebungsvollen und gewissenhaften Leuten betrieben wird. Wie ich gleich zeigen werde, wird dort behauptet, dass man hinsichtlich der Handhabe des Lands keine große Wahl habe. Ich habe dieses

Beispiel nicht ausgewählt, weil es außergewöhnlich, sondern weil es typisch ist: Die Art und Weise, wie der Trust mit dem Glaslyn-Gebiet verfährt, steht beispielhaft für die Verwaltung vieler Naturschutzgebiete in den Bergregionen Großbritanniens.* Unsere Nationalparks sind in einem noch schlimmeren Zustand. Ausländer sind oft erstaunt, wenn sie feststellen, dass viele (zehn von den fünfzehn existierenden) nicht viel mehr als Schaffarmen darstellen, deren Hege sich nahezu in nichts von der ungeschützter Gebiete unterscheidet. Großbritannien ist zwar ein Extremfall, bestimmte Aspekte dieser zerstörerischen Form des Naturschutzes sind jedoch auch in anderen Teilen Europas am Werk.

Kurz nach meinem Besuch des Glaslyn-Gebiets habe ich den durch den Trust für das Reservat erarbeiteten Managementplan gelesen. Zu meinem Erstaunen stellte ich fest, dass diese entkernte Hülse eines Ökosystems, das sich kaum von der übrigen Wüstenei unterscheidet, absichtlich in diesem Zustand belassen worden ist. Ziel des Plans ist es, sicherzustellen, dass das Reservat in seinem gegenwärtigen Zustand erhalten bleibt: bedeckt mit niedrig gehaltenem Heidekraut.** »Invasive« und »unerwünschte« Arten, so die Ankündigung, sollen entfernt werden.

Was bedeutet das? Ich fragte beim Trust nach: Invasive und unerwünschte Arten sind einheimische Bäume wie etwa Vogelbeere, Salweide, Birke und Weißdorn, die in ihren natürlichen Lebensraum zurückkehren. Der Plan sieht sogar vor, dass selbst in der Schlucht über die bereits vorhandenen Bäume hinaus keine weiteren auf-

---

*Aus meiner Sicht befinden sich folgende von Naturschutzverbänden betriebene Gebiete in einem ähnlich beklagenswerten Zustand: Kielderhead, Whitelee Moor, Butterburn Flow, Harbottle Crags, Moor House-Upper Teesdale, Dove Stone und Geltsdale in England, Isle of Rum, Rahoy Hills, Ben Mor Coigach, Cottascarth-Rendall Moss, Birsay Moors und The Oa in Schottland, Rhinog, Cwm Idwal, Cadair Idris, Y Berwyn und Yr Wyddfa in Wales und Aghatirourke und Boorin in Nord-Irland.

** Es sollten keine »Sukzessionsprozesse von der Bergheide zu anderen Gemeinschaften erfolgen«. Siehe Montgomeryshire Wildlife Trust, *Glaslyn Management Plan 2009–2014*, 2009.

wachsen dürfen. Ein weiteres vom Wildlife Tust veröffentlichtes Dokument hält fest, dass auf den Grasflächen des Reservats Rinder gehalten werden sollten, so lange »bis eine einheitliche Rasenhöhe von zehn Zentimeter erreicht ist«.[2] Der Trust enthüllte, dass »zur Optimierung des von den Rindern ausgehenden Effekts das Grasland streifenweise abgeweidet wird«. So sieht offenbar der Schutz der Natur in dem von der Organisation als »Vorzeigereservat«[3] bezeichneten Gebiet aus. Mit diesen Mitteln und unter hohen Kosten wird das Ambiente eines nuklearen Winters aufrechterhalten.

Warum aber passieren solche Dinge? Die Antwort gleicht dem Uroboros, der Schlange, die sich in den Schwanz beißt. Geht man ihr vollständig auf den Grund, befindet man sich wieder am Ausgangspunkt.

Behauptet wird, der Zweck dieses brutalen Vorgehens bestehe darin, die Heide und die offenliegenden Moore »in einem vorteilhaften Naturzustand« zu halten (dass dies jämmerlich scheitert, sei erst einmal beiseitegelassen).

Der Plan weist aus, dass »das Gelände künstlich und Ergebnis menschlicher Aktivitäten ist, die auf die Abholzung der Bäume zur Zeit der Bleigewinnung folgten.« Bevor es zum Naturreservat erklärt wurde, wurde es durch die Bauern, die es abbrannten und abweiden ließen, von Bäumen freigehalten. Der Managementplan insistiert darauf, dass das Reservat so, in der Zeit erstarrt wie eine alte Sepia-Fotografie, erhalten bleiben soll. Die naheliegende Frage jedoch wird nirgends gestellt: Warum?

In Welshpool traf ich mich zum Lunch mit drei Vertretern des Montgomeryshire Wildlife Trust. Zu meiner Überraschung musste ich feststellen, dass sie vielem, was ich sagte, zustimmten. Warum also verfuhren sie mit dem Naturreservat auf die genannte Weise? Ganz einfach, sagten sie: So ist es gesetzlich vorgeschrieben.*

---

* »Wenn wir die Kriterien nicht einhalten, brechen wir das Gesetz. Uns wird vorgeschrieben, wie das Gelände auszusehen hat. Wir liefern genau das ab, wozu wir verpflichtet sind. Da wird nicht verhandelt.«

»Diese Ziele sind vorgegeben und ihnen entsprechend werden die Areale unter Schutz gestellt. Wir geraten in ernsthafte Schwierigkeiten, wenn wir sie nicht befolgen. Wir wollten eigentlich eine natürliche Wald-Sukzession das ganze Tal hinauf [die große Schlucht in Glaslyn]. Alles abzäunen und den Dingen ihren Lauf lassen. Aber Gott, was für Probleme wir bekamen.«

Als ich mit dem Vorsitzenden der Umweltbehörde sprach, die in Wales die Regeln für die Verwaltung der Naturreservate durchsetzt, bestritt er manches von dem, was der Trust behauptet,* stimmte jedoch darin überein, dass die eine oder andere Vorschrift der Überprüfung bedürfe. Die Eigner des Landes müssen dessen »Merkmale von gemeinschaftlichem Interesse« – dazu gehören insbesondere Pflanzen und Tiere, Habitate oder Geologie – in einem »vorteilhaften Zustand« halten.[4] Die zugrundeliegenden Richtlinien sind ziemlich eindeutig. An Orten wie Glaslyn zum Beispiel, zu deren »Lebensraumtypen von gemeinschaftlichem Interesse« Hochlandheide und Hochmoore gehören, schreiben sie vor, dass verstreute Bäume oder Sträucher nicht mehr als ein Zehntel des Moors und weniger als ein Fünftel der Heide einnehmen dürfen.[5]

Diese Standards richten sich nach dem europäischen Regelwerk, das die Orte auflistet, die ein Land unter Schutz stellen muss.** Dazu gehören Feuchtheiden, Pfeifengraswiesen, Hochmoore und andere durch die Schafskatastrophe entstandene Landschaftstypen, wie sie in Glaslyn anzutreffen sind.[6] Einer der offiziellen Gründe für die Auswahl solcher Orte lautet, sie seien von internationaler Bedeutung,

---

* Morgan Parry sagte mir gegenüber: »Ich glaube, wir haben einen faires Maß an Flexibilität gehabt ... Ich denke, die beteiligten Mitarbeiter sind der Meinung, dass sie, was die Einhaltung der Ziele anbelangt, eigentlich einen großen Fortschritt gemacht und eben nicht nur ein ödes Bergland instandgehalten haben.«

** Die Richtlinien, den Anteil der Pflanzen betreffend, die an solchen Stellen wachsen dürfen oder nicht, sind nationale Auslegungen der europäischen Richtlinien. Europäische Habitatsrichtlinie, »Richtlinie 92/43/EWG des Rates vom 21. Mai 1992 zur Erhaltung der natürlichen Lebensräume sowie der wildlebenden Tiere und Pflanzen«, online verfügbar: {eur-lex.europa.eu/legal-content/DE/TXT/?uri=OJ:L:1992:206:TOC}, letzter Zugriff: 1. Oktober 2020.

da sie über »eine typische Zusammensetzung von Schlüsselarten« verfügen.[7]

Wir stehen international in der Pflicht, öde Heidegebiete, kahle Moore, versauerte Wiesen und ähnliche von Schafen heimgesuchte Plätze zu erhalten, weil sie Gemeinschaften von Pflanzen und Tieren oder Pilzen und Flechten am Leben halten. Allerdings bietet jedes Habitat – ob Regenwald oder Bahngleis – ein bestimmtes Artenspektrum, eine Artenzusammensetzung, wie sie nirgendwo sonst zu finden ist. Die Artenzusammensetzung ist das Produkt des physischen Habitats. Managen wir einen Landstrich um des Schutzes einer besonderen Artenzusammensetzung willen, vereiteln wir die Entwicklung und Etablierung anderer Artenkombinationen.

Auf der Schautafel am Eingang des Glaslyn-Naturreservats kann man zum Beispiel lesen, dass dort das Moorschneehuhn, der Steinschmätzer, die Feldlerche und die Ringdrossel besonders geschützt werden. Das Gebiet wird auch gemanagt, damit die Populationen dieser Vögel zunehmen. Aber aus welchem Grund? Alle vier Spezies stehen ganz unten auf der Liste der Arten, die »in Europa als besonders schützenswert« gelten. Es stimmt auch, dass ihre Populationen schwinden (insbesondere die der Ringdrossel), aber dies trifft für viele Vögel zu, von denen zahlreiche Arten um etliches gefährdeter sind. Tatsächlich ist der relativ hohe Bestand der genannten Arten in Großbritannien und in Europa auf die Weidewirtschaft zurückzuführen; es handelt sich um Vögel, die in den vom Menschen geschaffenen bereinigten, offenen Landschaften überleben können und die manche Naturschützer nun zu erhalten trachten, um – in einem wahrhaft schwindelerregenden Zirkelschluss – diejenigen Arten zu schützen, die dort überleben können.

Von allen vier Arten ist das Moorschneehuhn das Tier, dessen Schutz die Verrücktheit der aktuellen Politik am besten widerspiegelt. Auf der Europäischen Liste der schutzwürdigen Arten erscheint es nicht, da es in Europa zahlreich vorkommt. In Großbritannien ist die Art immerhin in so hoher Zahl vertreten, dass jedes Jahr tausende Tiere abgeschossen und nahezu roh in Herrenclubs und Edelrestaurants aufgetischt werden können. Die Zahl der Moorschneehühner wird durch die schonungslose Verfolgung weit seltenerer Tiere – der Raubvögel und Säugetiere, die ihr Vorkommen schmälern könnten – aufrechterhalten. Die Schneehuhnjagd ist dermaßen lukrativ, dass diese Nachstellung, selbst wo sie verboten ist und (in der Theorie, doch kaum in der Praxis) empfindliche Strafen nach sich zieht, weiterhin stattfindet. Von der schottischen Regierung durchgeführte Untersuchungen haben ergeben, dass Steinadler, Rotmilane, Wanderfalken und Seeadler, deren Kadaver in Moorschneehuhn-Jagdrevieren gefunden wurden, vergiftet worden waren.[8] Es wurden immerhin so viele Steinadler getötet, dass ihre Population in Schottland (der einzige Brutbestand in Großbritannien) keine Chance hatte, sich zu erholen. Der Seeadler gehörte zu den Arten, die in Schottland unter großem Aufwand und erheblichen Schwierigkeiten wieder angesiedelt wurden; in einigen Küstengegenden konnte er leidlich Fuß fassen. Auf den Skibo-Ländereien wurde ein Jagdhüter erwischt, der genug Carbofuran – ein verbotenes Schädlingsbekämpfungsmittel – besaß, um alle Raubvögel Schottlands sechs Mal töten zu können. Drei tote Steinadler wurden auf den Besitzungen gefunden und zudem ein totes, auf einen Metallpflock gespießtes und mit Carbofuran getränktes Moorschneehuhn, das offensichtlich als Köder ausgelegt worden war. Der Mann wurde zu einer Geldstrafe von lediglich 3300 Pfund verurteilt.[9]

Dem Erhalt von Schneemoorhühnern dient auch ein Programm, bei dem die Heide geschnitten und abgebrannt wird, um das Moorland von anderen Pflanzen weitgehend freizuhalten, was wiederum das Wachstum junger Triebe fördert, die den Vögeln als Nahrung zugutekommen. Diese Maßnahmen verhindern die Ansiedlung vieler anderer Vogelarten, die eigentlich in den Bergregionen leben könnten.

So gesehen ist es rätselhaft und irritierend, dass der Wildlife Trust, der das Glaslyn-Naturreservat betreibt, das Moorschneehuhn in einem Newsletter als »eine unserer zentralen Indikatorarten« bezeichnet. Aber was zeigt sie an? Die Antwort lautet: »Die Gesundheit einer Berglandschaft.« Doch was bedeutet Gesundheit in diesem Kontext? Das Moorschneehuhn ist für die Bergregionen, was die Elster für das Tiefland ist. Es profitiert von den menschengemachten Veränderungen. Was für das Moorschneehuhn förderlich ist, ist für andere womöglich ungesund, sogar für andere Raufußhühner wie Birkhuhn, Auerhuhn und Haselhuhn (Arten, die vor dem fast völligen Verschwinden der Wälder auf der Britischen Insel gelebt haben dürften). Durch die Aufrechterhaltung eines Lebensraums, wie er nötig ist, um die Zahl der Moorschneehühner künstlich hochzuhalten, wird für seltenere Arten erforderlicher Lebensraum zerstört. Warum also ist das Moorschneehuhn ein »wichtiger Indikator«? Weil es dem Trust zeigt, dass der »Lebensraumtyp« – die baumlose, öde Bergheide – erhalten worden ist. Womit sich die Schlange in den Schwanz beißt.

Wahr ist, dass im Gegensatz zum Moorschneehuhn bestimmte, in die favorisierten Artenzusammensetzungen aufgenommene Arten selten sind. Aber manche Spezies, die nicht ausgewählt wurden, sind noch seltener. In bestimmten Regionen existieren sie gar nicht mehr, da ihre Lebensräume von den sogenannten »Lebensraumtypen«ersetzt worden sind, die die Naturschützer zu bewahren trachten. Naturschutzgruppen wie zuständige Behörden werden von Ökologen beraten. Sie verteidigen die Tiere und Pflanzen, über die sie forschen, ebenso sehr aus beruflichen Gründen wie der Umwelt halber. Spezialisten für in Moorgebieten vorkommende Rüsselkäfer werden zu Verteidigern eben dieser speziellen Rüsselkäfer. Ein Rüsselkäfer-Ökologe bringt im Allgemeinen kein großes Interesse für das Auerhuhn auf und wird jedem Versuch, auf Kosten des Rüsselkäfers den Lebensraum für das Auerhuhn – oder für Wildkatze und Luchs – auszuweiten, zunächst einmal feindselig begegnen. Da es aber in Wales keine Auerhühner, keine Wildkatzen und Luchse mehr gibt und infolgedessen diese Arten dort auch nicht erforscht werden, gibt es auch keine konkurrierende Gruppe lokaler Wissenschaftler, die sich etwa für Auerhuhn-Wälder und eben nicht für Rüsselkäfer-Moore einsetzen würde. Die Naturschutzpolitik unterliegt einem Selbstverstärkungseffekt.

Es bestehen zwei weitere offizielle Gründe, bestimmte Orte zu schützen: »hohe Gefährdung« und »rascher Niedergang«. Das waren die Rechtfertigungen, womit der Montgomeryshire Wildlife Trust mir gegenüber die Art, wie er das Naturreservat betrieb, verteidigte. Heide sei »heutzutage ein seltener Lebensraum, der nur in Europa vorkommt«.[10] Das ist zumindest fragwürdig: Allein im Vereinigten Königreich gibt es zwischen zwei und drei Millionen Hektar Bergheide. Und warum sollte ein im Niedergang befindlicher menschengemachter Lebensraum schützenswert sein? Überall in Europa sind von einer aktiven Industrie kontaminierte, mit Schlackehalden und Abraum aus unterirdischen Kohlebergwerken assoziierte Landstriche in einem jähen Niedergang begriffen. Wollte man die Kriterien unparteiisch anwenden, stünden sie – und das kärgliche Leben, das sie beherbergen – an erster Stelle unserer Naturschutzbemühungen.

Wäre es nicht besser, natürliche Vorgänge nicht länger zu unterdrücken und es dem Land zu ermöglichen, seinen eigenen Weg zu finden? Eine Gegend wie Glaslyn würde wahrscheinlich zu einer Mischung aus atlantischem Regenwald, Sumpfwald, Gebüsch und Heide zurückkehren. Mit Sicherheit würde dies zu einem reicheren und interessanteren Ort führen, als ein ökologisches Desaster aus dem neunzehnten Jahrhundert zu schützen, wie es dort momentan unternommen wird. Etliche Naturschutzverbände behaupten, offene Lebensräume mit einigen verstreuten Bäumen würden den »Naturzustand« der Bergregionen darstellen. Sie berufen sich dabei wiederholt auf die Arbeit Frans Veras, der Person, die das Rückverwilderungsprojekt in den Niederlanden ins Leben rief, bei dem Heck-Rinder zum Einsatz kommen. In dem warmen, feuchten Klima, so argumentiert er, das in den letzten 5 000 Jahren vorherrschte, stelle weites Grasland mit gelegentlichen Baumbeständen die natürliche Gegebenheit dar. Der Beweidungsdruck durch Wildtiere habe den Wald offen gehalten, so wie es heute durch Schafe und Rinder geschieht.[11] Eine interessante Idee, die aber durch die Befundlage kaum gestützt wird.*

---

*Bis die Menschen und ihr Vieh mit der Rodung der Wälder anfingen, herrschten in den fossilen Überlieferungen die Pollen von Bäumen vor, was bedeutet, dass das Land größtenteils von Wäldern bedeckt war. Siehe J. H. B. Birks, »Mind the gap: how open were European primeval forests?«, in: *Trends in Ecology & Evolution*, Bd. 20 (2005), S. 154–156; R. Fyfe, »The importance of local-scale openness

Andere behaupten, die Haltung von Schafen, Rindern oder Pferden auf dem Land würde dazu beitragen, die Vielfältigkeit des Lebens zu steigern. Damit meinen sie natürlich die Vielfalt von bestimmten Lebensformen wie etwa Schmetterlingen oder Wildblumen, Arten, die offene, sonnige Areale bevorzugen. Wenn man aber alle Arten und Gattungen zusammenzählt – Käfer, Spinnen, Pilze, Vögel und was es sonst noch gibt –, stellt sich heraus, dass ursprüngliche Waldlandschaften mehr Biodiversität erhalten als die üppigsten Blumenwiesen.* Die meisten Tiere brauchen Gebiete, in denen sie sich vor

---

within regions dominated by closed woodland«, in: *Journal of Quaternary Science*, Bd. 22, Nr. 6, 2007, S. 571–578, doi: 10.1002/jqs.1078. In Sümpfen aufgefundene Baumstämme sind in der Regel gerade und unverzweigt, was darauf schließen lässt, dass sie mit ihren Nachbarn um Licht buhlten. Siehe Oliver Rackham, *Ancient Woodland. Its History, Vegetation and Uses in England*, Dalbeattie 2003. Zitiert in Kathy H. Hodder u. a., »Can the pre-Neolithic provide suitable models for re-wilding the landscape in Britain?«, in: *British Wildlife*, Bd. 20, Nr. 5 (2009) (special supplement), S. 4–15. In parkähnlichen Landschaften hingegen verzweigen sich die Bäume schon knapp über dem Erdboden. Vor der Ausbreitung des Menschen häufig vorkommende Käfer lebten vor allem in dichten Wäldern. Siehe N. J. Whitehouse und D. Smith, »How fragmented was the British Holocene wildwood? Perspectives on the ›Vera‹ grazing debate from the fossil beetle record«, in: *Quaternary Science Reviews*, Bd. 29, Nr. 3–4 (2010), S. 539–553, doi.org/10/1016/j/quascirev. 2009.10.010. Selbst in vorhergehenden Zwischeneiszeiten, bevor die massiven oder stark eingreifenden Pflanzenfresser wie das Mammut, der Waldelefant, das Wald- und das Steppennashorn, das Flusspferd und der Wasserbüffel in Nordeuropa ausstarben, war die häufigste Vegetationsform der zu einem dichten Blätterdach schließende Wald. Siehe J. C. Svenning, »A review of natural vegetation openness in northwestern Europe«, in: *Biological Conservation*, Bd. 104 (2002), S. 133–148. Offenbar waren die Pflanzenfresser in der Wildnis nicht in der Lage, die offenen Landschaften, von denen Vera spricht, herbeizuführen. Siehe R. H. W. Bradshaw u. a., »A long-term perspective on ungulate-vegetation interactions«, in: *Forest Ecology and Management*, Bd. 181 (2003), S. 267–280. Entgegen seiner Argumentation, dass Eiche und Haselbaum in dichten Wäldern nicht gedeihen können, gibt es zahlreiche Belege dafür, dass dies dennoch der Fall war. Siehe F. J. G. Mitchell, »How open were European primeval forests? Hypothesis testing using palaeoecological data«, in: *Journal of Ecology*, Bd. 93 (2005), S. 168–177; Hodder u. a., »Can the pre-Neolithic provide suitable models for re-wilding the landscape in Britain?«.

* Clive Hambler und Susan Canney merken an, dass Plagioklimax-Gemeinschaften häufig als ›artenreich‹ beschrieben werden, wobei sie tatsächlich reich an Blütenpflanzen sind, ansonsten aber artenarm«. Siehe Hambler und Canney, *Conservation*, Cambridge ²2013.

Beutegreifern verstecken können, oder solche, die nicht allzu schnell austrocknen oder vor Wind und plötzlichen Temperaturwechseln geschützt sind. Offene Landschaften bieten diesen Schutz im Allgemeinen nicht.

In einem seiner Pamphlete warnt der Montgomeryshire Wildlife Trust davor, dass »in manchen Regionen das Heidemoorland aufgrund der Vernachlässigung traditioneller Bewirtschaftungsmethoden wie dem Abholzen und Abbrennen in seiner Qualität nachlässt«. Man stelle sich vor, wie ein Ökologe oder eine Ökologin aus den Tropen beim Lesen dieser Zeilen reagieren würde. Seit Jahren ziehen britische Umweltschützer gegen das Abholzen und Abbrennen von Lebensräumen in den Entwicklungsländern zu Felde, doch hierzulande zeigen sich diese Zerstörungsmaßnahmen als wichtiges Instrument des Naturschutzes. Eine Naturschutzbewegung, die glaubt, dass die Umwelt gefährdet sei, sobald Abholzungs- und Abbrennungsmaßnahmen ausbleiben, geht gewaltig in die Irre.

Die Auswahl vorrangiger Ökosysteme erscheint willkürlich, in Großbritannien wie in einigen anderen Teilen Europas, und von Impulsen geleitet, die weder gründlich untersucht noch genau erklärt worden sind. Unsere Entscheidungen sind aufgrund historischer, kultureller und ästhetischer Gesichtspunkte getroffen worden, auch wenn sie sich in Wissenschaftssprache kleiden.*

Dagegen wäre nichts einzuwenden – wie wir mit Natur verfahren, wird immer kulturell vermittelt sein –, gäbe es da nicht den Umstand, dass mir manche von uns als schutzwürdig erkorene Berglandhabitate so trostlos, verarmt, unstrukturiert oder unterkomplex vorkommen wie ein großer Parkplatz. Dabei handelt es sich nicht um eine völlig subjektive Ansicht. Ohne Bäume, große Raubtiere, wildlebende Pflanzenfresser, verrottendes Holz oder viele andere Komponenten eines gesunden Ökosystems bewahren diese Orte nur ein paar dünne Fäden eines weit komplexeren Lebensnetzes. All die faszinierenden

---

* Etliche stammen aus Derek Ratcliffe's berühmter *Nature Conservation Review* aus dem Jahr 1977, in der halb-natürliche Gegenden genannt wurden, die der Autor für schützenswert hielt.

virulenten ökologischen Prozesse, die trophischen Kaskaden und unerwarteten Wechselwirkungen, die nie ausbleibenden Überraschungen, die in einem unbeeinflussten Ökosystem so viel Freude und Begeisterung hervorrufen, sind dort unterbunden.

Akuter wird das Ganze noch, wenn man feststellt, dass ein solcher Ansatz fast überall im Bergland kläglich scheitert. Eine Vogelzählung in dem Gebiet rund um den Pumlumon, das besonderen Naturschutzbestimmungen unterliegt und zu dem auch das Glaslyn-Naturreservat zählt, hat ergeben, dass die Arten, die durch das strenge Regime geschützt werden sollten, einen katastrophalen Niedergang erleben.* Ihr Bestand ist demnach in dem geschützten Gebiet rascher geschrumpft als im übrigen Wales. Hochgradige Hege funktioniert nicht, selbst an den Standards gemessen, die sie sich selbst gesetzt hat.

Umweltfachleute sehen sich durch dieses Scheitern vor ein Rätsel gestellt. Es könnte sein, dass das Hegeprogramm die Arten, zu deren Schutz es entworfen wurde, schlicht nicht erhalten kann, da die Schafe, auf denen es beruht, den Lebensraum nach und nach zerstören. Je länger sie dort verbleiben, desto mehr Schaden richten sie an. Zum Beispiel könnte die Verdichtung und das Zerwühlen des Bodens die Zahl der Insektenlarven vermindern, auf die so viele Vögel angewiesen sind. Es könnte aber auch sein, dass das Ökosystem, im Versuch, es so zu erhalten, als sei es von Natur aus statisch, daran

---

*Zwischen 1984 und 2011. Ganz oben im Glaslyn-Plan steht eine Liste von acht Vögeln, deretwegen das Naturreservat als »äußerst wichtig« eingestuft wird. Siehe Montgomeryshire Wildlife Trust, *Glaslyn Management Plan 2009–2014*. Eine der Vogelarten, die Sumpfohreule, tauchte in den Erhebungen von 1984 und 2011 überhaupt nicht auf. Eine andere, die Kornweihe, vermehrte sich um ein einziges Brutpaar: 1984 wurde kein einziger Vogel gesichtet; ein Paar wurde 2011 beobachtet. Bei beiden Zählungen wurde ein Wanderfalkenpärchen registriert. Alle anderen Arten befanden sich im freien Fall. Der Bestand von Moorschneehühnern, Feldlerchen und Steinschmätzern ging um die Hälfte zurück. Das Vorkommen des 1984 beobachteten Goldregenpfeifers schrumpfte um 92 Prozent. Ringdrosseln wurden bei der zweiten Zählung gar nicht mehr entdeckt. Der Bericht stellt fest, dass »bei allen in dem Gebiet vorkommenden Arten erhebliche Rückgänge zu verzeichnen waren.« Siehe Heather Crump und Mick Green, »Changes in breeding bird abundances in the Plynlimon SSSI 1984–2011«, in: *Birds in Wales*, Bd. 9, Nr. 1 (2012).

gehindert wird, sich veränderten Bedingungen wie etwa der globalen Erwärmung oder saurem Regen (in diesen feuchten Gebieten weiterhin ein Thema) anzupassen. Nach allem, was wir zum gegenwärtigen Zeitpunkt sagen können, ist das derzeitige Naturschutzmodell offenbar gescheitert. In seinem Management Plan gelangt der Wildlife Trust zu der Feststellung, dass die Lebensräume in Glaslyn, die er seit 1982 zu erhalten suchte, in einem »unvorteilhaften Zustand« sind.[12] Einem Anteil von 34 Prozent der wichtigsten Wildtierareale (der ausgewiesenen Naturschutzgebiete) in Wales ist inzwischen ein ähnliches Scheitern bescheinigt worden.[13]

Manche Leute haben für diese Misserfolge den Umstand verantwortlich gemacht, dass die Habitate, die sie retten wollten, zu klein seien. Eine Antwort bestünde nach ihrer Ansicht darin, zu »großräumigem Landschafts- und Naturschutz« überzugehen, das Gleiche also auf einer größeren Fläche zu versuchen.* Liegt aber das Problem nur an der Größe und nicht etwa an der Methode? Daran, dass intensive Hege früher oder später zum Scheitern verurteilt ist? Wenn die Temperaturen steigen, werden die genannten Bemühungen ohnehin fehlschlagen. Ein bestimmtes Artenspektrum von Tieren und Pflanzen festschreiben zu wollen, wird bei sich verändernden Bedingungen noch weniger funktionieren. Wenn sich ein Ökosystem nicht anpassen kann, wird seine Reichhaltigkeit, seine Struktur und Komplexität noch schneller schrumpfen, als sie es heute schon tut.

Der Plan für Glaslyn kommt zu der Behauptung, dass »der Arbeit des Trust sowie seinem Vorgehen und seinen Grundsätzen mit zunehmender Bekanntheit auch mehr Sympathien entgegengebracht« würden. Ich halte dagegen, dass genau das Gegenteil eintreten wird, wenn die Menschen beginnen, seine Arbeit und seine Grundsätze zu verstehen.

Das Versprechen des Naturschutzes lautete bislang, dass mit dem Schutz der Arten auch ihr Habitat geschützt würde. Um zu überleben,

---

* So lautet ungefähr der Ansatz des berühmten, von Sir John Lawton verfassten Berichts.

braucht der Bengalische Tiger den Dschungel. Möchte man ihn also verteidigen, bedeutet dies, das reiche und faszinierende Ökosystem, in dem er lebt, zu bewahren. Im Vereinigten Königreich aber sind die Arten, die wir aus historischen Gründen zu schützen uns entschlossen haben, oft mit beschädigten und verarmten Gebieten assoziiert; deshalb müssen wir, um sie zu schützen, das Ökosystem in diesem Zustand erhalten. Im Sinne des Naturschutzes werden Armeen von Freiwilligen dafür eingesetzt, die natürlichen Prozesse aufzuhalten. Das Land wird intensiv beweidet, nur damit sich die Pflanzen nicht von der intensiven Beweidung erholen. Die Wälder werden gestutzt (die Bäume werden auf Bodenhöhe gefällt, damit sie von dort wieder austreiben), um die Auswirkungen einer der Vergangenheit angehörenden Niederwaldwirtschaft aufrechtzuerhalten. In einem wegweisenden, die Naturschutzbewegungen kritisierenden Artikel haben die Biologen Clive Hambler und Martin Speight darauf verwiesen, dass die Niederwaldwirtschaft zwar bestimmte Schmetterlingsarten begünstigt – die allerdings auch in zahlreichen anderen Lebensräumen vorkommen –, Waldkäfer und Falter jedoch beeinträchtigt, die anderswo nicht leben können.[14] Sie stellten fest, dass von den 150 in Großbritannien als gefährdet eingestuften Waldinsekten nur drei (zwei Prozent) durch verminderten Holzeinschlag bedroht, 65 Prozent hingegen durch die Ausräumung des alten und abgestorbenen Holzes gefährdet sind. (Das soll nicht heißen, dass der stutzende Holzeinschlag keine ökologische Rolle spielt: Viele Arten des Waldes werden sich wohl nur aufgrund der von Elefanten verursachten Habitatseingriffe entwickelt und daraus Vorteile gewonnen haben.)

Naturschützer ähneln bisweilen Wildhütern: Sie erachten manche der einheimischen Arten als gut und schützenswert, andere jedoch als schlecht und unbedingt unter Kontrolle zu halten. Zur Beschreibung des heimischen Tier- und Pflanzenlebens benutzen sie jedoch nicht wie die Wildhüter den Ausdruck »Ungeziefer«. Stattdessen sprechen sie von »unerwünschten, invasiven Arten«. Sie sind bestrebt, die Natur zu unterdrücken und natürliche Sukzessionsprozesse zu verhindern, um das Ökosystem in einem Zustand erstarrter

Entwicklung zu halten. Nichts soll sich ändern dürfen: Die Natur muss so weit wie möglich tun, was ihr vorgeschrieben wird. Die Naturschützer halten damit an einem alttestamentarischen Blick auf die Natur fest: Sie muss diszipliniert und zugerichtet werden aus lauter Angst, dass ihre wilden Instinkte aufbrechen könnten.

Das Ergebnis ist ein ins Gegenteil verkehrter Naturschutz. Aktivistengruppen versuchen die Tiere und Pflanzen zu schützen, die in den bewirtschafteten Habitaten des vorigen Jahrhunderts lebten, anstatt sich auszumalen, was an diesen Orten alles leben könnte, wenn sie sich nicht mehr einmischten. Sie nehmen eine Art wie das Moorschneehuhn oder ein Bärlappgewächs oder einen Kleinschmetterling, die zufällig an einem durch Menschenhand stark veränderten Platz gedeihen, und richten ihre Managementpläne so aus, dass das Land möglichst in einem Zustand gehalten wird, der das Überleben dieser einen Art am besten gewährleistet. Damit verhindern sie, dass andere Arten sich ansiedeln, sei es auf natürlichem Wege oder durch Wiedereinbürgerung.

Zur Bewahrung der offenen, verödeten Habitate der Bergregionen ist die Haltung von Schafen erforderlich. Egal an wen man sich im britischen Hügelland auch wendet, das Schaf, so werden Bauern, Regierungsbeamte und Naturschützer behaupten, sei die Antwort. Wie war noch gleich die Frage? Wenn man diese Art der Bewirtschaftung infrage stellt, wird stets und immer auf die fürchterlichen Auswirkungen einer »unzureichenden Beweidung« hingewiesen. Aber wie um alles in der Welt kann ein heimisches Ökosystem von einem Pflanzenfresser aus Mesopotamien »unzureichend beweidet« werden? Wird unseren Wildtieren etwa durch den amerikanischen Nerz unzureichend nachgestellt? Sind unsere Bachläufe nicht genügend von Bisamratten besiedelt, unser Flüsse nicht ausreichend von Winkerkrabben verpestet, unsere Grünstreifen nicht dicht genug von Japanischem Knöterich besetzt? Der Einwand ist reiner Unsinn.

Selbst wenn Rinder und Pferde in den Bergregionen weiden, was manche Naturschützer als gutartige Alternative zu den Schafen beschreiben, bedeutet dies, dass Lebensräume aufrechterhalten werden, die es ohne den Menschen so nicht gäbe. Während der borealen und atlantischen Perioden, als warmes, feuchtes Wetter nach Nordeuropa zurückkehrte, war der Auerochse – das Wildrind – offenbar ein Waldtier. Analysen von Kohlenstoff- und Stickstoffisotopen seiner Knochen haben ergeben, dass er sich von Waldpflanzen ernährte. Hausrinder hingegen fraßen seit ihrem ersten Auftreten in Nordeuropa weitgehend Gras, das in von Menschen gerodeten Lichtungen wuchs. Die chemischen Unterschiede sind so signifikant, dass sie zur Unterscheidung der Knochen von Wild- und Hausrindern herangezogen werden können.[15]

Das Wildpferd scheint etwa vor 9000 Jahren von den britischen Inseln verschwunden zu sein, 2000 Jahre nach dem Rückzug der letzten Gletscher.* Auch wenn die Bejagung durch den Menschen zweifellos zu seinem Aussterben beitrug, war ihm durch Klimaveränderungen, die die Ausbreitung der Wälder beförderten, steppenartiges Grasland – sein offenbar bevorzugter Lebensraum – abhanden gekommen. Mit anderen Worten, das Wildpferd starb hier kurz nach dem Löwen[16] und der Saiga-Antilope[17] aus und noch vor dem Rentier.[18]

Obwohl Pferd wie Auerochse intensiv bejagt wurden, überlebte Letzterer bei Weitem länger: bis vor 3500 Jahren in Britannien und

---

* In den archäologischen Aufzeichnungen finden sich zwei Hinweise auf Wildpferdfossilien, die jüngeren Datums sind: Für den einen in Kent aufgefundenen und im Harrison Institute verwahrten Beleg wird in der Literatur stellenweise ein Alter von 8000 Jahren angegeben. Ich habe beim Institut nachgefragt. Offenbar haben einige Leute BC (vor Christus) mit BP (vor unserer Zeit) verwechselt. Das Institut teilt mir mit, dass der eine Fund ein mittels Karbondatierung errechnetes Alter von 9760 Jahren habe. Der andere Fund ist ein einzelner Zahn, geborgen aus einem neolithischen Grab bei Hazelton in Gloucestershire, das etwa 5700 Jahre alt ist. Robert Hedges, ein Archäologe, der seinerzeit die Inhalte der Grabstelle analysiert hatte, erklärt in einer Korrespondenz mit dem Biologen Clive Hambler und mir, dass der Zahn selbst undatiert sei und die Vorstellung, dass er aus der gleichen Zeit wie das Grab stamme, »lediglich eine durch nichts gestützte Vermutung« sei. Möglicherweise ist der Zahn von den neusteinzeitlichen Menschen gefunden und in das Grab gelegt worden. Wenn Pferde so lange auf den britischen Inseln überlebt hätten, würde man für die Zeit, bevor sie später im Neolithikum als Haustiere auf die Inseln zurückkehrten, eine weit höhere fossile Befundlage erwarten können.

bis ins siebzehnte Jahrhundert auf dem Kontinent. Dies ist nur einer von mehreren Hinweisen, dass der Klimawandel und nicht die Jagd für das Verschwinden des Wildpferds verantwortlich war.[19] Es dürfte damit unter den aktuellen Klimabedingungen ebenso wenig zu unserer heimischen Fauna gehören wie das Wollhaarmammut. Der große Pflanzenfresser, der wirklich in unserem Ökosystem fehlt, ist der Elch *(Alces alces)*, der auf den Inseln vor etwa 4000 Jahren aufgrund übermäßiger Bejagung ausstarb. Elche sind Tiere, die in und in der Nähe von Wäldern leben und äsen.

Doch selbst wenn Pferde oder Rinder an die Stelle heimischer Pflanzenfresser treten, hat die Abwesenheit von Raubtieren entscheidenden Einfluss auf die Art, wie sie mit dem Ökosystem interagieren. Das Beweidungsprogramm, das von Naturschützern in den britischen Bergregionen betrieben wird – gleich ob dabei Schafe, Pferde, Rinder, Yaks oder Pushmi-pullyus[20] eingesetzt werden –, kommt so in der Natur nirgends vor.

Was in manchen Teilen der Welt als Naturschutz verkauft wird, ist im Grunde nichts anderes als das Bemühen, die ländlichen Wirtschaftweisen früherer Jahrhunderte zu erhalten. Etliche Naturschutzgruppen idealisieren eben jene Landschaften, die vor hundert Jahren das Bild bestimmten, wobei es unerheblich ist, an welchem Punkt sie mit ihrer Zählung ansetzen. Diesen Zustand versuchen sie zu bewahren oder wiederherzustellen, indem sie das Land vor dem Vordringen der Natur verteidigen. Naturreservate werden wie botanische Gärten behandelt: Ihre Habitate bestehen aus favorisierten Arten, die wie Blumenrabatten gejätet und gehegt werden, um ein Übergreifen der Wildnis zu verhindern. Ritchie Tassel bringt es sardonisch auf den Punkt: »Man fragt sich fast, wie die Natur zurechtgekommen ist, bevor wir auf der Bildfläche erschienen sind.«

Gegen die Idee, ein paar Flecken Land als Museum für einstige landwirtschaftliche Praktiken zu erhalten oder Wiesen wegen ihrer besonderen Schönheit in ihrem gegenwärtigen Zustand zu schützen, habe ich keine Einwände, ich würde es allerdings lieber sehen, wenn solche Orte als Kulturreservate bezeichnet würden. Ich habe auch keinen Einwand gegen die Existenz von Naturreservaten, in denen gefährdete Arten, die sonst nicht überleben würden, durch intensive Hege erhalten werden.* Ich bin auch nicht der Ansicht, dass Rückverwilderungsmaßnahmen Bestrebungen ersetzen sollten, die Landwirtschaft so umzugestalten, dass sie auf den Feldern und in Gegenwart von Nutztieren einer größeren Zahl von Wildpflanzen und Wildtieren Raum lässt: All dies sind Dinge, die durchaus stattfinden sollten. Wenn aber der Schutz der Natur auf größere Flächen ausgedehnt wird, was nach Ansicht von Naturschützern und Rückverwilderungsverfechtern gleichermaßen geschehen müsste,[21] sollten wir meines Erachtens als Erstes die Ziele, die wir erreichen wollen, und die Gründe dafür einer radikalen Neubewertung unterziehen.

Eine solche Bewertung wird aller Wahrscheinlichkeit nach aufzeigen, dass mit der Rückverwilderung die besten Chancen erwachsen, gefährdete Arten zu schützen. Rund 40 Prozent der Lebewesen, die in Großbritannien seit 1800 ausgestorben sind, kamen einem in *Biological Conservation* erschienenen Aufsatz zufolge in Wäldern vor. Zwei Fünftel davon waren für ihr Überleben auf ausgewachsene Bäume und Totholz angewiesen. Der Aufsatz warnt davor, dass »die Aussterberate in diesem Jahrhundert in Großbritannien ansteigen wird, sollte ... die Wiederherstellung von Wald- und Feuchtgebieten ausbleiben.«[22]

Eine Neueinschätzung würde die Naturschützer dazu veranlassen, sich mehr auf Arten und Habitate zu konzentrieren, die wiederkehren könnten, als auf solche, die bereits bestehen. Anstatt die durch die Schafskatastrophe verursachten offenen Habitate der Bergregionen zu erhalten, könnten sie damit beginnen, die Hege der Natur durch den Menschen zurückzuschrauben, die Rückkehr der Bäume zuzulassen und sogar einige der großen Tiere, die in den Wäldern lebten, wiedereinzuführen. Das ist meines Erachtens eine um einiges inspirierendere Vision, als eine nur leicht modifizierte Form jener

---

* Hambler und Canney führen an, dass Rückverwilderung eine größere Zahl gefährdeter Arten schütze als jeder andere Ansatz. Siehe Hambler/Canney, *Conservation*.

Landwirtschaft aufrechtzuerhalten, die ohnehin fast überall die natürliche Welt knebelt. Jeder Mensch sollte ein Stück sich selbst überlassenen Landes vor seiner Haustür haben.

Langsam beginnen sich die Einstellungen zu ändern. Der Countryside Council for Wales spricht von einem »natürlicheren Wachstums- und Sukzessionskreislauf« und dass »das Pflanzenleben sich zu seinem vollen Potenzial entwickeln« sollte.[23] Morgan Parry, der Vorsitzende des Rats, meinte während eines Interviews mit mir: »Ich glaube auch, dass eine andere Welt möglich und sogar wünschenswerter ist ... Es wäre schön, wenn wir die Möglichkeit einräumten, dass es andere Landschaften geben kann und dass es sie nicht zwangsläufig der Landwirtschaft wegen gibt.« Er stimmte zu, dass die Vorstellung, die Berglandschaften offen und baumlos zu halten, »kritisch hinterfragt werden muss«. Auch die Vorschriften: »Ich würde es sehr unterstützen, darüber nachzudenken, wie wir zu einem weniger vorherbestimmten Ergebnis gelangen könnten.« Der Wandel aber könne nicht von der Regierung und ihren Behörden eingeleitet werden. Damit dies geschehe, müssten schon engagierte Aktivisten die öffentliche Meinung mobilisieren.

An wenigen Orten beginnt langsam und noch tastend so etwas wie Rückverwilderung stattzufinden. In Ennerdale im Lake District gewähren der National Trust zusammen mit der Forstkommission und einer Wassergesellschaft der Natur eine Art Freigang aus dem Naturschutzgefängnis. Das ist ein guter Anfang. Allerdings ist man dort – offenbar weil man die örtlichen Bauern nicht vor den Kopf stoßen oder ängstigen möchte[24] – noch nicht so weit, die Landwirtschaft ganz herauszuhalten, und beharrt darauf, ein paar Rinder auf das Land zu lassen. In Teilen von Essex und Suffolk werden Felder wieder in Salzmarschen zurückverwandelt, auch um die Küste vor Erosion und Sturmschäden zu schützen. Die Verwandlung findet in raschem Tempo statt. Nach nur wenigen Jahren der Überflutung gedeihen auf den rückverwilderten Gerstenfeldern wieder Queller, Meeräsche und Flunder, finden Krebse, Muscheln und Scharen von Watvögeln Nahrung.

In den Tiefebenen Ostenglands haben Regierungsorganisationen und eine Naturschutzstiftung mit dem sogenannten Great Fen Project begonnen, in dessen Rahmen einige der alten Torfmoore wieder geflutet werden. Dabei handelt es sich nicht wirklich um eine Rückverwilderung, und das Ganze ist noch von einem kuratorischen Ethos überformt. Von der gängigen Naturschutzpraxis unterscheidet sich das Projekt insofern, als es versucht, eine Landschaft wiederherzustellen, wie sie vor 400 Jahren existierte und eben nicht vor 100 Jahren: eine Mischung aus Weideland, Schilfflächen, Wäldern und Sümpfen.[25] Die Verantwortlichen hoffen, dass Vögel wie Löffler und Kraniche zurückkehren werden. In Großbritannien gibt es einige Dutzend solcher Projekte, die meisten davon Mischformen zwischen Naturschutz und Rückverwilderung. Sie gewähren der Natur mehr Freiheiten als zuvor, sind aber in den meisten Fällen außerstande, die Fixierung auf Viehhaltung und Hege über Bord zu werfen.

Selbst gemessen an europäischen Standards – zu schweigen von den in Nordamerika und in der übrigen Welt üblichen – ist das Vereinigte Königreich von einer besonderen Furcht vor der Natur geprägt und seine Naturschützer haben ganz besonders Angst, loszulassen. In Deutschland, Frankreich und der Slowakei werden die Nationalparks in Gänze oder zum Teil der Verwilderung überlassen. Fast alle Länder Europas besitzen inzwischen große Flächen sich selbst überlassenen Lands.[26] Sogar in den aufgeräumten und geschäftigen Niederlanden gibt es Areale, in denen die Natur sich wieder behaupten darf. Aber wir in Großbritannien bleiben, wie eine mir bekannte frankophone Dame etwas unfein über britische Männer anmerkte, »*constipé et embarrassé*«.

Das muss nicht so sein. Ich bin überzeugt, dass sich dies schon bald bessert. Die Naturschützer werden ihren Griff, mit dem sie die Natur am Hals packen, lockern. Manche sind schon fast dazu bereit. Veränderungen kündigen sich an, die heute noch öde und fast tot erscheinende Orte in einen üppigen und vielschichtigen Nährboden des Lebens verwandeln könnten.

13) Die Rückverwilderung der Ozeane

*In uralt traumlos ungebrochener Ruh
Schläft, schläft der Krake. Schattenlichter spielen
Um seine dunklen Flanken; über ihm
Schwillt tausendjähriger Wust von Riesenschwämmen;
Und aus der Ferne in den blassen Dämmer,
Aus Wundergrotten und Verliesen schwingt
Unzählige Schar gewaltiger Polypen
Schläfrigen Tang in ihren mächtigen Händen.*

Alfred Lord Tennyson, Der Krake[1]

Zwei Tage zuvor waren sie gesichtet worden, am Rand des Riffs von Llansglodion. Die Wanderung hatte begonnen; dies waren die Kundschafter. Bald würden die Übrigen folgen: In Bataillonen, Divisionen, Armeen, so viele, dass man kaum einen Fuß auf den Boden setzen konnte, ohne befürchten zu müssen, auf eine zu treten. Nach vierzehn Tagen würde alles vorbei sein. Später im Jahr würden ihre gespensterhaften Hüllen die Strände bedecken. Einen Tag, der so ruhig und warm war, wollte ich nicht ungenutzt verstreichen lassen.

Die Eichen hatten ihre Keimblätter, so fein gezahnt wie Mäusepfoten, ausgetrieben. In der Stadt begannen sich die Blattwedel der Rosskastanien, die bislang wie leere Handschuhe herabhingen, zu versteifen und auszuspreizen. Der Farn entrollte sich, einer Mandelbrotmenge gleich, Blatt um Blatt. Am Strand von Llansglodion blickte ich die trostlose Uferstrecke entlang – die Gästehäuser mit ihren abblätternden Farben, die Fronten zum Meer hin verschlossen, Läden und Häuser in hundert Grau- und Beigeschattierungen, unterbrochen in ihrer Eintönigkeit von knallbunten Eiscremeschildern –, um mich dann in die andere Richtung zu wenden. Eine halbe Stunde noch bis Niedrigwasser. Das Meer hatte sich schon weit hinter die Wellenbrecher zurückgezogen und die untere Hälfte des Strands glänzte im dunstigen Sonnenlicht wie ein Spiegel. Die Bucht öffnete sich zu einem langen flachen Halbmond. Im Norden krümmten sich matt die Gebäude von Pen Lleyn und Ynys Enlli über dem Horizont; im Süden saß Pencaer – Strumble Head – wie ein Wolke auf dem Wasser. Das Meer schimmerte silbrig weiß, von den schwarzen Reliefbändern der heranrollenden Wellen durchzogen.

Ich zog meinen Winterneoprenanzug und eine Haube an und kraxelte, auf See- und Darmtang ausrutschend, über die Felsen an den Rand des Strands. Am anderen Ende des Riffs traf ich auf einen mir bekannten Mann, der bis zu seinen Hüften in einem Felsentümpel stand und mit einem Netz nach Ködergarnelen fischte. Ja, sagte er, sie sind da. Ich zog Maske und Schnorchel übers Gesicht und glitt ins Meer. Das Wasser kroch mit kalten Fingern unter meinen Anzug und meinen Rücken hinab.

Dort, wo die Wellen an der Seite der Felsen den Schlamm aufgewühlt hatten, war das Wasser trübe, sodass ich mich in das klarere Wasser dahinter aufmachte. Laut und hohl hörte ich meinen Atem in meinem Kopf widerhallen. Ich konnte gerade noch den Boden und auf dem Schlamm die vagen blassen Sprenkel von Muscheln erkennen. Ich schwamm noch weiter hinaus und genoss die Kraft, die man spürt, wenn man mit dem Kopf unter Wasser schwimmt: Es fühlte sich an, als seien meine Arme länger geworden. Den Kopf aus dem Wasser hebend, realisierte ich, dass ich zurück in Richtung der Felsen geschwommen war. Also schwamm ich wieder hinaus, senkte meinen Kopf nach unten und erblickte etwas, das aussah wie eine seltsame Waffe, die man etwa bei einer Razzia im Haus eines Kampfkunstfanatikers hätte entdecken können. Das Wasser war zu trübe, um sagen zu können, wie tief sich das Ding befand oder wie groß es war. In dem olivgrünen Dämmerlicht hätte es tausend Meter tief schwimmen könne, ein Tiefseeungeheuer, das an den Rändern des Kontinentalschelfs auf Beutefang geht. Es war wie ein Bündel, bereit zum Sprung, ein Knoten aus Stacheln und Beinen und verborgener Kraft. Ich war mir nicht sicher, ob ich ihm tatsächlich begegnen wollte.

Ich füllte meine Lungen mit Luft und tauchte hinunter zum Grund. Ohne Flossen lag der Meeresboden, vielleicht vier, fünf Meter tief, an der Grenze dessen, was ich tauchend erreichen konnte. Ich berührte das Ungeheuer. Es streckte seine langen Zangen über den Rücken. Mir ging die Luft aus und ich stieß mich zurück an die Oberfläche, versuchte es wieder, zu rasch, da ich wusste, dass ich in dem schlammigen Wasser leicht die Stelle verlieren konnte. Es gelang mir, eine Hand unter das Tier zu schieben. Aber seine Füße waren in den Meeresboden gerammt und ich musste wieder auftauchen, bevor ich es ausheben konnte. Übereifrig und ohne auf meinen Körper zu hören holte ich noch einmal tief Luft und tauchte erneut nach unten. Ich packte das Tier mit beiden Händen und stieß mich ab, benutzte meinen Auftrieb, um es anzuheben. Sein Gewicht erstaunte mich. Ich erreichte die Oberfläche und sog die Luft so stark ein, dass das Schließventil des Schnorchels zuschnappte. Ich versuchte es noch einmal – mit dem gleichen Ergebnis, spuckte, beinahe am Ersticken, den Schnorchel aus und schluckte eine Ladung Wasser. Fast in Panik legte ich meinen Kopf zurück, keuchte und hustete die salzige Brühe aus. Aber noch immer hielt ich fest, was ich gefangen hatte, presste es mit einer Hand auf die Brust, obwohl ich Mühe hatte, mich über Wasser zu halten. Evolutionsbiologen sind auf eine Regel gestoßen, die sie als Leben-Mahlzeit-Prinzip bezeichnen. Ein Beutegreifer wendet für die Jagd weniger Energie auf als seine Beute für die Flucht: Wenn der Jäger nicht ans Ziel kommt, verliert er höchstens eine Mahlzeit, wenn der Gejagte verpatzt, verliert er sein Leben. Diese Gleichung hatte sich bei mir in ihr Gegenteil verkehrt.

Stoßweise atmend, auf meinem Rücken liegend, stieß ich mich in Richtung der Felsen, bis das Wasser flach genug war, um mit angehobenem Kinn gerade noch stehen zu können. Auf Zehenspitzen tastete ich mich bis an das Riff, rutschte über den Tang und setzte mich, noch immer keuchend, auf einen Felsbrocken. Die Kreatur hielt ich noch immer gegen meinen Neoprenanzug gedrückt. Ich setzte sie auf dem Fels ab und nahm sie genauer in Augenschein. Sie sah wie die Baggerschaufel aus, die man auf Schrottplätzen zum Hochheben zerquetschter Autos benutzt. Ihre stark gefurchten und bossierten, an den Schneidrändern gezackten Scheren maßen von

Spitze zu Spitze mehr als sechzig Zentimeter. Jedes Bein endete in einem schwarzen Dorn, mit denen sich das Tier, als ich es auszuhebeln versuchte, im Schlamm verankert hielt. Jetzt hatte sich die monströse Seespinne eingekugelt und stellte sich tot. Die einzigen Bewegungen, die ich sehen konnte, waren die Blasen, die aus ihrem Carapax quollen und zerplatzten.

Ihre Hülle war von Algen und Schwämmen überwuchert: Die Krabbe hatte sich noch nicht gehäutet. Der Panzer war gerundet und bucklig wie eine römische Rüstung, in der die Muskeln nachgebildet sind. Zum Schutz war er mit gotischen Spitzen und Fialen besetzt, eine jede umgeben mit einem Ring kurzer Borsten und wie die Freiheitsstatue mit Dornen bekränzt, die sich zwischen den Augen zu einem paarigen Horn ausgewachsen hatten. Die Unterseite des Monsters war mit glatten, deutlich gegliederten Platten versehen. Es sah aus wie ein zum Leben erwachter Fels. Unter den roboterartigen Gelenken, unter seiner mineralischen Kruste, schien sich kaum Leben zu regen. Ich sann über diese gewichtigen Kreaturen nach, die am Ende des Winters aus den Tiefen emportrudeln und sich nach und nach an der Küste versammeln, und fragte mich, was sie in ihren einzelnen als Krustazeengehirn fungierenden Ganglien wohl wahrnehmen mochten, welcher Geist unter ihrem ausdruckslosen Panzer arbeitete. Das Tier war ein Männchen, was bedeutete, dass ich es behalten durfte.

Nach klarem Wasser Ausschau haltend fuhr ich weiter die Küste hinauf. Drei Kilometer nördlich von Llansglodion liefen die Dünen in sauberem Sand aus. Ich lief den Strand hinunter und ging ins Meer. Das Wasser war so klar, dass die Sonne auf dem Meeresboden glitzerte. Hier konnte ich kaum vom Weg abkommen: Die Rippel auf dem Meeresboden verliefen von Norden nach Süden, und die auf den Strand zulaufenden Wellen trieben kleine Sandfahnen in östliche Richtung. Den Kopf nach unten haltend konnte ich mich dieser Welt völlig überlassen.

Es war eine Welt der Krebse. Mit Kapuzen und Türmchen – Strand-, Purpur-, Turm- und Kreiselschnecken – behelmte Einsiedlerkrebse trippelten in der Nähe des Strands über den Meeresboden, kopflastig und von den anrollenden Wellen fast umgeworfen. In tieferem Wasser überließen sie den Boden Maskenkrebsen von der Größe und Form eines Zwerghuhneis, deren Zangen in der Form gegliederter Geburtszangen doppelt so lang waren wie ihre Körper. Ich beobachtete, wie ein Exemplar eine zerbrochene Muschel in seinen Mund stopfte. Strandkrabben tippelten in ihren pastetenförmigen Panzern davon, als mein Schatten über sie hinwegglitt.

Die Flut stieg jetzt bereits anderthalb Stunden. Ich schwamm Richtung Horizont und spürte, wie das kühle grüne Wasser an meinem Gesicht vorbeiströmte. In knapp vier Metern Tiefe kroch ein grapefruitrosa Carapax über den Sand. Ich tauchte und schnappte ihn mir in einer einzigen Bewegung, wobei seine Stacheln mir fast die Hand durchstachen. Es war ein Weibchen – das ich wieder freiließ. Es trieb zum Meeresboden, paddelte dabei geringfügig, um Balance zu halten. Weiter schwimmend, sichtete ich schon bald in etwas tieferem Wasser ein viel größeres Tier. Ich schwebte über ihm, fühlte mich wie ein Falke, der kurz davor ist, auf seine Beute herabzustoßen. Ich holte tief Luft und tauchte. Um das Monster aus dem Sand zu lösen, benötigte ich beide Hände. Es war wieder ein Männchen, von der gleichen Größe wie das Exemplar, das ich in Llansglodion gefangen hatte.

Ich setzte es in einem Tümpel am Strand ab und schwamm erneut hinaus, schlug mich durch das Nass, begeistert von der kalten Drift des Meeres und den Lichtstrahlen, die mit glitzernden, vom Ufer angesaugten Sandpartikeln beladen durch die grünen Tiefen wanderten, so weit, bis ich den Meeresboden nicht mehr sehen konnte, und noch weiter in das smaragdgrüne Wasser dahinter. Ich schwamm, bis meine Hände so kalt wurden, dass ich meine Finger nicht mehr zu schließen vermochte. Selbst dann noch wollte ich nicht aus dem Wasser. Als ich aus dem Meer watete, war meine Haut weiß und runzlig.

Die Krebse fischte ich in den vierzehn Tagen, in denen sich das Wetter hielt, noch bei drei weiteren Gelegenheiten und beobachtete, wie sie immer mehr wurden, bis sie sich am Ufer anhäuften wie

Herbstlaub. Da sich immer mehr am Strand versammelten, war es bald möglich, sie bei Niedrigwasser von den Felsunterseiten zu klauben, ohne dass ich mich wirklich ins Wasser begeben musste. Genau hinter diesem Grenzbereich, im matten gelblichen Licht hinter den brechenden Wellen, lauerten sie im Seetang wie schwerbewaffnete Raumschiffe. Ihr Fleisch war süß und fest, frischer als das von Flusskrebsen und zarter als Hummerfleisch. Eine großer Krebs konnte drei Personen satt machen. Ende Mai verschwanden sie so plötzlich, wie sie gekommen waren. Später im Sommer wurden ihre abgeworfenen Panzer zu knirschenden rosafarbenen Anschwemmungen, manchmal über zwei, drei Kilometer Länge angespült. Es war, bei ihrem staksenden Rückzug in die Tiefen, ein letztes Geschenk an die Erdlinge.

Ältere Leute, die ich kannte und die ihr ganzes Leben an der Küste verbracht hatten, erzählten, dass die Meeresspinnen erst seit fünfzehn oder zwanzig Jahren in solchen Massen auftreten. »Es ist eine Invasion«, sagte der Mann, der den Anglerladen in Llansglodion betreibt. Manche waren der Meinung, die Tiere würden mit der Erwärmung des Meeres nach Norden wandern. Dies ist durchaus möglich, da die Art temperaturabhängig ist: der harte Winter 1962/1963 fegte die Meeresspinnen im Südosten England hinweg. Manche allerdings brachten den Umstand ins Spiel, dass die Population mit dem Verschwinden der Fische, die die Krebse fressen oder ihre Nahrungskonkurrenten sind, explodiert sei. Ähnliches ist an den Neufundlandbänken geschehen, wo Krebse und Hummer sich explosionsartig vermehrt hatten, nachdem die Kabeljaubestände leer gefischt waren.

Diese Wanderung stellt, wie auch immer sie erklärt werden mag, einen Rest jener natürlichen Fülle dar, die einst überall herrschte. Ich bin auf Quellen gestoßen, die die Meeresspinnen als »Gnus unserer Gewässer« bezeichneten,[2] doch was ihr massenhaftes Auftreten anbelangt, so ist oder war daran nichts Bemerkenswertes. Fast jedes Ökosystem – sei es an Land oder im Meer – ähnelte früher einmal der Serengeti: Riesige Tierherden, die in unglaublichen Wanderungszügen kamen und gingen. Der Naturzustand ist ein Zustand nahezu unfassbarer Überfülle.

In seinem großartigen, aber bedauerlicherweise kaum wahrgenommenen Buch *The Unnatural History of the Sea* erinnert Callum Roberts an die Heringszüge, die einst die Küsten der Britischen Insel stürmten.[3] Manche Schwärme, so seine Schätzungen, »verdunkelten über 20, ja sogar 40 Quadratkilometer den Meeresboden.« Er zitiert Oliver Goldsmith, der 1776 die Ankunft eines typischen Heringsverbunds beschreibt, der »in verschiedene Züge von fünf oder sechs Meilen Länge und drei oder vier Breite aufgeteilt ist; während das Wasser vor ihnen, als ob es aus seinem Bett gezwungen würde, aufschießt ... scheint das ganze Wasser lebendig zu sein; und es ist, so weit das Auge reicht, so schwarz von ihnen, dass ihre Anzahl unerschöpflich erscheint.«[4]

Goldsmith merkt an, dass diese Fischschwärme scharenweise von Delfinen, Haien, Finn- und Pottwalen bedrängt wurden, und dies in britischen Gewässern und in Sichtweite von der Küste. Die Heringsschwärme wurden von Roten und Weißen Thunfischen verfolgt, von Blau-, Herings-, Fuchs-, Mako- und gelegentlich Weißen Haien, sowie von Unmengen Kabeljau, Dorn-, Hunds- und Glatthaien. Stellenweise war der Meeresboden zwei Meter tief von Heringslaich bedeckt.

Sogar noch im letzten Jahrhundert umrundeten die Ungeheuer, die diese Fischmassen verfolgten, unsere Küsten. Roter Thun, der von Fischern, die es auf Sardinen und Heringe abgesehen haben, mitunter als »Blaumakrele« oder »Königsmakrele« bezeichnet wurde, streifte rund um die Britische Insel durch die Meere. Der Angelexperte Mike Thrussell berichtet, dass Sport-Anglern in den späten 1920er Jahren Geschichten von riesigen zwischen den Heringsschwärmen der Nordsee auftauchenden Fischen zu Ohren gekommen waren. Als sie in den 1930er Jahren vor Scarborough an der Küste Yorkshires angelten, zogen sie ihre ersten fünf Fische an Land, die zwischen 180 und 300 Kilogramm wogen.[5] 1932 hatten sie den Weltrekord für Roten Thun eingestellt. 1933 stellten sie ihn erneut ein, mit einem Monster von fast 390 Kilo. Von diesen Expeditionen gibt es bemerkenswerte Filmaufnahmen. In Tweed gekleidete Männer und Frauen, die von einer winzigen Barkasse aus angelten und für den Fang dieses Königs der Fische Angelruten aus gespaltenem Bambus mit ungebremsten Rollen benutzten. Eine Einstellung zeigt neun riesige Thunfische an Deck des Trawlers, der den Anglern als Mutterschiff diente.[6]

Vielleicht führte dies zum Niedergang der Großfische. Die nach dem Zweiten Weltkrieg einsetzende industrielle Fischerei auf Hering und Makrele wird das Ihre dazu beigetragen haben, und in den späten 1950er Jahren war es mit der Sportfischerei zu Ende. Seither ist der Fisch gelegentlich in Netzen gefangen worden, darunter einer vor der irischen Küste, der um die 550 Kilo gewogen hatte.

Die in den Gewässern im Inland stattfindenden Wanderungen waren nicht weniger beeindruckend. Bevor die Flüsse Europas aufgrund der Waldrodungen und den vom Pflügen verursachten Ausspülungen verschlammten, bevor sie gestaut, eingedeicht und verschmutzt wurden, war das Wasser in ihnen überwiegend klar. Die meisten Flüsse dürften zudem Fischwanderungen in jener Größenordnung Raum gegeben haben, wie sie die Europäer bei ihrer Ankunft in Nordamerika vorfanden. Dort trafen sie bis zu fünf oder sechs Meter große Störe an, die in solcher Zahl die Flüsse hinaufzogen, dass, wie ein Besucher aus England berichtet, »manche Herren in Kanus an einem Tag auf einer Strecke von lediglich zwei Meilen über sechshundert von ihnen fingen ... mit Haken, die sie auf den Grund herabließen und auf gut Glück hinaufzogen, wenn sie spürten, dass sie damit einen Fisch berührten.«[7] Um welchen Fluss es sich dabei handelte? Um den Potomac, diesen stinkenden Abwasserkanal, der heute durch Washington D. C. fließt.

Über den dicht am Boden lebenden Stören schwärmten nach Auskunft Callum Roberts' Maifisch und Shad (wandernde Fische aus der Heringsfamilie) in solchen Mengen, dass es scheinbar mehr Fische gab als Wasser. 1832 fingen europäische Siedler allein im Potomac 800 Millionen davon. In anderen Flüssen kamen Lachse in einer derartigen Dichte vor, dass ein Offizier der englischen Armee die Feststellung machte, man könne keinen Schuss ins Wasser abgeben, ohne ein paar davon zu treffen.

In Buchten und Flussmündungen bildeten Austern Riffe, die eine Gefahr für die Schifffahrt darstellten. Eine Quelle behauptet, die Siedler hätten Hummer von 20 Pfund aus den Felstümpeln gezogen – und nichts anderes damit anzufangen gewusst, als sie als Köder zu verwenden oder an die Schweine zu verfüttern.[8] Bis zu zwei Meter lange Heilbuttexemplare wurden nur ihrer Köpfe und Flossen wegen gefangen, das übrige Fleisch wurde weggeworfen; es galt gegenüber anderen Arten, die an den Küsten in Massen vorkamen, als minderwertig.[9]

Es gibt keinen Grund zu der Annahme, dass das Vorkommen von Fisch und anderem Meeresgetier in einem ungestörten Ökosystem in Europa niedriger gewesen wäre. Uns ist nur weniger bewusst, was einmal war, weil der Mensch viel früher nach Europa kam, seine spätere Technologie viel folgenreicher und seine Entnahmen weit umfassender waren als die der amerikanischen Ureinwohner. Der Niedergang der großen Schwärme in den Flüssen und den Meeren begann in vielen Fällen, lange bevor er schriftlich aufgezeichnet werden konnte.

Doch es gibt frühe Zeugnisse, die darauf hinweisen, was es einmal gab. Unmengen von wandernden Fischen, deren Vorkommen in Großbritannien praktisch vergessen ist, verstopften die Flüsse. Finte, Neunauge und Stör, die dichtgedrängt mit Scharen von Lachsen und Meerforelle unterwegs waren. Bis ins elfte Jahrhundert hinein, als der Speiseplan wahrscheinlich wegen der Erschöpfung der Süßwasserbestände auf Meeresfisch umschwenkte, trugen sie zur Ernährung eines Großteils der britischen Bevölkerung bei. Im dreizehnten Jahrhundert waren die Störe so rar geworden, dass es nur dem König erlaubt war, sie zu essen. Das marine Ökosystem jedoch wird wohl, als die Ausplünderung im großen Stil einsetzte, noch weitgehend dem opulenten Zustand entsprochen haben, wie ihn die ersten Reisenden später in der Neuen Welt antrafen. Roberts berichtet, dass in Wikinger-Ansiedlungen im Norden Schottlands typischerweise Unmengen an Knochen und Gräten von Kabeljau, Köhler und Lengfisch vorgefunden werden, die weit größer als die von heute in küstennahen Gewässern gefangenen Fischen sind.

Überall war das in den Meeren lebende Getier zahlreicher und größer als heute. Kabeljau erreichte gewöhnlich eine Länge von eineinhalb bis zwei Metern. Sogar der Große Weiße Hai ist nicht mehr so groß wie einst. Roberts stellt fest, dass »heute die maximale Größe eines Weißen Hais in den Handbüchern mit sechs Metern angegeben wird. Berichte aber aus der Literatur des achtzehnten und neunzehnten Jahrhunderts, die zu zahlreich und detailliert sind, um sie abzutun, legen nahe, dass Größen von acht oder neun Metern nicht ungewöhnlich gewesen seien. In Schilderungen aus jener Zeit werden sie mit der Größe von Walen verglichen.« Schellfisch wurde einst bis zu 90 Zentimeter lang. Schollen kamen auf die Größe von Straßenatlanten und Steinbutte waren groß wie Tischplatten. Die Exemplare, die wir in den Auslagen der Fischhändler zu sehen bekommen, sind zum größten Teil Jungfische, die gefangen wurden, bevor sie auch nur ein Zehntel ihrer maximalen Größe erreichen konnten.

Genetische Untersuchungen der großen Walarten legen nahe, dass ihr Populationen vor Beginn des kommerziellen Walfangs größer waren, als von Biologen bisher angenommen. Je größer eine ursprüngliche Population war, desto größer die genetische Bandbreite in ihren Restbeständen. Eine im Wissenschaftsmagazin *Science* vorgestellte Analyse genetischer Daten lässt darauf schließen, dass allein im Nordatlantik etwa 265 000 Minkwale, 360 000 Finnwale und 240 000 Buckelwale lebten.[10] Heute hat sich der Bestand der Minkwale, nachdem die Population rapide geschrumpft war, wieder auf 149 000 Exemplare erholt, der der Finnwale auf 56 000 und der Buckelwale auf 10 000 Exemplare. Die Wale kamen einst in alle Meeresgebiete um die britischen Inseln; im elften Jahrhundert wurden sie sowohl im Kanal als auch in der Nordsee gejagt.[11]

Genau wie an Land ist auch die Ökologie der Meere komplexer, als die Wissenschaftler einst dachten. Die trophischen Kaskaden, die inzwischen in den Ozeanen entdeckt werden, sind sogar noch bemerkenswerter als die der landgebundenen Ökosysteme. Fischer und zahlreiche Fischerei-Wissenschaftler haben lange angenommen, dass mit der Beseitigung der Wale aus den südlichen Ozeanen die Masse ihrer Beutetiere – zumeist Fische und Krill – ansteigen würde. Dieses Argument wurde von der japanischen Regierung herangezogen, um die fortgesetzte Abschlachtung der großen Meeressäuger zu rechtfertigen.[12]

Doch jüngere Arbeiten lassen darauf schließen, dass mit der Bestandsschrumpfung der Wale eine gegenteilige Wirkung einhergeht. Mit der schwindenden Anzahl der Wale ist auch die Masse an Krill geschrumpft:[13] auf weniger als ein Fünftel des Volumens, das vor den 1980er Jahren bestand.[14] Der Zusammenbruch der Krillbestände war für die Experten bis vor Kurzem ein Rätsel. Inzwischen scheint festzustehen, dass Wale für den Verbleib von Nährstoffen im Oberflächenwasser eine wesentliche Rolle spielen. Wenn dieses Wasser ungestört bleibt, sinkt das am Anfang der Nahrungskette stehende pflanzliche Plankton unter die photische Zone (jene Wasserschichten also, in denen das Sonnenlicht für das pflanzliche Wachstum ausreicht). Damit sinken auch die in ihm enthaltenen Nährstoffe ab und gelangen für eine Mehrzahl der Lebensformen außer Reichweite. Im Oberflächenwasser ist der Gehalt an wichtigen Mineralstoffen schnell erschöpft, insbesondere von Eisen, durch dessen Verknappung das Wachstum beschränkt wird. Im Sommer, wenn das pflanzliche Plankton sich am schnellsten vermehrt, lassen Wind und Wellen nach und begünstigen sein schnelleres Absinken. Das Gleiche gilt für die Ausscheidungen der Tiere, die es fressen.

Selbst heute noch ist die durch die Bewegung der Tiere verursachte Durchmischungsleistung in den Ozeanen vergleichbar mit der von Wind, Wellen und Gezeiten, wie eine Studie der Zeitschrift *Nature* kalkuliert.[15] Dabei handelt es sich nach Auskunft der Autoren um eine konservative Schätzung. Kämen die Wale zahlreicher vor, wäre die Wirkung noch erheblich größer. Allein indem sie in der Wassersäule ab- und auftauchen, tragen sie zur Zirkulation des Planktons im Oberflächenwasser bei. Doch ihre Wirkung reicht weit darüber hinaus. Wale nehmen ihre Nahrung oft in tiefen Wasserschichten auf, scheiden sie aber an der Oberfläche aus und produzieren damit große Fahnen eisenhaltigen Düngers, das jenem pflanzlichen

Plankton in der photischen Zone zugutekommt, von dem sich Krill, Fische und anderes tierisches Plankton ernähren. Eine Schätzung geht davon aus, dass Wale, bevor ihr Bestand vermindert wurde, mindestens 12 Prozent des totalen Eisengehalts im Oberflächenwasser der Südmeere recycelten.[16] Mehr Wale bedeutete also einen höheren Nährstoffkreislauf, was mehr Plankton entstehen ließ, wodurch sich wiederum Fisch und Krill vermehrten.

Eine im Golf von Maine durchgeführte Studie gelangt zu der Einschätzung, dass Wale und Robben, bevor sie gejagt wurden, durch ihre Ausscheidungen und das Nährstoffrecycling dreimal mehr Stickstoff in dem betroffenen Meeresgebiet freisetzten, als das Meer direkt aus der Atmosphäre absorbiert.[17] Um zu fressen, tauchen die Wale im Golf normalerweise hundert Meter tief oder mehr und bringen die Nährstoffe, die sie aufnehmen, zurück an die Oberfläche. Das Volumen des pflanzlichen Planktons ist in allen Meeresgebieten, in denen es im Laufe des letzten Jahrhunderts untersucht wurde, zurückgegangen. Die Hauptursache dafür ist der durch den menschengemachten Klimawandel verursachte Temperaturanstieg.[18] Nach Auskunft des Meeresbiologen Steve Nicol macht sich der Niedergang jedoch dort am stärksten bemerkbar, wo Wale und Robben am heftigsten gejagt wurden.[19] Die Fischer, die darauf bestanden, dass die Jäger jener Arten, auf deren Fang sie es absehen, getötet werden, haben mit ihrer Forderung ihre Fangmenge womöglich nicht gesteigert, sondern reduziert.

Mit dem Schwund des Planktons hat auch der Kohlenstofftransport in die Meerestiefen deutlich nachgelassen. Wie eine Studie nahelegt, stimulieren in den südlichen Ozeanen Pottwale, indem sie den Eisenkreislauf aufrechterhalten, die Planktonblüte und sorgen somit dafür, dass der Atmosphäre jährlich etwa 400 000 Tonnen Kohlenstoff entnommen werden.[20] Das vermehrt anfallende pflanzliche Plankton absorbiert Kohlendioxid und sinkt dann, nachdem es ein paar Mal im Oberflächenwasser herumgewirbelt wurde, in die Tiefen, wo der Kohlenstoff für sehr lange Zeit verbleibt. Die Wale setzen zwar beim Atmen 200 000 Tonnen Kohlendioxid frei, aber dies bedeutet, dass unterm Strich der Atmosphäre eine etwa ebenso große Menge entnommen wird.

Berücksichtigt man, dass der Pottwal nur eine von mehreren Arten ist, die südlichen Ozeane nur eine von mehreren Regionen und die aktuelle Zahl dieser Leviathane nur einen Bruchteil ihres früheren Umfangs darstellt, wird klar, dass Wale einst für die Abscheidung von großen Kohlenstoffmengen, womöglich mehrere zehn Millionen Tonnen pro Jahr, gesorgt haben. Das reicht aus, um für die Zusammensetzung der Atmosphäre einen kleinen, aber signifikanten Unterschied zu machen. Ein weiterer Aufsatz behauptet, dass die Walfangindustrie im Laufe des zwanzigsten Jahrhunderts über 100 Millionen Tonnen Kohlenstoff aus den Ozeanen in die Atmosphäre verbracht hat – einfach, indem sie Wale zu Öl und weiteren Produkten verwandelte, die verbrannt oder auf andere Weise oxydiert wurden.[21] Für eine Erholung der Walbestände zu sorgen, könnte daher als gutartige Form des Geo-Engineering angesehen werden.

Die Beseitigung der großen Haie, die im Ganzen betrachtet später stattfand als die Vernichtung der Walpopulationen, hatte eine ähnlich verheerende Wirkung. Die großen Haie, die nur ihrer Flossen wegen gefangen wurden oder zufällig in für andere Arten bestimmte Netze und an Fischereileinen gerieten, sind in erstaunlichem Tempo von der Bildfläche verschwunden. Vor der Ostküste der Vereinigten Staaten zum Beispiel ging der Bestand der Tigerhaie in den 35 Jahren seit 1972 um 97 Prozent zurück, der der Bogenstirn-Hammerhaie um 98 und der der Bullenhaie, Schwarzhaie und Glatten Hammerhaie um 99 Prozent.[22] Mit dem Ergebnis, dass der Bestand von Tieren explosionsartig zugenommen hat, die zu groß für andere Räuber sind: große Stechrochen und echte Rochen sowie kleinere Haiarten. Bei etlichen hat der Bestand mitunter um mehr als das Zehnfache zugenommen. In der Chesapeake Bay zum Beispiel gibt es jetzt schätzungsweise 40 Millionen Kuhnasenrochen.

Kuhnasenrochen fressen Schalentiere, und die genannte Population verzehrt gut 840 000 Tonnen pro Jahr – fast 3000 Mal so viel, als Muscheln aller Art in Virginia und Maryland angelandet werden.[23]

Bis 2004 hatten die Rochen dafür gesorgt, dass North-Carolinas Fischerei auf Jakobsmuscheln zum Erliegen kam, sodann in rascher Folge die auf Austern, Nördliche Venusmuscheln und Sandklaffmuscheln. Der ökonomische Schaden, der durch die Ausmerzung der großen Haie entstanden ist, übertrifft mit Sicherheit alle Erlöse, die je mit ihrem Fang gemacht wurden.

Der Zusammenbruch der Kabeljauschwärme vor Amerikas Nordosten hatte einen gegenteiligen Effekt. Die Bestände kommerziell wertvoller Schalentiere – in diesem Fall Shrimps, Krebse und Hummer – sind ohne das Vorkommen ihrer Fressfeinde explodiert. Dies hat eine neue Industrie geschaffen, die ökonomisch so wertvoll ist wie die, an deren Stelle sie getreten ist. Auch diese Tiere werden nun gnadenlos ausgebeutet.[24] Ungeachtet der ökonomischen Konsequenzen ist die Vernichtung eines der größten Naturspektakel der Welt – die großen Fischversammlungen an den Laichgründen der Neufundlandbank und anderer flacher Meeresregionen vor der Atlantikküste und das wilde Getümmel von Thunfischen, Haien, Delfinen und Walen, das sie begleitete – eine Tragödie.

An mehrere Orte, an denen Kabeljau früher zahlreich vorkam, ist er, auch als seine Befischung eingestellt wurde, nicht mehr zurückgekehrt. Das könnte der Tatsache geschuldet sein, dass Kabeljau seine Umwelt formt und die für sein Überleben notwendigen Bedingungen schafft. An den Neufundlandbänken jagte die Art vor allem Hering und Makrele. Mit dem Verschwinden eines Großteils des Kabeljaus erlebte der Herings- und Makrelenbestand einen Aufschwung, mit dem Ergebnis, dass die Beziehung auf den Kopf gestellt wurde. Die kleineren Fische wurden zu den Hauptfressfeinden des Kabeljaus, indem sie dessen Eier sowie die Jungfische fraßen, bevor sie heranwachsen konnten.[25] Das Gleiche ist in der Ostsee geschehen, wo die Dorscheier von Heringen und Sprotten gefressen werden.[26]

Auch Schildkröten haben offenbar die Umwelt ihren Bedürfnissen angepasst. Als Columbus in der Karibik eintraf, kamen dort einer Studie zufolge 33 Millionen Suppenschildkröten vor.[27] Ähnlich massive Vorkommen gab es vor der Ostküste Australiens und in weiteren tropischen und subtropischen Meeresgebieten: Schildkröten, wohin man blickt. Heute gibt es weltweit noch 2 Millionen Suppenschildkröten. Sie ernährten sich weitgehend von einem bestimmten Seegras *(Thalassia testudinum)*, einer Pflanze, die einst am Boden großer Flachwasserzonen wuchs. Dies waren die Savannen des Meeres, die riesigen Herden weidender Tiere Nahrung boten: Dugongs, Manatis und pflanzenfressenden Fischen sowie unvorstellbaren Massen von Suppenschildkröten (die damals noch ein hohes Alter erreichten und weit größer waren als im heutigen Durchschnitt). Die Weidegänger wiederum ernährten marine Löwen, Hyänen und Geparden: große Raubfische, Säugetiere und an manchen Orten Reptilien, vor allem riesige Salzwasserkrokodile.

Als immer mehr Schildkröten abgeschlachtet wurden – schon weitgehend vor dem neunzehnten Jahrhundert –, vermochte die verbleibende Population das Schildkrötengras nicht mehr kurz zu halten. Seine Blätter wuchsen in die Höhe, verschatteten den Meeresboden und schirmten die Sedimente vor der Strömung ab. Da die Pflanzen nicht mehr gefressen wurden, begannen sie zu verfaulen, und die Zersetzungsprodukte sammelten sich in dem stehendem Wasser unter den Seegrasbetten. Ein gefundenes Fressen für Parasiten, die bald auch das lebende Gras vernichteten (ein Vorgang, den Biologen als »Seegrasverrottungskrankheit« bezeichnen). In vielen einst von den Suppenschildkröten aufgesuchten Gebieten ist das Seegras ausgestorben.[28] Anders gesagt: Diese Geschichte ist nicht unähnlich jener, die in den Mammutsteppen Beringias stattfand, als mit der Ausmerzung der großen Weidegänger das Gras länger wurde, die Zerfallsprodukte den Boden isolierten und in eine moosbewachsene Tundra verwandelten (siehe Kapitel 6).

Die vielleicht berühmteste trophische Kaskade hatte ihren Ort entlang der pazifischen Ostküste, wo einst weit verbreitete und häufige Seeotter von Ureinwohnern und Pelzjägern nahezu ausgerottet wurden. Dadurch ist das gesamte Küstenökosystem beinahe verschwunden. Seeotter fressen neben anderen Arten vor allem Seegurken. Seegurken wiederum weiden auf Kelp, dem langen und ledrigen

Tang, der unter den richtigen Bedingungen hohe, dichte Äquivalente zu den Wäldern an Land ausbildet. Diese beherbergen eine wunderbare Vielfalt an Fischen und anderem Getier. Als immer mehr Seeotter getötet wurden, vernichteten die Seegurken die Kelpwälder und ließen auch das restliche Ökosystem umkippen.[29] An den wenigen Orten, an denen die Otter überlebt haben und sich wieder vermehren konnten, kehren die Kelpwälder langsam wieder zurück, so wie mit der Wiedereinführung des Wolfes im Yellowstone-Nationalpark die Bäume eine Chance bekamen, wieder aufzuwachsen. Inzwischen allerdings sind die Seeotter in einem ihrer verbliebenen Verbreitungsgebiete entlang der Aleuten offenbar aufgrund anderer Störungen des Ökosystems erneut in ihrem Bestand gefährdet. Schwertwale, denen ihre einstigen Beutetiere, Robben und Seelöwen, vom Menschen streitig gemacht werden, haben damit begonnen, Seeotter zu fressen.[30]

Überall auf der Welt hat die Fischerei das Leben in den Meeren verändert, und zwar in einem weit größeren Ausmaß, als den meisten Menschen bekannt sein dürfte. Wie an Land bleibt auch in den Meeren die Beseitigung einer häufig vorkommenden Art nicht ohne Folgen, Folgen, die sich oft durch das gesamte System verbreiten. Das zeigt sich etwa an einer so bescheidenen Art wie der Auster. Die unglaubliche Überfülle an Austern an der Ostküste Amerikas, auf die die ersten europäischen Abenteurer stießen, habe ich bereits erwähnt. Ähnliche Massen sind früher offenbar auch in anderen Meeren vorgekommen. Eine 1883 angefertigte Karte verzeichnet – 500 Jahre, nachdem die Grundnetzfischerei dort begonnen hatte – ein Nordseeareal von der Größe von Wales (was sonst) als Austernbank.[31] Es könnte durchaus sein, dass vor der Zeit des Grund- und Schleppnetzeinsatzes der Nordseeboden in weiten Teilen von Austern überzogen gewesen war und Muscheln anderer Arten die von ihnen nicht kolonisierten Sedimentbetten besiedelten. Mit der Folge etwa, dass diese heute graue See einstmals klar gewesen sein könnte. Wie die meisten zweischaligen Mollusken filtern auch die Austern das Meerwasser. Sie stabilisieren zudem die Sedimente auf dem Meeresbodens. Damit wäre weniger Schlamm aufgewirbelt worden und das Wenige, was ins Wasser gespült wurde, wäre rasch wieder herausgezogen worden. Als der Meeresboden von den Grundnetzen und Austerndredgen zerstört wurde, kamen die marinen Filteranlagen zu ebenjener Zeit zum Erliegen, als auch die lebende Kruste des Meeresbodens aufgebrochen wurde. Dies setzte den darunterliegenden Schlamm frei. Selbst das Mündungsgebiet des Humber – einer Schlammschüssel, deren Wasser heute so schmutzig und undurchsichtig ist wie die Steuererklärungen von Hedgefonds – war einst von Austernbänken gesäumt. In den Gezeitenpfützen kann man heute noch Austernschalen finden, die »von mehr als einem Jahrhundert Ebbe und Flut glatt poliert sind«, wie Callum Roberts schreibt. Durch die Aufhäufung zusammengebackener Schalen schufen sich die Schalentiere einen harten Untergrund, auf dem weitere Austern Halt finden konnten, und formten sich wie Kabeljau und Suppenschildkröte die Umwelt, die sie benötigten. Überdies offerierten sie ein Substrat, auf dem weitere Arten Fuß fassen konnten, was wiederum Lebensraum für andere Tiere schuf.

In der an der Atlantikküste der Vereinigten Staaten gelegenen Chesapeake Bay gab es nach Auskunft eines Artikels so viele Austern, dass sie ausreichten, »alle drei Tage das Äquivalent der gesamten Wassersäule zu filtern.«[32] Als die ersten Kolonisten begannen, die Erde zu pflügen, wurden große Menge Mutterboden mitsamt der darin enthaltenen Nährstoffe ins Meer gespült. Dieser Eutrophisierung genannte Vorgang wurde für die periodische Blüte des pflanzlichen Planktons verantwortlich gemacht, dessen Zersetzung und nächtliche Atmung dem Wasser Sauerstoff entzieht und zahlreiche in der Bucht lebende Tiere tötet. In diesem Plankton gibt es Arten, die das Wasser vergiften und tödliche rote Tiden verursachen. Obwohl die Bucht seit etwa 1750 mit immensen Nährstoffeinträgen zurechtkommen musste, traten derartige Katastrophen faszinierenderweise jedoch erst in den 1930er Jahren auf, nachdem die Austern so gut wie abgefischt waren.[33] Die Austern filterten das Plankton aus, verwerteten es und verhinderten so die Algenblüte und die Vergiftung des Ökosystems. Die Beschädigung des Systems erfolgte in einem sich selbst verstärkenden Prozess. Sobald der Austernbestand in dem Maße zusammengeschrumpft war, dass die Muscheln das Wasser nicht mehr sauber halten konnten, begannen sie an Sauerstoffmangel und dem übermäßigen Sedimenteintrag zu leiden. Das machte sie krankheitsanfälliger, was ihre Anzahl weiter reduzierte. Der Bericht, in dem dieser Effekt beschrieben wird, stellt zudem fest, dass die Chesapeake Bay, die Ostsee, die Adria und Teile des Golfs von Mexiko inzwischen »von Bakterien dominierte Ökosysteme« sind.[34]

Auch das Schwarze Meer hat offenbar aufgrund der Beseitigung einiger seiner wichtiger Arten Veränderungen durchgemacht. Dort vermehrten sich die planktonfressenden Fischarten, nachdem ihre Fressfeinde – Delfine, Bonitos, Makrelen und Blaufisch *(Pomatomus saltatrix)* – durch die kommerzielle Fischerei in ihrem Bestand zurückgegangen waren. Dadurch brachen die Vorkommen tierischen Planktons zusammen, wodurch sich pflanzliches und pflanzenähnliches Plankton stark vermehren konnte und bisweilen das Wasser vergiftete, ihm häufig aber den Sauerstoff entzog.[35] Als dann die Sardellen, auf die die Raubfische einst Jagd machten, überfischt waren und Rippenquallen aus dem Atlantik im Ballastwasser von Schiffen das Schwarze Meer erreichten und sich in dem angegriffenen Ökosystem rasch breitmachen konnten, war die Kette der Zerstörungen so gut wie vollendet.

Zu den sichtbarsten Verschiebungen gehörte die Ersetzung der Fische durch Quallen. Die im zweiten Kapitel beschriebene Angeltour war das letzte Mal, dass ich an der Küste, an der ich zu Hause bin, einen bescheidenen Fang an Land ziehen konnte. In den drei Jahren seither habe ich mein Kajak Dutzende weitere Male ins Meer gelassen und bin doch nie mit mehr als zwei Fischen zurückgekehrt. Angesichts der Überfülle, die ich bei meinem Zuzug nach Wales angetroffen habe, ist das mehr als erstaunlich. Seinerzeit war schon eine einzige Angeltour ausreichend, um so viel Fisch zu fangen, wie meine Familie in einer Saison zu essen vermochte. Bei einigen Gelegenheiten fing ich gut 150 Makrelen sowie Petermännchen, Knurrhahn, Wittling, Köhler, jungen Kabeljau und Stachelmakrele. (Die selteneren und kleineren Fische entließ ich wieder ins Wasser.) Es war aufregend damals, Leinen voller Fische aus dem Wasser zu ziehen, umgeben von Sturmtauchern und Basstölpeln, die das Wasser neben meinem Kajak aufwirbelten, samt den Delfinen, die aus dem Wasser stießen und bliesen. Es war die nachhaltigste aller bequemen Methoden – oder schien es zumindest zu sein –, an tierisches Protein zu kommen. Aus Gründen, die zu klären mir nicht gelungen ist, ist diese kurze Ära – meine ersten beiden Jahre in Wales – vorbei. Ich war verblüfft, dass die Fischereibeamten und -wissenschaftler, die ich in dieser Sache sprach, weder eine Erklärung für die offensichtliche Veränderung noch diesbezügliche Daten vorweisen konnten. Wenn, wie ich vermute, die Populationen zusammengebrochen sind, hat dies kein Mensch erfasst oder untersucht.

Noch Weiteres scheint sich verändert zu haben. In den letzten zwei Jahren wurde die Cardigan Bay von Massen von Quallen heimgesucht – nicht von den kleinen durchsichtigen Ohrenquallen, die mir vertraut waren, sondern von Arten, die ich in den drei vorangegangenen Jahren nur selten zu Gesicht bekommen habe. Bei den meisten handelt es sich um Blumenkohlquallen: feste gummiartige, fußballgroße Monster. Blass und gespenstisch lassen sie die grünen Tiefen erbleichen; manchmal scheint das Meer aus ebenso vielen Quallen wie Wasser zu bestehen. (Ich möchte betonen, dass es sich hierbei nicht um wissenschaftliche Erhebungen handelt; ich gebe Eindrücke wieder, die nicht quantifiziert sind. Leider gibt es für die Cardigan Bay keine bessere Quellen, auf die man zurückgreifen könnte.)

Die deutlich sichtbaren Veränderungen in der Cardigan Bay sind zwar noch nicht statistisch erfasst worden, doch in der Irischen See insgesamt hat das Ökosystem, offenbar schon lange bevor ich mich an der Küste von Wales niedergelassen habe, einen Wandel erfahren, bei dem die Quallen die Vorherrschaft übernommen haben. Ein Forschungsartikel führt diese Veränderung auf eine Kombination aus sich erwärmendem Wasser und Überfischung zurück, insbesondere auf die in den 1970er Jahren einsetzende Heringsfischerei vor der Küste Irlands.[36] Damals verfolgten die Fischer mit paarweise eingesetzten Fischtrawlern Jungheringe, die zu Fischmehl verarbeitet wurden: Der Fisch wurde zu Schweine- oder Hühnerfutter vermahlen, zu Dünger für Ackerbau und Rasenflächen. Die richtigen Worte für dieses verheerende Vorgehen zu finden, fällt mir schwer.

Die Studie stellt fest, dass dies dazu beigetragen haben könnte, einen kaskadenartigen Regimewechsel herbeizuführen, der das Gleichgewicht zugunsten der Quallen umkippen ließ. Da diese nun über weniger Plankton fressende Konkurrenten verfügten, vermochten sie sich stark zu vermehren. Der Vorgang dürfte sich mit der Erholung der Heringsbestände wieder umkehren. Allerdings dürften die Quallen mit dem möglichen Verschwinden der Makrelen wieder einen Nahrungskonkurrenten weniger haben.

Aus den gleichen Gründen haben ähnliche Verschiebungen vor den Küsten Namibias und Japans, im Schwarzen und Kaspischen Meer sowie im Beringmeer stattgefunden.[37] In all diesen Fällen sind die kleinen Plankton fressenden Fische wie Heringe, Sardinen und Sardellen, die sowohl mit den Quallen um Nahrung konkurrierten als auch womöglich die jungen Quallen fraßen, durch die Fischerei stark in ihrem Bestand vermindert worden. Und lebender Glibber hat sich in der so entstandenen Bresche breitgemacht. Quallen können zudem besser als Fisch mit Wasser zurechtkommen, dem durch Algenblüte der Sauerstoff entzogen wurde: Sie gehören zu den wenigen Lebensformen, die in den in vielen Meeren entstehenden Totzonen leben können. Ebenso verfügen sie über eine besondere Widerstandsfähigkeit gegenüber Beschädigungen, die sie durch Fischernetze erleiden. Sie können sich, selbst nachdem sie zerfetzt worden sind, regenerieren.

Ein Aufsatz warnt vor einer »endlosen Quallen-Spritztour«.[38] Jenseits einer bestimmten Dichte haben Quallen auf bereits beeinträchtigte Populationen von Heringen oder ähnlichen Arten die gleiche Wirkung, die Heringe auf beeinträchtigte Kabeljaubestände haben: Sie verhindern ihre Erholung, indem sie ihre Eier und ihre Brut fressen. Dadurch können sie sich noch weiter vermehren und andere Fischarten ausmerzen, die sie durch eine Quallenmonokultur zu ersetzen drohen.

Die Lektionen, die sich aus Untersuchungen von Ökosystemen auf dem Land und im Meer ergeben, lauten stets von Neuem, dass, sobald Schlüsselarten ausfallen, Plagen auftreten. Wenn natürliche Systeme nicht zu stark ausgebeutet werden, können sie anscheinend explosionsartige Vermehrungen heimischer Arten verhindern und die Invasion der meisten exotischen Arten unter Kontrolle halten. Sie sind zudem besser gerüstet, anderen Störungen wie dem Klimawandel, Umweltverschmutzung, Krankheiten und Stürmen standzuhalten. Bevor die Nahrungsnetze der Erde unterbrochen wurden, wurden sie in einem größeren Ausmaß von Tieren und Pflanzen kontrolliert, als sich die meisten von uns vorstellen mögen. Die Belege, die James Lovelocks Gaia-Hypothese stützen, wonach die Erde als kohärentes und sich selbst regulierendes System arbeitet, scheinen sich zumindest auf der Ebene der Ökosysteme zu häufen.

Genau wie unsere Wahrnehmung der britischen Bergregionen leidet unser Verständnis dieser Sachlagen am Shifting-Baseline-Syndrom. Dies gilt für alle Ökosysteme, auf die wir Einfluss nehmen, entfaltet aber insbesondere für das Meer seine Wirkung, wo Fischereiexperten oft empfehlen, dass die Bestände bis zu einem Zustand wiederhergestellt werden, den sie am Anfang ihrer Karrieren verzeichnen konnten, ohne sich, wie es scheint, dessen bewusst zu sein, dass bereits dieser Zustand stark geschädigt war. Die von Forschungsreisenden, Naturkundlern und Seefahrern beschriebene einstige Überfülle wird häufig als Seemannsgarn abgetan. Im Namen des sehr speziellen Stamms der Angler, dem auch ich angehöre, fühle ich mich zu dem Eingeständnis verpflichtet, dass wir für Übertreibungen bekannt sind. Der bemerkenswerte Reichtum der Meere vor dem Beginn der Fischerei im großen Maßstab lässt sich auch durch verlässlichere Quellen belegen.

Ein in der Zeitschrift *Nature* publizierter Artikel zieht bis ins Jahr 1889 zurückreichende regierungsamtliche Fischereiberichte heran, um abschätzen zu können, in welchem Grad sich die Fischpopulationen in der Nordsee erschöpft haben.[39] Die Ergebnisse haben unser Wissen um den Reichtum, den dieses Meer einst beherbergte, revolutioniert. Anstatt nur den in der Nordsee gefangenen Fisch mengenmäßig aufzulisten, was den Eindruck hinterlässt, dass die Bestandsabnahmen bescheiden sind, teilte sie die Fangmengen durch einen Koeffizienten, der die technischen Möglichkeiten des Fischfangs berücksichtigte: die Größe und die Fangleistung (größere Maschinen, bessere Netze, elektronische Fischortung) der eingesetzten Kutter.

Als die britische Regierung die Datenerhebung aufnahm, wurden die unter Segeln fahrenden Trawler gerade durch Dampfboote ersetzt. In der Nordsee wurde damals schon seit 500 Jahren mit Schleppnetzen gefischt, was bedeutete, dass das Ökosystem wahrscheinlich schon 1889 in hohem Maße erschöpft war. Gleichwohl haben die Forscher festgestellt, dass die Fischpopulationen in den folgenden 118 Jahren nicht um 30 oder 40 Prozent gefallen sind, wie die die Fischereimanager beratenden Wissenschaftler angenommen haben, sondern, unter Berücksichtigung der Fangleistung, um durchschnittlich 94 Prozent. Anders gesagt war nur noch ein Siebzehntel des 1889 existierenden Fischvolumens im ersten Jahrzehnt des einundzwanzigsten Jahrhunderts am Leben. Die Fischbestände mussten ihren Berechnungen zufolge also schon lange, bevor die Menge angelandeten Fischs zurückging, kollabiert sein. Die Anlandungsmengen wurden nur durch immer leistungsfähigere Boote, mit immer besserem Gerät und durch das Absuchen immer weiterer Gebiete aufrechterhalten.

Schellfisch ist demnach auf nur ein Prozent seines früheren Vorkommen geschrumpft, Heilbutt zu einem Fünftel eines Prozents. Die bemerkenswerteste Enthüllung des Artikels jedoch war folgende: 1889 landete die noch zum großen Teil aus Segelschiffen bestehende Fischereiflotte unter Verwendung primitiven handgefertigten Geräts und eher abhängig von Glück und Erfahrung als von Fischortungstechnologien und anderer raffinierter, heute zur Verfügung stehender Ausrüstung die doppelte Menge an Fisch an, die die Fischkutter heute in demselben Meeresgebiet nach Hause bringen.

Auf anderen Methoden basierende Studien sind sowohl, was die heimischen Meeresgebiete anbelangt, als auch für andere Weltteile zu ähnlichen Ergebnissen gekommen: Die Fischbestände sind durchweg um 35 Prozent oder mehr geschrumpft.[40] Das Shifting-Baseline-Syndrom ist jedoch so mächtig, dass ihm selbst einige Profiökologen in die Falle gingen. Das National Ecosystem Assessment des Vereinigten Königreichs zum Beispiel, das im Allgemeinen ein verlässlicher Indikator für den Zustand der natürlichen Umwelt ist, berichtet, dass »um die Hälfte der UK-Fischbestände heute wieder voll reproduktionsfähig sind und nachhaltig gefangen werden können«.[41] Der Ausgangspunkt für diese Einschätzung ist jedoch das Fischvorkommen im Jahre 1970. Schon damals war es auf einen kleinen Bruchteil seiner »vollen Reproduktionsfähigkeit« geschrumpft.

Das Gleiche gilt für die Größe der Fische, die einst gefangen wurden, Erzählungen, denen häufig jene kritischen Geister misstrauen, die noch nie eine Angelrute in der Hand hatten. Wie der bedeutende Fischerei-Wissenschaftler Ransom Myers bei der Sichtung der ersten kommerziellen Fischereiberichte auf den Ozeanen feststellen konnte, ist das durchschnittliche Gewicht der gefangenen Thunfische in zwanzig Jahren um die Hälfte zurückgegangen, das der Marline um drei Viertel.[42] Es lebten einmal Drachen, wo nun keine mehr sind.

Eine starke Ausbeutung der Bestände begann mancherorts bereits lange vor dem Industriezeitalter. Die erste bekannte ökologische Klage über zerstörerische Fischereimethoden ist in einer 1376 an Edward III. gerichteten Petition enthalten.

> Das große und lange Eisen des Wunderdings streicht beim Fischen so schwer und grob über den Boden, dass es die Blumen auf dem Land dort unter Wasser zerstört und auch junge Austern, Muscheln und andere Fische, von denen die großen Fische gewöhnlich fressen und sich ernähren. Durch ebendieses Gerät holen die Fischer vielerorts eine solche Menge kleiner Fische nach oben, dass sie nicht wissen, was sie damit anfangen sollen; und deshalb sie ihr Schweine damit füttern und mästen, zum großen Schaden der Reichsallmende und der Zerstörung der Fischerei.[43]

Das Wunderding war in diesem Fall eine Baumkurre, die von einem Segelboot geschleppt wurde. »Die Blumen auf dem Land unter dem Wasser« ist eine exzellente Beschreibung der Lebensformen – Weichkorallen, Seefächer, Seefedern, Röhrenwürmer, Fächermuscheln und all die anderen zarten Geschöpfe (»tausendjähriger Wust von Riesenschwämmen ... Unzählige Schar gewaltiger Polypen«) –, die einst in Massen den Meeresboden rund um unsere Küsten bevölkert haben mussten, heute aber selten geworden sind oder fast überall gänzlich fehlen. Und Jungfische zu fangen, um sie an Schweine zu verfüttern? Wie der Fall der vor ein paar Seiten erwähnten irischen Heringstrawler zeigt, verändert sich nicht allzu viel.

Schon früher konnte die erwerbsmäßige Fischerei mitunter großen Schaden anrichten. Der Scania-Hering in der westlichen Ostsee zum Beispiel wurde bereits im Mittelalter aufgrund verbesserter Netzfertigungstechniken ausgerottet.[44] Einschneidende ökologische Veränderungen könnten sogar noch weiter zurückreichen. Ausgrabungen am Bouldnor Cliff auf der Isle of Wight (vor der Küste Südenglands) lassen vermuten, dass die Menschen, die dort während der Mittelsteinzeit vor 8000 Jahren lebten, so etwas wie eine Schiffswerft unterhalten haben könnten. Bislang glaubte man, dass die dort benutzten Holzverarbeitungstechniken erst 2000 Jahre später, im Neolithikum, in Britannien auftauchten. Zu den Entdeckungen gehören ein Plankenstück aus einem Eichenstamm, das wohl zur Herstellung eines Einbaums benutzt wurde, sowie eine Plattform, die als Anleger oder Kai benutzt worden sein könnte.[45] Dies lässt auf eine umfangreichere und höher entwickelte Fischereitätigkeit schließen, als man sich bislang vorstellen konnte. Bei neu erschlossenen Fischgründen werden in der Regel die größten Tiere zuerst abgefischt. Wer weiß, was damals für Monster aus dem Meer gezogen wurden? Was heute an Fauna existiert, sind Zwergformen und Überbleibsel weit größerer Bestände. Wie die Tiere in Größe und in Bestand geschrumpft sind, sind auch unsere Erwartungen zurückgegangen, sind unmerklich erodiert, um den aktuellen Grenzen zu entsprechen.

Ich möchte mich hier eigentlich nicht allzu lange bei den zerstörerischen Gepflogenheiten der Fischereiindustrie aufhalten, von denen manche ohnehin bekannt sein dürften. Doch ich will kurz auf einige weniger bekannte eingehen, die die Notwendigkeit eines radikalen Wandels in der Fischereipolitik deutlich machen.

Alljährlich zahlen die Steuerzahler der Europäischen Union 1,9 Milliarden Euro an die europäischen Fischereiflotten, die die Fischgründe Westafrikas ausplündern.[46] Der einst reiche und mit einer bemerkenswerten Artenvielfalt gesegnete Kontinentalschelf vor der Küste ist von ausländischen Kuttern leer gefegt worden, wodurch das Ökosystem sowie die Lebensgrundlage der örtlichen Fischerleute zerstört wurden, deren Boote und Eingriffsmöglichkeiten weit kleiner sind. Fisch ist eine grundlegende Proteinquelle für die Gesellschaften Westafrikas, doch die Bestände, von denen sie abhängen, sind meistenteils von ausländischen Fischereiflotten zugrunde gerichtet worden. Es gibt eine Schätzung, wonach das Volumen unerwünschten toten oder sterbenden Beifangs, der von einem einzigen Kutter auf einer einzigen Fahrt in diesen Gewässern wieder über Bord geworfen wird, dem jährlichen Fischverbrauch von 34 000 Menschen entspricht.[47] Neunzig Prozent der Lizenzgebühren, die die Fischereiunternehmen für die Ausbeutung dieser Bestände sonst hätten zahlen müssen, werden als Subventionen von der Europäischen Union und europäischen Regierungen aufgebracht. Ich frage mich, wie viele Steuerzahler glauben, ihr Geld sei auf diese Weise gut eingesetzt.

Bei der Untersuchung eines 63 Millionen Pfund schweren Fischereibetrugs in Schottland kam ans Licht, dass eine Regierungsbehörde namens Seafish (die »sämtliche Sektoren der Fisch- und Meeresfrüchteindustrie unterstützt«) von dieser Summe 434 000 Pfund eingestrichen hatte.[48] Seafish wird durch Abgaben finanziert, die auf den in Großbritannien angelandeten Fisch erhoben werden. Die Behörde gibt zwar zu, dass der in Schottland angelandete Fisch illegal gefangen worden war, kassierte aber nach Rücksprache mit ihren Rechtsanwälten weiterhin die entsprechenden Gebühren. Chris Middleton, ein Vertreter von Seafish, äußerte mir gegenüber, dass »keine Notwendigkeit« bestehe, das Geld an die Regierung zurückzuzahlen, und dass »diesbezüglich auch keine Forderung« eingegangen sei. Grüne Aktivisten führen ins Feld, dass Seafish ihre Bemühungen, die Überfischung zu verhindern, untergrabe und die Reform zerstörerischer Fischereipraktiken verhindere; das Regierungsorgan bestreitet dies. Im Gegensatz zu anderen öffentlichen Körperschaften, die geschlossen oder in ihren Aufgaben beschnitten wurden, blieb Seafish unbehelligt und hatte bislang keine Reformen zu gewärtigen.

Europäische Fischereiflotten beliefern auch Japan, dessen Regierung sich offenbar nicht an dem Status der Arten stört, die das Land importiert. Offenbar wirkt Knappheit stimulierend auf seine Märkte. In Charles Clovers Film *The End of the Line* werden Beweise vorgelegt, dass das Elektronikunternehmen Mitsubishi, das 40 Prozent des Weltmarkts für Roten Thun kontrolliert, tiefgefrorene Thunfischrümpfe hortet, die, sobald die Art kommerziell nicht mehr auszubeuten ist, um das Vielfache ihres aktuellen Werts verkauft werden können. Das Unternehmen streitet dies ab.

Als bei einer internationalen Konferenz in Doha versucht wurde, den Handel mit Rotem Thun zu verbieten – der inzwischen so stark vom Aussterben bedroht ist wie etwa Tiger oder Nashörner –, kaufte die japanische Regierung, ähnlich wie sie es bereits bei Verhandlungen über den Walfang getan hatte, genügend Stimmen ärmerer Länder, um das Ansinnen zu verhindern. Als wollte man die Verachtung für die Bestrebungen zum Schutz dieses großartigen Tieres unterstreichen, servierte die japanische Botschaft bei einem Empfang wenige Stunden vor der Abstimmung ihren Gästen Sushi mit Rotem Thun.[49] Auf der besagten Konferenz gelang es Japan auch, Bestrebungen abzuwehren, die den internationalen Handel mit Korallen regulieren und der Flossen wegen gejagte Haiarten schützen sollten.

Wie beim Rhinozeroshorn gibt es keine Anzeichen dafür, dass die Nachfrage nach Rotem Thun nachlässt, wenn die Art seltener wird. Im Gegenteil, der Fisch wird einfach teurer. 2012 wurde in Japan ein einziger Roter Thun für 566 000 Euro versteigert.[50] Der Restaurantbesitzer, der den Fisch erwarb, sagte, er habe so hoch geboten, um »Japan zu beleben«. Er gewann die unverbrüchliche Dankbarkeit seiner Gäste, indem er Schnitte aus dem Fisch unter Einkaufspreis verkaufte.

Zu Recht beklagen wir die offenkundige Gleichgültigkeit, mit der die besagte Art an den Rand des Aussterbens getrieben wird. Allerdings unterscheidet sie sich nur wenig von den Gewohnheiten liberaler, gebildeter Menschen in Großbritannien – darunter Freunde und Verwandte –, die trotz umfassender Berichterstattung über die Folgen rücksichtsloser Fischerei im Fernsehen und in den Zeitungen nicht davon absehen, Arten wie Schwertfisch, Heilbutt und Königskrabben zu kaufen, die entweder stark gefährdet sind oder deren Ausbeutung große ökologische Schäden verursacht.

Um diese Nachfrage zu bedienen, werden die Kontinentalschelfe weltweit mit Schleppnetzen abgemäht und alle dort vorkommenden sesshaften Lebensformen – die Bäume der Meere – in 150-Mal größerem Umfang zerstört, als es an Land bei der Rodung der Wälder der Fall ist.[51] Anders ausgedrückt: Jedes Jahr wird die Hälfte der Kontinentalschelfe weltweit mit Schleppnetzen durchfurcht. Bei einer derartigen Rate ist es ein Ding der Unmöglichkeit, dass die fragilen Tiere, sind sie erst einmal von den über sie geschleiften Netzen, Bäumen, Rechen und Ketten zerstört, wieder ansiedeln. Wie es durch die Landwirtschaft und bestimmte Formen des Naturschutzes an Land geschieht, reduziert das Fischen komplexe, dreidimensionale Lebensräume zu gestaltlosen Flächen.

Bis vor Kurzem war noch ein Großteil des Meeresbodens schon deshalb verschont geblieben, weil er felsig war und jedes Grundnetz, mit dem man ihn hätte abgrasen wollen, zerstört hätte. So blieb ein Rückzugsort für jene Arten erhalten, die anderswo schon ausgemerzt sind. Die in den 1980er Jahren entwickelte und inzwischen weithin eingesetzte Rockhopper-Ausrüstung jedoch hat nahezu jeden verborgenen Winkel zugänglich gemacht. Wir, die wir begeistert die Küstenlinie erkunden, werden angewiesen, keine Steine umzudrehen aus Angst, die unter oder auf ihnen lebenden Geschöpfe zu zermalmen und den Tieren ihren Lebensraum zu nehmen. Auf weiten Meeresstrecken jedoch drehen Rockhopper-Trawler Felsbrocken mit bis zu 25 Tonnen um,[52] scheuchen die dort wohnenden Fische und Krustentiere auf oder zermalmen sie und zerstören den Lebensraum so effektiv wie eine Planierraupe den Regenwald.[53]

Manchmal frage ich mich, welchen Einfluss das Fischereigewerbe – eine kleine Komponente der europäischen Wirtschaft – auf Minister und Parlamentsabgeordnete besitzt. Versenkt es die Leichen ihrer politischen Gegner? Liefert es das Kokain, das man dort konsumiert? Es steht zwar zu bezweifeln, dass die Gründe (außer vielleicht in Italien) so exotisch sind wie die genannten, doch die politische Macht dieses Industriezweigs ist oft rätselhaft. Eine naheliegende Erklärung ist vielleicht, dass die meisten Wähler, obzwar empört über zerstörerische Praktiken wie diese, kein ebenso starkes Interesse an ihrer Beschränkung haben wie die Fischereiunternehmen an ihrer Weiterführung.

Jäger und Bauern haben Jahrtausende benötigt, um dem Leben an Land so viel Schaden zuzufügen, wie die Fischereiindustrie in dreißig Jahren dem Leben im Meer zugefügt hat. Doch wenn dieser Ernährungswahnsinn eingedämmt werden kann, wird die Wiederherstellung der marinen Ökologie einfacher sein als die Wiederherstellung der Ökosysteme auf dem Land, und zwar aus zwei Gründen. Erstens sind nur wenige marine auf den Kontinentalschelfen lebende Arten, auch solche der Megafauna, völlig ausgestorben. (Im Gegensatz wahrscheinlich zu den Tieren, die in den unterseeischen Gebirgen leben, meist nur an einer Stelle vorkommen, sehr langsam wachsen und nun von den Trawlern stark ausgebeutet werden.) Es gibt ein paar bekannte Ausnahmen wie die Steller'sche Seekuh und die Karibische Mönchsrobbe. Doch selbst Tiere, die auf ein Prozent oder weniger ihres ursprünglichen Bestands reduziert worden sind – wie manche Hai-, Thunfisch- und Schildkrötenarten –, haben sich bislang halten können. Es ist noch genug Zeit, gerade noch, um zu verhindern, dass sie für immer verschwinden.

Zweitens können die meisten im Meer lebenden Arten aus eigener Kraft Lebensräume von Neuem besiedeln, aus denen sie beseitigt waren. Entweder sind die erwachsenen Tiere überaus mobil (viele

Fische und Säugetiere wandern hunderte oder tausende Kilometer weit), oder die Eier oder die Brut sind Teil des Planktons, das – wie marine Distelsamen – von den Strömungen über große Entfernungen fortgetragen wird.

Ein sicheres Mittel, durch das die Ökologie der Meere geschützt und wiederhergestellt werden kann, ist die Schaffung von Meeresschutzgebieten, in denen weder Fischfang noch andere Gewerbe stattfinden und wandernde wie sesshafte Lebensformen sich erholen können. Es geht also auch hier um Rückverwilderung.

Auf zwei Weltgipfeln im Jahr 2002 gaben Regierungen das Versprechen ab, bis ins Jahr 2012 mindestens 10 Prozent der Weltmeere unter Schutz stellen zu wollen.[54] 2003 forderte der World Parks Congress, dass bis zu dem gleichen Zeitpunkt mindestens 30 oder 40 Prozent der marinen Lebensräume unter strengen Schutz gestellt werden müsste. Trotz der Einrichtung einiger sehr großer Schutzgebiete wie etwa des 350 000 Quadratkilometer umfassenden Great Barrier Reef Marine Park stehen zum Zeitpunkt der Niederschrift nur zwei Prozent der Weltmeere unter einem wie auch immer gearteten Schutz,[55] und nur in einigen dieser Gebiete ist der Fischfang völlig verboten.

2004 machte die Royal Commission on Environmental Pollution, eine offizielle Regierungsberatungsstelle, den Vorschlag, dass 30 Prozent der Gewässer des Vereinigten Königreichs zu Schutzgebieten erklärt werden sollten, in denen weder Fischfang noch andere Gewinnungen stattfinden dürften.[56] 2009 startete eine Umweltkoalition eine Petition für eine Maßnahme gleichen Umfangs, nämlich der strengen Unterschutzstellung von 30 Prozent der Gewässer Großbritanniens, die 500 000 Unterschriften erbrachte. Inzwischen haben einige Staaten, auch solche, die weit ärmer als das Vereinigte Königreich sind, damit begonnen, große Teile ihrer Gewässer für Fischkutter zu sperren, wohingegen Großbritannien zum Zeitpunkt, da ich dies schreibe, gerade einmal spektakuläre 0,1 Prozent seiner Hoheitsgewässer unter Schutz gestellt hat, fünf von 48 000 Quadratkilometern. Und diese Fläche ist noch in drei taschentuchgroße Areale aufgeteilt: rund um Lundy Island im Bristol-Kanal, die Lamlash

Bay auf der Isle of Arran und Flamborough Head in Yorkshire. Es gibt noch eine Menge anderer nominell geschützter Gebiete, die aber von der industriellen Fischerei ebenso wenig ausgenommen sind wie unsere Naturparks von der Landwirtschaft.

Wird der Fischfang eingestellt, sind die Ergebnisse bemerkenswert. In 124 weltweit untersuchten Meeresschutzgebieten, darunter einige, die erst seit wenigen Jahren existieren, hat sich seit ihrem Bestehen das Gesamtgewicht der Tiere und Pflanzen im Durchschnitt vervierfacht.[57] Zudem hat in diesen Gebieten die Größe der Tiere, sowie ihre Artenvielfalt zugenommen. In den meisten Fällen wird diese Veränderung innerhalb von zwei bis fünf Jahren sichtbar.[58] Sobald sich auch die langsamer wachsenden Arten erholen und sich sesshafte Lebensformen breitmachen, sobald Korallenriffe und Schalentiere sich wieder ansiedeln und die strukturelle Vielfalt des Meeresbodens wiederherstellen, werden Menge und Reichtum eines Ökosystems wohl für lange Zeit weiterwachsen.

Fünf Jahre nachdem die Georges Bank vor der Küste Neu-Englands für nahezu die gesamte kommerzielle Fischerei gesperrt worden war, hatte sich die Menge der Jakobsmuscheln um das Vierzehnfache erhöht. Um Lundy Island hat sich die Zahl der ausgewachsenen Hummer seit der Einrichtung des Gebiets innerhalb von 18 Monaten verdreifacht.[59] Nach vier Jahren kamen sie dort fünfmal so häufig vor wie außerhalb der Schutzzone;[60] nach fünf Jahren sechsmal so häufig.[61] Nach 18 Jahren, in denen die großen Raubfische im philippinischen Apo-Schutzgebiet nicht mehr gejagt wurden, hat sich ihr Gesamtgewicht um den Faktor 17 erhöht.[62] Größere Fische produzieren mehr Eier und die Qualität der Eier nimmt mit zunehmendem Alter der Eltern zu, wodurch sich die Überlebenswahrscheinlichkeit der Nachkommen erhöht. Wie der Krake in Tennysons Gedicht wartet das unterdrückte Leben in den Meeren nur auf seine Chance wiederzuerstehen.

Nicht alle verschwundenen Populationen können wiederhergestellt werden. Manche der Lebensformen, die von den vielleicht verheerendsten Fischereimethoden überhaupt – dem Schleppnetzfischen an den Tiefseebergen – ruiniert wurden, benötigen tausende Jahre, um heranzuwachsen. Viele davon sind endemisch und kommen nur an einem Ort vor. Wenn sie dort aussterben, sind sie überall ausgestorben. Langsam beginnen Wissenschaftler auch zu verstehen, in welchem Grad manche Fischpopulationen auf bestimmte Laichgründe spezialisiert sind. Wie die Lachse zu den Flüssen ihrer Herkunft zurückkehren, scheinen bestimmte Kabeljaupopulationen über jeweils eigene Migrationsrouten zu verfügen und, indem sie unsichtbaren unterseeischen Flüssen folgen, zu bestimmten Bänken und Riffen zu wandern. Das wäre eine Erklärung dafür, dass manche Kabeljaubestände, auch nachdem ihr Fang eingestellt wurde, sich nicht mehr erholen: Wo ein Verband ausgemerzt ist, werden auch benachbarte Bestände kaum die Lücke füllen, so wie die Lachse, die im River Tweed geschlüpft sind, nicht die in der Themse verschwundenen ersetzen können. Wanderungen werden von den größeren, älteren Fischen angeführt, die zu den Ersten gehören, die durch die Überfischung ausgemerzt werden.[63]

Zudem wäre es falsch anzunehmen, dass Schutzgebiete die einzige unabdingbare Maßnahme darstellen. Es müsste überdies die Verwendung von bestimmtem Fanggerät auch an Orten eingeschränkt werden, an denen weiterhin Fischfang betrieben wird; beschränkt werden müsste die Anzahl der Boote und die Zeit, die sie auf See verbringen, sowie die Freiheit, unerwünschten Beifang einfach über Bord zu werfen. Die Schutzgebiete werden wahrscheinlich dann am besten funktionieren, wenn sie von Zonen umgeben sind, in denen der Fangdruck vermindert ist und zum Beispiel lediglich die Leinenfischerei erlaubt ist. Vor allem jedoch ist die Rückverwilderung der Meere das wesentliche Element, ohne das jede Schutzmaßnahme nahezu bedeutungslos ist.

Die Konflikte, die zwischen Maßnahmen zur marinen Rückverwilderung und jenen Gruppen entstehen, die ihren Lebensunterhalt auf See verdienen, sind weniger stark ausgeprägt als die Reibungen zwischen Rückverwilderungen an Land und jenen, die vom Land leben.

Biologen haben einen deutlichen Nebeneffekt konstatiert: Weil die laichenden Fische geschützt sind und alt genug werden, um sich fortzupflanzen, und der Nachwuchs in die umgebenden Gewässer abwandert, erzielt der Fischfang rund um die Schutzgebiete bessere Ergebnisse.

In der Regel lehnen sich Fischer gegen die Schaffung von Meeresschutzgebieten auf. Sind sie aber erst einmal eingerichtet, besinnen sie sich, sie zu unterstützen, da ihre Fangmengen über alle Erwartungen hinaus steigen.

In den Gewässern rund um das bereits erwähnte Apo-Meeresschutzgebiet zum Beispiel erhöhten sich die Fangmengen rasch auf das Zehnfache ihres einstigen Niveaus und lassen seither nicht nach.[64] Ähnliche Ergebnisse sind vor Japan, Neuseeland, Neufundland und Kenia erzielt worden.[65]

Der Schutz der Meere ist so kostengünstig und die Ergebnisse so lukrativ, dass nach Berechnungen der Royal Commission ein Fangzuwachs in der Nordsee von lediglich ein oder zwei Prozent die Kosten für den Schutz von 30 Prozent des Gebiets decken würde.[66] Die Erträge würden allerdings eher um 200 bis 300 Prozent wachsen.

Ein Gutachten der New Economics Foundation kommt zu dem Schluss, dass der ausbleibende Schutz der Fischbestände die Europäische Union an die 82 000 Arbeitsstellen und drei Milliarden Euro jährlich kostet.[67] Die Rückverwilderung der Meere bietet nicht nur die beste Möglichkeit, einen Großteil des marinen Lebens zu schützen, sondern birgt auch die Chance, die Existenzgrundlagen derer zu wahren, die von ihm profitieren. Die weltweit angelandete Fangmenge erreichte 1988 ihren Gipfelpunkt. Seither ist sie trotz der Bestrebungen chinesischer Beamter, die Produktionsziffern in die Höhe zu treiben, jährlich um eine halbe Million Tonnen gesunken.[68] Die Schaffung eines Netzwerks großflächiger Meeresschutzgebiete bietet das sicherste Mittel, diese Tendenz umzukehren.

Wie so häufig können wir auch hier allerdings beobachten, dass kurzfristiges Denken nicht nur über ein breiteres gesellschaftliches und ökologisches Interesse triumphiert, sondern auch über das mittel- und langfristige Interesse jener Leute, die die Reform blockieren. So wurde etwa der Antrag, den Krebs- und Hummerfang rund um Skomer, einer Insel vor der Küste von Pembrokeshire, Wales, auf gerade einmal 1100 Hektar einzustellen, von den Fischern des zuständigen Komitees überstimmt,[69] und dies trotz offensichtlich stark gestiegener Fänge rund um ähnliche Schutzgebiete. Die möglichen Gewinneinbußen im ersten oder in den ersten beiden Jahren nach Einrichtung des Schutzgebiets hatten offenbar mehr Gewicht als die Aussicht auf höhere Erträge für die Jahre danach.

Der Widerstand der Fischerei-Industrie erklärt auch die schwankende Haltung der britischen Regierung, die das Versprechen, das Leben in den Meeren unter Schutz zu stellen, hintangestellt hat. 2004 wies die Royal Commission darauf hin, dass die Meere rund um Großbritannien »spätesten seit Mitte des neunzehnten Jahrhunderts genauestens erforscht worden sind«. Die vorhandenen Informationen seien ausreichend genug, »um ein umfassendes, repräsentatives und angemessenes Netz von Meeresschutzgebieten für die Gewässer des Vereinigten Königreichs zu planen.« Doch auch acht Jahre später, zum Zeitpunkt der Niederschrift dieser Zeilen, ist die Regierung in Westminster noch immer nicht tätig geworden und begründet dies mit dem Hinweis, dass »es noch einige Lücken und Beschränkungen hinsichtlich der wissenschaftlichen Befundlage gibt.«[70]

Ursprünglich lautete das Angebot der Regierung, 127 Areale in englischen Gewässern unter Schutz zu stellen. Inzwischen hat sie offenbar einige von der Liste gestrichen. Schlimmer noch, sie beabsichtigt nur noch die verbleibenden »anfälligen Habitate« zu schützen. An den meisten Stellen hat die Schleppnetzfischerei bereits so ziemlich jeden empfindlichen Lebensraum zerstört. Nach Auskunft eines in die Debatte involvierten Naturschützers beabsichtigt die Regierung,

> die winzigsten noch übriggebliebenen Stellen zu schützen und die Schleppnetzfischerei drumherum zu erlauben. […] Jemand hat gesagt, das wäre so, als würde man ein gepflügtes Feld mit einer Eiche in seiner Mitte unter Schutz stellen, wobei nur die Eiche geschützt ist, während das Pflügen weitergehen kann.[71]

Selbst dieser schwache Schutz wird nur für einige der auf der Liste geführten Stellen gewährleistet sein: Die Regierung sagt, dass die Kennzeichnung eines Gebiets als Meeresschutzzone »nicht automatisch bedeutet, dass dort der Fischfang eingeschränkt wird«.[72] Viele werden nur dem Namen nach geschützt sein. Wenn sich nichts ändert, werden die Reformen die Schutzgebiete in Englands Meeren, in denen kein Fischfang stattfindet, auf einen Anteil von 0,5 Prozent erhöhen: ein Sechzigstel dessen, was die Royal Commission als notwendig unterbreitete, um einen signifikanten Teil des marinen Lebens zu schützen.

In Wales ist die Politik sogar noch schlimmer. Die Regierung dort hat kundgetan, »nicht mehr als drei oder vier Stellen« in Betracht zu ziehen, die 0,15 Prozent ihrer Meeresgebiete einnehmen. In Richtung dieses erbärmlichen Ziels hat es bislang noch keinen gesicherten Fortschritt gegeben. Die »Schutzzonen«, über die wir bereits verfügen, machen ihrem Namen keine Ehre. Wo ich lebe, etwas weiter unten an der Küste, befindet sich beispielsweise die Cardigan Bay Special Area of Conservation. In der europäischen Gesetzgebung sollen diese Besonderen Erhaltungsgebiete eigentlich die höchste Schutzstufe bieten. In der Naturschutzbehörde der Regierung werden sie als »streng geschützte Areale« geführt.[73] Doch in dem Besonderen Erhaltungsgebiet der Cardigan Bay, das eigens, wie uns erklärt wird, dazu ausersehen wurde, Europas größte Tümmler-Population sowie die übrigen dort vorkommende Lebensformen zu schützen, ist, abgesehen von einer Ausnahme, jede Form des kommerziellen Fischfangs uneingeschränkt möglich und sogar von den Gesetzen ausgenommen, die für ungeschützte Gebiete gelten. Die einzigen im Managementplan festgehaltenen Verpflichtungen bestehen darin, den Fischfang vor Ort zu »begutachten« und zu »bewerten«, gute Fischfangmethoden zu »fördern« (ohne von den schlechten abzuraten) und die Fischer aufzufordern, die von ihnen versehentlich gefangenen und getöteten Tümmler und Schweinswale zu melden.[74] Das, lieber Leser, nennt sich »streng geschützt«.

So werden Baumkurren- und Scherbrettfischerei und, mit einer

Ausnahme, alle anderen Formen des kommerziellen Fischfangs, die die Boote einsetzen möchten, betreiben. Bei dieser Anwendung des »strengen Schutzes« besteht keine Aussicht, dass sich Meeresboden oder Ökosystem von früheren Zerstörungen erholen. Und auch für die Fischbestände, von denen sich die Delfine ernähren, gibt es keine Möglichkeit, zu gesunden.

Eine Methode allerdings ist in manchen Arealen des Besonderen Erhaltungsgebiets der Cardigan Bay eingeschränkt. Mit Ausnahme von Dynamit ist wohl nur schwerlich ein wirksameres Mittel zur Vernichtung von Lebewesen und ihrem Lebensraum zu ersinnen als die Schleppnetzfischerei auf Jakobsmuscheln. Muschel-Dredgen rechen mit langen Zähnen aus Metall über den Meeresboden, graben die Schalentiere aus dem Sediment und fangen sie in einem Netz, dessen Unterseite aus einem Kettengeflecht besteht. Die Zähne zerfetzen jedes sesshafte Tier, das ihnen in den Weg kommt, und auch die Fische, Krebse und Hummer, die nicht rasch genug fliehen können. Tiere, die den Zähnen entgangen sind, werden von den Stahlmaschen zerschmettert. Taucher haben von Stellen, wo die Dredgen zum Einsatz kamen, herzzerreißende Vorher-nachher-Fotografien des Meeresgrunds veröffentlicht. Der Boden sieht danach aus wie ein gepflügtes Feld, überall Muschelscherben und alles Leben ist verschwunden.

Als wollte die Regierung von Wales demonstrieren, was »streng geschützt« wirklich bedeutet, fasste sie den Entschluss, die Muschelschleppnetzfischer in die Mitte des Schutzgebiets zu lassen. Das offizielle Beratungsgremium der Regierung, der Countryside Council for Wales, warnte, dass mit »signifikanten Auswirkungen auf das Besondere Erhaltungsgebiet der Cardigan Bay zu rechnen« sei, wenn die Muschelrechen weiter ihre Arbeit tun, und sich dies »nachteilig auf die Delfinpopulation« auswirken würde.[75] Diese Mahnung wurde übergangen und die Fischerei mit Muschelschleppnetzen auf einer großen Fläche im Herzen des Schutzgebiets erlaubt. Das Ganze diente zudem als offene Einladung für die kaum überwachten Boote, auch in die umliegenden Gewässer vorzudringen und weitere Teile des Besonderen Erhaltungsgebiets zu durchfurchen.

Für diese Entscheidung verantwortlich war Elin Jones, damals Ministerin für Angelegenheiten des ländlichen Raums, mit der ich eines der frustrierendsten Gespräche zum Thema Landwirtschaftspolitik geführt habe. Nach meinen Fragen zur Bewirtschaftung der Bergregionen brachte ich die Muschelfischerei auf den Plan. Die Ministerin äußerte, sie sei »nicht überzeugt, dass sie [die Muschelfischerei] eine nachteilige Wirkung auf das Besondere Erhaltungsgebiet« habe. Sie gab zu, dass der Countryside Council for Wales eine Warnung ausgesprochen habe, meinte aber, sie habe Rat von einer anderen, CEFAS genannten, Organisation eingeholt (The Centre for Environment, Fisheries and Aquaculture Science). Die Agentur sieht ihre Aufgaben in der »Zusammenarbeit mit der Fischereiindustrie«[76] sowie in der »Thematisierung der Bedenken von Seiten der Fischer gegenüber wissenschaftlichen Einschätzungen«.[77]

Ich fragte, warum sie den Rat dieser Organisation beherzigt, den des Countryside Council jedoch zurückgewiesen habe.

»Schlicht deshalb, weil mich die Aussagen der CEFAS mehr überzeugt haben als der Rat des CCW.«

»Was genau hat Sie daran überzeugt?«

»Tut mir leid, aber daran kann ich mich im Moment nicht mehr genau erinnern.«

Ich ließ nicht locker, was die Gründe für ihre Entscheidung anbelangte. Sie meinte, sie wolle einen Mittelweg finden zwischen »der Erfordernis, unsere Meere zu schützen« und dem Anliegen »die noch bestehende Küstenfischerei zu schützen und sogar zu fördern«.

Wie aber, fragte ich, sollen diese Aktivitäten, da doch die meisten Muschelfischer aus Schottland und von der Isle of Man kommen, für ein paar Wochen die Jakobsmuscheln ernten und dann weiterziehen, der Küstenfischerei von Wales zugute kommen?

»Nun, das heißt, dass die Menschen in Aberystwyth und Machynlleth, die Jakobsmuscheln essen wollen, wohlweislich in den Genuss von Muscheln aus der Cardigan Bay kommen ... die Leute in dieser Region essen Jakobsmuscheln und es ist mir ein Anliegen, dass sie so ortsnah wie möglich gefischt werden.«

Ich wies sie darauf hin, dass die in der Bucht gefangenen Jakobsmuscheln zum überwiegenden Teil nach Spanien, nach Frankreich und in andere Teile Europas exportiert werden.

»Ja, mir ist klar, dass dies im Moment noch ein Schwachpunkt darstellt. Ich versuche jedoch das Problem anzugehen und bin damit beschäftigt, Mittel aus dem Europäischen Fischereifonds locker zu machen, mit denen die Hafen-Infrastruktur in Aberystwyth oder Cardigan verbessert wird. Damit soll sichergestellt werden, dass all diese Meeresfrüchte, die hier gefangen werden, auch vor Ort angelandet und vor Ort verkauft werden können.«

Von einem ortsansässigen Fischer weiß ich, dass aus der Cardigan Bay jährlich Jakobsmuscheln im Wert von gut sechs Millionen Pfund geholt werden. In der Bucht und in ihrem Umland lebt nur eine kleine und überaus arme Bevölkerung. Die Grundnetzfischerei gibt es nur wegen der lukrativen Märkte im Ausland. Es ist kein Mechanismus in Sicht, mit dem die lokale Bevölkerung diese Märkte ausstechen könnte, selbst wenn sie eine plötzliche Gier entwickeln und *coquille St. Jacques* zum Frühstück, Mittagessen und zum Tee zu sich nehmen würde. Anders gesagt, unter den zahlreichen aus dem Mund der Ministerin kommenden Einlassungen dürfte diese die mit Abstand lächerlichste gewesen sein.

Zwei Jahre nachdem ich entdeckt hatte, dass in der Schlucht von Nantgobaith Lindenbäume wuchsen, kehrte ich mit einem Freund dorthin zurück; es war Oktober. Anstatt aber auf der Nordseite des kleinen Flusses dem Waldweg zu folgen, auf dem ich die Blätter gefunden hatte, die darauf schließen ließen, dass ich mich in einem Restbestand eines ursprünglichen Regenwalds befand, schlitterten wir auf der Südseite die steil abfallende Böschung der Schlucht hinunter. Wir wollten entlanggehen, wo jahrelang niemand mehr entlanggekommen war, und feststellen, welche Bäume in den nur schwer zugänglichen Teilen des Waldes wuchsen.

Das Waldüberbleibsel musste seine Existenz seiner topografischen Lage verdanken. Das Land ist oder war zu steil, um es zu roden, und zu gefährlich, um dort Schafe zu halten. Wir rutschten und schlitterten über den weichen schwarzen Lehm, der das Felsgestein, woran sich die Bäume klammerten, nur dünn bedeckte. Unter uns toste der Fluss durch Engpässe und über Stromschnellen hinweg. Hätten wir den Halt verloren, hätten wir die Schlucht abwärts in unseren Tod fallen können. Wir klammerten uns mit unseren Fingern an freiliegende Wurzeln, an Schösslinge und rutschige vorstehende Felsen und kletterten langsam Richtung Talboden.

Am Fluss angekommen, suchten wir uns in dem Dunst, der von den vielen Stromschnellen und Wasserfällen aufstieg, einen Weg über die vom Moos schlüpfrigen Felsbrocken. Schon bald gelangten wir an eine Schussrinne, in der sich das Wasser weiß schäumend zwischen zwei Felsklippen durchzwängte. Auf einem der hohen Felsen stehend spähte ich vorsichtig über den Rand. »Wäre es nicht wunderbar«, fragte ich, »wenn jetzt ein Lachs die Stromschnellen hinaufspringen würde?«

»Das fände ich toll!«

»Unwahrscheinlich, dass sie diesen Fluss hinaufziehen. Und überdies, es ist die falsche Zeit für – das gibt's doch nicht!«

Als ob ich es heraufbeschworen hätte, schnellte etwas Bronzefarbenes und Glitzerndes aus dem Wasser, schaffte es nicht bis über den Wasserfall hinweg und klatschte in das Tosbecken zurück.

»Hast du das gesehen?«

»Nein, was?«

»Den Lachs!«

»Du machst Witze.«

»Schau doch.«

Eine Minute später schleuderte sich ein anderer Fisch durch die Luft. Wir setzten uns auf den Felsen und packten unseren Proviant aus. Etwa eine Stunde lang sahen wir große und kleine Lachse aus dem Wasser steigen, durch die Luft zappeln, als ob sie sich damit vorantreiben wollten, und wieder in das weiße Toben, aus dem sie gerade gesprungen waren, zurückstürzen.

Jedes Mal, wenn ein Fisch erschien, hielt ich den Atem an,

wünschte ihn mir, hingerissen von seinem Kampf, nach oben kommend und war überaus beglückt und beschwingt. In diesem Moment fühlte ich mich, als sei ich durch die unsichtbare Wand, die mich von dem umgebenden Ökosystem trennte, hindurchgegangen, als sei ich kein Besucher mehr, sondern ein Bewohner dieses Orts – ein Bär vielleicht, der nach einer zweitausendjährigen Abwesenheit in diesem urwüchsigen Stück Naturwald wieder aufgetaucht war (das in der Tat eines der letzten Refugien gewesen sein mochte, in dem seine Art noch ausgehalten hatte), sich mit aufgerissenem Maul und von der Gischt durchnässtem Fell über den Wasserfall beugte und in dieser Sekunde nichts anderes als das Wasser, den Fisch und den Fels kannte, auf dem er stand.

Genau da wurde mir bewusst, dass für mich eine Rückverwilderung bereits begonnen hatte. Indem ich an Land und im Wasser nach den verborgenen Winkeln Ausschau gehalten hatte, die bei dem Bestreben, die natürliche Welt wiederzubeleben, Inspiration und Anleitung sein mochten, hatte ich mein eigenes Dasein wieder mit Leben erfüllt. Schon lange bevor meine Traum von einer Wiederherstellung der Natur real geworden war, war der ungezähmte Geist, den ich zu evozieren trachtete, zurückgekehrt. Indem ich mir, um mir eine rauere und reichere Zukunft ausmalen zu können, Wissen über die Vergangenheit angeeignet hatte, war es mir gelungen, meine ökologische Langeweile zu bannen. Die Welt wurde wieder lebendig, füllte sich mit Bedeutung, strotzte vor Möglichkeiten. Nun waren die Bäume markiert von den Spuren der Elefanten; dass diese Bäume in der Schlucht überlebt hatten, wies auf die Rückkehr der Wölfe voraus. Nichts war mehr wie zuvor. Wie der Lachs, der völlig unerwartet aus dem Nichts zurückgekehrt war, waren nun auch das geschundene Land und das verödete Meer voller Verheißung. Das erste Mal seit Jahren fühlte ich, dass ich der Welt angehörte. Ich wusste, dass mich dieses Gefühl – das Wissen um die Möglichkeit und durch die Möglichkeit das Wissen um Zugehörigkeit – niemals wieder verlassen würde, wohin immer mich das Leben auch führen mochte und so öde die Orte, an die es mich verschlagen würde, auch sein mochten.

Ich hatte Hoffnung geschöpft, wo es keine Hoffnung mehr zu geben schien.

Lachse sind nicht die einzigen Fische, die sich in bestimmten Gebieten zu erholen beginnen. Während das bodenbewohnende Meeresgetier ohne die Sperrung von Fischereigründen wohl kaum wieder aufkeimen wird, zeugen einige pelagisch lebende Tiere – jene ungebundenen Seelen der mittleren Meeresschichten – hie und dort von dem bemerkenswerten Vermögen marinen Lebens, wieder Fuß zu fassen, sobald sich die Bedingungen ändern. Der Stopp der Fischmehlgewinnung in der Irischen See und anderswo und die graduelle Erholung mancher Heringsbestände hat Tiere in unsere Gewässer zurückgelockt, die hier früher bereits einmal heimisch waren.

2009 schloss sich ein einsamer Schwertwal den in der Cardigan Bay lebenden Delfinen an. Einmal ist er sogar einen knappen Kilometer vor dem Strand von Llansglodion aufgetaucht. Seit acht Jahren erscheint nun immer im Mai eine kleine Herde – stets von dem besagten großen Männchen begleitet – vor der Küste von Pembrokeshire. Mink- und Finnwale kommen wieder in einer Zahl in das Meeresgebiet, wie seit Jahrzehnten nicht mehr. 2011 vergnügten sich Finnwale – die zweitgrößten Tiere, die je den Planeten bewohnt haben – das erste Mal überhaupt seit Menschengedenken im Winter wie im Sommer vor Pembrokeshire.[78] Im gleichen Jahr wurden 21 Individuen an der tiefsten Stelle der Keltischen See beobachtet. 2005 wurde ein Buckelwal vor der Küste von Wales gesichtet. Zwei weitere kamen 2010 in die Irische See; einer wurde gefilmt, wie er fünf Kilometer vor der irischen Küste die Meeresoberfläche durchbrach.[79] Ich träume von dem Tag, an dem ich mich mit meinem Kajak zwischen ihnen tummle.

Aus der Nordsee wird, von Neuem, von riesigen Fischen berichtet, die die Makrelenschwärme vor der Küste von Yorkshire heimsuchen und gelegentlich einem unvorbereiteten Angler die ganze Leine von der Rolle ziehen: Obgleich der Rote Thun vom Aussterben bedroht ist, folgen Exemplare der ausgedünnten Population ihrer Beute wieder in die genannten Gewässer.[80] Vor ein paar Jahren begann ein weit häufiger vorkommender Thunfisch, der Weiße Thun oder Langflossenthun vor der Küste von Irland Heringen nachzustellen. In drei aufeinanderfolgenden Jahren haben Fischer von Horden Weißer Thunfische berichtet, die nur einen Kilometer von der Küste entfernt, an der ich zuhause bin, aus dem Wasser sprangen. Es war diese letzte Information, die mich zu dem dümmsten und gefährlichsten Abenteuer veranlassten, in das ich mich für, oh ja, für mindestens einen Monat stürzte.

14) Gaben des Meeres

Oft habe ich aus den Tiefen Juwelen gestohlen
Und sie dargeboten meinem geliebten Strand,
Er nimmt wortlos und dennoch gebe ich
Da er mich allzeit empfängt.

Khalil Gibran, *Lied der Welle*

Obwohl ich mir das Gegenteil einzureden versuchte, wusste ich tief im Inneren, dass ich nicht hoffen konnte, auf einen Weißen Thun zu treffen oder gar einen zu fangen. Später fand ich heraus, dass ein Kajak nicht schnell genug fährt, um einen Köder in der gebotenen Geschwindigkeit durch das Wasser zu ziehen. Ich nehme an und hoffe, dass ich mich, wäre mir die Vergeblichkeit meines Ansinnens nicht halb bewusst gewesen, nicht aufgemacht hätte. Ich hatte kein Bedürfnis, eine solche Kreatur zu töten oder einem Tier Schmerzen zuzufügen, das ich nicht essen wollte. Ich hatte auch nicht die geringste Ahnung, was ich tun würde, wenn ich durch einen außergewöhnlichen Glücksfall einen an den Haken bekommen sollte. Aber der Gedanke daran – der Traum – zog mich an einem heiteren, glänzenden Tag im frühen Oktober weg von meinem Schreibtisch.

Der nach einem Sommer mit unaufhörlichem Regen angeschwollene Fluss toste zum Meer hinab. Das Wasser stieg, wo es auf die ersten Felsen traf, in Fontänen in die Luft. Dahinter pflügte es durch schäumende Rinnen und wilde Zonen, strömte gegen die Ufer, wirbelte in einem Jauchzen aus fliegender Gischt herum und explodierte, als es auf die nächste Felsgruppe stieß, von Neuem. In einem vier Meter langen Seekajak war dies eine interessante Passage.

Als ich auf die Wellen in der Flussmündung traf, geschah dies mit einem Knall. Ein steifer Westwind hatte die Brecher gegen die Küste gedrückt und aufgetürmt, zwanzig oder dreißig hintereinander. Ich preschte in sie hinein und focht, in dem Versuch, sie zu durchbrechen, einen offenbar aussichtslosen Kampf. Irgendwann war ich der

Überzeugung, überhaupt nicht voranzukommen, sondern nur mit dem Rückstrom nach vorne zu driften und mit den hereinrollenden Wellen zurück, wieder und wieder. Schließlich aber gelang es mir, aus der Brandung heraus in die berauschendste See zu stoßen, in die ich mich je begeben habe.

Es war ein großartiges Durcheinander. Der nach Südwesten gerichtete Wellengang baute und bäumte sich gegen den Westwind auf. Keine Welle glich der anderen. Mitunter hoben Wellenberge und -täler einander auf und ich befand mich ausgesetzt auf einer Linse flachen Wassers. Ein anderes Mal wuchsen sie zusammen. Dann gab die See plötzlich unter mir nach und sog mich in ein rechteckiges Loch, oder zwei oder drei Wellen vereinten ihre Kraft und hoben mich hoch in die Luft, bis mein Kajak über die Kante dieses Chalcedon-Kliffs wippte und im freien Fall in die dahinter liegende Kuhle stürzte, wo es mit einem harten Stoß in einer schaumigen Explosion landete. Wie aus dem Nichts türmten sich schäumende Brecher auf und prasselten auf meine Schulter. Laut Wettervorhersage sollte der Wind gegen Abend nachlassen, aber im Moment war er lebhaft und aufregend. Die Sonne hüpfte in den Wellen, ihre Tollerei durch nichts geschmälert als durch den leichten Dunst hoher Zirruswolken und ein paar bauschige Cumuli weit unten am Horizont. Ich paddelte weit hinaus, um sicher zu gehen, dass ich nicht in die Brandungszone zurückgetrieben würde, solange ich mit meinem Gerät hantierte. Sobald ich mit dem Paddeln aufhörte, schlingerte und kippelte das Boot, und, da es sich breitseits legte, bestand bei jeder Welle, die unter ihm hindurchlief, die Gefahr zu kentern. In dem Wissen, dass ich alles, was ich in der Hand hatte, unwiederbringlich verlieren würde, wenn ich nur kurz loslassen würde, packte ich meine kräftigste Angelrute mit aller Vorsicht aus und zudem eine neue Rolle mit hunderten Meter Leine, die ich eigens für diese Expedition gekauft hatte. Das Paddel unter meinen Füßen verstaut, band ich einen Wirbel an die Leine sowie einen künstlichen, gummiartigen Tintenfisch, der einen großen Haken kaschierte. Der Köder sah lächerlich aus, wie ein Spielzeug, mit dem sich Kinder gegenseitig Angst einjagen. In meiner Angeltasche, die ich mit einem Flechtriemen an einer hinteren Klampe festgezurrt hatte, befand sich mein Ersatzgerät, eine Flasche mit Wasser, Sandwiches und meine wasserdichte Kamera. Sollte das Ereignis, das ich gleichermaßen für unwahrscheinlich hielt, erträumte und fürchtete, tatsächlich eintreten, würde mir ohne sie ja niemand glauben. Ich steckte das untere Ende der Rute in die Spalte hinter meinem Sitz und machte mich, erleichtert, überhaupt noch im Boot zu sitzen, auf den Weg.

Ich hatte vor, mich in Richtung Nordwesten bis auf etwa drei, vier Kilometer vom Land zu entfernen, dann nach Süden zu schwenken und den Köder erst in einem Bogen gegen die Dünung zu ziehen, dann ein paar Kilometer parallel zur Küste, bevor ich an die Flussmündung zurückpaddeln wollte. Mehrere gestandene Angler hatten mir gesagt, dass die Fische auf Wanderschaft sind und wohl kaum Nahrung zu sich nehmen. Ich wusste, dass meine Chancen, einen Weißen Thun anzulocken, verschwindend gering waren und auch, dass im Falle eines solchen Wunders die Frage, wer wen gefangen hatte, nicht leicht zu beantworten gewesen wäre. Doch hatte mich der wilde Traum, angestachelt von Geschichten, die in den Tiefen meiner Kindheitserinnerungen herumgeisterten, sowie einer Sehnsucht nach durchaus zweifelhaftem Ruhm, beinahe unwillentlich in diese tobende See gezerrt.

Hätte die Sonne nicht geschienen, wären der Himmel und die Wellen wie aus Schiefer und nicht wie aus Kristall gewesen, wäre mir wohl das Meer, das im Augenblick so einladend aussah, furchteinflößend, vielleicht sogar abschreckend erschienen. Wir sind jedoch einfach gestrickte Wesen und schon ein bisschen Gefunkel vermag unsere Sinne zu benebeln.

Wäre das Vorhaben nicht derart erregend, wäre die Fahrt ein bisschen weniger fesselnd gewesen, hätte ich vielleicht die Gründe hinterfragt, die mich weiter auf das Meer hinausfahren ließen. Das ist eine etwas umständliche Art, davon zu berichten, dass eine Reise, die schon von Anfang an etwas Närrisches hatte, nun in den Wahnsinn abglitt und ich es nicht mitbekam. Der Wind hatte aufgefrischt und nach Südwest gedreht. Als ich mich umdrehte, um festzustellen, wie weit ich schon gekommen war, hatte er mich schon drei, vier Kilometer die Küste hinaufgetrieben.

Ich entschloss mich, früher als ursprünglich geplant die Angel auszuwerfen und dabei die Küste entlangzupaddeln. Ich ließ die Leine von der schweren Rolle und die lächerliche Köderfigur trudelte davon in das grüne Wasser, bis sie nicht mehr zu sehen war. Ich beugte mich nach vorne und hackte in die See, kämpfte mich durch die Wellen, begeistert von dem Gefühl des am Bug entlangströmenden Wassers. Doch als ich mich umwendete, um mich zu orientieren, musste ich feststellen, dass ich keinen Meter vorangekommen war. Erst in diesem Augenblick begriff ich, in welch prekärer Lage ich mich befand. Ich packte das Angelgerät so schnell es ging wieder ein, schnallte die Angelrute wieder am Boot fest, stopfte das Zubehör zurück in die Tasche und zurrte sie sorgfältig fest. Doch bis ich damit fertig war, war ich schon wieder ein gutes Stück die Küste hinaufgetrieben. Der Wind war noch einmal stärker geworden und blies jetzt von Süden – direkt meiner Fahrtrichtung entgegen. Der Kiesstrand in der Nähe der Flussmündung war nun von Felsbrocken abgelöst worden. Im Norden, in der Richtung also, in die mich der Wind drückte, lagen Klippen. Die Flut stieg und die aus Südwest heranrollende Brandung donnerte auf diese Mauer. Die Brecher klangen wie eine vielbefahrene Autobahn.

Ich senkte meinen Kopf und versuchte, es mit dem Wind aufzunehmen. Ein Kajak ist ein wundervolles Gefährt; es kommt selbst in erstaunlich hohen Seen vorwärts – solange der Wind nur mäßig weht. Gegen den Wind hat es wenig auszurichten. Es gibt eine Schwelle – etwas achtzehn Knoten oder Windstärke 5 –, jenseits derer es nicht mehr vorankommt. Der Widerstand des Paddels und der Körper des Paddlers entsprechen dann der Vortriebskraft. Unter großer Anstrengung schaffte ich es, einen knappen halben Kilometer heimwärts zurückzulegen, doch dann gewann der Wind noch einmal an Macht. Nun peitschte er die Wellenkämme, die Wellen kamen aus allen Richtungen und warfen mich von einer Wasserwand zur anderen.

Die weißen Pferde der schaumgekrönten Wellen stiegen hoch und wieherten, bockten wenn ich auf ihren Rücken sprang und schlugen mit ihren Hinterbeinen aus, wenn sie vorbeirollten. Ich versuchte, noch eine weitere halbe Stunde diese Mustangs zu reiten, in der ich, nach den Landmarken an der Küste zu urteilen, höchstens 50 Meter wettmachte. Dann hörte ich auf. Es fühlte sich an, als hätte jemand ein Tau hinten am Boot befestigt. So heftig ich auch paddelte, ich kam keinen Schritt voran. Tatsächlich schien ich sogar langsam rückwärts zu fahren.

Welche Möglichkeiten blieben mir? Wenn ich aufgeben und nicht mehr weiter paddeln würde, würde ich auf die Klippen getrieben. Wenn ich von Bord gehen und schwimmen würde, würde ich in Anbetracht dessen, dass ich etwa eineinhalb Kilometer von der Küste entfernt war, mit Sicherheit das Kajak verlieren, möglicherweise meine Kräfte völlig aufzehren und bei der Ankunft vielleicht auf die Felsen geschleudert werden. Allerdings würde ich dann zumindest die Chance haben, unter den brechenden Wellen hindurchzutauchen, und wäre nicht der größeren Gefahr ausgesetzt, mit dem Kajak, wenn ich es denn retten wollte, oben auf einem Wellenkamm ans Ufer geworfen zu werden. Aber zwischen diesen Felsen an Land zu gehen erschien mir weder auf die eine noch auf die andere Weise verlockend.

Zweihundert Meter vor mir sah ich eine kleine Sichel Sand liegen, die noch nicht von der steigenden Flut überspült war; rundherum schimmerte der Strand von großen runden Felsbrocken. Der Anfahrtswinkel war steil genug, um die Sache zu bewältigen – immerhin wäre ich in der Lage, quer zum Wind zu fahren –, aber wiederum so flach, dass es bei Erreichen des Ufers gefährlich werden könnte. Ich habe die Wellen gerne direkt hinter mir, wenn ich anlande, denn dann habe ich die Möglichkeit, das Boot zu kontrollieren. Mir blieb jedoch keine andere Wahl.

Wenn ich den Winkel nicht richtig einschätzte oder ich zu weit zurückgetrieben würde, würde ich die sandige Stelle verfehlen und mich auf den Felsen wiederfinden. Die Beurteilung des Winkels war jedoch nicht einfach, da die Wellen derart kreuz und quer liefen. Ich glitt die Wellengesichter hinab, schlingernd, taumelnd, und hielt mit alarmierender Geschwindigkeit auf das Ufer zu. Nach wenigen Minuten näherte ich mich bereits dem vorderen Horn des sandigen Halbmonds. Ich war schon kurz davor und lief Gefahr, ihn zu verfehlen. Ich grunzte vor Anstrengung, als ich versuchte, das Boot am Ufer entlangzusteuern und spürte jede Muskelzelle vor Anspannung zittern. Dann drehte ich das Boot zum Land hin und versuchte, die äußerste Ecke des Sandes zu erreichen, als ich ein Geräusch hörte, das mich schockierte.

Ich wendete den Kopf. Die größte Welle, die ich an jenem Tag, in jenem Jahr gesehen hatte, rollte auf mich zu. Eine Wand aus braunem Wasser, schmutzig, tobend, mit Reißzähnen aus Gischt und Kies. Als sie sich hinter mir auftürmte, verdeckte sie die Sonne. Ich hatte Filmmaterial von derartigen Wellen gesehen, auf deren Gesichtern winzige Wellenreiter, schwarz und schlank wie Wasserläufer, wedelten und tanzten, und mich über ihren an Dummheit grenzenden Mut gewundert. Und jetzt – der Brecher hob mich in die Höhe, bis ich auf die Felsbrocken am Strand blickte, als wollte ich ihnen von einem Balkon aus eine Rede halten. Die Bootsnase kippte nach unten, der Magen sackte mir in den Schoß, das Wasser schleuderte mich in offensichtlich verblüffendem Tempo nach vorne. Mit vor Angst aufgerissenen Augen lehnte ich mich im Kajak zurück. Mehr konnte ich nicht tun. Hätte ich das Paddel eingesetzt, hätte ich das Boot eher zum Kentern gebracht, als es stabil gehalten. Doch selbst im schlimmsten Moment des Schreckens war all das großartig. Angst und Erregung hielten sich eine Sekunde lang die Waage. Dann sah ich, wohin die Welle mich tragen würde, und die Erregung war weg, ausgeblasen wie eine Kerze. Die Welle hatte mich über den Sand gefegt und trieb mich auf die Felsen. Ich wollte gerade aus dem Boot springen, als es von unten angehoben wurde.

Die brechende Welle rollte mich herum, kippte mich auf der dem Land zugewandten Seite aus dem Kajak. Ich kauerte mich unter Wasser auf den Meeresboden und lenkte das Boot ab, als es auf mich herabstürzte und meinen Kopf zu zerschmettern drohte. Die nächste Welle hob es wieder in die Höhe und schmetterte es mit unsäglicher Kraft auf einen Felsbrocken. Der dröhnende Schlag hallte von den hinter dem Strand liegenden Klippen wider.

Als ich unter der Welle auftauchte, bekam ich Boden unter meine Füße. Aufrecht stehend merkte ich, dass das Wasser nur hüfthoch war. Ich erhaschte das Paddel und watete auf den Sand. Das Boot war erneut nach draußen gezogen worden und schlug jetzt ein weiteres Mal an Land auf, verkeilte sich zwischen den Felsen. Ich drehte es um und zog es ein Stück höher den Strand hinauf. Meine Angelruten waren noch immer am Dollbord festgezurrt und überraschenderweise unbeschädigt. Doch meine Angeltasche war verschwunden. Bei dem Aufprall auf den Felsen hatte sich das Seil gelöst. In dem aufgewühlten Wasser und bei noch immer steigender Flut bestand keine Hoffnung, sie wiederzufinden. Ich beschloss, am nächsten Tag bei Niedrigwasser noch einmal vorbeizukommen, wusste aber, bei einem solchen Seegang und einer von Wind verstärkten Strömung längs der Küste waren meine Chancen, sie zu finden, wohl verschwindender als die, einen Weißen Thun zu fangen.

Ich starrte auf das Meer und verfluchte mich selbst, hatte ich doch geglaubt, dieser Form der Idiotie entwachsen zu sein. Kaum zu glauben, dass ich mich in eine solche Gefahr gebracht hatte. Ich dachte an die Verantwortung, die ich meiner Tochter und meiner Partnerin gegenüber hatte. Obwohl ich gerade der Kälte des Wassers entronnen war, glühte ich vor Scham. Zudem schwante mir, dass ich der Sache noch nicht völlig entronnen war.

Der Strand, an dem ich angelandet war, ist einer der am wenigsten besuchten an der walisischen Küste. Wie fast immer in dieser Jahreszeit war er völlig verlassen. Die nächste Straße lag weit entfernt. Das Strandstück war von einem zwar niedrigen, aber unbezwingbaren Kliff aus eiszeitlichem Moränenschutt gesäumt, rutschigem Lehm und runden Gesteinsbrocken, die von den Gletschern hier abgeladen worden waren. Zwischen Kliff und Meer lagen lediglich drei oder vier Meter Strand, und laut meiner Uhr war die Flut noch steigend. Der

Strand war ein Labyrinth aus grauen und bräunlichen Felsbrocken, die aus dem Kliff frei gespült worden waren. Ich spähte, soweit es ging, das vom Sprühnebel der Wellen in Dunst gehüllte Ufer entlang und spürte eine überwältigende Einsamkeit.

Das Boot über die freiliegenden Felsbrocken zu schleppen war meines Erachtens unmöglich, und auf dem unebenen Strand hätte ich es nicht mehr als ein paar Meter tragen können. Die einzige Möglichkeit war, es durch die Brandung zu ziehen. Doch ich merkte rasch, wie schwierig sich das gestaltete. Auf der hereinkommenden Welle konnte ich das Kajak zwar ein, zwei Sekunden lang vorwärtsziehen, aber dann kippte es, schleuderte herum und stieß von unten an meine Beine. Auf den zurückspülenden Wellen kam es ein bisschen voran, berührte aber unvermittelt den Grund und verkeilte sich zwischen den Felsbrocken. Nur wenn der Rückstrom einsetzte, kam ich einigermaßen vorwärts. Also wartete ich ab, versuchte das Boot auf der hereinkommenden Welle stabil zu halten, lief los, solange das Wasser glatt war, und blieb ruckartig stehen, wenn das Kajak auf dem Strand aufsetzte.

Bereits völlig erledigt, als ich den Strand erreichte, ließen meine Kräfte jetzt spürbar nach. Jedes Mal, wenn das Boot umkippte, drang mehr Wasser durch die Sitzluke. Je schwerer es wurde, desto gefährlicher wurde es. Um es auszuleeren, musste ich es aus den Wellen und über die Felsen zerren, was anstrengend war. Ich fragte mich, wie ich, wenn nichts Außergewöhnliches geschehen würde, wieder nach Hause gelangen sollte, ohne meinen wertvollsten materiellen Besitz aufgeben zu müssen.

Als ich es sah, wusste ich auf Anhieb, um was es sich handelte, konnte es aber nicht glauben. Es war so unwahrscheinlich, dass ich angesichts meines geschwächten Zustands dachte, ich würde halluzinieren. Es konnte einfach nicht wahr sein – als würde sich ein Zebra zwischen den Kleidern eines Kaufhauses verstecken. Obwohl ich noch nie zuvor ein Exemplar gesehen hatte und obwohl es, als ich es sah, 50 oder 60 Meter entfernt war, wusste ich, dass es genau das und nichts anderes war.

Es schritt mit sonderbar ruckartigen Bewegungen, streckte bei jedem Schritt seinen langen Hals nach vorne und zog ihn wieder zurück. Es hatte einen spitzen kleinen Kopf, keinen Schwanz und blassrosa Beine. Es sah aus wie ein Hühnchen auf Stelzen. Ich versuchte mir einzureden, es handele sich um eine Wasserralle oder sogar um ein Rebhuhn. Doch das war es nicht. Es versuchte nicht aufzufliegen. Stattdessen hüpfte es mit kleinen panischen Sätzen zwischen den Felsen herum, rutschend und kraxelnd, versuchte einen Moment lang vor mir am Strand entlang davonzulaufen, und im nächsten, das Kliff hochzutrippeln, wobei es mit wild schlagenden Flügeln immer wieder abglitt. Ich begab mich auf seine Höhe und stand in der Brandung, während der Vogel, vielleicht acht oder neun Schritte entfernt, den steinigen Lehmhang hinaufzuflattern versuchte. Es gab keinen Zweifel. Ich sah den kastanienbraunen Streifen auf den Flügeln, den scharfen Hühnerschnabel, den flachen schlanken Kopf, das schön gemusterte Gefieder auf dem Rücken – schwarz und gelblich braun –, die Federn vom Wind aufgestellt, als der Vogel sich umdrehte und versuchte, am Strand entlang davonzuschlittern. Es war ein Wachtelkönig.

Der Vogel ist in vielen Teilen Europas verbreitet, kommt aber in Großbritannien nur äußerst selten vor und hat sich in Wales seit Ewigkeiten nicht mehr blicken lassen. Ein Bauer, der von meinem Zuhause ein paar Kilometer landeinwärts in der Einöde lebt und weit über achtzig ist, kann sich daran erinnern, die Vögel in seiner Jugend noch gehört zu haben, aber seither hatten sie in der Region nicht mehr gebrütet. Zwischen den 1970ern und 1990ern nahm ihr Bestand in ganz Großbritannien und Irland rapide ab, erholt sich jedoch auch aufgrund von Naturschutzprogrammen langsam wieder.[1] Die am nächsten zu diesem einsamen Küstenabschnitt von Mittelwales lebenden Populationen kommen im westlichen Schottland und (in noch geringerer Zahl) in Nordirland vor.

Auf den ersten Blick wirkte es einfach falsch. Dass diese zarte Kreatur auf einem grauen, mit großen Steinen übersäten Strand so weit von ihrem Zuhause auftauchen sollte – als habe die Natur einen Kurzschluss erlitten, als sei eine Sicherung durchgebrannt: »... sah ich, wie stolzen Flugs ein Falke schwebte / Und eine Eul ihm nachjagt' und ihn würgte.«[2] Doch dann fiel mir eine Erklärung ein. Der Vogel musste der Küste folgend nach Süden gezogen sein. Er war in den Wind geraten, der auch mein Vorhaben vereitelt hatte, und erschöpft am Strand gelandet. Mag sein, dass er dieselbe irreführende Wettervorhersage gelesen hatte wie ich. Je mehr ich mir die Sache erklären konnte, desto aufregender wurde, was ich gesehen hatte. Ich fühlte sogar eine Art Solidarität mit diesem zarten kleinen Vogel, der mit denselben Kräften zu kämpfen hatte wie ich und auf demselben kleiner werdenden Strandstück gefangen war.

Auf der Suche nach einem zurückgekehrten Tier war ich einem anderen begegnet. Und diese Begegnung war ebenso befriedigend, ebenso bezaubernd, wie es ein Zusammentreffen mit einem Weißen Thun gewesen wäre. Ich war losgezogen, um auf ein erstes Ergebnis bruchstückhafter Rückverwilderung zu stoßen, und hatte es, wider alle Erwartung, gefunden. Wäre das Beinahe-Desaster, dem ich gerade entronnen war, nicht geschehen, wäre dem nicht so gewesen.

Als der Vogel den Strand entlang das Weite suchte, spürte ich, wie meine Kräfte wieder zurückkamen. Frohen Muts und begeistert marschierte ich gut einen Kilometer, schlug mich durch Felsen und Brandung. Dann öffnete sich der Strand und ich konnte das Boot jenseits der Gezeitenlinie eine Strecke lang über glatte Kieselsteine ziehen. Eine Stunde, nachdem ich den Wachtelkönig gesehen hatte, gelangte ich an den Fluss, der durch die gestiegene Flut aufgestaut war. Ich sprang hinein und zog das Boot hinter mir her, hatte aber bald keinen Boden mehr unter den Füßen und schwamm, das Kajak schleppend, hinüber. Auf der anderen Seite erreichte ich den Kiesstrand. Hinter ihm lagen die langen flachen Stillwasser, über die ich das Boot zurück zum Auto tragen konnte. Erschöpft setzte ich mich auf das Kajak und sah der Sonne zu, wie sie über dem Wasser unterging. In dem salzigen Dunst über den Brechern segelten und kurvten die Möwen durch den Wind. Die Wellen öffneten und schlossen ihre vom Sonnenlicht polierten Mäuler. Ich fühlte eine merkwürdige Mischung aus Scham und Triumph. Ich hatte es mit der unberechenbaren Kraft der Natur aufgenommen und – nein, nicht gewonnen, man kann nicht gewinnen – überlebt.

Zur Mittagszeit des nächsten Tages fuhr ich durch die langen Gletschertäler von Snowdownia. Bäume und Farn hatten urplötzlich die Farbe gewechselt. Beinahe über Nacht war das matte Grün des Spätsommers in rostige und umbrabraune, ockrige und feuerrote Töne explodiert. Ich fuhr bis zu dem Punkt, an dem die Straße der Küste am nächsten kam, etwa zwei Kilometer nördlich der Stelle, an der ich meine Tasche verloren hatte.

Wieder ein strahlender Tag. Der Wind wehte noch immer heftig von Süden (ich dachte an den armen Wachtelkönig) und jetzt bei Ebbe brüllten die Wellen in der Ferne. Ich ging die Betontreppen hinunter, die von dem Campingplatz, wo ich geparkt hatte, hinabführten, und starrte auf den Strand. Hier zeigte sich die ganze Unmöglichkeit des Vorhabens, das mich hierhergebracht hatte. Die Tasche hätte überall an der Küste liegen können. Sogar bis Porthmadog hätte sie inzwischen gelangen können oder auf das Meer hinausgetrieben oder unter Sand und Seegras begraben worden sein. Selbst wenn sie sich auf den zwei Kilometern Strand zwischen der Stelle, an der ich stand, und der, an der ich sie verloren hatte, befand, hätte nur ein Suchtrupp in der Größe einer Hundertschaft eine Chance gehabt, sie zu finden. Bei Niedrigwasser war der Strand etwa 400 Meter breit. Unterhalb von mir lag ein langer Bogen Sand, aus dem grau die Felsen ragten. Näher am Wasser befanden sich zerklüftete Gesteinsbrocken, Gezeitentümpel und dicke Polster Tang und Pelzblasentang. Da ich aber für meine Fahrt hierher beinahe einen Liter Benzin verbraucht hatte und Niedrigwasser war, wollte ich nicht gleich aufgeben. Ich überquerte einen kleinen Bach und stand auf dem Sand. Das Sonnenlicht lag auf dem Strand wie zerbrechliches Blattgold. Über dem Wasser schien der Dunst den Himmel aufzuheitern. Die Felsen glänzten schwarz vor der hellen See. Ich wollte den Spaziergang genießen und so lange suchen, bis die Flut den Weg abschnitt.

Ich war noch keine zehn Schritte gegangen, als ich anhielt. Etwas Blaues lugte ein paar Zentimeter aus dem Sand. Ich starrte es an, schaltete erst nicht. Es sah wie das oberer Ende meiner Wasserflasche aus. Ich starrte noch einen Moment länger darauf, dann begann es zu klicken, und ich ging zurück. Es *war* das obere Ende meiner Wasserflasche. Daneben, kaum aus dem Sand hervorragend, war eine Art schwarzer Rand zu sehen. In den Basalganglien wurde das Gesehene zwar registriert, aber es schien eine Ewigkeit zu dauern, bevor die Botschaft bis in die halbbewussten Sektionen meines Gehirns durchdrang. Es war die um meine Wasserflasche geschlungene Klappe meiner Angeltasche.

Die Chancen, die Tasche zu finden, waren minimal. Die Chance, sie nach dreißig Sekunden am Strand zu entdecken, waren 1 zu 10 000?, 1 zu 100 000?, 1 zu einer Million? Ich buddelte wie ein Hund und zog sie heraus. Sie war bis oben mit Sand angefüllt, aber die Schnallen waren noch verschlossen. Sie musste einen halben Zentner gewogen haben. Ich sah sie flüchtig an, wuchtete sie mir auf die Schulter und wankte davon. Aus der Tasche sickerte Wasser und troff mir auf die Beine.

Zu Hause füllte ich einen verzinkten Blecheimer mit Wasser und leerte die Tasche in ihn aus. Dann tastete ich, aufgeregt wie ein Kind, das seine Hand in eine Wundertüte steckt, und gleichwohl vorsichtig wegen der Haken im Sand herum. Langsam förderte ich meine Besitztümer zutage: zunächst eine Rolle, dann ein Knäuel aus Ködern und Leinen, von dem meine Kamera baumelte, dann die zweite Rolle und zuletzt das kleinere Angelzubehör. Alles war da.

Die Rollen und die Kamera waren voller Sand. In den folgenden Tagen nahm ich alle drei auseinander. Die Rollen zu reparieren war nicht allzu schwierig, die Kamera jedoch schien tot zu sein. Ich schüttelte fast eine Handvoll Sand aus ihr heraus, trocknete die Einzelteile und setzte sie wieder zusammen. Kein Funken Leben. Da ich nur ungern Sachen wegwerfe, legte ich sie in ein Regal. Zwei Wochen später nahm ich sie völlig gedankenlos in die Hand und drückte den An/Aus-Knopf. Sie blinkte auf und ging wieder aus. Ich lud die Batterie auf und versuchte es von Neuem, mit dem gleichen Ergebnis. Nach einer weiteren Woche flackerte sie dreißig Sekunden lang, bevor sie wieder ausging. In den folgenden beiden Monaten wurde sie langsam wieder lebendig, gewann, jedes Mal, wenn ich sie anschaltete, eine Funktion nach der anderen hinzu. An Weihnachten war sie wieder vollständig funktionstüchtig.

15) Letztes Licht

Den Geist – dies Meer, wo jeder Art
Sogleich ihre Entsprechung harrt;
Doch er schweift weiter, bildet selbst
Ganz neue Meere, neue Welt,
Und nicht alles, was geschaffen,
Zu grüner Schau im grünen Garten.

Andrew Marvell, *Der Garten*[1]

Eine Sache habe ich noch zu berichten, eine kleine. Ein paar Tage nach der Thunfischjagd machte ich früh mit meiner Arbeit Schluss und fuhr, das letzte Mal in jenem Jahr, mit meinem Boot hinunter zum Meer. Ich hatte beschlossen, aus Wales wegzuziehen. Obwohl die Gründe dafür glücklicher Natur waren, war die Entscheidung doch von Traurigkeit gesäumt.

Es war ein ruhigerer Tag. Trotzdem zog sich eine kräftige Dünung über das Riff. Ich schlug mich durch die Wellen und verfolgte ein paar Tölpel, die sich zerstreut hatten, bevor ich sie erreichte, fuhr ein paar Kilometer hinaus aufs Meer, bevor ich mich dem Nordwind überließ, der mich die Küste entlangtrieb. Nachdem ich zwei Stunden keinen einzigen Fisch gefangen hatte, rackerte ich mich wieder gegen Wind und Wellen zurück. Ohne die Schiffsboje, die sich beim Paddeln stetig gegen die in der Ferne liegenden Häuser verschob, hätte ich meinen können, ich würde nur das zähflüssige Wasser rühren. Als dann die Sonne zu sinken begann, legte sich der Wind.

Zuerst sah das Meer aus wie eine Ansammlung zerbrochener Weinflaschenböden: Jede Welle wie ein Muschelbruch. Doch bald wurde es bis auf eine schwache Restdünung völlig flach. Jetzt schnitt das Boot, als sei es losgelassen, sauber durch das stille Wasser. Ein paar Meter vor dem Ufer holte ich meine Leine ein, blieb dann ohne zu paddeln liegen, geschaukelt von den hereinkommenden Wellen, und sah zu, wie die Sonne viele Kilometer entfernt auf Pen Lleyn über Yr Eifl unterging. Der Berg schien den großen Stern an sich zu reißen und ihn wie ein Ameisenlöwe in die Erde hineinzusaugen. Vor den aufflammenden Zirruswolken hing wie Kanonenrauch ein indigofarbener Wolkenbausch.

Ich ließ meinen Blick über die Bucht schweifen. Obwohl das Licht nachließ, konnte ich den ganzen Halbmond überblicken. Im Süden lag das sanft ansteigende Plateau der kambrischen Einöde, das im Dunst der Ferne Pembrokeshire erahnen ließ, wo bereits ein paar Lichter flimmerten. In etwas größerer Nähe glommen noch blass und doch farbenreicher als noch einen Moment zuvor die gelben Flanken des Cadair Idris. Im Norden ragten die Gipfel von Snowdonia empor, verwaschen und blau zunächst, an Kontur gewinnend, je näher sie dem Punkt zu gingen, an dem die Sonne untergegangen war. Die Berge von Pen Lleyn ragten nun aus dem Meer, ihre Knorren und Klüfte zeichneten sich scharf vor dem ersterbenden Licht ab. Dahinter schwamm der walrückige Ynys Enlli über dem ruhigen Wasser.

Ich dachte an die Orte, die ich nun verlassen würde, daran, was sie waren und was sie werden könnten. Ich stellte mir vor, wie die Bäume auf die blanken Hänge und Wale und Fische wieder in die Bucht zurückkehrten. Ich dachte daran, was meine Kinder und Enkel hier antreffen würden und dass die, die mit dem Meer und dem Land arbeiteten, prosperieren könnten, wenn diese wilde Vision Wirklichkeit würde. Ich dachte an die vergangenen fünf Jahre, in denen ich die Natur und ihre Fähigkeit, sich selbst zu regenerieren, erkundet, die Möglichkeiten eruiert hatte, dass die Tier- und Pflanzenwelt wieder an die Orte zurückkehrte, an denen sie eliminiert war, und daran, wie all dies mein eigenes Leben bereichert hatte. Wohin ich auch gehen würde, dieses wilde Leben würde mich begleiten. Ich würde fortan einen Großteil meines Lebens der Aufgabe widmen, Plätze ausfindig zu machen oder zu erschaffen, wo ich wieder den hohen heiteren Ton hören würde, für den ich so lange taub gewesen war, wo ich jene seltene und kostbare Substanz finden würde, die Hoffnung heißt. Unter ständigem hellen Rufen zogen die schwarzen Silhouetten von Rotschenkeln und Austernfischern am Ufer entlang nach

Hause. Im Süden funkelte das Mondlicht auf dem Wasser, das nun wie ein Linolschnitt geriffelt dalag.

Hinter mir hörte ich ein Geräusch, als ob ein Boot aus dem Schlick gezogen würde. Ich drehte mich um und sah ein großen Kreis konzentrischer Wellen, wie wenn eine riesige Forelle eine Fliege erhascht. Dann kam, ein paar Meter entfernt, eine Fluke aus der lavendelfarbenen See. Sie tauchte wieder ab und neben mir wieder auf. Es war ein Jungtier, ein Delfinkalb vom letzten Jahr. Es umkreiste das Boot so nahe, dass es beinahe an mein Paddel stieß, und verschwand in der Dunkelheit.

Danksagungen

Mehr als jedes andere Buch aus meiner Feder ist *Verwildert* ein Gemeinschaftswerk. Die Worte sind zwar meine (abgesehen von den Zitaten) und ich habe mehr als drei Jahre damit verbracht, zu recherchieren, zu schreiben und zu revidieren, aber zu der Entwicklung der Ideen, dem Aufbau und dem Fortgang des Buches haben zahlreiche Personen beigetragen. Etliche haben seinem Zustandekommen einen beträchtlichen Teil ihrer Zeit und Energie gewidmet. Ohne sie hätte ich das Buch nicht schreiben können. Mein großer Dank gilt Helen Conford, Ketty Hughes, Antony Harwood, James Macdonald Lockheart, Ritchie Tassell, Alan Watson Featherstone, Clive Hambler, Mark Fisher, Miles King, Dafydd Morris-Jones, Delyth Morris-Jones, Paul Kingsnorth, Tomaž Hartmann, Jernej Stritih, Jony Easterby, Nick Garrison, Simon Fairlie, Morgan Parry, Peter Taylor, Bruce Heagarty, Jay Griffiths, Ralph Collard, Hannah Scrase, Michael Disney, Mick Green, Mark Lynas, Maria Padget, George Marshall, Annie Levy, Caitlin Shepherd, Estelle Bailey, Tammi Dallaston, Sharon Girardi, Mike Thrussell, Jean-Luc Solandt, Andy Warren, Jonathan Spencer, Jamie Lorimer, Adam Thorogood, David Hetherington, Paul Rose, Tobi Kellner, Steve Carver, Sophie Wynne-Jones, Ray Woods, Simon Drew, Miriam Quick, Leigh Caldwell, John Boardman, Meic Llewellyn, Guillaume Chapron, Staffan Widstrand, Kristjan Kaljund, Geoff Hill, Tom Edwards, Steve Forden, Paul Jepson, Joss Garman, Ann West, Clive Faulkner, Rod Aspinall, Liz Fleming-Williams, Grant Rowe, Ruth Davis, Elin Jones, Cath Midgley, Nick Fenwick, John Fish und Gary Momber.

Die Fehler, die das Buch zweifelsfrei aufweist, gehen ausschließlich auf mein Konto. Um die Wildnis und die Tierwelt, über die ich geschrieben habe, vor kommerzieller Ausbeutung zu schützen, habe ich die Namen einiger Orte in Mittel-Wales verändert. Sollten Sie sich in der Gegend befinden und die Waliser fragen wollen, wie Sie an besagte Orte gelangen können, werden Sie sich höchstwahrscheinlich an überaus seltsamen Plätzen wiederfinden.

Register

A
Aale 57–58, 199
Abholzung 99, 180, 246, 295, 302
  Naturschutzverbände
  und Rodungen 118, 275, 288,
  294, 300
Ackergauchheil 197
Adamson, Joy 280–281
Adler 76, 122, 145, 171, 174, 199
  Stein- 150, 171, 298
  Weißkopfsee- 121
Afrikanischer National-
  kongress 280
Agakröte 194
Agrarsubventionen siehe Land-
  wirtschaftssubventionen
Agricultural Act (Landwirtschafts-
  gesetz, 1947) 213
Agricultural Holdings Act
  (Landwirtschaftsbeteiligungs-
  gesetz, 1948) 213
Ahorn 59, 131, 257, 292
Albarella, Umberto 181
Albatros 195
Alces alces (Elch) 308
Alpen 156, 212
  Julische 255
Amazonas 10, 19, 77, 160,
  268–269, 287
Amerikanische Ureinwohner
  12, 67–68, 189, 269, 271, 321,
  327
Amerikanischer Doppelkontinent
  15, 123, 129, 268–269, 272
Apo-Schutzgebiet 342, 344
Archäophyten 196–197
Aspinall, John 279
Auerhuhn 150, 182, 299
Auerochse 17, 55–56, 59, 130,
  168, 185, 189, 281–284, 307
Aufmerksamkeitsdefizitsyndrom
  (ADS) 231
Ausgrabungen von Goldcliff
  54, 56, 58–60
Aussterben von Tierarten
  123, 125, 186–188, 191, 272,
  307, 338–339, 343, 352
  durch Jagd 120, 322–323, 327
  durch Klimawandel 173, 303
  Tabelle für Großbritannien
  175–184
Auster 321, 326, 328–330, 335
Australien 86, 124–125, 186, 190,
  212, 326

B
Bailey, Pete 79
Balkan 156
Ballard, J. G. 15
Baltikum 156
Bären 100, 121–122, 139,
  152–153, 156, 163, 184, 186,
  189, 192, 252, 263
Barsch 57, 198

Basstölpel 29
Bates, H. E. 103
Baummarder 143, 198, 252
Belgien 155
Bengalischer Tiger 305
Bergulme 149
Beringia 123, 125, 327
Beweidung 19, 98, 216–221, 225, 305–306
   Torferosion durch 292
   und Überschwemmungen 217–218, 225–226, 260
Białowieża, Wald von 135, 155–156
Biber 22, 100, 113–118, 121–122, 134, 148, 150, 152–153, 157–158, 166, 175, 186
Biodiversität 154, 217, 253, 301
Bird, Dennis 271
Birke 59, 91–96, 102, 106–107, 109, 111, 132, 136, 143, 147–149, 153, 157, 172, 195, 201, 205, 233, 247, 257, 262, 294
Bison 121, 123, 156, 270
   Bison latifrons (ausgestorbener Gigant) 186
   Europäischer (Wisent) *siehe* Wisent (Europäischer Bison)
Black Book of Carmarthen 73, 76, 167
Blaeneinion 113, 115
Bleiminen 49, 237
Bodenfaultier 188
Bodmin Moor, Biest von Bodmin 80–81

Böhmerwald 156
Bonito 330
Borreliose 165
Borth, Strand von 110
Botswana 285
Bouldnor Cliff, Ausgrabungen am 336
Brachvogel 27, 47, 215
Brasilien, Invasion Roraimas 10, 14–15
Britisches Hochland 97, 99–101, 107, 217–219, 243
   Highlands *siehe* Schottische Highlands
   Kambrische Berge *siehe* Kambrische Berge
   Landwirtschaft in den Bergen 219
Bronzezeit 97, 110, 129, 180, 184, 197, 236, 238, 282–283
Bruchweide 197
Brüne, Martin 277
Bryn Brith 92
Buche 91, 111, 131, 257, 260–262
Buchsbaum 131
Buckelwal 322, 352
Bulgarien 154, 158–159, 221
Buschochsen 186
Buthelezi, Mangosuthu 280
Butterworth, Jez: *Jerusalem* 70

C
Caesar, Julius 197
Cahill, Kevin 248

Cairngorms 151, 169
Canney, Susan 301, 309
Cantre'r Gwaelod, Mythos von 59
Carbofuran 298
Cardigan Bay 33–34, 58, 215, 331, 346–349, 352
Carvajal, Gaspar de 268
Casblaidd 73
Cass, Caroline 281
Castoroides ohioensis 186
Ceaușescu, Nicolae 152
CEFAS (Centre for Environment, Fisheries and Aquaculture Science) 348
Cervus canadensis (nordamerikanischer Rothirsch) 203
Chamäleon 61–62
Chatwin, Bruce: Traumpfade 85
Cherusker 272–273
Chesapeake Bay 325, 329–330
Claerwen Naturschutzgebiet 100
Clare, John 103–104, 209
Clover, Charles: *The End of the Line* 338
Clwydians 96–97
Cooke, Jay 276
Countryside Council for Wales 100, 310, 347–348
County Times 75
Crèvecœur, Hector St John de 67–68
Cronon, William 242

Culloden, Schlacht von 141–142, 207
Cypermethrin 216

D

Daily Mail 82–83
Dale, Thomas 67
Dänemark 158
Darmparasiten 126
Delfine 33, 41–42, 113, 232, 319, 326, 330–331, 347, 352, 371
Der Traum von der Wildnis (Schama) 272
Deutschland 137, 155–156, 158, 164, 179, 221, 272–273, 311
siehe auch Nazis
Dinarisches Gebirge 260
Donaudelta 152
Drefursennaidd 45
Dundreggan, Glenmoriston 142, 172–173, 200
Dünger 32, 216, 323, 332

E

Eagleton, Terry: *The English Novel* 279
Eberesche 92, 108, 110, 143, 205
Echter Hausschwamm 196
Eibe 131, 196
Eiche 49, 59, 91–92, 96, 102, 110–111, 131, 147, 149, 156, 195, 209, 301, 313, 345
Eichelhäher 91, 102, 108
Eichentod-Pilz 195

Eichhörnchen 59, 149–150, 157, 199, 270
Einhegung 206, 212–214, 229–230, 233
Elch (*Alces alces*) 22, 120, 139, 174–175, 185, 192, 203, 308
Elefant 20, 22, 129–132, 161, 178–179, 186–187, 190–193, 196, 252, 280, 301, 305, 351
europäischer Wald- und Stockausschlag 131
Elenantilope 62, 190
Eliot, T. S. (Zitat) 61
Ennerdale 310
Epiphyten 12, 98
Erdrauch 197
Eremotherium 187
Erle 59, 96, 107, 131, 250
Esche 59, 96–97, 102, 117, 131, 149, 291–292
Espe 107, 117, 120, 122, 148–149, 172, 250, 257
Esskastanie 131
Estland 154, 221
Eugenik 277–278, 280
Eulen 103, 206
Europäische Kommission 221, 225
Europäische Union 33, 248, 344
European Journal of Forest Research 165
Eutrophisierung 329

F
Farrant, Jenny 137
Featherstone, Alan Watson 138, 373
Feldlerche 288, 290, 297, 303
Feuersbrunst 125
Fichte 40, 92–93, 140, 241, 244, 291–292
Findhorn Foundation 138, 140, 204
Finnland 154, 163
Finnwal 322, 352
Fisch
-bestände 121, 162, 334–335, 344, 347
Raub- 32, 198–199, 327, 330, 342
Fischadler 40, 42–44, 47, 122, 150, 181
Fischerei 20, 233, 320, 326, 328, 330, 332–333, 335–336, 339, 342, 345, 347
-betrug 337
Ergebnisse durch Einstellung 342–344
und Meeresschutzgebiete 341–342, 344–345
Mittelsteinzeit 336
ökonomischer Schaden durch die Ausmerzung von Haien 326
Schaden der Umwelt durch 335–336, 339–340
Subventionen 33, 337
über die Quote hinaus 33

Veränderung der Meere durch 330–331, 336, 342
Widerstand der Industrie gegenüber Meeresschutzgebieten 345
Fisher, Dr. Mark 20, 373
Flechten 98, 123–124, 143, 147–148, 172–173, 193, 200–201, 206, 289, 297
Fledermäuse 117, 160, 206
Flundern 43–44, 47–49, 51, 310
Flusskrebs 118, 198–199, 318
Flusspferd 112, 130, 161, 179, 190–191, 195, 252, 301
Fördermittel der 2. Säule (»grüne« Subventionen) 222, 237
Forelle 49, 116, 199, 258, 260, 321, 371
Forestry Commission 241
Franklin, Benjamin 66, 68
Frankreich 137, 155, 159, 161, 180, 251, 311, 349
Froschwels 194
Fuchs 78, 81, 121, 123, 165, 167–168, 261
Fünfzigbäume-Richtlinie 220

G

Gabelbock 121, 190
Gaia-Hypothese 333
Gämse 153, 168, 267
Gänsegeier 153
Garnelen 48–49, 314
Geier 126–127, 153
Gemeinsame Agrarpolitik 219–220, 247, 249
Genetische Erinnerung 53–54, 87, 232
Georges Bank 342
Gepard 191, 280, 327
Gesetz gegen gefährliche Wildtiere 134
Giraffe 190
Glaslyn Naturreservat, Wales 288–289, 291, 293–294, 296–298, 300, 303–304
Glen Affric 139, 149, 200–202, 204
Glenmoriston, Dundreggan 141, 149, 201
Globale Erwärmung 193, 224, 304
Glyndŵr, Owain 73, 97, 239
Glyptodonten 187, 190
Goldregenpfeifer 215, 303
Goldschakal 158
Goldsmith, Oliver 319
Goldsmith, Sir James 280
Göring, Hermann 273–274, 284
Gramsci, Antonio 210
Grassland Trust 220
Grauhörnchen 115, 198–199
Grausame Jagden 189
Grauwal 174, 179
Great Barrier Reef Marine Park 341
Great Fen Project 311

Griechenland 161
Griffiths, Jay: *Kith* 229, 373
Großer Weißer Hai 322
Großtrappe 182
Grottenolm 267
Guardian 82
Gürteltier 187
Gwyddno Garanhir 59

H
Habicht 182, 198
Habsburger 263, 268
Haie 51, 319, 322, 325–326, 338, 340
Hambler, Clive 301, 305, 307, 309, 373
Hambling, David 84
Hammerhaie 325
Harpur, Merrily: *Mystery Big Cats* 76, 78–79
Hartmann, Tomaž 260, 373
Harz (Gebirge) 156, 205
Hase 76, 168, 197–198
  Feld- 197–198
  Schnee- 197
Hasel 27, 43, 56, 59, 96, 131, 149, 200, 301
Haselhuhn 156, 182, 299
Hasenglöckchen 135
Haubenmeise 206
Hausmaus 195
Hayden, Ferdinand 275
Hecht 199, 259
Heck, Heinz 283–284

Heck, Ludwig 283–284
Hecke, Heckenbau 43, 73, 75, 132, 258, 292
Heckenberger, Michael 269
Heckenbraunelle 136
Hedges, Cornelius 275
Hedges, Robert 307
Heidekraut 97, 99, 147, 203, 237–238, 288–290, 293–294
Heidelbeeren 107, 110, 200–201, 288, 290, 293
Heilbutt 321, 334, 339
Henry III. 175
Herbst-Adonisröschen 197
Hering 33, 319–320, 326, 331–332, 336, 352–353
Hermann (Arminius) 272–273
Herzmuscheln (*cockles*) 47, 56, 60
Hetherington, David 151, 169, 373
Highland Wildlife Park, Kincraig 79
Highlands, schottische
  siehe Schottische Highlands
Himalaya 78, 196, 207
Himmler, Heinrich 264, 278, 284
Hirsch 53–54, 121, 144, 146, 148, 165, 167–168, 204
  Rot- *siehe* Rothirsch
  Sika- *siehe* Sika-Hirsch
Hirtentäschel 197
Hitler, Adolf 264, 280
Höhlenlöwe 178

Holkham, Norfolk 183
Holländische Ulmenkrankheit 104
Holzapfel 215
Hörnchen
 Eich- 59, 149–150, 157, 199, 270
 Grau- 115, 198–199
Hughes, Susan 276
Huhn
 Hasel- 156, 182, 299
 -jagd 211, 298
 Moorschnee- 297–299, 303, 306
Humber, Mündungsgebiet des 329
Hummer 48, 51, 318, 321, 326, 342, 345, 347
Hundebisse 126
Hundeschnauzenschwebfliege 206
Hundskamille 197
Hyäne 129–130, 187, 252, 327

I
Iltis 199
Indien 126
Insekten 49, 95, 105, 116–118, 148, 195, 231, 250, 258, 262, 303, 305
Instinkt 41, 53–54, 71, 277–279, 306
Invasive Arten 101, 168, 198–199, 244, 294, 305

Irische See 32–34, 179, 331, 352
Italien 137, 141, 154–155, 158, 161–163, 169, 210, 255, 264, 340

J
Jagdwildhaltung 146, 151
Jaguar 13, 77, 86
Jakutenpferd 192
Jamestown 67
Japan 200, 205, 233, 261, 306, 323, 332, 338, 344
Jarm, Stare 265
Jerusalem (Butterworth) 70
Jones, Elin 224, 226, 348, 373
Jugoslawien 260, 264–265
Jüngere Dryas 272
Jura (Gebirge) 156, 168

K
Kabeljau 318–319, 321–322, 326, 329–330, 332, 343
Käfer 9, 14, 49, 143, 180, 206, 262, 293, 299, 301, 305
Kaledonischer Wald 139–140, 142, 202, 208
Kambrische Berge 93, 95–97, 100, 105–106, 110, 218, 224, 226, 234, 237, 244, 250, 288, 290, 370
Kamele 190, 193
Kanada 11, 50, 94, 113–114, 139, 210, 233, 290
Karibische Mönchsrobbe 340

Karpaten 152, 155, 212
Kenia 63, 69, 274–275, 280–281, 344
　Kikuyu 63, 70
　Massai 62, 69–70, 189, 230, 275
Kiebitz 93, 215
Kiefer 59, 96–97, 110, 136, 140, 143, 146–149, 173, 196, 200–202, 205–206, 256, 259
Kielder Forest 169
Kikuyu 63, 70
Kinder, an naturhaften Orten spielend 229
Kleine Eiszeit 271–272
Kleiner Rehschröter 180
Klette, Große 197
Klimawandel 125, 182, 185, 216, 218, 225, 272, 308, 324, 333
　siehe auch Globale Erwärmung
Knapdale Forest 114
Kobarid, Museum von 255
Kočevje-Region 263–264, 266, 268
Kočevski Rog 260, 265
Kohlenstoff 96, 225, 307, 324–325
Kohlenstoffdioxid 272
Köhler 321, 330
Kolpa (Fluss) 257
Königskrabbe 339
Kornblume 197
Kornrade 197
Kornweihe 303
Korsika 101, 221

Krähen 38, 55, 81, 93, 95, 235, 250, 289
Kranich 55, 183, 311
Krauskopfpelikan 184
Krebse 28, 51, 56, 199, 310, 316–318, 326, 345, 347
　Behelmte Einsiedlerkrebse 316
　Maskenkrebse 317
　Meeresspinnen 318
　Strandkrabben 46, 317
Krill 323–324
Kroatien 152, 257, 259, 263
Kuhnasenrochen 325
Kulturbund 264
Kupfer 237, 257, 288, 293
Kurznasenbär (*Arctodus simus*) 187, 191
Küstenökosystem 327

L

Lachs 56, 114, 117–118, 122, 209, 260, 270, 320–321, 343, 350–352
　Huchen 260
Lamlash Bay 341–342
Landbesitzer 113–115, 136–137, 141, 148, 159, 168, 181, 210, 226, 248–249
Landseer, Sir Edwin: *The Monarch of the Glen* 130, 203
Landwirtschaft der Jungsteinzeit 97, 101
Landwirtschaft in den Bergen 219

Landwirtschaftliche Hegemonie 210
Landwirtschaftssubventionen *siehe* Fördermittel der 2. Säule (»grüne« Subventionen)
Langflossenthun (Weißer) 319, 353, 355, 357, 361, 364
Lawrence, D. H. 279
Lawton, Sir John 304
Leakey, Richard 275
Lengfisch 321
Leopard 73, 77–78, 80, 83–84, 126, 161, 280
  Amur- 193
  Schnee- 77
Lilie, Sumpfschwert- 221
Linde 59, 96–99, 131, 156, 349
Litauen 154
Llanaelwyd 45
Llansglodion 313, 316–318, 352
Lloyd George, David 212
Llyn Craig-y-pistyll 93, 289, 291
Löffler 183, 311
Lorenz, Konrad 277–278, 283
Louv, Richard: *Last Child in the Woods* 231
Lovelock, James 333
Löwe 64, 69, 71, 79, 84, 89, 121, 124, 126, 129–130, 161–162, 168, 178, 186, 189–191, 193, 204, 252, 255, 280–281, 307, 327
  amerikanischer (*Panthera leo atrox*) 187
  Höhlen- 178

Lucan, Lord (Richard John Bingham, 7. Earl of Lucan) 280
Luchs 22, 100, 150, 152–153, 156, 166–169, 177, 192, 252, 263, 267, 299
Lumme 30, 47
Lundy Island 58, 341–342
Lydstep, Pembrokeshire 60

M

Madenhacker 136
Maikäfer, Engerling 9
Maine, Golf von 324
Mais 210, 270
Makrele 31–35, 37, 319–320, 326, 330, 332, 352
Malve, Wilde 197
Mammut 123, 125, 186, 191, 259, 283, 301, 327
Marder, Baum- 143, 167, 198, 252, 267
Massai 62, 69–70, 189, 230, 275
Maus 116, 118, 121, 149, 171, 195, 198, 313
  Zwerg- *siehe* Zwergmaus
Maya 251, 270
Meagher, Thomas 275
Meer
  Eisengehalt 324
  Fischerei *siehe* Fischerei
  Megafauna 340
  siehe auch spezifische Arten
  Ökosysteme im 21, 180, 194, 322, 330, 333, 340

383

Rückverwilderung des 21, 313, 341, 343–344, 351, 364
Meeresspinne 318
Meerforelle 321
Megatherium 187
Mendip Hills 282
Methan 124, 193, 225, 272
Middleton, Chris 337
Minkwal 322
Mittelsteinzeitliche Menschen 22, 98, 188, 336
Mittelsteinzeitliche Tierwelt 57
Megafauna 188, 190, 269, 272
Mkomazi-Nationalpark, Tansania 275
Moat, Raoul 88–89
Mohn, Klatsch- 197
Mönchsrobbe, Karibische 340
Monokulturen 93, 135, 145, 209–211, 230, 332
Montgomeryshire Wildlife Trust 288, 290, 293–295, 299, 302–303
Moorschneehuhn 297–299, 303, 306
Moos 12, 28, 73, 91–92, 98–99, 101–102, 115, 123–124, 143, 172–173, 193, 200–201, 260, 288, 291, 327, 350
moran (Massai-Krieger) 63–65, 69, 71
Morris-Jones, Dafydd 213, 234–240, 243–249, 373
Morris-Jones, Delyth 234, 239–240, 243, 246–248, 373
Morus, Thomas: *Utopia* 211
Moschusochse 101, 123, 125, 187, 192
Motten 293
Mufflon 101
Mull (Insel) 145
Muntjak 52
Myers, Ransom 335
Mystery Big Cats (Harpur) 76, 78–79

N
Nachtreiher 183
Nantgobaith-Schlucht 98, 349
Nashorn 129–130, 132, 190, 192, 252, 338
Buckliges 129
Spitzmaul- 178, 192
Steppen- *siehe* Steppennashorn
Wald- 129, 132, 178, 196
Woll- *siehe* Wollnashorn
Nationalparks 120–122, 153–155, 250, 273–276, 294, 311, 328
Nature 323, 333
Naturschutzbewegung 18, 302, 305
und Säuberungen 221, 241, 274
sich wandelnde Einstellungen 252, 311
und »Zusammensetzung von Schlüsselarten« 297
siehe auch Wildreservate; Nationalparks; Naturschutzgebiete

Naturschutzgebiete 100, 274–275, 288, 292, 294, 304
Nazis 264–266, 272–273, 277–279, 281, 283–284
Nepal 207
Nerz 199, 306
Neunauge 321
Neuseeland 190, 196, 212, 263, 344
Neville, George 56
Nevin, Owen 179
Nevle, Richard 271
New Economics Foundation 344
Niederlande 155, 158–159, 178, 284, 300, 311
Niederwaldwirtschaft 305
Nietzsche, Friedrich 277
Nitrat 216
Nordsee 180, 319, 322, 328, 333–334, 344, 352
Norfolk Broads 183
Normannisches Waldgesetz 274
Norwegen 33, 114, 158, 172, 212, 233

O
Ökologische Korridore 155
Ökologischer Schaden
 siehe Schaden an Umwelt
Ökosysteme und Aussterben
 siehe Aussterben von Tierarten
 deutsche 284
 an Elefanten angepasst 20, 132–133
 intensive Bewirtschaftung 99, 117, 216, 221, 305
 und invasive/nicht-heimische Arten 194, 196–199, 244, 305
 Küsten- 327
 marine 321, 340–341
 Schaden durch heimische Art 136
Oncorhynchus rastrosus (Säbelzahnlachse) *siehe* Säbelzahnlachs (*Oncorhynchus rastrosus*)
Oostvaardersplassen 284
Orellana, Francisco de 268–269
Ostafrika 24, 202, 274–275, 285, 287
Österreich 156, 158, 161, 255, 265, 277–278
Ostsee 326, 330, 336
Otter 56, 116, 118, 121–122, 199, 327–328
Ozeane *siehe* Meer

P
Pais Dinogad 167
Paläoökologie 133, 186
Pan Park Foundation 154
Panthera leo atrox (Amerikanischer Löwe) 187
»Panther von Pembrokeshire« 75–76
Paranormale Phänomene 86
Paranormalität (Wiseman) 84–85
Pardelluchs 153

Parry, Morgan 5, 296, 310, 373
Pauly, Daniel 100
People's Budget (Lloyd George) 212
Permafrost 124, 193
Pestizide 215–216, 260
Petermännchen 34–36, 330
Pferde 19, 101, 103, 108–109, 123–124, 168, 176, 191–192, 214, 237, 256, 301, 306–308, 359
Pflanzenfresser 19, 114, 119, 124–125, 127, 131, 153–154, 185, 193, 195, 301–302, 306
 ausgestorben 130, 186, 308
 Methan von 225, 272
 siehe auch spezifische Arten
Phosphat 123
Pickering 118
Pilze 14, 52, 91–92, 107, 125, 148, 206, 261–262, 297, 301
Plankton 32, 323–324, 329–330, 332, 341
Platane 131
Plattfisch 37, 40, 42, 44–45, 48, 52, 57
Pleistozän-Park, Sibirien 192
Pleistozän-Rückverwilderer 190
Plinius 184
Polarfuchs 122
Polen 24, 116–117, 135, 137, 152, 155, 251, 273–274, 278, 282
Pollen 110, 125
 Heidekraut- 97
 von Bäumen 59, 96, 300

Portugal 152–154, 159, 161
Potomac (Fluss) 320
Pottwal 319, 324–325
Prieur, Ran 270
Przewalskipferde 176
Pumas, domestiziert 79

Q

Quallen 28, 32, 330–332

R

Rackham, Oliver 131, 163, 177, 301
Ramsey, Andrew 179
Ratcliffe, Derek 302
Raubtiere 54, 79, 85, 102, 142, 151, 162, 165–166, 188, 190, 195, 198–199, 279, 281, 284, 302, 308
 Krieg der Landeigner gegen 198
 Wiederansiedlung von 19, 242
 siehe auch spezifische Arten
Räumungen, Highlands *siehe* Schottische Highlands
Regenwälder 19, 21, 98–100, 125, 200, 256, 290, 297, 300, 340, 349
Rehe 55–56, 164, 168
Rewilding Europe 152–154
Rhododendron 195–196, 244
Rhyfel y Sais Bach (Krieg der kleinen Engländer) 212
Ribnica 268
Rinder 19, 62–63, 69–70, 97–98, 107, 187, 213, 217, 225, 237–238,

272, 282–284, 288, 290–291, 295, 300–301, 306–308, 310
Bronzezeit 238, 283
der Brüder Heck 283–284, 300
Ringdrossel 297
Ripple, William 188
River Wye 117, 218
Riverbluff Cave, Missouri 187
Robben 60, 324, 328
Roberts, Callum: *The Unnatural History of the Sea* 319–322, 329
Roberts, Harry 88
Rock 187
Rockhopper-Trawler 339
Roosevelt, Anna 269
Roraima 10, 14, 160, 237
Rote Armee 265–266
Rote Taubnessel 197
Rote Tide 329
Roter Thun 319, 338, 352
Rothirsch 55, 120, 142, 144, 153, 164, 168, 185, 192, 203, 282
Rotkehlchen 136
Rotmilan 298
Royal Commission on Environmental Pollution 341, 344–346
Rückverwilderung
 auf dem amerikanischen Doppelkontinent 268–269
 Definitionen 21
 Ethos 150, 311
 auf dem europäischen Kontinent 114, 153, 155–156, 158, 191–192, 252
 und genetische Erinnerung 87, 232
 Krieg/Genozid und zufällige Rückverwilderung 264–267
 Pleistozän-Rückverwilderer 190
 post-romantische Sicht der 241
 soziale Tragödie als Ursache für 266–267
 und Tourismus 145–146, 219, 244, 267, 275–276
 der Tundra 123–124, 185, 327
 unerwünschte Wirkungen der 120, 124
 Vertreibungen 275–276
 siehe auch Einhegung
 Widerstand der Landbesitzer 113–115, 136–137, 159, 181
Wiederaufforstung *siehe* Wiederaufforstung
Wiedereinführung von Arten *siehe* Wiedereinführung von Arten
wissenschaftliche Prinzipien der 119
Rudbaxton 75
Rumänien 152–155, 159
Russell, Bertrand 279
Russland 129, 154, 156, 160, 176
Rylance, Mark 70

S
Säbelzahnkatze (*Smilodon populator*) 85, 113, 130, 187, 191

Säbelzahnlachs (*Oncorhynchus rastrosus*) 187
Saiga-Antilope 176, 192, 307
Salisbury-Ebene 182
Salweide 93, 107, 111, 233, 258, 292–294
Sardellen 330, 332
Sardine 319, 332
Sauerstoffentzug im Meer 329–330, 332
Saurer Regen 304
Sax, Boria 277–278
Scania-Hering 336
Schaden an Umwelt
  Abholzung *siehe* Abholzung
  Aussterben von Tieren *siehe* Aussterben von Tierarten
  durch Beweidung *siehe* Beweidung
  durch landwirtschaftliche Hegemonie *siehe* Landwirtschaftliche Hegemonie
  Verarmung des Bodens *siehe* Verarmung des Bodens
  Zerstörung von Lebensraum *siehe* Zerstörung von Lebensraum
Schafdesinfektionsmittel 216
Schafe 19, 39, 47, 75, 81, 91–94, 97–98, 100–102, 104–105, 108, 142, 161–162, 164, 166, 168, 177, 187, 192, 201, 207–218, 221, 223–225, 234–240, 243–245, 248, 250, 264, 266–267, 272, 288, 290–293, 297, 300–301, 303, 306, 308, 350
Schakal, Gold- 158
Schama, Simon: *Der Traum von der Wildnis* 272, 277, 284
Schellfisch 322, 334
Schermaus 116, 118, 149
Schildkröten 124, 126, 187, 326–327, 329, 340
Schlehe 132
Schleppnetzfischerei an Tiefseebergen 342–343
Schmetterlinge 153, 301, 305–306
Schneeleopard 77
Scholle 322
Schottische Highlands 79, 140–142, 144, 146, 148, 164–165, 169, 172, 174–175, 202–206, 208, 216
  Räumungen 141, 144, 207, 212
Schwarzes Meer 195
Schweden 116, 137, 154, 163, 221
Schweiz 155–156, 162, 168
Schwemmholznester 117
Schwertfisch 339
Schwertwal 328, 352
Science 125, 185, 322
Scimitarkatzen 130
Scotsman 82
Scottish Gamekeepers' Association 144
Scottish Natural Heritage 113, 115
Seafish (Sea Fish Industry Authority) 337–338

Seeadler 145–146, 181, 199, 298
Seegurke 327–328
Seeotter 327–328
Seetang 28, 45, 48, 318
Severn (Fluss) 56, 218, 226
-Mündungsgebiet 54
Shad 320
Shifting-Baseline-Syndrom 100, 131, 194, 333, 335
Sibirien 122–123, 129, 185, 192–193
Sibirischer Tiger 193
Signalkrebs 194, 200
Sika-Hirsch 168–169
Sitka-Fichte 92–93, 140, 241, 244, 291–292
Skeptic, The 84
Skomer (Insel) 345
Slowakei 152, 311
Slowenien 24, 156, 163, 256–257, 259–260, 263–264, 266–268
Smilodon populator (Säbelzahnkatze) *siehe* Säbelzahnkatze (*Smilodon populator*)
Smith, Felisa 271–272
Soča (Fluss) 260, 267
Soča-Tal 255–256, 266
Soldier's Hole, Somerset 176
Somerset Levels 183–184
Spanien 98, 152–153, 155–156, 158–159, 161, 163, 349
Spechte 91, 157, 206, 261–262
Speight, Martin 305
Spielen, an naturhaften Orten 229

Stechpalme 131, 149
Steinadler 150, 171, 298
Steinbock 153, 255, 267
Steinbutt 322
Steinkauz 196
Steinschmätzer 297, 303
Steller'sche Seekuh 340
Steppen 123, 132, 156, 185, 193
Steppennashorn 129, 178, 301
Stickstoff 121–122, 225, 324
-isotope 307
Stockausschlag 131
Stör 152, 320–321
Europäischer 180
Stritih, Jernej 266, 373
Sturmtaucher 29, 47, 331
Subventionen 33, 141, 166, 207, 213–215, 219–225, 232, 243, 247–249, 251, 337
Agrar- *siehe* Landwirtschafts-
Fischerei *siehe* Fischerei
Sumpfohreule 303
Sumpfschwertlilie 221
Suppenschildkröte 326–327, 329
Sutherland 144–145, 163, 175
Alladale, Anwesen von 175
Sydenham, Panther von 76, 82

T

Tansania 275
Tassell, Ritchie 373
Technologie 17, 51, 188, 321, 334
Teifi (Fluss) 115
Teutoburger Wald 272

Themse 113, 271, 343
Thompson, E. P. 274
Thorogood, Adam 19, 130, 373
Thrussell, Mike 319, 373
Thun 320, 326, 335, 340, 369
  Roter *siehe* Roter Thun
  Weißer/Langflossen- *siehe*
  Langflossenthun (Weißer)
Tiger 73, 79, 161, 190, 280, 338
  Bengalischer
  siehe Bengalischer Tiger
  Sibirischer *siehe* Sibirischer Tiger
Tigerhai 325
Tilia cordata 98
Tito, Josip Broz 265–266
Tollwut 126, 160
Torferosion 292
Toronkei, ein Massai-Krieger
  61–65, 68–69
Totes Holz/Bäume 92, 262
Tourismus 145–146, 219, 244,
  267, 275–276
Trafalgar Square, Ausgrabung
  130, 191
Transsylvanien 214
Trees for Life 140–141, 144,
  148–149, 172, 201–202, 206
Treibhausgas 124, 193, 225, 272
Trophische Diversität 119, 124,
  127, 165
Trophische Kaskaden 19, 120,
  126–127, 173, 188, 190, 303,
  322, 327
  in den Ozeanen 322

Tschechien 156, 255
Tümmler 346
Tundra 123–124, 164, 172, 185,
  193, 272, 327

U
Überflutungen 118, 226, 256, 310
Uhu 157, 174, 181, 267
Ukraine 152, 159, 265
Umweltschutz 16, 23–24, 154,
  284, 302
  Naturschutzbewegung
  siehe Naturschutzbewegung
  Rückverwilderung
  siehe Rückverwilderung
  Wiederaufforstung
  siehe Wiederaufforstung
  Wiedereinführung von Arten
  siehe Wiedereinführung
  von Arten
Uney, Graham 96
Ungarn 158, 265
Universalismus 69, 279
Ureinwohner 12, 67–68, 269,
  271, 321, 327
  amerikanische *siehe*
  Amerikanische Ureinwohner
  und die Begegnung mit
  der Natur 189
  Überläufer zwischen Europäern
  und 67
  Vertreibung von 244, 275–276
  Zeremonien *siehe* Zeremonien
  siehe auch spezifische Völker

Utopia (Morus) 211

V
Van Valkenburgh, Blaire 188
Vanatori-Neamt-Nationalpark, Rumänien 153
Velebit-Gebirge 152–153
Vera, Frans 284, 301
Verarmung des Bodens 101, 110
  Eutrophisierung 329
  an Nitrat 216
  an Phosphat 123
Verschmutzung durch Blei 49
Vest, Jay Hansford 20
Vielfraß 22, 174, 177, 192
Vögel 27–30, 39–40, 43, 47, 49, 55–56, 60, 93–96, 100, 102–103, 108, 116–118, 120, 123, 126, 143, 145–146, 152–153, 156, 171, 174, 181–183, 187, 190, 195–196, 206, 215, 223, 227, 229, 237, 243, 250, 257, 290, 297–298, 301, 303, 310–311, 363–364
  Feldvögel 209, 215
  siehe auch spezifische Arten

W
Wacholder 142, 149, 205
Wachtelkönig 157, 363–365
Wald *siehe* Waldland
Waldameise 147–148, 150, 206
Waldgesetz, normannisches *siehe* Normannisches Waldgesetz
Waldkiefer 173, 200
Waldland 19, 74, 221, 301
  Abholzung *siehe* Abholzung
  britisches 195
  Wald und Volk in der Naziideologie 273
  Waldgesetz *siehe* Normannisches Waldgesetz
  Wiederaufforstung *siehe* Wiederaufforstung
Wale 174, 179, 189, 319, 322–325, 328, 352, 370
Wales on Sunday 75
Walfang 195, 233, 322, 325, 338
Waliser Bauernverband 115, 118, 166
Walross 180
Wanderfalke 108, 298, 303
Wandernder Fisch 33, 320–321, 341
  Krabben 46, 126, 306, 316–317, 339
Wapiti (*Cervus canadensis*) 120, 203
Waschbär 126
Wasserbüffel 301
Weide 59, 96, 109, 117, 120, 122, 131, 154, 207, 209, 214, 218, 221, 235, 237, 250, 275, 289–290
Weißdorn 91–92, 102, 195, 292–294
Weiße Lichtnelke 197
Weißrussland 154, 158
Weißstorch 183

Weißtanne 257, 260, 262
Welsh Triads 76
Wermutkraut 197
Wicke 49, 197
Wiederaufforstung 102, 140, 144, 222, 224
und Klimawandel 225
Slowenien 256–257, 260, 267–268
siehe auch Baumpflanzungen
Wiedereinführung von Arten 18–19, 119, 132, 174, 192
Bären 155–156, 177, 252
Biber 22, 114, 175
auf dem europäischen Kontinent 114, 153, 155–156, 158, 191–192, 252
in den Highlands 140–142, 144, 164–165, 169, 175
Luchs 22, 177, 252
Pardelluchs 153
Seeadler 145, 181
Stellvertreterarten 178–179, 190–191
Tabelle zur Tauglichkeit und bisherigen Maßnahmen 175–184
und Tourismus 145–146, 219, 244, 267, 275–276
und das Verständnis trophischer Kaskaden *siehe* Trophische Kaskaden
Widerstand der Landbesitzer 113–115, 136–137, 159, 181
Wildschwein 22, 175

Wisent 22, 153, 156, 158, 176, 192, 252
Wolf 22, 120–122, 166, 177, 252, 328
in Zoos gezüchtet 153
Wild Europe 155
Wildkatzen 13, 84, 100, 151, 153, 168, 299
Wildlife Trusts 288, 293–295, 298–299, 302–304
Wildpferd 174, 176, 185, 191–192, 283, 307–308
Wildreservate 274
Wildschwein 22, 56, 59–60, 100, 107, 133–137, 143, 150, 153, 156, 162, 167–168, 175, 252, 262, 267
Wilhelm I. 274
Winter, Steve 78
Wisent (Europäischer Bison) 22, 152–153, 156–158, 176, 192, 252
Wolf 55, 73, 76, 100, 120–122, 129, 150, 152–153, 155, 158–166, 168, 177, 188, 192, 202, 206, 242, 245, 252, 259, 263, 267, 278, 351
Jagd 121–122, 161–165
Wiedereinführung 22, 120, 160–161, 165–166, 245, 328
Wolf's Castle (Casblaidd) 73
Wollmammut 129, 132, 178, 186, 193, 308
Wollnashorn 129, 132, 178–179
World Parks Congress 341

Wrangelinsel 129
Wurzelausschlag 131
WWF 155
Wyoming 116, 216, 276

Y
Yalden, Derek 177, 181, 197
Yanomami 11–16
Yellowstone-Nationalpark
 120–122, 275–276, 328

Z
Zeremonien 63–64, 69, 230
Zerstörung von Lebensraum
 Abholzung *siehe* Abholzung
 durch Beweidung
 siehe Beweidung
 durch Klimawandel
 siehe Klimawandel
 durch landwirtschaftliche
 Hegemonie *siehe* Landwirtschaftliche Hegemonie
 durch Schleppnetzfischerei
 328, 334, 339, 342–343, 345, 347
Ziegen 101, 139, 187, 213, 264, 266–267
Zimov, Sergey 185
Zion-Nationalpark, Utah 121
Zoos 74, 79, 153, 156, 186, 279–281, 283
Zwergmaus 197–198

Anmerkungen

1) Ein Sommer voller Geräusche

1. Zitiert nach: W. B. Yeats, *Die Gedichte*, München 2005, in der Übersetzung von Christa Schuenke.
2. J. G. Ballard, *Kingdom Come*, London 2006.
3. Zitiert nach William Shakespeare, *Hamlet*, 3. Aufzug, 1. Szene, in der Übersetzung August Wilhelm von Schlegels.
4. T. S. Eliot, 1922, »Das wüste Land«, Teil V, in: ders., *Gesammelte Gedichte*, Frankfurt a. M. 1988.
5. Chambers (Wörterbuch der Englischen Sprache), 12. Ausgabe.
6. Oliver Rackham, »Ancient forestry practices«, in: Victor R. Squires (Hg.), *The Role of Food, Agriculture, Forestry and Fisheries in Human Nutrition*, Bd. II, *Encyclopedia of Life Support Systems*, Oxford 2009, S. 29–47.
7. Dick Mol, John de Vos, Johannes van der Plicht, »The presence and extinction of *Elephas antiquus* Falconer and Cautley, 1847, in Europe«, in: *Quaternary International* Bde. 169–170 (2007), S. 149–153.
8. George Byron, *Ritter Harolds Pilgerfahrt*, Vierter Gesang, Strophe 178, in der Übers. von Adolph Seubert.
9. Christopher Smith, »The population of Mesolithic Britain«, in: *Mesolithic Miscellany*, Bd. 13, Nr. 1 (1992).
10. Ebd. Smith schätzt, dass Britannien gegen Ende des Mesolithikums 270 000 km² umfasste. Die Landfläche schrumpfte, als die Meeresspiegel anstiegen (zur Zeit beträgt sie 230 000 km²).

2) Wilde Jagd

1. Zitiert nach dem deutschen Wikipedia-Eintrag für John Masefield.
2. Severin Carrell, »Fishing skippers and factory fined nearly £1m for illegal catches«, in: *The Guardian*, 24. Februar 2012.
3. Siehe George Monbiot, »Mutually assured depletion«, 3. August 2011, online: {www.monbiot.com/2011/08/08/mutually-assured-depletion/}, letzter Zugriff: 1. Dezember 2019.

4 Europäische Umweltagentur, »State of commercial fish stocks in North East Atlantic and Baltic Sea«, 2011, online: {www.eea.europa.eu/data-and-maps/figures/state-of-commercial-fish-stocks-in-n-e-atlantic-and-baltic-sea-in}, letzter Zugriff: 1. Dezember 2019.

3) Vorahnungen

1 Martin Bell, *Prehistoric Coastal Communities: The Mesolithic in Western Britain. CBA Research Report, Nr. 149*, York 2007.
2 Ebd.
3 Christopher Hibbert, *The English. A Social History 1066–1945.* London 1987, S. 10 f.
4 »Cranes to breed on the levels«, in: *BBC Online*, 3. September 2009, online verfügbar: {http://news.bbc.co.uk/local/somerset/hi/people_and_places/nature/newsid_8235000/8235479.stm}, letzter Zugriff: 15. Oktober 2019.
5 Bell, *Prehistoric Coastal Communities*.
6 Ebd.

4) Durchbrennen

1 Zitiert nach der Übersetzung von Eva Hesse, in: *T. S. Eliot, Gesammelte Gedichte*, Frankfurt a. M. 1988, S. 113.
2 Benjamin Franklin, *Brief an Peter Collinson vom 9. Mai 1753*, online verfügbar: {founders.archives.gov/documents/Franklin/01-04-02-0173}, letzter Zugriff: 5. Dezember 2019.
3 George Percy, zitiert von David E. Stannard, *American Holocaust: The Conquest of the New World*, New York 1992.
4 Jean Hector St. John de Crèvecœur, »Letter XII: Distresses of a Frontier«, in: Dennis D. Morre (Hg.), *Letters from an American Farmer and Other Essays*, Cambridge MA 2013.

5) Der Leopard, der nie gesichtet wurde

1 Robinson Jeffers, »Kassandra«, in: ders., *Die Zeit, die da kommt. Gedichte*. München 2008, S. 96.

2   Sion Morgan, »Pembrokeshire ›panther‹ strikes again«,
    in: *Wales On Sunday*, 12. Dezember 2010.
3   Ebd.
4   Mark Lingard, »Big cat sighting in west Wales ›100 % authentic‹«,
    in: *County Times*, 29. Januar 2011.
5   Merrily Harpur, *Mystery Big Cats*, Market Harborough 2006.
6   Mark Kinver, »Snow leopard wins top photo prize«, 30. Oktober
    2006, in: *BBC News*, online verfügbar: {http://news.bbc.co.uk
    /2/hi/science/nature/7696188.stm}, letzter Zugriff: 15. Oktober
    2019.
7   S. J. Baker, C. J. Wilson, *The Evidence for the Presence of Large
    Exotic Cats in the Bodmin Area and their Possible Impact on
    Livestock*, London 1995.
8   Ohne Autor, »Is the big cat mystery finally solved? Villagers find
    huge paw prints in snow after 30 years of sightings«, in: *Daily
    Mail*, 25. Januar 2010, online verfügbar: {www.dailymail.co.uk/
    news/ article-1245816/Is-big-cat-mysterysolved-Villagers-
    huge-paw-prints-snow-30-years-sightings.html}, letzter Zugriff:
    15. Oktober 2019.
9   Ohne Autor, »Do giant paw prints mean big cat is on the
    prowl in capital?«, in: *Scotsman*, 10. Januar 2011, online verfüg-
    bar: {www.scotsman.com/news/do-giant-paw-prints-mean-
    big-cat-is-on-the-prowl-in-capital-1-1489992}, letzter Zugriff:
    15. Oktober 2019.
10 Patrick Barkham, »Fear stalks the streets of Sydenham after
    resident is attacked by a black cat the size of a labrador«,
    in: *The Guardian*, 23. März 2005, online verfügbar:
    {www.guardian.co.uk/uk/2005/mar/23/patrickbarkham},
    letzter Zugriff: 15. Oktober 2019.
11 Ohne Autor, »›Big cat‹ attacks man in garden«, in: *BBC News*,
    22. März 2005, online verfügbar: {news.bbc.co.uk/1/hi/england/
    london/4370893.stm}, letzter Zugriff: 15. Oktober 2019.
12 Paul Harris, »Is this the Beast of Exmoor? Body of mystery ani-
    mal washes up on beach«, in: *Daily Mail*, 9. Januar 2009, online

verfügbar: {www.dailymail.co.uk/news/article-1109174/
Is-Beast-Exmoor-Body-mystery-animal-washesbeach.html},
letzter Zugriff: 15. Oktober 2019.
13 David Hambling, »How Big is an Alien Big Cat?«, in: *The Skeptic*, Bd. 14, Nr. 4 (2001), S. 8–11.
14 Richard Wiseman, *Paranormalität. Warum wir Dinge sehen, die es nicht gibt*, Frankfurt a. M. 2012, S. 143 f.
15 Siehe z. B.: Dominic Sandbrook, »A perfect folk hero for our times«, in: *Daily Mail*, 17. Juli 2010, online verfügbar: {www.dailymail.co.uk/debate/article-1295459/A-perfect-folk-hero-times-Moat-popularity-reflects-societys-warped-values.html}, letzter Zugriff: 5. Dezember 2019; Emily Andrews, Daniel Martin, Paul Sims, »I set up the Moat Facebook tributes: the single mother behind twisted online shrine«, in: *Daily Mail*, 16. Juli 2010, online verfügbar: {www.dailymail.co.uk/news/article-1295141/Siobhan-ODowd-set-Raoul-Moat-Face book-tribute-site.html}, letzter Zugriff: 15. Oktober 2019.

6) **Die Wüste begrünen**
1 Vgl. die Website der Cambrian Mountain Society: {www.cambrian-mountains.co.uk/}, letzter Zugriff: 15. Oktober 2019.
2 Graham Uney, *The High Summits of Wales*, Hereford 1999.
3 Fiona R. Grant, *Analysis of a Peat Core from the Clwydian Hills, North Wales*. Report produced for Royal Commission on the Ancient and Historical Monuments of Wales, 2009, online verfügbar: {www.yumpu.com/en/document/read/37934633/analysis-of-a-peat-core-from-the-clwydian-hills-north-wales-royal}, letzter Zugriff: 15. Oktober 2019.
4 Ebd.
5 Siehe z. B.: R. Fyfe, »The importance of local-scale openness within regions dominated by closed woodland«, in: *Journal of Quaternary Science*, Bd. 22, Nr. 6 (2007), S. 571–578; J. H. B. Birks, »Mind the gap: how open were European primeval forests?«, in: *Trends in Ecology & Evolution*, Bd. 20 (2005), S. 154–156.

6 Richard Tyler, zitiert in: *Western Mail*, 17. Dezember 2006.
7 Daniel Pauly, »Anecdotes and the shifting baseline syndrome of fisheries«, in: *Trends in Ecology & Evolution*, Bd. 10, Nr. 10 (1995).
8 Derek Yalden, *The History of British Mammals*, London 1999.
9 R. C. Tassell, *Direct Sowing of Birch on an Upland Dense Bracken Site, 2002–2011*, Powys 2011.
10 Dan Puplett, »Seed dispersal«, ohne Datum, online: {www.treesforlife.org.uk/into-the-forest/habitats-and-ecology/ecology/seed-dispersal/}, letzter Zugriff: 15. Oktober 2019.
11 Bryony Coles, *Beavers in Britain's Past*, Oxford 2006.
12 Ebd.
13 Derek Gow, »Beaver trends in Britain and Europe«, in: *ECOS*, Bd. 27, Nr. 1 (2006), S. 57–65.
14 Ebd.
15 Ebd.
16 Severin Carrell, »Scotland's beaver-trapping plan has wildlife campaigners up in arms«, in: *The Guardian*, 25. November 2010, online verfügbar: {www.guardian.co.uk/environment/2010/nov/25/beavers-scotland-conservation}, letzter Zugriff: 15. Oktober 2019.
17 Richard Vaughan von der Farmers' Union Wales, zitiert von Sally Williams, »Beavers scheme just ›crazy‹, farmers warn«, in: *Western Mail*, 8. April 2011.
18 William J. Ripple, Robert L. Beschta, »Trophic cascades in Yellowstone: the first 15 years after wolf reintroduction«, in: *Biological Conservation*, Bd. 145 (2012), Ausgabe 1, S. 205–213.
19 Åsa Hägglund, Göran Sjöberg, »Effects of beaver dams on the fish fauna of forest streams«, in: *Forest Ecology and Management*, Bd. 115, Nr. 2–3 (1999), S. 259–266; Krzysztof Kukula, Aneta Bylak, »Ichthyofauna of a mountain stream dammed by beaver«, in: *Archives of Polish Fisheries*, Bd. 18, Nr. 1 (2010), S. 33–43.
20 Douglas B. Sigourney u. a., »Influence of beaver activity on summer growth and condition of age-2 Atlantic salmon parr«, in: *Transactions of the American Fisheries Society*, Bd. 135, Nr. 4 (2006), S. 1068–1075.

21 Robert J. Naiman, Carol A. Johnston und James C. Kelley, »Alteration of North American streams by beaver«, in: *BioScience*, Bd. 38, Nr. 11 (1988), S. 753–762.
22 Mateusz Ciechanowski u. a., »Reintroduction of beavers *Castor fiber* may improve habitat quality for vespertilionid bats foraging in small river valleys«, in: *European Journal of Wildlife Research*, Bd. 57 (2011), S. 737–747.
23 Nick Mott, *Managing Woody Debris in Rivers and Streams*, Stafford 2005, online verfügbar: {www.wildernis.eu/pdf/bergen-bron/Woody%20Debris%20Booklet.pdf}, letzter Zugriff: 5. Dezember 2019.
24 Siehe Shaun Russell u. a., *UK National Ecosystem Assessment*, Cambridge 2011, S. 1011, Fig. 20.22, online verfügbar: {uknea.unep-wcmc.org/Resources/tabid/82/Default.aspx}, letzter Zugriff: 15. Oktober 2019.
25 Mott, *Managing Woody Debris*.
26 Forest Research, *Slowing the Flow at Pickering: What is the Project?*, 2012, online verfügbar: {www.forestresearch.gov.uk/research/slowing-the-flow-at-pickering/slowing-the-flow-at-pickering-about-the-project/}, letzter Zugriff: 15. Oktober 2019; Forest Research, *Slowing the Flow in Pickering and Sinnington*, online verfügbar: {www.forestresearch.gov.uk/documents/1027/Slow_the_flow_Pickering_factsheet.pdf}, letzter Zugriff: 5. Dezember 2019.
27 Naiman, Johnston u. a., »Alteration of North American streams by beaver«.
28 Quentin D. Skinner u. a., »Stream water quality as influenced by beaver within grazing systems in Wyoming«, in: *Journal of Range Management*, Bd. 37, Nr. 2 (1984), S. 142–146.
29 Sally Williams, »Beavers scheme just ›crazy‹, farmers warn«, in: *Western Mail*, 8. April 2011.
30 Ripple und Beschta, »Trophic cascades in Yellowstone«.
31 Ebd.
32 R. J. Naiman und K. H. Rogers, »Large animals and system-

level characteristics in river corridors«, in: *BioScience* 47 (1997), S. 521. Zitiert in J. A. Estes u. a., »Trophic downgrading of planet earth«, in: *Science*, Bd. 333, Nr. 6040 (2011), S. 301–306.

33 Lisa Marie Baril, »Change in deciduous woody vegetation, implications of increased willow (*Salix* SS.) growth for bird species diversity, and willow species composition in and around Yellowstone National Park's Northern Range«, MSc thesis, Montana State University 2009, online verfügbar: {etd.lib.montana.edu/etd/2009/baril/BarilL1209.pdf}, letzter Zugriff: 5. Dezember 2019.

34 Ripple und Beschta, »Trophic cascades in Yellowstone«.

35 Robert L. Beschta und William J. Ripple, »River channel dynamics following extirpation of wolves in northwestern Yellowstone National Park«, in: *Earth Surface Processes and Landforms*, Bd. 31, Nr. 12 (2006), S. 1525–1539.

36 William J. Ripple und Robert L. Beschta, »Linking a cougar decline, trophic cascade, and catastrophic regime shift in Zion National Park«, in: *Biological Conservation*, Bd. 133 (2006), S. 397–408.

37 Robert L. Beschta und William J. Ripple, »Large predators and trophic cascades in terrestrial ecosystems of the western United States«, in: *Biological Conservation*, Bd. 142 (2009), S. 2401–2414.

38 Douglas A. Frank, »Evidence for top predator control of a grazing ecosystem«, in: *Oikos* 117 (2008), S. 1718–1724.

39 Ripple und Beschta, »Trophic cascades in Yellowstone«.

40 Ebd.

41 Beschta und Ripple, »Large predators and trophic cascades«.

42 Adrian D. Manning, Iain J. Gordon und William J. Ripple, »Restoring landscapes of fear with wolves in the Scottish Highlands«, in: *Biological Conservation*, Bd. 142, Nr. 10 (2009), S. 2314–2321.

43 G. V. Hilderbrand u. a., »Role of brown bears (*Ursus arctos*) in the flow of marine nitrogen into a terrestrial ecosystem«, *Oecologia* 121 (1999), S. 546–550.

44 D. A. Croll u. a., »Introduced predators transform subarctic islands from grassland to tundra«, in: *Science*, Bd. 30, 7, Nr. 5717 (2005), S. 1959–1961.
45 S. A. Zimov u. a., »Steppe-tundra transition: a herbivore-driven biome shift at the end of the Pleistocene«, in: *The American Naturalist*, Bd. 146, Nr. 5 (1995), S. 765–794.
46 Zimov u. a., »Steppe-tundra transition«.
47 S. A. Zimov, »Pleistocene Park: Return of the Mammoth's Ecosystem«, in: *Science*, Bd. 308 (2005), S. 796–798.
48 Zimov u. a., »Steppe-tundra transition«.
49 Susan Rule u. a., »The Aftermath of Megafaunal Extinction: Ecosystem Transformation in Pleistocene Australia«, in: *Science*, Bd. 335 (2012), S. 1483–1486.
50 Laura R. Prugh u. a., »The Rise of the Mesopredator«, in: *BioScience* 59(9) (2009), S. 779–791.
51 James A. Estes u. a., »Trophic Downgrading of Planet Earth«, in: *Science*, Bd. 333, Nr. 6040 (2011), S. 301–306.
52 Prugh u. a., »The Rise of the Mesopredator«.
53 Anil Markandya u. a., »Counting the Cost of Vulture Decline – An Appraisal of the Human Health and other Benefits of Vultures in India«, in: *Ecological Economics* 67(2) (2008), S. 194–204.

7) Bringt den Wolf zurück

1 Dick Mol, John de Vos und Johannes van der Plicht, »The presence and extinction of *Elephas antiquus* Falconer and Cautley, 1847, in Europe«, in: *Quaternary International*, Bde. 169–170 (2007), S. 149–153.
2 S. L. Vartanyan, V. E. Garutt und A. V. Sher, »Holocene Dwarf Mammoths from Wrangel Island in the Siberian Arctic«, in: *Nature*, Bd. 362 (1993), S. 337–340.
3 A. J. Stuart, »Occurrence of mammalia relicts at site Trafalgar Square«, in: *European Quaternary Mammalia Database* (2001); J. W. Franks, »Interglacial Deposits at Trafalgar Square, London«, (1959, neu aufgelegt 2006), in: *New Phytologist*, Bd. 59, Nr. 2.

4 Der Landschafts- und Tiermaler Edwin Landseer (1802–1873) schuf die Löwenbronzen am Fuß der Nelsonsäule (A. d. Ü.).
5 Hervé Bocherens u. a., »Isotopic evidence for Dietary Ecology of Cave Lion (*Panthera spelaea*) in North-Western Europe: Prey Choice, Competition and Implications for Extinction«, in: *Quaternary International*, Bd. 245, Nr. 2 (2011), S. 249–261.
6 Derek Yalden, *The History of British Mammals*, London 1999.
7 Mary C. Stiner, »Comparative Ecology and Taphonomy of Spotted Hyenas, Humans, and Wolves in Pleistocene Italy«, in: *Revue de Paléobiologie*, Bd. 23, Nr. 2 (2004), S. 771–785.
8 Franks, »Interglacial Deposits at Trafalgar Square«.
9 Jonas Chafota, »Effects of Changes In Elephant Densities On the Environment and Other Species: How Much Do We Know?«, Cooperative Regional Wildlife Management in Southern Africa (1998), online verfügbar: {https://arefiles.ucdavis.edu/uploads/filer_public/2014/03/20/chafota.pdf}, letzter Zugriff: 15. Oktober 2019; J. J. Smallie und T. G. O'Connor, »Elephant utilization of *Colophospermum mopane*: possible benefits of hedging«, in: *African Journal of Ecology*, Bd. 38 (2000), S. 352–359.
10 Graham Kerley u. a., »Effects of elephants on ecosystems and biodiversity«, in: R. J. Scholes und K. G. Mennell (Hg.), *Elephant Management: A Scientific Assessment of South Africa*, Johannesburg 2008; Peter Baxter, »Modeling the impact of the African elephant, *Loxodonta africana*, on woody vegetation in semi-arid savannas«, Dissertation, University of California, Berkeley, 2003.
11 Department for Environment, Food and Rural Affairs, »Feral wild boar in England: an action plan«, 2008, online verfügbar: {www.britishpigs.org.uk/feralwildboar.pdf}, letzter Zugriff: 15. Oktober 2019.
12 M. J. Goulding und T. J. Roper, »Press responses to the presence of free-living wild boar *(Sus scrofa)* in southern England«, in: *Mammal Review*, 32 (2002), S. 272–282.
13 Department for Environment, Food and Rural Affairs, »Feral wild boar in England«.

14 Derek Gow, »A Wallowing Good Time – Wild Boar in the Woods«, in: *ECOS* 23/2 (2002), S. 14–22.
15 Trees for Life, »Results from the Guisachan Wild Boar Project«, 2008, online verfügbar: {web.archive.org/web/20130612220051/www.treesforlife.org.uk/forest/missing/guisachan200805.html}, letzter Zugriff: 5. Dezember 2019.
16 Department for Environment, Food and Rural Affairs, »Feral wild boar in England«.
17 Camila Ruz, »Wild boar cull ›not based on scientific estimates‹«, in: *The Guardian*, 1. September 2011, {www.theguardian.com/environment/2011/sep/01/wild-boar-cull}, letzter Zugriff: 5. Dezember 2019.
18 Gow, »A Wallowing Good Time«.
19 British Wild Boar Organisation, »Interesting happenings occurring with Britain's free-living wild boar«, Januar 2010, online verfügbar: {webcache.googleusercontent.com/search?q=cache:LyLustzxC64J:www.englisc-gateway.com/bbs/topic/16352-interesting-happenings-with-wild-boar-in-england/}, letzter Zugriff: 15. Oktober 2019.
20 Jenny Farrant, 2. Februar 2012, via Email an mich.
21 Land Reform (Scotland) Act 2003, online verfügbar: {www.legislation.gov.uk/asp/2003/2/contents}, letzter Zugriff: 15. Oktober 2019.
22 Peter Fraser, Angus MacKenzie und Donald MacKenzie, »The economic importance of red deer to Scotland's rural economy and the political threat now facing the country's iconic species«, Perth 2012, online verfügbar: {www.andywightman.com/docs/SGA_Deer_Study_FINAL_2012.pdf}, letzter Zugriff: 5. Dezember 2019.
23 Ebd.
24 Ohne Autor, »Mull's economy soars on wings of white-tailed eagles«, in: *BBC News*, 16. Juni 2011, {www.bbc.com/news/uk-scotland-scotland-business-13783555}, letzter Zugriff: 15. Oktober 2019.

25 RSPB, »Mull white-tailed eagles«, 2009–2011, {www.rspb.org.uk/wildlife/tracking/mulleagles/}, letzter Zugriff: 15. Oktober 2019.
26 BBC Scotland, »Mull's economy soars on wings of white-tailed eagles«.
27 The Scottish Government, *The Economic Impact of Wildlife Tourism in Scotland*, Juni 2010, {www.scotland.gov.uk/Publications/2010/05/12164456/1}, letzter Zugriff: 15. Oktober 2019.
28 Patrick Barkham, »Record numbers of golden eagles poisoned in Scotland in 2010«, in: *The Guardian*, 14. September 2011, online verfügbar: {www.guardian.co.uk/environment/2011/sep/14/golden-eagles-poisoned-scotland-rspb}, letzter Zugriff: 15. Oktober 2019.
29 Alan Watson Featherstone, »Restoring biodiversity in the native pinewoods of the Caledonian Forest«, in: *Reforesting Scotland*, Nr. 41 (2010), S. 17–21, online verfügbar: {legacysite.reforestingscotland.org/pdf/rs41_Caledonian_Pinewood.pdf}, letzter Zugriff: 15. Dezember 2019.
30 David Hetherington, Vortrag anlässlich eines Symposiums der Zoological Society of London mit dem Titel »Rewilding Europe and the Return of Predators«, 13. Juli 2010.
31 Kevin Cahill, *Who Owns Britain*, Edinburgh 2002.
32 Rewilding Europe, »First wild bison in Romania after 160 years«, 25. April 2012, online verfügbar: {rewildingeurope.com/news/articles/first-wild-bison-in-romania-after-160-years/}, letzter Zugriff: 15. Oktober 2019.
33 WWF, »Danube-Carpathian region«, 2012, online verfügbar: {wwf.panda.org/discover/knowledge_hub/where_we_work/black_sea_basin/danube_carpathian/?}, letzter Zugriff: 15. Oktober 2019; Wild Europe, »Towards a wilder Europe: developing an action agenda for wilderness and large natural habitat areas«, 2010, online verfügbar: {www.yumpu.com/en/document/read/22031646/towards-a-wilder-europe-europarc-federation}, letzter Zugriff: 15. Oktober 2019.

34 Wild Europe, Restoration Conference, 2010, {http://www.wildeurope.org/index.php?option=com_content&view=article&id=56&Itemid=19}, letzter Zugriff: 15. Oktober 2019.
35 Wild Europe, »Towards a wilder Europe«.
36 Pan Parks, »Genuine wilderness protection in Germany«, 27. Juni 2012.
37 Twan Teunissen, »Horses to the wolves, wolves to the horses«, 3. Oktober 2011, online: {rewildingeurope.com/blog/horses-to-the-wolves-wolves-to-the-horses/}, letzter Zugriff: 15. Oktober 2019.
38 Ebd. (Nach Auskunft des NABU sind es zur Zeit, Stand 1.3.2017, 70 Rudel. A. d. Ü.)
39 Suzanne Goldenberg, »How America is learning to live with wolves again«, in: *The Guardian*, 8. Dezember 2010, online verfügbar: {www.guardian.co.uk/environment/2010/dec/08/keeping-wolf-from-door}, letzter Zugriff: 15. Oktober 2019.
40 Wildlife Extra, »Wolf caught on camera trap in Belgium« (Video), September 2011, online: {http://cryptozoologynews.blogspot.com/2011/09/wolf-caught-on-camera-trap-in-belgium.html}, letzter Zugriff: 15. Oktober 2019.
41 Rewilding Europe, *Making Europe a Wilder Place*.
42 Ebd.
43 Rewilding Europe, *Making Europe a Wilder Place*.
44 J. D. C. Linnell u. a., The fear of wolves: a review of wolf attacks on humans, Trondheim 2002, online verfügbar: {www.nina.no/archive/nina/PppBasePdf/oppdragsmelding/731.pdf}, letzter Zugriff: 15. Oktober 2019.
45 Roger Panaman, »Wolves are returning«, in: *ECOS*, Bd. 23, Nr. 2 (2002).
46 US Fish and Wildlife Service, *The reintroduction of gray wolves to Yellowstone National Park and Central Idaho: environmental impact statement*, Gray Wolf Environmental Impact Study, Helena, Montana, 1993. Zitiert nach: Panaman, »Wolves are returning«.

47 P. Ciucci und L. Boitani, »Wolf and dog depredation on livestock in central Italy«, in: *Wildlife Society Bulletin*, Bd. 26 (1998), S. 504–514.
48 Laetitia M. Navarro und Henrique M. Pereira, »Rewilding abandoned landscapes in Europe«, in: *Ecosystems*, Bd. 15, Nr. 6 (2012), S. 900–912.
49 Charles J. Wilson, »Could we live with reintroduced large carnivores in the UK?«, in: *Mammal Review*, Bd. 34, Nr. 3 (2004), S. 211–232.
50 Ohne Autor, »Sheep to warn of wolves via text message«, in: *BBC Technology*, 6. August 2012, online verfügbar: {www.bbc.co.uk/news/technology-19147403}, letzter Zugriff: 15. Oktober 2019.
51 Guillaume Chapron, »Restoring and managing wolves in Sweden«, Vortrag anlässlich *Rewilding Europe and the Return of Predators* (Symposium der Zoological Society of London), 13. Juli 2010.
52 Oliver Rackham, *The History of the Countryside*, London 1986.
53 Wilson, »Could we live with reintroduced large carnivores in the UK?«; Panaman, »Wolves are returning«.
54 Erlend B. Nilsen u. a., »Wolf reintroduction to Scotland: public attitudes and consequences for red deer management«, in: *Proceedings of the Royal Society – B*, Bd. 274, Nr. 1612 (2007), S. 995–1003.
55 Ebd.
56 D. P. J. Kuijper, »Lack of natural control mechanisms increases wildlife-forestry conflict in managed temperate European forest systems«, in: *European Journal of Forest Research*, Bd. 130, Nr. 6 (2011), S. 895–909.
57 Dan Puplett, »Our once and future fauna«, in: *ECOS*, Bd. 29 (2008), S. 4–17.
58 Laura R. Prugh u. a., »The rise of the Mesopredator«, in: *BioScience*, Bd. 59, Nr. 9 (2009), S. 779–791.
59 Nilsen u. a., »Wolf reintroduction to Scotland«.
60 R. D. S. Jenkinson, »The recent history of Northern Lynx

(*Lynx lynx* Linné) in the British Isles«, in: *Quaternary Newsletter*, Bd. 41 (1983), S. 1–7. Zitiert in David A. Hetherington, Tom C. Lord und Roger M. Jacobi, »New evidence for the occurrence of Eurasian lynx (*Lynx lynx*) in medieval Britain«, in: *Journal of Quaternary Science*, Bd. 12, Nr. 1 (2006).

61 Hetherington, Lord und Jacobi, »New evidence for the occurrence of Eurasian lynx (*Lynx lynx*) in medieval Britain«.

62 Unbekannt, *Pais Dinogad*, online: {www.cs.ox.ac.uk/people/geraint.jones/rhydychen.org/about.welsh/pais-dinogad.html}, letzter Zugriff: 15. Oktober 2019.

63 Darren Devine, »Was Welsh poet right about lynx legend?«, in: *Western Mail*, 12. Oktober 2005, online verfügbar: {www.walesonline.co.uk/news/wales-news/welsh-poet-right-lynx-legend-2372109}, letzter Zugriff: 15. Oktober 2019.

64 David Hetherington, »The lynx«, in: Terry O'Connor und Naomi Sykes (Hg.), *Extinctions and Invasions: A Social History of British Fauna*, Oxford 2010.

65 Wilson, »Could we live with reintroduced large carnivores in the UK?«.

66 David Hetherington, »The potential for restoring Eurasian lynx to Scotland«, Vortrag anlässlich *Rewilding Europe and the Return of Predators* (Symposium der Zoological Society of London), 13. Juli 2010.

67 U. Breitenmoser u. a., »*The Action Plan for the Conservation of the Eurasian Lynx (Lynx lynx)*«, in: *Nature and Environmental Series*, Nr. 112 (2000). Zitiert in David Hetherington u. a., »A potential habitat network for the Eurasian lynx *Lynx lynx* in Scotland«, in: *Mammal Review*, Bd. 38, Nr. 4 (2008), S. 285–303.

68 David Hetherington, »The lynx in Britain's past, present and future«, in: *ECOS*, Bd. 27, Nr. 1 (2006), S. 66–74.

69 Hetherington u. a., »A potential habitat network for the Eurasian lynx *Lynx lynx* in Scotland«.

70 Hetherington, »The potential for restoring Eurasian lynx to Scotland«.

8) Ein Werk der Hoffnung

1. In der Übersetzung von W. Gerhard, Leipzig 1840.
2. Bryony Coles, *Beavers in Britain's Past*, Oxford 2006.
3. Oliver Rackham, *The History of the Countryside*, London 1986.
4. Derek Yalden, *The History of British Mammals*, London 1999.
5. Ebd.
6. The Cairngorm Reindeer Herd, {www.cairngormreindeer.co.uk/}, letzter Zugriff: 15. Oktober 2019.
7. R. Coard und A. T. Chamberlain, »The nature and timing of faunal change in the British Isles across the Pleistocene/Holocene transition«, in: *The Holocene* 9 (1999), S. 372; Yalden, *British Mammals*.
8. BIAZA, »Eelmoor Marsh Conservation Project«, 2012, online: {www.biaza.org.uk/conservation/conservation-projects/eelmoor-marsh-conservation-project/}, letzter Zugriff: 15. Oktober 2019.
9. Yalden, *British Mammals*.
10. David Hetherington, »The lynx«, in: Terry O'Connor und Naomi Sykes (Hg.), *Extinctions and Invasions: A Social History of British Fauna*, Oxford 2010.
11. Rackham, *History of the Countryside*.
12. Ebd.
13. The Mammal Society, 2011, online: {www.mammal.org.uk/index.php?option=com_content&view=article&id=250&Itemid=283}, letzter Zugriff: 15. Oktober 2019.
14. Ebd.
15. Yalden, *British Mammals*.
16. Mary C. Stiner, »Comparative ecology and taphonomy of spotted hyenas, humans, and wolves in Pleistocene Italy«, in: *Revue de Paléobiologie*, Bd. 23, Nr. 2 (2004), S. 771–785.
17. Dick Mol, John de Vos und Johannes van der Plicht, »The presence and extinction of *Elephas antiquus* Falconer and Cautley, 1871, in Europe«, in: *Quaternary International*, Bde. 169–170 (2007), S. 149–153.
18. Yalden, *British Mammals*.

19 Ebd.
20 Ohne Autor, »Plan to bring grey whales back to Britain«, in: *Daily Telegraph*, 18. Juli 2005, online verfügbar: {www.telegraph.co.uk/news/uknews/1494286/Plan-to-bring-grey-whales-back-to-Britain.html}, letzter Zugriff: 15. Oktober 2019.
21 Yalden, *British Mammals*.
22 J. R. Waldman, »Restoring *Acipenser sturio* L., 1758 in Europe: lessons from the *Acipenser oxyrinchus* Mitchill, 1815 experience in North America«, in: *Boletín, Instituto Español de Oceanografía*, Bd. 16 (2000), S. 237–244.
23 Jörn Gessner u. a., »Remediation measures for the Baltic sturgeon: status review and perspectives«, in: *Journal of Applied Ichthyology*, Bd. 22, issue supplement s1 (2006), S. 23–31, doi: 10.1111/j.1439-0426.2007.00925.x; F. Kirschbaum und J. Gessner, »Re-establishment programme for *Acipenser sturio* L. 1758: the German approach«, in: *Boletín, Instituto Español de Oceanografía*, Bd. 16 (2000), S. 149–156.
24 P. Williot u. a., »*Acipenser sturio* recovery research actions in France«, in: *Biology, Conservation and Sustainable Development of Sturgeons, Fish & Fisheries Series*, Bd. 29, III (2009), S. 247–263.
25 Dyfi Osprey Project, »History of British ospreys«, 2011, online: {www.dyfiospreyproject.com/ospreys/history-british-ospreys}, letzter Zugriff: 15. Oktober 2019.
26 Tim Melling, Steve Dudley und Paul Doherty, »The eagle owl in Britain«, in: *British Birds*, Bd. 101 (2008), S. 478–490.
27 D. W. Yalden und U. Albarella, *The History of British Birds*, Oxford 2009.
28 Ebd.
29 Royal Society for the Protection of Birds, *Goshawk*, 2012, online: {www.rspb.org.uk/wildlife/birdguide/name/g/goshawk/index.aspx}, letzter Zugriff: 15. Oktober 2019.
30 Forestry Commission, *Capercaillie*, 2012, online: {www.forestry.gov.uk/forestry/capercaillie}, letzter Zugriff: 15. Oktober 2019.

31 Trees for Life, *Species Profile: Capercaillie*, online: {web.archive.org/web/20130329144652/www.treesforlife.org.uk/tfl.capercaillie.html}, letzter Zugriff: 5. Dezember 2019.

32 Clive Hambler und Susan M. Canney, *Conservation*, Cambridge 2013.

33 Wildlife Extra, »Great Bustards in the UK«, 2007, online: {www.wildlifeextra.com/go/news/bw-greatbustards.html}, letzter Zugriff: 5. Dezember 2019.

34 Andrew Stanbury mit der UK Crane Working Group, »The changing status of the common crane in the UK«, 1. August 2011, online: {britishbirds.co.uk/content/changing-status-common-crane-uk}, letzter Zugriff: 5. Dezember 2019.

35 Peter Taylor, »Big birds in the UK: the reintroduction of iconic species«, in: *ECOS*, Bd. 32, Nr. 1 (2011), S. 74–80.

36 Yalden und Albarella, *British Birds*.

37 BBC News, »Storks set to end 600-year wait«, 23. April 2004, online: {news.bbc.co.uk/1/hi/england/west_yorkshire/3653171.stm}, letzter Zugriff: 5. Dezember 2019.

38 Ben A., »Something to stork about!«, in: *Royal Society for the Protection of Birds*, 26. April 2012, online: {community.rspb.org.uk/wildlife/b/wildlife/posts/something-to-stork-about}, letzter Zugriff: 15. Dezember 2019.

39 Yalden und Albarella, *British Birds*.

40 Natural England, »Breeding spoonbills return to Holkham«, 12. September 2011, online: {www.birdguides.com/news/breeding-spoonbills-return-to-holkham}, lezter Zugriff: 5. Dezember 2019.

41 Natural England, 21. November 2012, via Email.

42 Yalden und Albarella, *British Birds*.

43 Ebd.

44 Ebd.

45 Siehe online: {www.riverbluffcave.com/gallery/rec_id/104/type/1}, letzter Zugriff: 5. Dezember 2019.

46 Nancy Sisinyak, »The biggest bear … ever«, in: *Alaska Department of Fish and Game*, {www.adfg.alaska.gov/index.cfm?adfg=wild-

lifenews.view_article&articles_id=232&issue_id=41}, letzter Zugriff: 5. Dezember 2019.

47 San Diego Zoo, *Extinct Teratorn, Teratornithidae*, April 2009, {web.archive.org/web/20130915184837/https://library.sandiegozoo.org/factsheets/_extinct/teratorn/teratorn.htm#physical}, letzter Zugriff: 5. Dezember 2019.

48 Z. B. Paul S. Martin, *Twilight of the Mammoths: Ice Age Extinctions and the Rewilding of America*, Berkeley 2005; F. L. Koch und A. D. Barnosky, »Late Quaternary extinctions: state of the debate«, in: *Annual Review of Ecology, Evolution, and Systematics*, Bd. 37 (2006), S. 215–250.

49 Josh Donlan u. a., »Re-wilding North America«, in: *Nature*, Bd. 436 (2005), S. 913–914; Tim Caro, »The Pleistocene re-wilding gambit«, in: *Trends in Ecology & Evolution*, Bd. 22, Nr. 6 (2007), S. 281–283.

50 Dustin R. Rubenstein u. a., »Pleistocene Park: does re-wilding North America represent sound conservation for the 21st century?«, in: *Biological Conservation*, Bd. 132 (2006), S. 232–238.

51 Peter Taylor, »Re-wilding the grazers: obstacles to the ›wild‹ in wildlife management«, in: *British Wildlife*, Bd. 51, Nr. 5 (2009), Sonderbeilage, S. 50–55.

52 Pleistocene Park, siehe Website: {www.pleistocenepark.ru/en/}, letzter Zugriff: 5. Dezember 2019.

53 Zimov, »Pleistocene Park«.

54 Zimov u. a., »Steppe-tundra transition«.

55 Mike D'Aguillo, »Recreating a Wooly Mammoth«, 2008, online: {sites.google.com/site/mikesbiowebpage/mammoth-recreation-project}, letzter Zugriff: 5. Dezember 2019; Nicholas Wade, »Regenerating a mammoth for $10 million«, in: *New York Times*, 9. November 2008.

56 Global Invasive Species Database, »*Clarias batrachus*«, 2012, online: {www.iucngisd.org/gisd/species.php?sc=62}, letzter Zugriff: 5. Dezember 2019.

57 John Vidal, »From stowaway to supersize predator: the mice eating rare seabirds alive«, in: *The Guardian*, 20. Mai 2008, online verfügbar: {www.guardian.co.uk/environment/2008/may/20/wildlife.endangeredspecies}, letzter Zugriff: 5. Dezember 2019.

58 Offwell Woodland & Wildlife Trust, »The value of different tree species for invertebrates and lichens«, 2011. Daten bezogen aus: C. E. J. Kennedy und T. R. E. Southwood, »The number of species of insects associated with British trees: a re-analysis«, in: *Journal of Animal Ecology*, Bd. 53 (1984), S. 455–478, auch online: {www.countrysideinfo.co.uk/woodland_manage/tree_value.htm}, letzter Zugriff: 5. Dezember 2019.

59 Christopher D. Preston, David A. Pearman und Allan R. Hall, »Archaeophytes in Britain«, in: *Botanical Journal of the Linnean Society*, Bd. 145 (2004), S. 257–294.

60 Jagjit Singh u. a., »The search for wild dry rot fungus (*Serpula lacrymans*) in the Himalayas«, in: *Journal of the Institute of Wood Science*, Bd. 13, Nr. 3 (1994), S. 411–412.

61 Preston, Pearman und Hall, »Archaeophytes in Britain«.

62 Ebd.

63 Christine M. Cheffings und Lynne Farrell (Hg.), »Species Status Nr. 7«, in: *The Vascular Plant Red Data List for Great Britain*, 2005, online verfügbar: {archive.jncc.gov.uk/pdf/pub05_speciesstatusvpredlist3_web.pdf}, letzter Zugriff: 5. Dezember 2019.

64 Yalden, *British Mammals*.

65 Buch 5, 12–14. Deutsch zitiert nach Baumstamm.

66 Yalden, *British Mammals*.

67 Rob Coope, »A preliminary investigation of the food and feeding behaviour of pine martens in productive forestry from an analysis of the contents of their scats collected in Inchnacardoch forest, Fort Augustus«, in: *Scottish Forestry*, Bd. 61, Nr. 3 (2007), S. 3–15.

68 Yalden, *British Mammals*.

69 P. Salo u. a., »Risk induced by a native top predator reduces alien mink movements«, in: *Journal of Animal Ecology*, Bd. 77, Nr. 6 (2008), S. 1092–1098.

70 Guy Hand, »Planting on Barren Ground«, in: *Trees for Life*, Oktober 2000, online: {web.archive.org/web/20130315094432/www.treesforlife.org.uk/tfl.guyhand.html}, letzter Zugriff: 5. Dezember 2019.

71 Dan Puplett, »Dead Wood«, in: *Trees for Life*, ohne Datum, online: {web.archive.org/web/20130309053330/www.treesforlife.org.uk/forest/ecological/deadwood.html}, letzter Zugriff: 5. Dezember 2019.

72 Alan Watson Featherstone, »The Wild Heart of the Highlands«, in: *Trees for Life*, 2001, online: {web.archive.org/web/20130806163321/http://treesforlife.org.uk/tfl.wildheart.html}, letzter Zugriff: 5. Dezember 2019.

73 Ebd.

9) Schafskatastrophe

1 Aus John Clare, *Remembrances*, in: ders., *Selected Poems*, Oxford 2008.

2 Thomas Morus, *Utopia*, Berlin 2016, S. 18 f.

3 David Williams, »Rhyfel y Sais Bach: An Enclosure Riot on Mynydd Bach«, in: *Journal of the Cardiganshire Antiquarian Society*, Bd. 2, Nr. 1–4 (1952).

4 House of Commons: Environment, Food and Rural Affairs Committee, »Farming in the Uplands. Third Report of Session 2010–11«, 16. Februar 2011, online: {www.publications.parliament.uk/pa/cm201011/cmselect/cmenvfru/556/556.pdf}, letzter Zugriff: 5. Dezember 2019.

5 Statistics for Wales, *Agricultural Small Area Statistics for Wales, 2002 to 2010*. SB 75/2011, online: {web.archive.org/web/20121004112036/http://wales.gov.uk/docs/statistics/2011/110728sb752011en.pdf}, letzter Zugriff: 5. Dezember 2019.

6 Tim Blackstock, Mike Christie u. a., »Chapter 20: Status and changes in ecosystems and their services to society: Wales«, Abb. 20.8, in: UK National Ecosystem Assessment (Hg.), *Technical Report*, Cambridge 2011, S. 987, online verfügbar:

{uknea.unep-wcmc.org/Resources/tabid/82/Default.aspx}, letzter Zugriff: 5. Dezember 2019.
7 Tim Blackstock, Mike Christie u. a., »Chapter 20«, Abb. 20.16, in: UK National Ecosystem Assessment (Hg.), *Technical Report*, a. a. O., S. 1001.
8 P. J. Johnes u. a., »Land use scenarios for England and Wales: evaluation of management options to support ›good ecological status‹ in surface freshwaters«, in: *Soil Use and Management*, Bd. 23 (suppl. 1) (2007), S. 176–194.
9 Tim Blackstock, Mike Christie u. a., »Chapter 20«, Abb. 20.16, a. a. O., S. 1001.
10 Emyr Jones, Brief vom 26. Oktober 2012 an die *County Times*, Powys.
11 Tim Blackstock, Mike Christie u. a., »Chapter 20«, Abb. 20.39, a. a. O., S. 1030.
12 Tim Blackstock, Mike Christie u. a., »Chapter 20«, Abb. 20.22, a. a. O., S. 1011.
13 Colin D. Campbell, Bridget A. Emmett, »Chapter 13: Supporting Services«, Abb. 13.14, in: UK National Ecosystem Assessment (Hg.), *Technical Report*, Cambridge 2011, S. 516, online: {uknea.unep-wcmc.org/Resources/tabid/82/Default.aspx}, letzter Zugriff: 5. Dezember 2019.
14 Tim Blackstock, Mike Christie u. a., »Chapter 20«, a. a. O., S. 1022.
15 David Abson, Nicola Beaumont u. a., »Chapter 22: Economic Values from Ecosystems«, Abb. 22.2, in: UK National Ecosystem Assessment (Hg.), *Technical Report*, Cambridge 2011, S. 1078, online: {uknea.unep-wcmc.org/Resources/tabid/82/Default.aspx}, letzter Zugriff: 5. Dezember 2019.
16 Institute of Biological, Environmental and Rural Sciences, Aberystwyth University, »Farm outputs – all sizes. Table B3: Hill sheep farms, 2009/2010«, Aberystwyth 2011, online: {web.archive.org/web/20130603022319/https://www.aber.ac.uk/en/media/0910Iy_11d.pdf}, letzter Zugriff: 5. Dezember 2019.

17 DEFRA Pressebüro, 26. November 2011, via Email.
18 DEFRA Pressebüro, 31. August 2011, via Email.
19 Office of National Statistics, *Family Spending 2010 Edition*. Table A1: *Components of Household Expenditure 2009*, 2010, online: {web.archive.org/web/20150928171845/http://www.ons.gov.uk/ons/publications/re-reference-tables.html?edition=tcm%3A77-225698}, letzter Zugriff: 5. Dezember 2019.
20 Ebd.
21 Statistics for Wales, *Agricultural Small Area Statistics for Wales, 2002 to 2010*.
22 *Amtsblatt der Europäischen Union*, 31. Januar 2009, »Verordnung (EG) Nr. 73/2009 des Rates vom 19. Januar 2009, mit gemeinsamen Regeln für Direktzahlungen im Rahmen der gemeinsamen Agrarpolitik und mit bestimmten Stützungsregelungen für Inhaber landwirtschaftlicher Betriebe und zur Änderung der Verordnungen (EG) Nr. 1290/2005, (EG) Nr. 247/2006, (EG) Nr. 378/2007 sowie zur Aufhebung der Verordnung (EG) Nr. 1782/2003. Anhang III«, online verfügbar: {eur-lex.europa.eu/legal-content/DE/TXT/PDF/?uri=CELEX:32009R0073&from=en}, letzter Zugriff: 5. Dezember 2019.
23 Miles King, *An Investigation into Policies Affecting Europe's Semi-Natural Grasslands*, The Grasslands Trust, Dezember 2010, S. 21, online: {www.efncp.org/download/European-grasslands-report-phase1.pdf}, letzter Zugriff: 5. Dezember 2019.
24 BBC Northern Ireland, »Northern Ireland faces more European farm subsidy fines«, 19. Oktober 2011, online: {www.bbc.co.uk/news/uk-northern-ireland-15369709}, letzter Zugriff: 5. Dezember 2019; Miles King, »Dark days return: farm subsidies drive environmental destruction«, 9. März 2011, online: {web.archive.org/web/20110822004555/http://milesking.wordpress.com/2011/03/09/dark-days-return-farm-subsidies-drive-environmental-destruction/?shared=email&msg=fail}, letzter Zugriff: 5. Dezember 2019; King, *Europe's Semi-Natural Grasslands*.
25 Europäische Kommission, »Arbeitsdokument der Kommissions-

dienststellen: Zusammenfassung der Folgeabschätzung. Die Gemeinsame Agrarpolitik bis 2020«, 2011, online verfügbar: {eur-lex.europa.eu/legal-content/DE/TXT/PDF/?uri=CELEX:52011SC1154&from=EN}, letzter Zugriff: 5. Dezember 2019.
26 Welsh Assembly Government, *Glastir: A Guide to Frequently Asked Questions*, 2010.
27 Ebd.
28 Welsh Assembly Government, *Glastir Targeted Element: An Explanation of the Selection Process*, 2010.
29 1. Mose 26.
30 Charlemagne, »Europe's baleful bail-outs«, in: *The Economist*, 30. Oktober 2008.
31 Ebd., Tabelle 3.2.
32 James Morison u. a., »Understanding the GHG implications of forestry on peat soils in Scotland. Report compiled by Forest Report for Forestry Commmission Scotland«, Farnham 2010, online: {www.forestresearch.gov.uk/documents/954/FCS_forestry_peat_GHG_final_Oct13_2010.pdf}, letzter Zugriff: 5. Dezember 2019.
33 Europäische Kommission, »Die Gemeinsame Agrarpolitik bis 2020«.
34 BBC Wales, »Wales flooding: victims hoping for return to homes«, 10. Juni 2012, online: {www.bbc.com/news/uk-wales-18384666}, letzter Zugriff: 5. Dezember 2019; BBC Wales, »Flood-risk villagers return home to Pennal in Gwynedd«, 10. Juni 2012, online: {www.bbc.co.uk/news/uk-wales-18387520}, letzter Zugriff: 5. Dezember 2019.
35 Simon Hartwell, Lawrence Kitchen u. a., *Population Change in Rural Wales: Social and Cultural Impacts. Research Report Nr. 14*, Cardiff 2007, online: {pdfs.semanticscholar.org/1fe4/67ec4f3c1a76b7c037bfa0572622495f7e69.pdf}, letzter Zugriff: 5. Dezember 2019.

10) The Hushings / Freispülungen

1 Stephen Moss, *Natural Childhood*, Swindon 2012, online:

{www.lotc.org.uk/wp-content/uploads/2012/04/National-Trust-natural_childhood.pdf}, letzter Zugriff: 5. Dezember 2019.
2. Siehe z. B. George Monbiot, »A modest proposal for tackling youth«, 28. Juni 2010, online: {www.monbiot.com/2010/065/28/a-modest-proposal-for-tackling-youth}, letzter Zugriff: 5. Dezember 2019.
3. Jay Griffiths, *Kith: The Riddle of the Childscape*, London 2013.
4. George Monbiot, *No Man's Land: An Investigative Journey through Kenya and Tanzania*, London 1994.
5. Richard Louv, *Das letzte Kind im Wald*, übers. von A. Nohl, Freiburg i. Br. 2013.
6. Andrea Faber Taylor, Frances E. Kuo, William C. Sullivan, »Coping with ADD: the surprising connection to green play settings«, in: *Environment and Behavior*, Bd. 33, Nr. 1 (2001), S. 54–77.
7. Robert Pyle, »Eden in a vacant lot: special places, species and kids in community of life«, in: P. H. Kahn, S. R. Kellert (Hg.), *Children and Nature: Psychological, Sociocultural and Evolutionary Investigations*, Cambridge, MA 2002. Zitiert von Aric Sigman in »Agricultural literacy: giving concrete children food for thought«, ohne Datum, online verfügbar: {docplayer.et/13339576-Agricultural-literacy.html}, letzter Zugriff: 5. Dezember 2019.
8. G. A. Lieberman, L. Hoody, »Closing the achievement gap: using the environment as an integrating context for learning«, Sacramento, CA 1998. Zitiert in Sigman, »Agricultural literacy«.
9. Boudicca war eine britannische Königin, die am Anfang der römischen Besatzungszeit 60/61 n. Chr. einen zunächst erfolgreichen, schließlich aber niedergeschlagenen Aufstand anführte. (A. d. Ü.)
10. William Cronon, »The Trouble with Wilderness; Or, Getting Back to the Wrong Nature«, in: ders. (Hg.), *Uncommon Ground: Rethinking the Human Place in Nature*, New York 1995, S. 69–90.
11. R. Rasker, A. Hackman, »Economic development and the conservation of large carnivores«, in: *Conservation Biology*, Bd. 10 (1996), S. 991–1002.

12 S. Charnley, R. J. McLain und E. M. Donoghue, »Forest management policy, amenity migration and community well-being in the American West: reflections from the Northwest Forest Plan«, in: *Human Ecology*, Bd. 36 (2008), S. 743–761.
13 Kevin Cahill, *Who Owns Britain*, Edinburgh 2002.
14 Department for Environment Food and Rural Affairs, *UK response to the Commission communication and consultation: »The CAP towards 2020: meeting the food, natural resources and territorial challenges of the future«*, online: {webarchive.nationalarchives.gov.uk/20130506125705/http://archive.defra.gov.uk/foodfarm/policy/capreform/documents/110128-uk-cap-response.pdf}, letzter Zugriff: 1. Mai 2019.
15 Elizabeth Taylor, »Heeding the coyote's call: Jim Sterba on the fight with wildlife over space in the sprawl«, in: *Chicago Tribune*, 16. November 2012, online verfügbar: {articles.chicagotribune.com/2012-11-16/features/ct-prj-1118-book-of-the-month-20121116_1_wild-animals-wildlife-wild-game-meat/2}, letzter Zugriff: 1. Mai 2019.

11) Das Tier in uns
(oder wie Rückverwilderung nicht stattfinden sollte)

1 Aus: D. H. Lawrence, »Puma«, in: ders., *Vögel, Blumen und wilde Tiere*, Bonn 2000, S. 150.
2 Auch Isonzo-Front genannt, an der zwischen Juni 1915 und Oktober 1917 zwölf Schlachten stattfanden. (A. d. Ü.)
3 W. H. Auden, »Et in Arcadia Ego«, 1965.
4 Ebd.
5 Oto Luthar (Hg.), *The Land Between: A History of Slovenia*, Frankfurt a. M. 2008.
6 K. Kris Hirst, »Lost cities of the Amazon«, in: *National Geographic*, 2008, {archaeology.about.com/od/ancientcivilizations/ss/expedition_week_6.htm}, letzter Zugriff: 1. Mai 2020.
7 Anna Roosevelt, »Resource management in Amazonia before the Conquest: beyond ethnographic projection«, in: *Advances in Economic Botany*, Bd. 7, New York 1989.

8   Michael J. Heckenberger u. a., »Amazonia 1492: pristine forest or cultural parkland?«, in: *Science*, Bd. 301, Nr. 5640 (1998), S. 1710–1740; Michael J. Heckenberger u. a., »Pre-Columbian urbanism, anthropogenic landscapes, and the future of the Amazon«, in: *Science*, Bd. 312, Nr. 5893 (2008), S. 1214–1217.
9   Heckenberger u. a., »Pre-Columbian urbanism«.
10 Ran Prieur, »Beyond civilised & primitive«, in: *Dark Mountain*, Bd. 1 (2010), S. 119–135.
11 Richard Nevle und Dennis Bird, American Geophysical Union am 17. Dezember 2008, s. online: {news.stanford.edu/news/2009/january7/manvleaf-010709.html}, letzter Zugriff: 5. Dezember 2019.
12 Felisa A. Smith, »Methane emissions from extinct megafauna«, in: *Nature Geoscience*, 3 (2010), S. 374–375.
13 Simon Schama, *Der Traum von der Wildnis*, München 1996.
14 Ebd.
15 E. P. Thompson, *Whigs and Hunters. The Origin of the Black Act*, London 1977.
16 Richard Leakey, zitiert in George Monbiot, *No Man's Land: An Investigative Journey through Kenya and Tanzania*, London 1994.
17 BBC Four, *Unnatural Histories*, 16. Juni 2011, online verfügbar: {bbc.co.uk/programmes/b011wzrc}, letzter Zugriff: 1. Mai 2020.
18 42. Kongress der Vereinigten Staaten von Amerika, 1871, Gesetz zur Gründung des Yellowstone-Nationalparks (1872), online verfügar: {www.ourdocuments.gov/doc.php?flash=true&doc=45&page=transcript}, letzter Zugriff: 1. Mai 2020.
19 Boria Sax, »›What is a Jewish Dog?‹ Konrad Lorenz and the Cult of Wildness«, in: *Society and Animals*, Bd. 5, Nr. 1 (1971); Martin Brüne, »On human self-domestication, psychiatry, and eugenics«, in: *Philosophy, Ethics, and Humanities in Medicine*, Bd. 2, Nr. 21 (2007).
20 Sax, »›What is a Jewish Dog?‹«.
21 Ebd.
22 Ebd. Siehe auch Konrad Lorenz, *So kam der Mensch auf den Hund*, München 1998.

23 Terry Eagleton, *The English Novel*, Malden, MA 2004.
24 Kim Sengupta, »Death of a maverick: millionaire zoo-keeper from another era who cut a swathe through British business loses three-year fight against cancer«, in: *The Independent*, 30. Juni 2000.
25 Alexander Chancellor, »John Aspinall's unspeakable behaviour was of a kind that would have landed almost anyone else in prison, and yet, to some, he died a hero«, in: *The Guardian*, 25. November 2000.
26 Ohne Autor, »Obituary: John Aspinall«, in: *The Times*, 20. Juni 2000.
27 Ros Coward, »Profile: John Aspinall«, in: *Observer*, 13. Februar 2000.
28 Martin Bright, »Desperate Lucan dreamt of fascist coup«, in: *Observer*, 9. Januar 2005.
29 Caroline Cass, *Joy Adamson: Behind the Mask*, Anstey 1994.
30 Ebd.
31 Jamie Lorimer und Clemens Driessen, »Bovine biopolitics and the promise of monsters in the rewilding of Heck cattle«, in: *Geoforum*, 2011.
32 T. van Vuure, »History, morphology and ecology of the aurochs (*Bos primigenius*)«, in: *Lutra*, Bd. 45, Nr. 1 (2002), S. 1–16.
33 F. W. M. Vera, »Large-scale nature development – the Oostvaardersplassen«, in: *British Wildlife*, Bd. 20, Nr. 5 (2009), (special supplement), S. 28–36.
34 Lorimer und Driessen, »Bovine biopolitics and the promise of monsters in the rewilding of Heck cattle«.

12) Im Naturschutzgefängnis
1 Schautafel am Eingang des Reservats.
2 Montgomeryshire Wildlife Trust, *The Pumlumon Project. Two Year Progress Report 2008–2010*, 2010.
3 Montgomeryshire Wildlife Trust, *Glaslyn Management Plan 2009–2014*, 2009.

4 Joint Nature Conservation Committee, *Common Standards Monitoring: Introduction to the Guidance Manual*, 2004.
5 Joint Nature Conservation Committee, *Common Standards Monitoring Guidance for Upland Habitats*, 2009.
6 Joint Nature Conservation Committee, *UK Interest Features*, 2012.
7 Joint Nature Conservation Committee, *Species and Habitats Review*, 2007.
8 Patrick Barkham, »Record numbers of golden eagles poisoned in Scotland in 2010«, in: *The Guardian*, 14. September 2011, online verfügbar: {www.guardian.co.uk/environment/2011/sep/14/golden-eagles-poisoned-scotland-rspb}, letzter Zugriff: 5. Dezember 2019.
9 Severin Carrell, »Gamekeeper with huge cache of bird poison fined £3,300«, in: *The Guardian*, 27. Mai 2011, {www.guardian.co.uk/uk/2011/may/27/gamekeeper-banned-pesticide-fined}, letzter Zugriff: 5. Dezember 2019.
10 Estelle Bailey, Montgomeryshire Wildlife Trust, 17. Juni 2011, per Email.
11 Frans Vera, *Grazing Ecology and Forest History*, Wallingford 2000.
12 Montgomeryshire Wildlife Trust, *Glaslyn Management Plan 2009–2014*.
13 Dr. Barbara Jones, Countryside Council for Wales, *A Framework to Set Conservation Objectives and Achieve Favourable Condition in Welsh Upland SSSIs*, Februar 2007, online: {citeseerx.ist.psu.edu/viewdoc/download?doi=10.1.1.606.6518&rep=rep1&type=pdf}, letzter Zugriff: 15. Oktober 2019.
14 Clive Hambler und Martin Speight, »Biodiversity conservation in Britain: science replacing tradition«, in: *British Wildlife*, Bd. 6, Nr. 6 (1995), S. 137–148.
15 N. Noe-Nygaard, T. D. Price und S. U. Hede, »Diet of aurochs and early cattle in southern Scandinavia: evidence from 15 N and 13 C stable isotopes«, in: *Journal of Archaeological Science*, Bd. 32 (2005), S. 855–871.
16 Derek Yalden, *The History of British Mammals*, London 1999.

17 R. Coard und A. T. Chamberlain, »The nature and timing of faunal change in the British Isles across the Pleistocene/Holocene transition«, in: *The Holocence*, Bd. 9, Nr. 3 (1999), S. 372–376.
18 The Mammal Society, 2011.
19 Robert S. Sommer u. a, »Holocene survival of the wild horse in Europe: a matter of open landscape?«, in: *Journal of Quaternary Science*, Bd. 26, Nr. 8 (2011), S. 805–812, doi: 10.1002/jps.1509.
20 Tierwesen aus *Dr. Doolittle und seine Tiere* von Hugh Lofting. Dabei handelt es sich um eine Gazellen-Einhorn-Kreuzung mit zwei an den gegenüberliegenden Körperenden befindlichen Köpfen. (A. d. Ü.)
21 John Lawton, *Making Space for Nature: A Review of England's Wildlife Sites and Ecological Network*, DEFRA, 2010, online: {webarchive.nationalarchives.gov.uk/20130402170324/http:/archive.defra.gov.uk/environment/biodiversity/documents/201009space-for-nature.pdf}, letzter Zugriff: 15. Dezember 2020.
22 Clive Hambler, Peter A. Henderson und Martin R. Speight, »Extinction rates, extinction-prone habitats, and indicator groups in Britain and at larger scales«, in: *Biological Conservation*, Bd. 144 (2011), S. 713–721.
23 Jones, *A Framework to Set Conservation Objectives*.
24 Gareth Browning und Rachel Oakley, »Wild Ennerdale«, in: *British Wildlife*, Bd. 20 (2009), Nr. 5 (special supplement), S. 56–58.
25 The Wildlife Trusts, »A living landscape: a call to restore the UK's battered ecosystems, for wildlife and people«, Newark 2009.
26 Siehe zum Beispiel PAN Parks Foundation, *As Nature Intended: Best Practice Examples of Wilderness Management in the Natura 2000 Network*, Győr 2009, online verfügbar: {www.europarc.org/wp-content/uploads/2015/05/2009_Brochure_Pan_Parks_As_nature_intended_Best_practices_wilderness_management_N2000_network.pdf}, letzter Zugriff: 15. Dezember 2020.

13) Die Rückverwilderung der Ozeane

1 Aus einer Übertragung von Werner von Koppenfels, siehe

Werner von Koppenfels und Manfred Pfister (Hg.), *Englische und amerikanische Dichtung*, Bd. 2, Englische Dichtung – von Dryden bis Tennyson, München 2001.

2 Sam Davis, *Spider Crabs – the Wildebeest of our Waters*, 2008, online: {helfordmarineconservation.co.uk/spider-crabs-the-wildebeest-of-our-waters}, letzter Zugriff: 15. Dezember 2020.

3 Callum Roberts, *The Unnatural History of the Sea*, London 2007.

4 Oliver Goldsmith, *An History of the Earth and Animated Nature*, Bd. VI, Dublin 1776, zitiert in Roberts, *Unnatural History of the Sea*.

5 Mike Thrussell, »History of the British Tuna Fishery«, 2006, online: {web.archive.org/web/20131012103918/http://www.worldseafishing.com/features/history-british-tuna-fishery}, letzter Zugriff: 15. Dezember 2019.

6 Yorkshire Film Archive, *Tunny in Action*, 1933, online verfügbar: {www.yfanefa.com/record/2503}, letzter Zugriff: 15. Dezember 2019.

7 Andrew Burnaby, zitiert in Roberts, *Unnatural History of the Sea*.

8 Christopher Mitchelmore, »Newfoundland & Labrador cod fishery«, 17. Juli 2010, online: {liveruralnl.com/2010/07/17/newfoundland-labrador-cod-fishery}, letzter Zugriff: 15. Dezember 2019.

9 Roberts, *Unnatural History of the Sea*.

10 J. Roman und S. R. Palumbi, »Whales before whaling in the North Atlantic«, in: *Science*, Bd. 301, Nr. 5632 (2003), S. 508–510.

11 Roberts, *Unnatural History of the Sea*.

12 Fred Pearce, »Who's the real killer?«, in: *New Scientist*, 9. Juni 2001, online verfügbar: {www.newscientist.com/article/mg17022942.600-whos-the-real-killer.html}, letzter Zugriff: 15. Dezember 2019; Sidney Holt, »The tortuous history of ›scientific‹ Japanese whaling«, in: *BioScience, 2003*. Zitiert von Joe Roman/James J. McCarthy, »The whale pump: marine mammals enhance primary productivity in a coastal basin«, in: *PLoS ONE*, Bd. 5, Nr. 10 (2010), S. 1–8.

13 Stephen Nicol, »Vital giants: why living seas need whales«, in: *New Scientist*, 6. Juli 2011, online verfügbar: {www.newscientist.

com/article/mg21128201.700-vital-giants-why-living-seas-need-whales.html}, letzter Zugriff: 15. Dezember 2019.
14 Stephen Nicol u. a., »Southern Ocean iron fertilization by baleen whales and Antarctic krill«, in: *Fish and Fisheries*, Bd. 11 (2010), S. 203–209.
15 Kakani Katija und John O. Dabiri, »A viscosity-enhanced mechanism for biogenic ocean mixing«, in: *Nature*, Bd. 460 (2009), S. 624–627.
16 Nicol u. a., »Southern Ocean iron fertilization by baleen whales and Antarctic krill«.
17 Roman/McCarthy, »The whale pump: marine mammals enhance primary productivity in a coastal basin«.
18 Daniel G. Boyce, Marlon R. Lewis und Boris Worm, »Global phytoplankton decline over the past century«, in: *Nature*, Bd. 466 (2010), S. 591–596.
19 Nichol, »Vital giants: why living seas need whales«.
20 Trish J. Lavery u. a., »Iron defecation by sperm whales stimulates carbon export in the Southern Ocean«, in: *Proceedings of the Royal Society: B*, Bd. 277 (2010), S. 3527–3531.
21 A. J. Pershing u. a., »The impact of whaling on the ocean carbon cycle: why bigger was better«, in: *PLoS One*, Bd. 5 (2010), e124444. Zitiert in James A. Estes u. a., »Trophic downgrading of planet Earth«, in: *Science*, Bd. 333 (2011), S. 301–306.
22 Ransom A. Myers u. a., »Cascading effects of the loss of apex predatory sharks from a coastal ocean«, in: *Science*, Bd. 315 (2007), S. 1846–1850.
23 Ebd.
24 Julia K. Baum und Boris Worm, »Cascading top-down effects of changing oceanic predator abundances«, in: *Journal of Animal Ecology*, Bd. 78 (2009), S. 699–714.
25 Ebd.
26 Friedrich W. Köster und Christian Möllmann, »Trophodynamic control by clupeid predators on recruitment success in Baltic cod?«, in: *ICES Journal of Marine Science*, Bd. 57 (2000), S. 310–323.

27 The Royal Commission on Environmental Pollution, *Turning the Tide: Addressing the Impact of Fisheries on the Marine Environment*, 25th Report, 2004.
28 Jeremy B. C. Jackson u. a., 2001, »Historical overfishing and the recent collapse of coastal ecosystems«, in: *Science*, Bd. 293 (2001), S. 629–638.
29 James A. Estes und David O. Duggins, »Sea otters and kelp forests in Alaska: generality and variation in a community ecological paradigm«, in: *Ecological Monographs*, Bd. 65, Nr. 1 (1955), S. 75–100.
30 Shauna E. Reisewitz, James A. Estes und Charles A. Simenstad, »Indirect food web interactions: sea otters and kelp forest fishes in the Aleutian archipelago«, in: *Oecologia*, Bd. 146 (2006), S. 623–631; Jackson u. a., »Historical overfishing and the recent collapse of coastal ecosystems«.
31 Ole Theodor Oslen, *The Piscatorial Atlas of the North Sea, English Channel, and St. George's Channels*, Grimsby 1883.
32 Jackson u. a., »Historical overfishing and the recent collapse of coastal ecosystems«.
33 Ebd.
34 Ebd.
35 Georgi M. Daskalov, »Overfishing drives a trophic cascade in the Black Sea«, in: *Marine Ecology Progress Series*, Bd. 225 (2002), S. 53–63.
36 C. P. Lynam u. a., »Have jellyfish in the Irish Sea benefited from climate change and overfishing?«, in: *Global Change Biology*, Bd. 17, Nr. 2 (2011), S. 767–782.
37 Anthony J. Richardson u. a., »The jellyfish joyride: causes, consequences and management responses to a more gelatinous future«, in: *Trends in Ecology & Evolution*, Bd. 24, Nr. 6 (2009), S. 312–322.
38 Ebd.
39 Ruth H. Thurstan, Simon Brockington und Callum M. Roberts, »The effects of 118 years of industrial fishing on UK bottom

trawl fisheries«, in: *Nature Communications*, Bd. 1, Nr. 15 (2010), S. 1–6.
40 Einige der zurückgegangenen Arten werden aufgeführt in ebd.
41 *UK National Ecosystem Assessment: Synthesis of the Key Findings*, 2011, online verfügbar: {uknea.unep-wcmc.org/Resources/tabid/82/Default.aspx}, letzter Zugriff: 15. Dezember 2019.
42 Ohne Autor, »*Old men of the sea have all but gone*«, in: *New Scientist*, 17. Mai 2003, online verfügbar: {www.newscientist.com/article/mg17823950.200-old-men-of-the-sea-have-all-but-gone.html}, letzter Zugriff: 15. Dezember 2020; siehe auch Ransom Myers und Boris Worm, »Rapid worldwide depletion of predatory fish communities«, in: *Nature*, Bd. 423 (2003), S. 280–283.
43 Zitiert in: Roberts, *Unnatural History of the Sea*.
44 Royal Commission on Environmental Pollution, *Turning the Tide*.
45 Dan Jones, »Scuba diving to the depths of human history«, in: *New Scientist*, 19. November 2009; Hampshire and Wight Trust for Maritime Archaeology, 2011, online: {maritimearchaeology-trust.org/bouldnor}, letzter Zugriff: 15. Dezember 2020.
46 John Vidal, »Overfishing by European trawlers could continue if EU exemption agreed«, in: *The Guardian*, 27. Februar 2012, online: {www.theguardian.com/environment/2012/feb/27/overfishing-european-trawlers-eu-exemption}, letzter Zugriff: 5. Dezember 2019.
47 Ebd.
48 Severin Carrell, »Fishing skippers and factory fined nearly £1m for illegal catches«, in: *The Guardian*, 24. Februar 2012, online: {www.guardian.co.uk/environment/2012/feb/24/fishing-skippers-fined-illegal-catches}, letzter Zugriff: 5. Dezember 2019.
49 Justin McCurry, »How Japanese sushi offensive sank move to protect sharks and bluefin tuna«, in: *The Guardian*, 26. März 2010, online: {www.guardian.co.uk/environment/2010/mar/26/endangered-bluefin-tuna-sharks-oceans}, letzter Zugriff: 5. Dezember 2019.
50 Justin McCurry, »Bluefin tuna fish sells for record £473,000 at Tokyo auction«, in: *The Guardian*, 5. Januar 2012, online:

{www.theguardian.com/world/2012/jan/05/japanese-half-million-pound-tuna}, letzter Zugriff: 5. Dezember 2019.
51 Royal Commission on Environmental Pollution, *Turning the Tide*.
52 Oceana, »More on bottom trawling gear«, 2012, {oceana.org/en/our-work/promote-responsible-fishing/bottom-trawling/learn-act/more-on-bottom-trawling-gear}, letzter Zugriff: 5. Dezember 2019.
53 WWF, »Fishing problem: destructive fishing practices«, online: {wwf.panda.org/our_work/our_focus/oceans_practice/problems/destructive_fishing}, letzter Zugriff: 28.10.2020.
54 Hanneke Van Lavieren, »Can no-take fishery reserves help protect our oceans?«, 2012, online: {ourworld.unu.edu/en/can-no-take-fisheries-help-protect-our-oceans/}, letzter Zugriff: 1. Oktober 2020.
55 Nicola Jones, »Marine protection goes large«, in: *Nature Online*, 16. Mai 2011, online: {www.nature.com/news/2011/110516/full/news.2011.292.html}, letzter Zugriff: 28.10.2020.
56 Royal Commission on Environmental Pollution, *Turning the Tide*.
57 Sarah E. Lester, »Biological effects within no-take marine reserves: a global synthesis«, in: *Marine Ecology Progress Series*, Bd. 384 (2009), S. 33–46.
58 Royal Commission on Environmental Pollution, *Turning the Tide*.
59 English Nature, »Lundy lobsters bounce back in UK's first no-take zone«, 22. Juli 2005, Pressemitteilung.
60 M. G. Hoskin u. a., »Variable population responses by large decapod crustaceans to the establishment of a temperate marine no-take zone«, in: *Canadian Journal of Fishers and Aquatic Sciences*, Bd. 68 (2011), S. 185–200.
61 Richard Black, »Fishing ban brings seas to life«, 16. Juli 2008, {news.bbc.co.uk/1/hi/7508216.stm}, letzter Zugriff: 5. Dezember 2019.
62 Roberts, *Unnatural History of the Sea*.
63 Ebd.
64 Van Lavieren, »Can no-take fishery reserves help protect our oceans?«
65 Royal Commission on Environmental Pollution, *Turning the Tide*.

66 Ebd.
67 Rupert Crilly und Aniol Esteban, »Jobs lost at sea: overfishing and the jobs that never were«, New Economics Foundation, 2012, online: {b.3cdn.net/nefoundation/e966d4ce355b7485c1_a7m6brn5t.pdf}, letzter Zugriff: 15. Dezember 2019.
68 R. Watson und D. Pauly, »Systematic distortions in world fisheries catch trends«, in: *Nature*, Bd. 414 (2011), S. 534–536. Zitiert in: Roberts, *Unnatural History of the Sea*.
69 Mark Fisher, »No take zones – a maritime rewilding«, 2006, online verfügbar: {www.self-willed-land.org.uk/articles/no_take.htm}, letzter Zugriff: 15. Dezember 2019.
70 Richard Benyon, »Written Ministerial Statement on Marine Conservation Zones«, 15. November 2011, online verfügbar: {www.defra.gov.uk/news/2011/11/15/wms-marine-conservation-zones/}, letzter Zugriff: 5. Dezember 2019.
71 Jean-Luc Solandt von der Marine Conservation Society, 12. März 2012, via Email an mich.
72 Joint Nature Conservation Committee, *Establishing Fisheries Management Measures to Protect Marine Conservation Zones*, 2010, online verfügbar: {archive.jncc.gov.uk/PDF/MCZ_FisheriesManagementFactsheet.pdf}, letzter Zugriff: 5. Dezember 2019.
73 Joint Nature Conservation Committee, »Special Areas of Conservation«, 2012, online verfügbar: {jncc.gov.uk/our-work/special-areas-of-conservation-overview/}, letzter Zugriff: 15. Oktober 2019.
74 Cardigan Bay Special Area of Conservation (SAC), »Management Scheme, Section 6.17«, online verfügbar: {www.cardiganbaysac.org.uk/pdf%20files/Cardigan_Bay_SAC_Management_Scheme_2008.pdf}, letzter Zugriff: 15. Oktober 2019.
75 Brief von John Taylor, politischer Direktor, CCW, an Graham Rees, Abteilung ländliche Angelegenheiten, Landesregierung Wales, 22. Januar 2010, Muschelschleppnetzfischerei.
76 CEFAS, »Fisheries Management«, 2011, online verfügbar:

{webarchive.nationalarchives.gov.uk/20140108121930/http://www.cefas.defra.gov.uk/our-services/fisheries-management.aspx}, letzter Zugriff: 15. Oktober 2019.

77 CEFAS, »Fisheries Science Partnership«, 2011, online verfügbar: {www.cefas.defra.gov.uk/our-services/fisheries-management/fisheries-science-partnership.aspx}, letzter Zugriff: 15. Oktober 2019.

78 Sally Williams, »Whale-watchers thrilled by the mighty fin«, in: *Western Mail*, 25. Januar 2011, online verfügbar: {www.walesonline.co.uk/news/local-news/cardigan/2011/01/25/whale-watchers-thrilled-by-the-mighty-fin-91466-28047175}, letzter Zugriff: 15. Oktober 2019.

79 Ohne Autor, »Rare sighting of humpback whale breaching in Irish sea caught on camera«, in: *Daily Mail*, 26. Januar 2010, online verfügbar: {www.dailymail.co.uk/news/article-1246137/Rare-sighting-humpback-whale-breaching-Irish-sea-caught-camera.html}, letzter Zugriff: 15. Oktober 2019.

80 Thrussell, »History of the British tuna fishery«.

14) Gaben des Meeres

1 The Royal Society for the Protection of Birds (RSPB), »Corncrake«, »Population trends«, online verfügbar: {www.rspb.org.uk/birds-and-wildlife/wildlife-guides/bird-a-z/corncrake/population-trends}, letzter Zugriff: 15. Oktober 2019.

2 William Shakespeare, *Macbeth*, Akt 2, Szene 4 (in der Übersetzung von Dorothea Tieck).

15) Letztes Licht

1 Werner von Koppenfels und Manfred Pfister (Hg.), *Englische und amerikanische Dichtung*, Bd. 1, Englische Dichtung – von Chaucer bis Milton, München 2001, S. 373.

Erste Auflage Berlin 2021
Copyright der deutschen Ausgabe © 2021
MSB Matthes & Seitz Berlin Verlagsgesellschaft mbH
Göhrener Straße 7, 10437 Berlin
info@matthes-seitz-berlin.de

Alle Rechte vorbehalten.

Titel der Originalausgabe:
Feral. Rewilding the Land, the Sea, and Human Life
Copyright der Originalausgabe © 2013 by George Monbiot

Umschlaggestaltung: Dirk Lebahn, Berlin
Satz: Laura Fronterré, Bielefeld
Druck und Bindung: GGP Media GmbH, Pößneck

ISBN 978-3-95757-790-0
www.matthes-seitz-berlin.de